Allegria

Der Autor

Carel Bernd Nossack, geboren in Hamburg, ist Absolvent der Hochschule für Wirtschaft und Politik in der Hansestadt. Seit vielen Jahren ist er Fachautor für Psychologie, Gesundheit, Spiritualität und alternative Heilmethoden. Er schrieb für Men´s Health, New-Age-Magazine und eine Reihe von Spezial-Publikationen, als er sich mit Körpersprache, Methoden mentaler Entwicklung und zwischenmenschlicher Kommunikation beschäftigte. Als Journalist begann ihn zu einem entscheidenden Zeitpunkt das Thema merkwürdiger Zufälle im Alltag so zu faszinieren, dass er mehr darüber herausfinden wollte.

Von dem Autor sind in unserem Hause erschienen:

Die Sprache des Zufalls
Das 2012-Rätsel

Carel Bernd Nossack

Die Sprache des Zufalls

Wie wir den verborgenen Schicksalsschlüssel
im Alltag entdecken

Ullstein

Besuchen Sie uns im Internet:
www.ullstein-taschenbuch.de

Allegria im Ullstein Taschenbuch
Herausgegeben von Michael Görden

Ullstein Taschenbuch ist ein Verlag der Ullstein Buchverlage GmbH
Neuausgabe im Ullstein Taschenbuch
1. Auflage August 2011
© 2009 by Ullstein Buchverlage GmbH, Berlin
Umschlaggestaltung: FranklDesign, München
Titelabbildung: Zero Werbeagentur, München
Gesetzt aus der Goudy Old Style
Satz: Keller & Keller GbR
Papier: Pamo Super von Arctic Paper Mochenwangen GmbH
Druck und Bindearbeiten: GGP Media GmbH, Pößneck
Printed in Germany
ISBN 978-3-548-74527-5

INHALT

Vorwort 9

I SPURENSUCHE: »UNSICHTBARE REGIE« 17

Der mathematische Zufallsbegriff 23
Die seelische Dimension des Zufalls 24
Feldenergien: was Gestalt annimmt 30
  Praxis 41
Zufall und kein Zufall 44
Das Leben würfelt nicht 45

II ALLTAGSERLEBNISSE UND SYMMETRIETYPEN 47

Symmetrietyp 1 »Wechselwirkung im Ordnungsgrad« 49
  Praxis 50
Symmetrietyp 2 »Selbstbeschleunigung« 52
  Praxis 52
Symmetrietyp 3 »Temporeduktion« 53
  Praxis 55
Symmetrietyp 4 »Umgebungssignale außer Haus« 56
  Praxis – im örtlichen Bereich 57
  Praxis – draußen in der Natur 59
Symmetrietyp 5 »Zeit- oder richtungskonform« 60
  Praxis 61
Symmetrietyp 6 »Ernährungscodes« 62
  Praxis 65
Symmetrietyp 7 »Nachbarschaft – Wohnumfeld« 56
  Praxis 69
Symmetrietyp 8 »Sich kreuzende Wege« 70
  Praxis 73

Symmetrietyp 9 »Wiederholung mit Feldcharakter« 74
   Praxis 77
Symmetrietyp 10 »Hilfreiche Fehler« 79
   Praxis 80
Symmetrietyp 11 »Zahlensynchronizität« 81
   Praxis 84
Symmetrietyp 12 »Was Namen entspricht« 87
   Praxis 94
Resümee zu Symmetrietypen 97

III DAS »ÜBERALL-ORAKEL« 98

   Zufallsbotschaften aus Werbung filtern 101
   Erkennungsmelodie für Synchronizität 105
   Viele Wege zu einem Zeichen 107
   Das formale Zufalls-ABC 111
   Zeichenspektrum der Natur wiederentdecken 113
   Omen relativieren ist »Zeichenhygiene« 117

IV PSYCHONAVIGATION – VOM AUSGLEICH
   »NEGATIVER LADUNG« 121

V VON DER SCHMALSPUR-ÜBEREINSTIMMUNG
   ZUR HOCHVERNETZUNG 129

   Einfache Verknüpfungsgrade 130
   Höherstufige Synchronizität 133
   Rätselhafte Vorfälle 137
   Das Gesetz der Serie 140

VI MUSTERGEOMETRIE: BEZIEHUNGSPARALLELEN
   UND ENERGIEKREISE 146

VII RINGARCHETYP UND ZIRKULÄRES MUSTER 156

VIII WIE MUSTERBILDUNG ANFÄNGT UND WAS
      MUSTEREBENEN BEINHALTEN 161

      Makro- und Mikrosignale 162
      Spuren übergeordneter Strukturen 167

VIIII STRICKMUSTER HINTER SITUATIONEN UND
      WIEDERHOLUNGEN 171

      Liste von Personen und Gefühlen 172
      Muster erkennen mit »innerem Kino« 173
      Der Struktur auf der Spur 174

   X ZUFALLSDYNAMIK UND DIE KUNST DES WÜNSCHENS 179

  XI INDIVIDUUM UND KOLLEKTIV IM WECHSELSPIEL 183

 XII FÜGUNGSMODUS UND FREQUENZBEZIEHUNG 186

XIII KOORDINATEN DER FELDENERGIE 192

XIV   WEGE DER FELDINFORMATION 199
      Praxis – Signale von Musterfrequenzen 203

 XV   RÜCKKOPPELUNG UND SYNCHRONISATION 209

XVI   DAS NETZ DER REALITÄT 217

      Erfahrungen auf dem Wellenkamm 224
      Praxis – energetische Momentaufnahmen 231
      Frequenzmodulation 234
      Praxis – Umgebungsfrequenzen 237

XVII HOLOGRAFISCHE WELT 239

XVIII SCHICKSALSENTSPRECHUNGEN:
WIE SCHLOSS UND SCHLÜSSEL 242

Kommissar Zufall 242
Das Signal zur rechten Zeit 246
Als wenn Türen aufgehen 247
Der Augenblick zeigt, woran wir glauben 248
Die paradoxe Anziehung 250
Schaltmechanismus fehlender Ich-Bausteine 253
Durch unsere »dunkle Nacht« hindurch 256
Musterfließband »zwanghaftes Vergleichen« 258

XVIIII WISSENSCHAFT UND SPIRITUELLE WELTMODELLE 261

XX ASSOZIATION UND ENERGIEÜBERTRAGUNG 268

XXI DIE »INNERE KODIERUNG« –
ZUFALL UND BEWUSSTSEINSFORM 276

Werdegang der Art, Dinge zu sehen 278
Ereignisnahrung für mentale Muster 279
Das um sich selbst kreisende Gedankenuniversum 280
Veränderungsmodus – Bewusstsein auf Entdeckungs-
tour 283

XXII ORAKEL-CODES 293

Bildcharakter und Antworttyp 304
Kartenmuster im Alltag entdecken 314
Orakel der DNS 320

ANHANG – ZUFALLSSCHLÜSSEL VON A BIS Z 323

ANMERKUNGEN 341

BIBLIOGRAFIE 27

BILDRECHTE 349

VORWORT

Jeder Ring, den ein Mensch am Finger trägt, ist geradezu ein magisches Symbol. In Freundschaft oder Ehe steht er für die Verbundenheit mit einem anderen Menschen. Auf einer tieferen Ebene wird damit die psychoelektrische Kraft angedeutet, die sich in einer Art Kreislauf von einem Besitzer zum anderen bewegt. So sagen wir etwa, ein Mensch habe regelrecht eine »magnetische« Anziehung auf uns. Im Idealfall zeigt sich eine beständige Form solch einer Verbindung, als sei ein unsichtbares Band vorhanden, das zwei Menschen zusammenhält.

Dieses mentale Band kann sogar wirksam sein, ohne dass man gerade räumliche Nähe miteinander zu teilen bräuchte. Auf diese Weise symbolisiert ein Ring unter anderem auch Energiebeziehungen, die nicht an einen Ort gebunden sind. Gedankliche Assoziationen, die sich hieran anschließen, weisen allgemein auf den Fluss der Lebenskraft und darauf, wie diese sich oft kreisläufig (oder als Entwicklungsspirale) in unserem Dasein zeigt.

Vor diesem Hintergrund würde die Ringsymbolik – man denke an einen Schmuck- oder Siegelring – ursprünglich nicht nur Symbol für den Austausch zwischen sich nahestehenden Menschen auf einer subtilen Ebene sein, sondern allgemein die energetische Verbindung zwischen Personen und allem, was sie umgibt, beinhalten.

Nicht umsonst heißt es in der chinesischen Akupunktur, dass in den Fingerspitzen wichtige Endpunkte der Meridiane als bioelektrische Kraftlinien des Körpers zu finden sind. Schmuck am Finger unterstreicht insofern die Bedeutung der Energie in unseren Händen. Er weist dabei besonders auf unsere Verbindung mit der materiellen Seite des Lebens hin, die ebenfalls auf einer sehr subtilen Ebene stattfinden kann. So sagen wir, dass wir verlorene Gegenstände regelrecht vermissen, oder es kann sein, dass wir etwas unbedingt erwerben müssen, das wir gesehen oder berührt haben.

Tatsächlich geht unsere Beziehung zur sogenannten unbelebten Materie aber noch viel weiter. Beispielsweise ist eine Reihe von Fällen berühmt geworden, in denen die bloße Anwesenheit eines Menschen im Raum genügte, um Glas zerspringen zu lassen. Oder manche Personen scheinen geradezu ein Händchen dafür zu haben, dass Geräte plötzlich nicht mehr funktionieren.

Umgekehrt erleben wir Ähnliches unter Umständen auch, wenn man den Defekt eines Apparats vorführen will. Der Experte oder Freund mit technischem Sachverstand braucht das Gerät vielleicht noch nicht einmal anzufassen, und schon läuft die Mechanik wieder. Verwundert stellt man fest, dass der Apparat scheinbar doch heil ist.

Bei all den erwähnten Beziehungen zwischen Menschen sowie zwischen Personen und Materie ist letztlich ein Bereich angesprochen, der nach Erkenntnissen exponierter Wissenschaftler wesentlich auf quantenphysikalischer Ebene eine Rolle spielen dürfte. Unter anderem liefern umfangreiche Forschungsergebnisse sehr interessante Modellvorstellungen für die Wechselwirkung zwischen Geist und Materie. Sie sollen in diesem Buch ausführlich dargestellt werden.

Bei den untersuchten Prozessen zeigt sich auch ein bemerkenswerter Einfluss auf Ereignisse, die uns auf merkwürdige Weise zufallen. Etwa so, als wären wir manchmal mit weit entfernten Menschen, Gegenständen oder parallelen Geschehnissen durch eine Art von unsichtbarem Ring der Kraft verbunden.

Auch Tolkiens Saga vom »Herrn der Ringe« ist insofern nicht nur ein mystisches Epos, sondern ebenso eine archaische Erzählung, in der es um Existenz, Missbrauch und schließlich Bewahrung einer Art *elektrischer Kraft* des Lebens geht. Im Kollektivbewusstsein beinhaltet die Ringsymbolik außerdem auf vielfältige Weise die größere Einheit, in der wir alle schicksalhaft verwoben und verflochten sind.

Dokumentiertes Faktenmaterial und Fallbeispiele zeigen, dass solch eine verbindende Energie tatsächlich vorhanden ist und manchmal auf seltsame Weise selbst zwischen solchen Beteiligten zirkuliert, die sich zwar persönlich nie kennengelernt haben, aber übereinstimmende Erlebnisse aufweisen oder parallele Schicksalsmuster teilen.

Sodann gibt es abstrakte, unsichtbare Ringe. Sie kommen dort zustande, wo der energetische Kreislauf zwischen gesellschaftlichen

Instanzen, Einflusssphären oder etwa Richtungen der Wissenschaft geschlossen wird. Einige solcher Ausgangspunkte erschienen zunächst lange wie entgegengesetzte Pole. So war die wohl erstmalige Begegnung von Psychologie und Physik in den 30er-Jahren des 20. Jahrhunderts ein geradezu alchemistischer Vorgang, der einen besonderen, in diesem Fall wissenschaftlichen »Ring der Kraft« hervorbrachte. Dabei entstand eine Verbindung zwischen Disziplinen, die für unser späteres Verständnis von Schicksal und Ereignisbeziehung richtungweisend werden sollte.

Es geht um das Gemeinschaftswerk von C. G. Jung, Freud-Schüler, Arzt, Psychoanalytiker, und Wolfgang Pauli, Nobelpreisträger für Physik. Aus ihrer Zusammenarbeit ist eine inzwischen weithin bekannt gewordene Theorie hervorgegangen, welche das Zustandekommen von Ereignissen untersucht, die von Jung und Pauli als »sinnvolle Zufälle« beschrieben wurden. Das Werk der beiden wird im vorliegenden Buch als Meilenstein auf dem Weg zu einem Schicksalsverständnis erläutert, das nach symbolischen Zusammenhängen, verborgenen Beziehungen und letztlich auch nach Mustern im Hintergrund fragt.

In den 80er-Jahren kam der nächste entscheidende Impuls für eine solche Sicht der Dinge durch Rupert Sheldrakes Arbeit hinzu. Was allgemein vielleicht noch nicht aufgefallen ist: Der Biologe bringt uns mit seiner Theorie der »morphogenetischen Felder« ein Verständnismodell für das Prinzip sinnvoller Zufälle. Dadurch, dass hinterfragt wird, auf welche Weise für ungewöhnliche Schicksalsverflechtungen und Ereignistendenzen im Hintergrund oft Formen unsichtbarer Information wirksam sein könnten. Gar erscheint der Vergleich mit Feldenergien in der Physik wie etwa Magnetismus oder Gravitation nicht abwegig. In diesem Sinne existieren auch manche schicksalhaften Anziehungs- und Abstoßungskräfte.

Da mich bereits zu meiner Studienzeit C. G. Jung begeistert hatte, weil er auch die mythische Seite des Daseins in seine Betrachtungen einbezog, und mir später die Thesen von Sheldrake geradezu wie geistige Starkstromimpulse vorkamen, lag es nahe, beide Ansätze zu verknüpfen. Hieraus ist die »Sprache des Zufalls« entstanden, wie sie Ihnen heute vorliegt. Bei diesem Vorgehen wird unter anderem nach den versteckten Botschaften gefragt, in denen die Energiekreisläufe des Schicksals sich uns sinnhaft mitteilen. Wie zu erkennen sein wird, reihen sich in dieser besonderen »Sprache« Ereignisse gleichsam »wie Buchstaben« oder »Worte« zu sinnhaften Aussagen aneinander, die wir gedanklich jeweils so zu übersetzen haben, wie es uns von innen her berührt.

Einen aufschlussreichen Zusammenhang bekommen solche Eindrücke vor allem dann, wenn wir nicht nur das einzelne »Zeichen« im Auge haben, sondern wenn wir uns auch in das Wesen einer Botschaft für unsere Entwicklung einstimmen. Darin enthalten ist, dass unsere ganz persönliche Existenz mit Feldenergien von Menschen, Orten, Gegenständen sowie vielem anderen auf sinnvolle Weise verflochten ist. Dazu gehört auch, dass unsere Vergangenheit Energie ins Heute einspeist und wir teilweise auch die Resonanzbogen der Zukunft über sinnvolle Zufälle angedeutet bekommen.

In mancher Hinsicht gaben mir eigene Beispiele eine Ahnung davon, wie die Informationsverbindung des persönlichen Unbewussten mit Ereigniskonstellationen auf vielfältige Weise funktioniert. Denn während ich das Buch schrieb, geschahen immer mehr Zufälle, die mir entweder persönliche oder allgemeine Zusammenhänge zeigten. Wie automatisch wurde ich zu ihnen hingeführt. Es war die emotionale Verbindung mit dem Thema, die geradezu in Serie ein Zufallsmuster nach dem anderen hervorbrachte, und zwar jeweils in einer Weise, die ich entweder gleich oder einige Zeit später verstehen konnte.

Mal war es ein Anruf, der genau zur richtigen Zeit kam, mal eine Fernsehsendung, die zu meinem Thema passte, oder das »Aha-Erlebnis« zu einer beliebigen Angelegenheit, das sich an einem völlig unerwarteten Ort einstellte. Ich stolperte über ungewöhnliche Namensentsprechungen bei neuen Bekanntschaften und erlebte seltsame Überkreuzmuster bei Menschen in meinem Umfeld. Und zwar auch bei Leuten, die im Grunde wenig oder gar nichts miteinander zu tun hatten.

Im Bemühen um Bündelung und Analyse solcher Eindrücke stand die Auseinandersetzung mit weiteren wissenschaftlichen Ansätzen, die etwa von Physikern wie David Bohm oder Psychologen wie dem US-Amerikaner Roger Nelson geliefert wurden. Es sind Forscher, die sich unter anderem mit der Schnittstelle von Quantenphysik und menschlichem Bewusstsein befasst haben. Nach und nach fügten sich weitere Erkenntnisse aus noch anderen Richtungen zu diesen Gesichtspunkten hinzu.

In der Summe lassen diese Ansätze erahnen, dass es recht abstrakte Formen von Musterbildung gibt, die letztlich aller Existenz zugrunde liegen könnten. Dies schließt religiöse Betrachtungsweisen zum Thema nicht aus. Ebenso weist die Wahrscheinlichkeitsrechnung einen rein mathematischen Zufallsbegriff auf, der hier im Buch allerdings nur der Vollständigkeit halber gestreift wird. Im Vordergrund geht es auch bei den Dingen, die hier von der wissenschaftlichen Seite her gewürdigt werden, um das, womit wir praktisch etwas anfangen können.

Wenn im Buch gelegentlich von einer psychischen Form des »Magnetismus« oder seelischer »Elektrizität« die Rede ist, so handelt es sich selbstverständlich um Metaphern, um sinnbildhafte Umschreibungen. Ich habe mich aber auch bemüht, wissenschaftlich greifbare Entsprechungen dafür an der einen oder anderen Stelle anzudeuten. Manchmal wird auch auf sogenannte *energetische* Faktoren eingegangen. Der Begriff »energetisch« meint in der vorliegenden Lektüre im Wesentlichen Energiebeziehungen, die im metaphysischen Zusammenhang eine Rolle spielen. Also in einem Bereich, welcher der gewöhnlichen Physik und der Objektwelt, in der wir leben, aus philosophischer Sicht überlagert erscheint.

Weil dieses Vorwort auch eine Art »Beipackzettel« zum Buch sein soll, erlauben Sie mir noch ein paar Hinweise. Unter der Überschrift »Praxis« werden Sie eine Fülle von Möglichkeiten mit Trainingsansatz finden. Ich hoffe, dass es mir gelungen ist, einen »Kochrezeptcharakter« zu vermeiden, den ich meist irgendwie fragwürdig finde. Vielmehr ging es mir darum, Ihnen möglichst viele Anregungen zu bieten, wie sich Erfahrungspraxis unterstützen lässt, die um das Thema sinnvoller Zufälle herum von Bedeutung sind.

Das Einhalten etwa einer nach Kapiteln geordneten Reihenfolge in der Beschäftigung mit den Trainingsfeldern ist nicht erforderlich. Sinnvollerweise sucht man sich die Praxisbeispiele heraus, die einen am meisten ansprechen, wo man sich sagt: Das ist »mein Thema«, damit möchte ich einmal Erfahrung machen bzw. das möchte ich einmal ausprobieren. Eventuell finden Sie auch Anknüpfungspunkte zu Praxisbeispielen, die sich aus aktuellen oder zurückliegenden Begebenheiten in Ihrem Leben herleiten.

Es werden Ihnen in der Lektüre keine Wunder versprochen und das Buch gehört auch nicht in die übliche Gattung »persönliches Erfolgscoaching«. Wenn sich gleichwohl eine besondere Art von »Wunder« einstellen mag, so ist dies umso besser. Ein Mehr an Erfolgen in persönlichen Strategien wird gelegentlich – fast möchte man sagen – »unvermeidbar« sein. Die Frage ist jeweils nur, auf welchen Ebenen es sich einstellt und was das Leben gerade mit uns vorhat. Dies zu erkennen, indem wir durch manche Zufälle darauf gestoßen werden, lässt uns gegebenenfalls energievoll mit einer sinnvollen Entwicklungsrichtung aus der Situation heraus mitgehen.

Wenn sich hingegen Rückschläge oder Phasen von Stagnation einstellen sollten, sind wir mithilfe von Botschaften des Zufalls oft vermehrt in der Lage, sie zu verstehen und eventuell so etwas wie einen Sinngehalt dahinter zu entdecken. Es werden im Buch auch durchaus Erfolgsfaktoren untersucht, die zum einen mit Persönlichkeiten zu tun haben, die etwas Besonderes vollbracht haben. Außerdem geht es um beteiligte Feldenergien an dem Geschehen und um ganz bestimmte Zufallsprinzipien dabei. Schließlich werden auch Übungen von Autoren vorgestellt, die sich mit Faktoren wie Glück und Erfolg in ihrer Arbeit beschäftigt haben. Es sind solche Beispiele, bei denen gedankliche Verbindungen zum Thema sinnvoller Zufälle oder Musterbildung im Schicksal bestehen.

Noch eine Bemerkung erscheint mir wichtig: Sobald man sich darin übt, mehr hinzusehen, wo sich Zusammenhänge und schicksalhafte Verknüpfungen im Leben ergeben, kann auch ein mentales Fenster geöffnet werden, durch das vermehrt Bilder aus dem Unbewussten vor dem geistigen Auge erscheinen. Das kann in besonderen Fällen auch einmal beunruhigend wirken.

Ebenso wenn sich vermeintliche oder tatsächliche Zusammenhänge zwischen Vorkommnissen geradezu inflatorisch aufzudrängen scheinen. Das wären dann Entwicklungen, in denen man sich durch übermäßiges Eingehen auf alle möglichen ahnungsschwangeren Assoziationen mehr blockiert, als dass es nützlich wäre.

Man sollte dann zumindest wissen, wie man solch einen Zustand auch wieder abschalten oder unterbrechen kann. Beispielsweise wird manche spirituelle Möglichkeit dafür infrage kommen, von einem kleinen Ritual bis hin zu einer Zwiesprache mit dem, was man als seine geistige Führung begreift – die »Weisheit des Unbewussten«, das »höhere Selbst« oder eine spirituelle Instanz. Für jemand anders wird es in einem Fall innerer Bilderflut dagegen richtig sein, einfach nur eine Viertelstunde um den Häuserblock zu gehen, um wieder einen kühlen Kopf zu bekommen. Oder man macht ein paar sportliche Übungen, löst logische Rätsel, Rechenaufgaben – was auch immer.

Ansonsten dürfte die Auseinandersetzung mit diesen Dingen vor allem wohltuend sein und manchmal sogar zum Schmunzeln anregen, wenn man gelegentlich den einen oder anderen »Wink mit dem Zaunpfahl« erkennt, den das Leben für uns bereithält. Auf eine bestimmte Weise kann das Schicksal recht humorvoll mit uns kommunizieren.

Schöpfen wir in diesem Sinn aus der Quelle an Möglichkeiten, die uns eine Zwiesprache mit oftmals beredten Feldenergien unseres Daseins vermittelt. Es lassen sich hierdurch nicht selten persönlich hilfreiche Entwicklungslinien unterstützen. In diesem Sinn wünsche ich viel Vergnügen und Anregung bei der »Sprache des Zufalls«.

Carel Bernd Nossack, 9. Januar 2009

I

Spurensuche:
»Unsichtbare Regie«

Geschichtssendungen im TV-Programm werden immer beliebter. Man will das Gestern verstehen, eventuell die Gegenwart aus Vergangenem besser einordnen. Doch dabei sollte man nicht nur auf die bloßen Fakten schauen, sondern auch auf die Dinge, die dahinter stehen – Vorgänge, die gleichsam wie hinter einem ungreifbaren Vorhang der gewöhnlichen Wahrnehmung entzogen scheinen. Blicken wir aus diesem Grund zu einer Begebenheit zurück, die seinerzeit bereits ein Vorzeichen für Kommendes war.

Zu Beginn des 20. Jahrhunderts scheint die Welt für das Bürgertum noch in Ordnung. Man spricht gar von der Belle Époque, der schönen Epoche. Die technische Entwicklung schreitet schnell voran, und viele Menschen glauben, dass sie vor allem Fortschritt bringen wird. Die Angehörigen gesellschaftlich gehobener Kreise schlendern auf den großen Alleen und Boulevards. In den Salons wird angeregt geplaudert, wobei die Beschäftigung mit Kunst und Kultur zum gepflegten Lebensstil gehört. Während dieser Zeit geschieht etwas Seltsames, das aber erst später seine rätselhafte Natur offenbaren wird.

Man schreibt gerade das Jahr 1898, als der britische Schriftsteller Morgan Robertson einen ungewöhnlichen Roman veröffentlicht, in dem es um die Geschichte eines als unsinkbar geltenden Schiffes geht, dem er den Namen »Titan« gibt. Der Autor lässt jenes Schiff am dramatischen Wendepunkt der Handlung im Nordpolarmeer untergehen – in einer eiskalten Nacht im April.

Anlass für die Katastrophe ist in Robertsons Roman ein Eisberg, den das Schiff rammt. Gerade einmal 14 Jahre später verlässt ein tatsächlicher Ozeanriese, der als Krone technischer Leistungskraft gilt, seinen Heimathafen Southampton, und zwar – man achte auf den Monat – genau am 12. April 1912. Dieses Schiff heißt nun ganz ähnlich wie in der Romanvorlage, nämlich »Titanic«, und das Schicksal des Ozeanliners gilt bis zur heutigen Zeit als eines der dramatischsten Ereignisse in der Schifffahrtsgeschichte. Nur zwei Tage nach dem Auslaufen – exakt 20 Minuten vor Mitternacht – kollidiert das überfüllte Passagierschiff mit einem Eisberg.

Wie in Robertsons Erzählung handelt es sich bei der »Titanic« um ein als unsinkbar gepriesenes Luxusschiff, das sogar nahezu identische Abmessungen aufweist (im Roman 260 Meter, in der Wirklichkeit 270 Meter lang). Weitere Parallelen: Das fiktive Gewicht der Titan betrug 45 000 Tonnen, das der Titanic 46 348.[1] Im erdachten wie im realen Fall wird das Schiff jeweils steuerbords beschädigt. Und im 14 Jahre zuvor geschriebenen Buch wie auch im späteren Leben werden zu wenige Rettungsboote an Bord sein, als die »Titanic« auf dramatische Weise untergeht.

Dazu gibt es eine bislang kaum bekannte Übereinstimmung: Wie eingangs erwähnt, hatte Morgan Robertson den Roman geschrieben, und die Bank, der die Reederei »White Star« – Betreiberin der Titanic – gehörte, war das Geldinstitut J. P. Morgan. Gleich zweifach also ein Zusammenhang, der auf den bekannten Satz »nomen est omen« (»Name ist Schicksal«) hinweist – »Titan« und »Titanic« sowie »Morgan« als Vorname des Autors und »Morgan« als Firmenbestandteil (ursprünglich der Nachname des Firmengründers vom Geldhaus im Hintergrund der Reederei).

Doch daran dachte wahrscheinlich beim Unglück der Titanic niemand. Wer aber Morgan Robertsons Buch gelesen hatte und dann die Schlagzeilen vom tatsächlichen Schiffsunglück in der Zeitung sah, muss innerlich gefröstelt haben. Wer hätte da nicht vermutet, der Autor – selbst begeisterter Seefahrer – habe hellseherische Fähigkeiten gehabt.

Es lässt sich aus heutiger Sicht jedoch auch eine ganz andere These aufstellen, die in ihren Konsequenzen viel bedeutsamer ist. Nämlich dass der Roman als eine Art Katalysator an einem großen kollektiven Geschehen teilgehabt hat, das inzwischen zu den Themen der Menschheitsgeschichte gehört – etwa wie die Französische

Revolution oder der Fall der Berliner Mauer. Das Buch würde dann als Glied zu einer Kette von Ereignissen gehören, die im kollektiven Unbewussten Gestalt annahmen. Eine Entwicklung also, in der sich nach und nach Vorkommnisse wie ein Stein zum anderen zu einem Puzzle zusammenfügten.

Immerhin behaupten manche Kommentatoren auch, mit der Titanic sei eine ganze Ära untergegangen. In der Online-Enzyklopädie »Wikipedia« heißt es etwa zum Ende der Belle Époque: »*Die Zeit eines weithin sorglosen Lebensgefühls endete spätestens mit Kriegsbeginn 1914. Man kann den Schlusspunkt aber auch schon 1912 setzen: Mit dem Untergang der Titanic ging symbolisch auch der naive Glaube an die Allmacht der Technik unter.*«[2]

Bemerkenswert ist hierbei die enthaltene Zahlensymbolik. 14 Jahre nach Romanveröffentlichung kommt es zur Havarie, und im Jahr 1914 beginnt der Erste Weltkrieg. Die Zahlenverbindung könnte als eine Art Anspielung des Schicksals zu verstehen sein, dass Roman, Schiffsuntergang und Erster Weltkrieg miteinander zu tun haben – ein bestimmtes Indiz für symbolische Entsprechung, allerdings auch nicht mehr. Jedoch beachte man einmal genauer die Assoziationen, die sich aus dem Schiffsnamen ergeben.

So galten die »Titanen« in der Antike immerhin als das älteste Göttergeschlecht, das zeitlich noch vor dem Pantheon des griechischen Olymps in der Vorstellung der Menschen die Erde beherrschte. Dem Mythos nach sind die Titanen entmachtet worden. Sie gingen als Göttergeschlecht ebenfalls unter. Die weitere Analogie, die im Namenszusammenhang folgt: Mit dem Ersten Weltkrieg begann eine Entwicklung, die letztlich zu einer grundlegenden Änderung weltweiter Machtverhältnisse führte. Damit gingen auch viele alte Traditionen verloren. Es war so etwas wie eine Götterdämmerung im Geiste, die sich bis in die heutige Zeit fortsetzt.

Die geschilderte Verkettung von Namen, Zahlen und Ereignismuster lässt sich als schicksalhafte Resonanz verstehen. Anders ausgedrückt: Ähnliches Geschehen zieht Ähnliches oft nach sich oder steht damit in einer symbolischen Verbindung. Wir werden sehen, dass Resonanzformen unser Schicksal immer wieder berühren. Je sensitiver wir dafür sind, desto eher werden wir frühzeitig wissen, was für Energien – ob gut oder ungünstig – im Leben von uns allen gerade Gestalt annehmen. Mit anderen Worten: Was liegt kollektiv sozusagen »in der Luft«, was korrespondiert mit dem aktuellen Zeitgeist?

Genauso wichtig ist die Überlegung, wie man für sich selbst in verschiedenen Situationen Gefahren umschifft, im privaten Schicksal also die Eisberge unter der Oberfläche von Zeitströmungen möglichst rechtzeitig erkennt. Die Sprache des Zufalls mit ihren symbolischen Botschaften, die aufeinanderfolgend oft geradezu Aussagen wie gesprochene Sätze ergeben, soll uns die Navigation im Leben erleichtern. Dazu ist es wichtig, wie beim Erlernen einer beliebigen anderen Sprache, die innewohnende Logik – so etwas wie die eigene Form von »Grammatik« – zu verstehen. Dem werden wir uns in diesem Buch Schritt für Schritt nähern. Am einfachsten sind die ersten Buchstabierübungen, wenn wir damit beginnen, was wir an vielfältigen Zufallsformen aus eigener Anschauung gewohnt sind.

Wie ist das also bei jedem von uns persönlich? Wie oft sagen wir, etwas sei wie verhext? Haben wir nicht aufgepasst, wenn etwas schiefläuft, auf Zeichen im Leben nicht geachtet? Wie oft ist der Zufall genauso unser bester Freund, sei es, dass er uns warnt, oder sei es, dass er Chancen enthüllt. Manchmal geschieht dies recht ungewöhnlich, vielleicht sogar in Form einer Krankheit.

Der unter Klassikfreunden bekannte österreichische Dirigent Nikolaus Harnoncourt erwähnte beispielweise in einem Interview im Jahre 2002, dass er krankheitsbedingt überhaupt erst zu seiner Berufung gekommen sei.

Die einschneidende Veränderung seines Lebensweges setzte recht früh in seiner Jugend ein, als er das Bett hüten musste. Weil er auf diese Weise das Haus nicht verlassen konnte, hatte Harnoncourt genug Zeit, Radio zu hören. Eines Tages suchte er gerade wieder nach einem Sender, und zufällig berührte ihn in diesem Moment »Beethovens Siebte«, die aus dem Empfänger erklang.

Von diesem irgendwie magischen Moment an wusste Harnoncourt, dass er nur noch ein einziges Berufsziel haben würde: eines Tages selbst Orchestermusiker zu werden. Und dies, obwohl ihm vorher als Berufsrichtung eigentlich die Theaterwelt, zum Beispiel in Richtung Bühnenbild, sehr stark vorschwebte. Wäre er nicht krank gewesen, hätte er wahrscheinlich nicht Radio gehört, auf jeden Fall nicht die Ruhe gehabt, um sich Beethovens Musik mental auf einer so tiefen Ebene zu öffnen. Dabei ist zu vergegenwärtigen, dass Harnoncourt später zu internationalem Ruhm gelangte, in der Mailänder Scala dirigierte, ebenso bei den Wiener Philharmonikern, und dass er auch an großen Opernhäusern Orchester leitete. Im Musikportal »beckmesser.de« wird er mit den Worten zitiert: »*Viele Weichenstellungen in meinem Leben waren vom Zufall abhängig, und es ist fraglich, ob diese Zufälle wieder so eintreten würden.*«[3]

Sicher eine herausragende Lebensleistung, doch gelangen wir als Otto Normalverbraucher nicht auch in unerwartete Situationen, die uns plötzlich auf irgendeinem Gebiet eine völlig neue Richtung erkennen lassen? Haben Sie sich etwa selbst schon einmal überlegt, wie sehr in Ihrem Leben der Zufall eine Rolle spielt?

Stellen Sie sich vor, Sie werden gleich in die Bahn steigen, um eine weitere Reise anzutreten. Die Fügung will es so, dass Sie keine Platzkarte mehr bekommen haben. Wie viele Minuten vor der Abfahrt Sie den Zug betreten, kann darüber entscheiden, welche Plätze frei sein werden. Sie finden eine Möglichkeit mit Fensterplatz in Fahrtrichtung und verstauen Ihr Gepäck. Womöglich gehören Sie auch zu den Menschen, die unterwegs leicht mit anderen ins Gespräch kommen. Vielleicht gerade auch heute, weil Sie ein Buch aufschlagen, das Ihren Sitznachbarn interessiert.

Da man länger beisammensitzt, wird die Unterhaltung ausgiebig. Eventuell bietet Ihnen das Gespräch Anregung für ein Problem. Oder, Sie wissen doch: Es sollen sich im Zug auch schon Menschen verliebt haben. Manche werden beruflich einen interessanten Gesprächspartner kennenlernen, während die meisten sicher einfach nur eine nette Unterhaltung haben. Aber genau neben dem Platz, den man gewählt hat, kann sich – letzte freie Sitzgelegenheit – auch ein ausgesprochen geschickt getarnter Psychopath niederlassen.

Man freundet sich an, weil derjenige einen gewinnenden Eindruck macht und Interessantes zu erzählen hat. Doch die neu entstehende Bekanntschaft bringt später eine Menge Unruhe oder gar Ärger. Sagen wir, es sei ein Stalker, der herausbekommt, wo Sie wohnen, und Ihnen künftig nachstellt. Oder es ist jemand, der Sie später in eine Transaktion verwickelt, die viel von Ihren finanziellen Mitteln verschlingt. Nachträglich bleibt nur Kopfschütteln. Warum ausgerechnet auf dieser Fahrt? Warum musste mir nur im Zug dieser Mensch begegnen?

Was für die einen bei einer Bahnfahrt oder einem Flug an unterschiedlichen Weichenstellungen infrage kommt, hat bei anderen damit zu tun, zu welchem Zeitpunkt sie bei einer Wohnungsbesichtigung eingetroffen sind, welche Freunde von früher man unerwartet auf der Straße getroffen hat und was für Gesprächsinhalte durch irgendwelche Begebenheiten am Rande zustande kamen. »Ist doch ganz toll, dass wir das Thema angeschnitten haben«, denken Sie anschließend. Oder im Gegenteil: »Hätte mich das doch bloß nicht bewogen, meine neue Handynummer herauszurücken.« Manchmal meinen wir auch: »Hätte ich eine wichtige Information nur ein paar Tage eher bekommen oder wäre dieses oder jenes doch bloß.« Wir kennen so etwas nur zu gut.

Dabei hat der entscheidende Augenblick insgeheim seine Vorgeschichte. Was sich zufällig an einem kritischen Schnittpunkt des eigenen Lebens ereignet, weist sehr wahrscheinlich ein Netz von Weichenstellungen auf, die vorausgegangen sind. Waren da nicht subtile Einflüsse, die für einen späteren Augenblick bereits die Weichen stellten? Da mag es vor einem bedeutsamen Zufall sogar eine Rolle spielen, wen wir bei anderen Gelegenheiten begrüßt oder lieber nicht die Hand gegeben haben.

Oder wir haben mit dem Wagen eine Abkürzung genommen, mussten einer Umleitung folgen oder haben irgendwann unseren Weg zu einem öffentlichen Verkehrsmittel anders als sonst genommen. Buchstäblich andere Wege zu gehen kann nämlich auch im Kopf etwas neu sortieren. Dabei wird sich möglicherweise die Frage stellen, welche Plakate oder Schaufenster man passiert oder ob man an der nächsten Kreuzung die Folgen eines Verkehrsunfalls mitbekommt, bevor sich etwas Bestimmtes bei einem selbst ereignet.

In manchen Fällen werden wir entdecken, dass ein Zufall sogar einen »Vorgänger« ein paar Stunden, Tage oder Wochen vorher hatte. Eventuell war beispielsweise vor der entscheidenden Bahnfahrt oder Wohnungsbesichtigung schon etwas anderes schiefgelaufen (oder ganz super), und sei es nur eine Kleinigkeit. Es ist, als würde sich eine Dramaturgie aufgebaut haben. Hat es nicht den Anschein, als ob in einigen Situationen so etwas wie ein »Skriptcharakter« oder eine unsichtbare »Regie« im »Hintergrund« vorhanden ist?

Manche Menschen meinen, schlicht und einfach ausgedrückt, es gäbe keinen Zufall. Eventuell haben Sie auch schon selbst einmal vermutet, dass hinter etwas Bestimmtem, das gerade passiert ist, vielleicht eine Art Mitteilung des Schicksals steckt. Oder Sie denken: »Es musste so kommen.« Vielleicht auch: »Wer weiß, wozu es gut ist.«

Der mathematische Zufallsbegriff

Die Verneinung des Zufalls ist – wie wir gleich sehen werden – ein reines Definitionsproblem. Dabei wird mehr als einmal zu fragen sein, was überhaupt Zufall ist. Lexikalisch meint der Zufallsbegriff alles, was nicht notwendigerweise (etwa naturgesetzlich) oder nicht beabsichtigt (durch zielgerichtetes menschliches Handeln) geschieht. Rein mathematisch wird eine konkrete Zufallswahrscheinlichkeit üblicherweise in Form von Brüchen dargestellt. Danach kann die Wahrscheinlichkeit für einen Vorgang immer nur zwischen »0« und »1« liegen. Je unwahrscheinlicher ein Ereignis ist, desto näher liegt sein Wahrscheinlichkeitsgrad bei »0«. Etwas, das so sicher ist wie das viel zitierte »Amen in der Kirche«, wird durch den Wert »1« dargestellt. Alle anderen Wahrscheinlichkeiten sind Abstufungen zwischen »0« und »1«. Ein Beispiel sind sogenannte »Gleichverteilungen« wie beim Würfel.

Knobelfreunden sei gesagt: Die Wahrscheinlichkeit für jede Punktzahl auf dem Würfel ist als Ergebnis beim Werfen gleich groß, nämlich ein Sechstel (denn der Würfel hat sechs Seiten). Dieser Wahrscheinlichkeitsgrad kann allerdings nicht für den einzelnen Wurf berechnet werden, sondern nur als statistisches Mittel über eine große Menge an Würfen. Deshalb haben Glückspilze beim Würfeln häufig auch einen »guten Lauf«, während Pechvögel schon wieder stöhnen.

Erst über Hunderte oder Tausende von Würfen gleicht sich die Wahrscheinlichkeit für jede Zahl auf dem Würfel völlig aus. Zufällig ist danach alles, was »eben so« geschieht, weil es im Laufe einer großen Anzahl von Ereignissen (hier Würfe mit Würfeln) nach der Wahrscheinlichkeit auch einmal dran sein muss. Man nennt dies auch das »Gesetz der großen Zahl«.

Professor Eberhard Behrends von der Freien Universität Berlin formuliert diesen Hintergrund in der Publikation »Humanglobaler Zufall« wie folgt: *»Der Mathematiker gibt im Modell einen sogenannten Wahrscheinlichkeitsraum an. Da wird einfach gesagt, welche Ergebnisse der Zufall produzieren kann und mit welchen relativen Häufigkeiten er bei wie viel Wiederholungen zu erwarten ist.«*[4] Praktischen Wert bekommt das in der Wahrscheinlichkeitsrechnung, die etwa errechnet, wie aussagekräftig vor dem statistischen Hintergrund ein wissenschaftliches Ergebnis ist.

Völlig außen vor bleibt dabei allerdings die uns interessierende, eminent psychologische Dimension des Zufalls. Sie hat damit zu tun, ob uns tatsächlich gerade etwas zufällt. Das bedeutet, ob ein gegebenenfalls naturwissenschaftlich zu beobachtender oder schlicht realistischer Vorgang etwas mit unserer Psyche, mit seelischen Ladungszuständen, Anziehungen und so weiter zu tun haben könnte. Also mit Dingen, die nach gängigem Verständnis zunächst für uns rein innerlich und damit subjektiv real sind.

Die seelische Dimension des Zufalls

C. G. Jung – ursprünglich Freud-Schüler, später Gründer einer eigenen Psychoanalyserichtung – entwickelte Mitte des 20. Jahrhunderts im Dialog mit Physiknobelpreisträger Wolfgang Pauli die sogenannte »Synchronizitätstheorie«. Nach ihrem Verständnis laufen »synchron« (von griech.: *chronos* für Zeit) gleichzeitig oder parallel zu inneren seelischen Prozessen oft Ereignisse in unserer äußeren Welt ab. Also in unserer materiellen Umgebung zum Anfassen, Messen und Wiegen – in der Welt »da draußen«, in der wir uns bewegen, arbeiten oder ruhen, wo wir lieben, kämpfen, leben.

Das hieße, innere Bilder, Gefühle, Assoziationen oder Ahnungen weisen häufig erstaunliche Ähnlichkeiten damit auf, was entweder gleichzeitig passiert oder in einer markanten zeitlichen Entsprechung an Ereignissen folgen wird. Hierbei geht es mithin um eine spezielle Art von Zufällen, die eindeutig auf einen sinnvollen Zusammenhang hinweisen. Es sind eben jene Synchronizitäten, die für dieses Buch im Gegensatz zum beliebigen – rein mathematisch bedeutsamen – Zufall von hauptsächlichem Interesse sein werden.

1952 publizierten Jung und Pauli gemeinsam den Band »Naturerklärung und Psyche«[5], der zwei Aufsätze, einen von Jung, einen anderen von Pauli, enthält. In seinem Beitrag beschrieb Jung das Sychronizitätsphänomen als das zeitliche Zusammentreffen zweier oder mehrerer rein ursächlich nicht miteinander verbundener Ereignisse, welche aber doch eine übereinstimmende Bedeutung besitzen. Er wies auf Parallelität im Ereignischarakter hin und sah offenbar auch ein bestimmtes schöpferisches Potenzial in solch einer Form von Zusammentreffen (»Koinzidenz«).

Pauli war es, der wörtlich den *Sinn* als wesentlichen Bestandteil in die Betrachtungsweise einführte, weshalb wir seit geraumer Zeit auch von *sinnvollen Zufällen* sprechen.

Die objektive Welt harter Daten der Physik bekam in diesem Weltverständnis also eine Ergänzung durch die weichen, subjektiven Bezüge der Psychologie und umgekehrt. Spätere Autoren in der Tradition von Jung und Pauli haben weiter über die Konsequenzen und Hintergründe nachgedacht. Diesen Überlegungen zufolge könnte das Phänomen der Synchronizität auch einem Ordnungsprinzip entsprechen, das über Raum und Zeit hinausgeht. Es hätte unter anderem ähnliche Dimensionen, wie sie neuerdings etwa im Zusammenhang mit quantenphysikalischen Prozessen diskutiert werden.

Indes sind Ähnlichkeiten, Ereignismerkmale oder so etwas wie *Symmetrie* Schlüsselbegriffe, die nähere Anhaltspunkte dafür bilden, was wir unter Synchronizität verstehen können. Wie aus der Literatur zu erfahren ist, waren gerade für Pauli spezielle Symmetrien der zentrale Gesichtspunkt, worüber er sich etwa mit seinem Freund Heisenberg austauschte.[6]

Dazu anzumerken: Es gibt Erkenntnisse darüber, wie sich etwa molekulare Zusammenhänge symmetrisch entwickeln. Uns begegnen dazu Entsprechungen im Alltag beispielsweise als Symmetrien von Ereignissen und aktuellen Lebensmustern – all das, was zusammenpasst, eine übereinstimmende Handschrift, Färbung usw. aufweist, sich also symmetrisch verhält.

So kann ich etwa ein Haus im Wald besichtigt haben, um dort einen neuen Lebensmittelpunkt zu suchen, und treffe wenig später auf einen Bekannten mit dem Namen Förster. Und vielleicht ist der ausgerechnet auch noch gerade umgezogen. Oder ich denke bei einem Konflikt in der Firma, bald wird's bestimmt richtig krachen, und eine Minute später scheppert es laut, weil an der Ampel, an der ich gerade stehe, ein Auto einem anderen von hinten mit voller Wucht draufgefahren ist.

Auch bei Ereignisketten fallen oft Symmetrieentsprechungen auf. Etwa dann, wenn ein gemeinsames Thema hergestellt werden kann, das einer Aufeinanderfolge von Vorkommnissen innewohnt. Jung war zwar in der Hinsicht recht zurückhaltend, unter anderem, weil er meinte, dass sich dafür in vielen Fällen natürliche Erklärungen finden ließen. Aber zu seiner Zeit hatte Rupert Sheldrake auch noch nicht die Theorie der morphogenetischen Felder ins Spiel gebracht, die im Anschluss erörtert wird. Vor ihrem Hintergrund erscheint es heute doch recht passend, auf markante Merkmalshäufungen in alltäglichen Begebenheiten einzugehen, um den symmetrischen Charakter in einer Serie von Ereignissen herauszufiltern.

Dazu gibt es sogar ein Beispiel aus dem Leben von Jung selbst: Da berichtet der Arzt und Psychoanalytiker, am 1. April 1949 Fisch gegessen zu haben. Am Vormittag hatte er sich noch eine lateinische Inschrift notiert, die mit Fisch zu tun hatte. Nachmittags zeigte ihm eine frühere Patientin, der er schon einige Zeit nicht begegnet war, einige von ihr gemalte Fischbilder, und abends wird ihm auch noch eine Stickerei präsentiert, auf der ein Meerungeheuer zu sehen ist. Damit nicht genug, am frühen Vormittag des nächsten Tages schilderte ihm eine frühere Patientin, die er jahrelang nicht gesehen hatte, einen Traum, »*in welchem sie*«, so Jung, »*am Ufer eines Sees stehend, einen großen Fisch erblickt, der direkt auf sie zuschwimmt*«.[7] Außerdem war er als forschender Geist seit Monaten mit der Ausdeutung all dessen beschäftigt, was mit dem historischen Fischsymbol zusammenhängt.

Vielleicht lag hierin auch der eigentliche Schlüssel, warum ihm die Ereignissymmetrie im Zusammenhang mit dem Themenkreis

Fisch begegnet ist. Denn möglicherweise hatte das Schicksal dem Wissenschaftler mit der Häufung dieser Merkmale einen besonderen Hinweis für seine Arbeit bereitgehalten.

Der klassische Synchronizitätsbegriff bei Jung hat indes viel mit einer starken emotionalen Ladung zu tun, die ein sinnvolles Zufallsgeschehen meistens beinhalten soll. Für den Physiker F. David Peat geht das Phänomen daher auch in der Regel mit einer intensiven seelischen Energieaktivierung einher. Diese finde in einer Weise statt, »als würde die Bildung von Mustern im Unbewussten durch physikalische Muster in der äußeren Welt begleitet«.[8]

Peat spricht als Naturwissenschaftler auch erstmals so etwas wie Lerneffekte an, zu denen sinnvolle Zufälle uns führen können, also ihre Möglichkeit, uns in eine Art Dialog mit dem Universum treten zu lassen. Er formuliert zum Auftreten von markanten Synchronizitätsmustern nämlich: »… außerdem verschwinden sie normalerweise, wenn das Individuum sich bewusst wird, dass die Kräfte in seiner Persönlichkeit eine neue Richtung einschlagen.«[9] Genau daher würden Synchronizitäten oft mit Zeiten von seelischen Wandlungsprozessen zusammenhängen. Als Beispiele werden Geburten ebenso wie Todesfälle oder Verliebtheit erwähnt, Phasen psychotherapeutischer Bearbeitung von Problemen, starke schöpferische Arbeit oder Berufswechsel.

In die Sparte »Seelische Wandlung« fällt übrigens ein inzwischen viel zitiertes Fallbeispiel, das Jung aus seiner ärztlichen Praxis heraus in die Diskussion gebracht hatte. Er hob es seinerzeit deshalb ganz besonders hervor, weil ein Zusammentreffen aus einem blinden, nicht sinnvollen Zufall hierbei für ihn geradezu ausgeschlossen erschien.

In der Angelegenheit ging es um eine junge Frau, die in einer entscheidenden Phase ihrer Behandlung einen Traum hatte. Darin kam das ägyptische Wiedergeburtssymbol eines Skarabäus vor. Als sie von diesem Traum in ihrer Analyse bei Jung berichtete, hörte er ein Geräusch am Fenster. Er drehte sich daraufhin um und sah, wie ein fliegendes Insekt von außen dagegen stieß. Der Therapeut öffnete das Fenster und fing das Tier im Fluge, wahrscheinlich um es seiner Patientin in dem Moment als eine Art kleiner Offenbarung zu zeigen.

Jung schreibt: »*Es war die nächste Analogie zu einem goldenen Ska-rabäus, welche unsere Breiten aufzubringen vermochten, nämlich ein Scarabeide (Blatthornkäfer), Cetonia aurata, der »gemeine Rosenkäfer«, der sich offenbar veranlasst gefühlt hatte, entgegen seinen sonstigen Gewohnheiten in ein dunkles Zimmer gerade in diesem Moment einzu-dringen.*«[10] Der Analytiker kommentiert diesen Vorfall so, dass ihm ein solcher Fall weder »*vorher noch nachher*« je vorgekommen sei und auch der Traum der Patientin sei als »*ein Unikum*« in seiner Erfahrung haften geblieben.[11]

Ein anderes Beispiel für eine Synchronizität mit einem starken emotionalen Aspekt, der das Geschehen begleitet hat, ergibt sich aus dem Leben von Wolfgang Pauli. Es zeigt, wie auch der persön-liche Hintergrund – etwa das, was eine Art großes persönliches Thema bildet – in sinnvolles Zufallsgeschehen einfließen kann.

Der Mitbegründer der Synchronizitätstheorie hatte sich als Phy-siker intensiv mit einer Naturgröße, der sogenannten »Feinstruktur-konstante«, beschäftigt. In der Wikipedia heißt es unter anderem, hierbei handele es sich um einen Wert, welcher die Stärke der elek-tromagnetischen Wechselwirkung angibt. Die Größe sei 1916 zur Beschreibung der Aufspaltung (Feinstruktur) von Spektrallinien des Wasserstoffatoms in die wissenschaftliche Auseinandersetzung eingeführt worden.[12] F. David Peat nennt sie 1992 allerdings noch eines der großen, ungelösten Rätsel der Physik.[13]

Bei dieser Naturkonstante spielt die Zahl 137 eine große Rolle, wobei es genau genommen um einen Bruchwert geht, nämlich 1/137. Wolfgang Pauli hatte sich gedanklich besonders intensiv damit auseinandergesetzt. Als er später anlässlich einer schweren Krankheit in das Spitalzimmer mit der Zahl 137 eingeliefert wurde, soll er angeblich geäußert haben, dort komme er nie wieder raus. Wenig später verstarb der Nobelpreisträger.[14]

Zwar ist es so, dass in der Tradition von Jung vor allem Ereignisse mit starkem emotionalem Inhalt als Synchronizitäten gewertet wer-den. Hier im Buch wird der Synchronizitätsbegriff aufgrund von Be-obachtungen und persönlichen Erfahrungen in einem erweiterten Verständnis Verwendung finden. So erhielt ich einen kleinen Hin-weis vom Schicksal, als ich mich fragte, ob ich an dieser Stelle die Sache mit der Feinstrukturkonstante und Paulis Tod erwähnen sollte.

In dem Moment machte ich gerade eine kleine Schreibpause und befand mich einige Meter von der Haustür entfernt. Ich sah auf ein Gebüsch, als in diesem Moment eine große, wunderschöne Libelle angeflogen kam, die ich bewusst in meiner Gegend noch nicht wahrgenommen hatte. Das erinnerte mich doch sehr freundlich an Jungs Bericht vom Skarabäus-Traum seiner Patientin und ich musste es geradezu als Aufforderung ansehen, Paulis Geschichte hier aufzuschreiben.

Außerdem unterstrich die Anwesenheit der Libelle noch einmal, wie individuell diese Dinge jeweils zu deuten sind, denn auch die Geschichte von Jungs Patientin war ausgesprochen individuell, ebenso wie die Dinge, die in der Praxis geschahen. Insofern war auch der Zusammenhang von Paulis Tod und der Feinstrukturkonstante bzw. der Zahl 137 ein sehr persönlicher. Er hatte speziell für Wolfgang Pauli in der damaligen Zeit ein Vorzeichen mit einer irgendwie endgültigen Eigenschaft. Kein anderer Patient muss sich also sorgen, wenn er im Krankenhaus in einem Zimmer mit der Zahl 137 liegt.

Hätte ich die Libelle ein paar Tage vorher oder später in einer anderen Stimmung wahrgenommen, dann hätte ich mit ihr womöglich keine Aussage verbunden. Da ich aber gerade vorher noch einmal Jungs Aufsatz über sogenannte akausale Zusammenhänge gelesen hatte, brachte ich ihr Erscheinen in einen ganz bestimmten Zusammenhang.

Um es noch einmal hervorzuheben: Wir nehmen in den folgenden Kapiteln das sinnvolle Ereignis im Großen und im Kleinen wahr. Es geht um etwas mit Synchronizität im engeren Sinn auf jeden Fall sehr Vergleichbares, das uns auf Schritt und Tritt begegnen kann und das uns eigentlich immer etwas sagen will, nicht nur in dramatischen Situationen oder wenn große Veränderungen im Leben anstehen.

Warnende Zeichen, auch im kleineren Maßstab, verschwinden oft tatsächlich, wenn wir mit Bewusstsein auf sie reagieren. Das bedeutet, dass wir durch sie gelegentlich auch zu einer veränderten Orientierung aufgefordert werden, wenn das Schicksal noch genügend Ausweichmöglichkeiten parat hält.

Die eher bedrohlichen Zeichen werden eventuell durch günstige Vorbedeutungen abgelöst, und sehr oft sind sinnvolle Zufälle auch in ganz alltäglichen Dingen eine Art Kompass, wie wir uns am besten orientieren können. Im Übrigen hat sich auch der Begriff Synchronizität im allgemeinen Sprachgebrauch verändert und ist inzwischen offener und vielseitiger geworden. Er zeigt uns in vielerlei Hinsicht das Tor zu mehr Verständnis, wie sich unser Schicksal knüpft.

Feldenergien: was Gestalt annimmt

Die manchmal sonderbaren oder auch rätselhaften Begebenheiten des Zufalls unterstützen nicht selten sogar den Eindruck, als würde in vielen Geschehnissen eine eigene Form von Intelligenz enthalten sein. Dabei taucht immer wieder eine Frage auf, die bereits unzählige Generationen bewegt hat. Kann es wirklich angehen, dass Schicksal generell einen Sinn ergibt? Wir wünschen es uns allemal, haben aber oft auch Anlass, daran zu zweifeln.

Man denke nur an all die schrecklichen Nachrichten, die uns täglich erreichen. Wenn die Dinge persönlich gut laufen, sprechen wir allerdings auch schon von glücklicher Fügung. Eine Urvorstellung der Menschheit ist es im ungünstigen Fall zudem, an irgendeine Art »Strafe« zu denken. Die indische Glaubenswelt etwa sucht nach der Spur des »Karma«.

Wenn wir das eigene Leben betrachten oder das unserer Kollegen, Nachbarn und Bekannten, können wir uns eingestehen, dass es offenbar tatsächlich eine Analogie zu dem gibt, was in fernöstlichen Systemen Karma genannt wird. Dabei wäre der Begriff »Strafe« aber eher durch so etwas wie »Rückkoppelung« seitens des Lebens zu ersetzen. Es geht mehr um Feedback-Schleifen und um Erfahrungsmuster.

In einem modernen Sinne lassen sich viele Fügungen oder auch Ladungszustände im Schicksal mit jenen morphogenetischen Feldern vergleichen, zu denen der Biologe Rupert Sheldrake in den 80er-Jahren eine Theorie populär gemacht hat. So etwas wie »Karma« ließe sich demnach als ein ebenso subtiler wie nachhaltiger Formprozess im Leben verstehen.

Man kann sich das etwa wie die Gestaltausprägung von einem Flussbett mit seinen Windungen, Uferbildungen und Richtungsverläufen vorstellen. Seine Form wird mit der Zeit immer ausgeprägter, je länger das Wasser seinen einmal angenommenen Strömungsverhältnissen folgt.

Nur unter besonderen Voraussetzungen können etwa Klimaänderungen oder menschliche Einflüsse den Verlauf auch wieder ändern. Das bedeutet analog Folgendes: Wenn wir nach den Formen unserer Schicksalstendenzen suchen, so hat dies mit der Suche nach einem Muster zu tun, das sich über einen bestimmten Zeitraum ausprägt.

Offenbart werden können uns solche musterhaften Zusammenhänge unter anderem durch sinnvolle Zufälle. Allerdings brauchen wir, um sie gedanklich einordnen zu können, ein Gespür für ihre eigene – oft verborgene – Ausdrucksweise. Sobald wir uns hierfür sensibilisiert haben, sind Synchronizitäten in vielen Fällen geradezu in der Lage, uns mit einem dahinter liegenden Muster bewusst zu konfrontieren oder es uns zunächst einmal sanft anzudeuten.

Aber wie genau haben wir uns solche Muster eigentlich vorzustellen? Schauen wir uns die hierzu passende moderne Theorie einmal im Original an: Sheldrake macht die von ihm angenommenen Feldenergien unter anderem für die Formgebung in der Natur verantwortlich. Und zwar aus dem Grunde, weil sich nach seinem Verständnis die immer wiederkehrenden Umrisse von Blättern, Bäumen oder Tieren ebenso wie die von uns Menschen allein aus der DNS als Erbsubstanz nicht erklären lassen.

Sheldrake fand dafür einen recht humorvollen Vergleich. Er bezog sich auf die verbreitete Auffassung unter Naturwissenschaftlern, dass sich die körperlichen Moleküle nach dem Bauplan der DNS auf noch ungeklärte Weise irgendwie von selbst zusammenfügen und damit die Formgebung für das Lebewesen selbsttätig hervorbringen würden. Sheldrake: »*Das ist so, als bräuchte man nur die richtigen Baumaterialien und Maschinen auf ein Baugrundstück zu transportieren und könnte dann zusehen, wie dort ein Haus der richtigen Form und Größe entsteht.*«[15]

Weil das nicht funktioniert, selbst wenn man noch die Bauzeichnungen des Architektenbüros dazulegt, müsse es entsprechend auch noch einen zusätzlichen Einfluss für die Formgebung in der Natur geben. Und den beschreibt Sheldrake in etwa so: Jeder Körper werde bei der Zellteilung vom morphogenetischen Feld der eigenen Art in einer Weise »überformt«, dass die DNS darin gleichsam ihr »Fernleitsystem« zur Navigation der Moleküle findet. Es soll wie eine Art unsichtbare Matrix wirken.

Dieser subtile Mechanismus der Natur würde also ordnende Eigenschaften haben, indem er die Form immer wieder in identischer Weise vorgibt, wie beispielsweise ein Huhn, ein Pferd oder eine Blume schließlich aussieht. Das war der Ausgangspunkt. Dieser Teil von Sheldrakes Hypothese galt einige Zeit als ebenso unbewiesen wie unwiderlegt. Man konnte sich nicht vorstellen, wie das konkret geschehen soll.

Die Arbeiten des Biophysikers Fritz Albert Popp legen inzwischen den Schluss nahe, dass hierbei unter anderem eine ultraschwache Strahlung in Zellen eine Rolle spielen könnte, die sich auch experimentell nachweisen lässt. Sie habe einen ordnenden Einfluss auf den biologischen Bauplan. Andere Wissenschaftler wie der Max-Planck-Medaillenträger Herbert Fröhlich von der Universität Liverpool sprechen von einer Art Zellvibration und bestimmten biophysikalischen Frequenzen, welche die genetische Ordnung unterstützen.[16]

Für Sheldrake gibt es darüber hinaus so etwas wie ein kollektives Gedächtnis, das allen lebenden Organismen als Formgebung innewohnt, das aber auch das Verhalten von Tieren und Menschen regelt. In diesem Sinne sollen die von Sheldrake behaupteten morphogenetischen Felder auch für all das maßgeblich sein, wonach sich »Lerneffekte« von Arten entwickeln.

Tatsächlich gibt es umfangreich dokumentierte Experimente, die Folgendes zeigen: Wenn ein bestimmter Teil einer Spezies (zum Beispiel Ratten in einem Versuchslabor) eine gestellte Aufgabe im Käfig gut gelernt hat, überträgt sich das »Gewusst wie« des Lernvorgangs auch auf beliebige Generationen von Nachkommen. Sogar neue Rattenstämme, die nach einer Unterbrechung der Versuche mit den früher gelernten Aufgaben konfrontiert wurden, waren teilweise wie aus dem Stand in der Lage, sich in der Versuchsanordnung zurechtzufinden, um an ihr Futter zu kommen.[17]

Schon geraume Zeit bevor Sheldrake diese aufwendigen Versuchsreihen in die wissenschaftliche Diskussion brachte, gab es

Untersuchungen, die in ihrer Konsequenz noch herausfordernder sind. Die Ergebnisse gelten bislang allerdings nicht in gleichem Maße als abgesichert. In dem Zusammenhang wird heute gelegentlich das sogenannte »Experiment mit dem hundertsten Affen« erwähnt.[18]

Hierbei handelt es sich um einen Effekt, den japanische Wissenschaftler bei einer in der Natur lebenden Affenart beobachtet haben wollen. Im Internet – ausführlich zum Beispiel auf Wikipedia – finden wir etwa den Hinweis, dass die Forscher in den 50er-Jahren Tieren (wie es heißt, Japanmakaken) Süßkartoffeln in den Sand legten.[19] Es ist eine Speise, die von der Art gerne verzehrt wird, doch das Lebensmittel war bewusst verunreinigt worden. Daher lehnten die Tiere die ihnen angebotene Speise zunächst offenbar ab.

Irgendwann fand ein Jungtier der Spezies jedoch heraus, dass sich die Süßkartoffeln in einem natürlichen Gewässer wie zum Beispiel einem Fluss waschen ließen. Es merkte anschließend: Das Nahrungsmittel war nun zum Verzehr geeignet. Andere Makaken auf der Insel ahmten das Verhalten nach und bald breitete sich die Bereitschaft zu diesem Vorgehen unter einigen der Artgenossen aus.

Ab einer größeren Menge an Versuchstieren, über deren genaue Zahl unterschiedliche Auffassungen bestehen, soll die gesamte Kolonie die angebotenen Süßkartoffeln zu waschen begonnen haben. Es handelte sich also um eine bestimmte Anzahl von Versuchstieren, die einen Qualitätssprung im Lernverhalten beinhaltete, wobei aber der Begriff »hundertster Affe« Mythos sein könnte.

Wie auch immer, von diesem entscheidenden Punkt an soll sich die beschriebene Verhaltensbereitschaft sogar auf den Nachbarinseln und auf dem Festland gezeigt haben, ohne dass die Tiere eine räumliche Verbindung miteinander gehabt hätten. Damit hatten die Wissenschaftler wahrscheinlich nicht gerechnet. Mit dem »x-ten« Affen war so etwas wie eine »kritische Masse« erreicht worden, um das Verhalten über ein morphogenetisches Feld zu verbreiten.

Zwar gibt es eine durchaus kritische Diskussion um das Thema, die zum Beispiel auch mit der Dokumentation und Veröffentlichung der Daten zu tun hat. Aber immerhin besteht in dem Makaken-Experiment ein besonders erstaunlicher Ansatz, im Tierversuch morphogenetische Tendenzen als Feldcharakter von Verhalten aufzuzeigen.

Folgern lässt sich aus den verschiedenen Versuchsreihen dieser und vergleichbarer Art: Eine Form von Erinnerung an die Lösung wirkt in gewisser Weise »ansteckend«, und im statistischen Durchschnitt werden die Versuchstiere bei entsprechenden Anordnungen ihre gestellte Aufgabe sehr viel schneller lösen. In der Übertragung der Ergebnisse schließen Anhänger von Sheldrake daraus, dass sich auch beim Menschen Verhaltenstendenzen über das Entstehen immer neuer morphogenetischer Felder auf unsichtbare Weise ausbreiten. So kommt aus den Erkenntnissen im Tierversuch eine praktische Dimension für das Denken und Handeln in unserem Alltag zustande.

In einem seiner Bücher geht Rupert Sheldrake, der als promovierter Harvard-Absolvent schon früh College-Dozent in Cambridge wurde, direkt auf morphogenetische Einflüsse für die menschliche Kultur ein.[20] Daraus lassen sich für unser Zusammenleben sehr greifbare Überlegungen ableiten. Soziales Lernen – im Negativen wie im Positiven – fände auch ganz unabhängig von den modernen Medien eine Verbreitung über formgebende Prozesse. »Parallelgesellschaften« oder »Altersdiskriminierung« hätten danach ebenso ihre »Feldeigenschaften« wie »Patriotismus« oder »Stadtkultur«.

Für die Sprache von Zufällen ist dieser Gesichtspunkt unter anderem deswegen bedeutsam, weil menschliches Schicksal und all das, was wir tagtäglich erleben, sich zu einem großen Teil in einem gesellschaftlichen Rahmen, in der Begegnung mit den anderen abspielt. Unter anderem über zwischenmenschliche Feldenergien ziehen wir offenbar Ereignisse an oder können sie abstoßen.

Das wäre dann in gewissem Sinne vergleichbar mit positiv oder negativ geladenen Magneten.

Naturwissenschaftlich lassen sich Energiefelder besonders gut am Beispiel von Magnetismus anschaulich machen. Wenn man nämlich Eisenspäne um einen Magneten verteilt, wird der Beobachter erkennen, wie sich die Späne in charakteristischer Weise auf der Oberfläche ausbreiten (Abbildung 1). Je nach Polausrichtung von zwei gegeneinander gehaltenen Magneten kommt es hierbei ebenfalls zu anziehenden und zu abstoßenden Linienverläufen. Es sieht geradezu so aus, als habe eine unsichtbare Hand mit den Spänen ein Muster auf dem Papier gezeichnet.

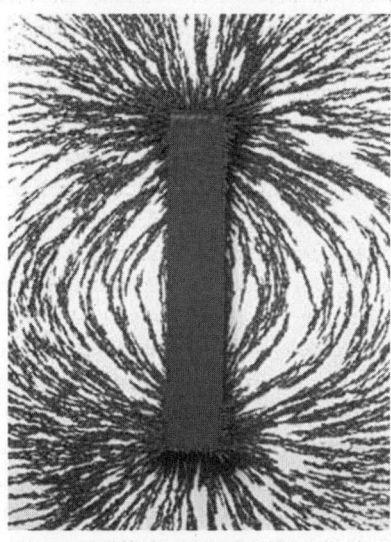

Abbildung 1: Auf dem Foto sind um einen Stabmagneten gestreute Eisenspäne zu sehen. Rupert Sheldrake zeigt sich zwar zurückhaltend gegenüber einem direkten Vergleich zwischen morphogenetischen Feldern und den Feldenergien etwa eines Magneten. Es seien letztlich unterschiedliche Prinzipien. Andererseits jedoch lässt sich der gestaltbildende Einfluss von Feldenergien am Magnetismus eindrucksvoll verdeutlichen. Auch hier kommt es zu einer Musterbildung.

Zunächst einmal mag die Vorstellung etwas ungewohnt sein, dass auch soziale Zusammenhänge im Grunde ähnlichen (unsichtbaren) Feldeigenschaften wie im naturwissenschaftlichen Experiment unterliegen könnten. Es gibt jedoch Untersuchungen, welche in eine solche Richtung weisen. Sie wurden anhand von Messapparaturen vorgenommen, die auf Basis quantenphysikalischer Zufallsimpulse arbeiten. Mit ihnen hat man geprüft, ob es bei menschlichen Zusammenkünften wie etwa wissenschaftlichen Fachkonferenzen zu Effekten des Bewusstseins auf Signalfolgen geben würde.

Hier war das entsprechende Gerät einfach räumlich präsent, jedoch in keiner Weise materiell mit den Teilnehmern verbunden. Es produzierte seine Signale, und es wäre unbedingt zu erwarten gewesen, dass die Anwesenden auf einer Konferenz keine Auswirkungen auf die Feinimpulse hervorbringenden Geräte gehabt hätten.

Erstaunlicherweise hat sich jedoch im Gegenteil gezeigt, dass bei der Behandlung emotional stärker besetzter Themen von den Teilnehmern Einflüsse ausgingen, welche zu Abweichungen in der Normalverteilung von zwei verschiedenen Signalimpulsen führten. Mit anderen Worten: Der reine Zufall tickte offenbar nicht mehr so, wie es der Wahrscheinlichkeitsrechnung entsprochen hätte. Vielmehr reagierten die hochsensiblen Apparaturen mit Abweichungen, die wie eine Manipulation wirkten. Doch es hatte niemand die Geräte auf irgendeine konventionelle Weise beeinflusst.[21]

Der US-amerikanische Psychologe Roger Nelson schließt aus diesen Experimenten, dass offenbar Feldeinflüsse von einem Gruppenbewusstsein auf quantenphysikalischer Ebene vorhanden sind. Es entsteht so etwas wie ein »Gruppenfeld«.

Sie kennen das Resultat solcher Feldeigenschaften eventuell selbst anschaulich aus dem Kollegenkreis, dem Vereinsleben oder der Nachbarschaft, wenn sich plötzlich eine Meinung durchsetzt oder wenn auf einmal bestimmte Themen im Mittelpunkt stehen, die woanders weniger Aufmerksamkeit finden. Dabei kann der Gruppeneinfluss auch in einer Streitbereitschaft um solche Dinge bestehen oder darin, dass einem auf einmal pausenlos auch woanders eine ähnliche Thematik auffällt, etwa in Fernsehbeiträgen oder Zeitschriftenartikeln.

Doch wir erzeugen auch individuelle, rein persönliche Feldenergien. So kann es sein, dass wir den Eindruck haben, irgendetwas würde uns umgeben, etwa so wie ein unsichtbarer Kokon. Und daraus würden sich immer wieder dieselben oder zumindest ähnliche Stolpersteine und Hindernisse im Leben ergeben. Oder wir haben Glück und denken: »Toll, mit was für einer Energie ich schon wieder aufgeladen bin.« Es ist dann wie ein wunderbares Schwingungsfeld, das man um sich herum trägt und das unentwegt angenehme Dinge anzuziehen scheint.

Es gibt interessante Hinweise dafür, dass so etwas oft keinesfalls auf Einbildung beruht. Ähnliche Ergebnisse wie bei den Gruppensituationen kamen bei Reihenversuchen nämlich auch zustande, wenn sich jeweils einzelne Personen in bestimmter Weise auf eine Aufgabe bewusst zu konzentrieren hatten, zum Beispiel mental jeweils zwei unterschiedliche Signaltypen zu provozieren. Die Resultate wichen auch hierbei deutlich von der zu erwartenden Normalverteilung ab.

Das heißt also: Auch das Bewusstsein einzelner Personen hat einen quantenphysikalisch nachweisbaren Einfluss. Um dies zu dokumentieren, waren arbeitsintensive Testauswertungen enormer Mengen an Signalfolgen erforderlich gewesen.

Pionierarbeit auf dem Gebiet all dieser Forschungen leistete zunächst Robert Jahn, seinerzeit Professor für Ingenieurwissenschaften an der Princeton University in New Jersey, ebenso wie seine psychologische Mitarbeiterin Brenda Dunn. Auf ihren Studien bauten später auch die Arbeiten von Roger Nelson mit seinen Gruppenfelduntersuchungen und anderer Wissenschaftler auf.

Lynn Mc Taggart, Autorin populärwissenschaftlicher Bücher, schreibt zu weiterführenden Überlegungen aus den Arbeiten von Jahn und Dunne:

»Jedes individuelle Bewusstsein hatte seine gesonderte Individualität, konnte sich aber auch ›Wellen ähnlich‹ verhalten und dabei alle Grenzen und Entfernungen überwinden, um Informationen auszutauschen. Zu bestimmten Zeiten würde das subatomare Bewusstsein in Resonanz mit bestimmten subatomaren Materieteilchen treten, also in derselben Frequenz mit ihnen schwingen.«[22]

Mc Taggart schreibt weiter, die ursprünglichen Atome würden ihre individuelle Beschaffenheit einer übergeordneten komplexen Einheit unterordnen.

Womit wir wieder bei einem einigermaßen ähnlichen Prinzip wie Sheldrakes morphogenetischen Feldern angelangt sind. Des Weiteren lässt sich aus den verschiedenen quantenphysikalischen Zufallsstudien durchaus folgern, dass sich formbildende Feldenergien sowohl auf kollektive Entwicklungen (Gruppenprozesse) wie auch auf das menschliche Einzelschicksal als Ordnungsprinzipien übertragen lassen.

Einen individuellen Zusammenhang erwähnt Sheldrake ausdrücklich auf körperlicher Ebene für jedes Lebewesen. Er schreibt dazu: »*Ich postuliere eine Art Gedächtnis, das in jedem Organismus als sein morphogenetisches Feld oder morphisches Feld, wie ich es nenne, angelegt ist.*«[23] Von hier aus ist es nur ein kleiner Schritt, sich morphische Resonanz auch für das persönliche Schicksal eines Menschen vorzustellen.

Wenn man von eigenen Beobachtungen ausgeht, dürften bei Feldenergien für den Einzelnen allerdings gewisse Besonderheiten bestehen. Etwa, dass hier eine »kritische Masse« wie bei den Studien mit Affen oder anderen Versuchstieren nicht notwendig hundert oder gar mehr Erfahrungen beinhalten muss, bevor für unser Schicksal ein Resonanzfeld mit Formeigenschaften entstehen kann.

Vielmehr kommt es offenbar auf eine bestimmte Intensität unserer seelischen Ladung an. Ebenso bedeutsam ist das möglichst passgenaue Übereinstimmen mit Merkmalen unserer Umgebung beziehungsweise mit übereinstimmenden Energiemustern anderer Menschen (Symmetriemerkmalen).

Wenn ich beispielsweise zornig bin und auch auf zornige Menschen treffe, so verstärken sich gegenseitig Musteranteile. Sie würden zusätzlich noch Anregung finden, wenn mein Weg eine Demo von nicht eben still und friedlich, sondern in aufgeputschter Stimmung demonstrierenden Menschen kreuzt. Sollte mich dann noch jemand in einem öffentlichen Verkehrsmittel heftig anrempeln, wird sich das Muster wahrscheinlich so stark verdichtet haben, dass es nun zu einer lautstarken Auseinandersetzung kommt.

Interessant wäre es anschließend, sich zu fragen, warum ich diese Dinge tagsüber angezogen habe und was sie mir vielleicht sagen wollen. Eventuell passiert so etwas ausgerechnet einem Menschen, der nicht so leicht in rüde Auseinandersetzungen verwickelt wird. Aber es könnte eine psychische Energie vorhanden sein, die sich aufschaukelte und schließlich eine Konfrontationssituation im öffentlichen Nahverkehrsmittel anzog.

Manchmal kommt so etwas übrigens vor, wenn alte Begrenzungsmuster noch Widerstand leisten, sich eine neue berufliche Stellung zu verschaffen oder einfach auf ein höheres Erfolgsniveau zu gelangen. Dann kommen womöglich auch noch weitere Zeichen in der

Richtung hinzu, die etwas mit der eigenen Biografie zu tun haben. Eventuell hatte man als Kind Angst vor großen Hunden und wird an dem Tag auch noch von einem nicht angeleinten Straßenköter heftig angekläfft.

Darin drücken sich womöglich ebenfalls noch vorhandene Reibungswiderstände, bevor man ein neues Erfolgstableau erreicht. Hierzu würde vom Sinn her auch die Demo passen, deren Weg man gekreuzt hat, denn es war im übertragenen Sinn auch die eigene Demo im Kopf. Auf jeden Fall würde hier gleichsam eine kritische Masse emotionaler Aspekte eine Rolle gespielt haben, um Geschehen anzuziehen.

Aber auch reine Wiederholung kann letztlich ausschlaggebend sein, ganz im Sinne einer Nach-und-nach-Steigerung von Feldenergie wie beim Versuch mit dem hundertsten Affen. In diese Kategorie passt auch sehr gut das Beispiel von C. G. Jung mit dem Fischthema.

Wir erinnern uns: Jung hatte sich bereits geraume Zeit mit den psychologischen Dimensionen von Fischen als Urbildern menschlicher Erfahrung auseinandergesetzt. Offenbar so lange (immer wieder), bis um den 1. April 1949 herum ein Verdichtungsgrad (»kritische Masse«) erreicht war, der ganz charakteristische Ereignisse hervorbrachte. Und zwar solche, die – ohne dass Jung sie bewusst angesteuert hätte – nacheinander etwas mit Fisch oder fischähnlichen Merkmalen (siehe »Meerungeheuer«) zu tun hatten.

Schließlich bilden auch Parallelen mit einem ganz speziellen, charakteristischen Zeitmuster oft Anhaltspunkte. Wir sprechen ja gelegentlich davon, etwas liege augenblicklich in der Luft. Damit ist gemeint, dass der gegenwärtige Moment eine Charakteristik aufweist, die einer ganz bestimmten Ereignistendenz um uns herum entspricht.

An dieser Stelle sei auch noch einmal daran erinnert, dass im Wort Synchronizität der erwähnte Hinweis auf eine zeitliche Qualität enthalten ist. Anders ausgedrückt: Sinnvolle Zufälle stellen sich häufig zeitsensibel dar – oft so, als würden sie geradezu das ganz eigene Gesicht eines Augenblicks erkennen lassen.

Es gibt so etwas beispielsweise kollektiv in Geschichte oder Politik, wenn hier neue Entwicklungen parallel mit neuen Trends in der Mode oder Kunst oder mit sich verändernden Interessengebieten der Menschen einhergehen. Aber auch auf persönlicher Ebene kann Entsprechendes geschehen, etwa wenn ich mich gerade dann zu einem Umzug entschließe, wenn auch Freunde oder Bekannte von mir in ein neues Zuhause ziehen. Oder ich bin gerade dabei, die Kisten zu packen, wenn ich im nebenbei laufenden Fernseher erfahre, dass ausgerechnet jetzt die Zeit ist, in der Scharen der Zugvögel sich auf den Weg nach Süden machen.

Es kommt mithin so etwas wie eine Mixtur verschiedenster Dinge zusammen, die im Einklang miteinander eine Gestalt, etwas Typisches oder Markantes für eine Ereignistendenz ergeben. Wie aus einem Nebel tritt solch ein Muster manchmal auch für unsere bewusste Wahrnehmung hervor. Die Querverbindungen – sprich Assoziationsmerkmale –, die hierbei eine Rolle spielen, weisen fast immer ihre eigene Psychologie und Logik auf. Dadurch können wir uns auch oft einen Reim darauf machen.

Manchmal sind die Muster für etwas, das scheinbar Gestalt annehmen will, aber eher vorübergehender Natur. Dabei verhält es sich dann wie ein vorübergehender Trend in der Meinungsforschung. Dann konnte sich nicht wirklich eine Feldenergie aufbauen oder sie war zu schwach und ebbte in ihrer Schwingungsfolge ab.

Damit ein Muster überhaupt bestehen bleibt, benötigt es den eigenen Feldcharakter. Sonst ist es rein episodisch und hat dann in der Regel wenig oder keine Aussagekraft. Damit hängen eventuell auch einige seltsame Zufälle zusammen, die uns vielleicht kurz das berühmte Fragezeichen auf der Stirn hinterlassen, sich aber doch schnell als belanglos herausstellen. Andere Begebenheiten setzen dagegen sofort unseren Geist in Bewegung.

Jeder von Ihnen kennt das wahrscheinlich, wenn es »im Gehirn« plötzlich »rattert« und wir uns spontan fragen, wieso schon wieder etwas passiert, das Ähnlichkeit mit einem vergangenen Ereignis hat. Hiermit wird fast immer ein Muster im Hintergrund eine Rolle spielen. Sobald wir diese Dinge aufzuschlüsseln beginnen, kommen wir naturgemäß in psychologische Fragestellungen hinein.

Kommt es hierbei folgerichtig also darauf an, Sheldrakes Konzept der morphogenetischen Felder um eine psychologische Dimension von »Ereignisgestalt« zu erweitern, ist es praktisch, hierfür zusätzlich einen eigenen, neuen Begriff einzuführen. In diesem Sinne lässt sich im Zusammenhang mit sinnvollen Zufällen auch von »Gestaltfeldern« sprechen. Es geht darum, was buchstäblich gerade für uns Gestalt annimmt. Und genauso ist die Frage bedeutsam, zu welchen bereits bestehenden Gestaltfeldern – zum Beispiel Schicksalstendenzen bei Menschen, mit denen wir in Verbindung stehen – sich ein Geschehen in Beziehung setzt.

Der sinnvolle Zufall im Sinne von Jung und Pauli macht diese Art von »Karma« sichtbar, unterstreicht die Existenz der unterschwelligen Feldenergien in einem speziellen Fall. Mit anderen Worten, er ist Indikator, Hinweisgeber für ihr Vorhandensein. Oder anders ausgedrückt: Er stößt uns mit der Nase auf solche tiefer liegenden Muster.

PRAXIS

➤ Möchten Sie einmal überlegen, worin Sie selbst gelegentlich Anhaltspunkte für eine Art von Feldenergie in Ihrem Leben erkennen? Wann haben charakteristische Entwicklungen bei Ihnen nach und nach Gestalt angenommen, sich eventuell verdichtet? Man identifiziere dazu Geschehnisse, die zusammenpassen: Wo gab es Ähnlichkeiten, Übereinstimmungen? Wir brauchen sie erst einmal nicht zu interpretieren, sondern mehr zu registrieren. Zum einen sind da die Dinge im ganz alltäglichen Geschehen bedeutsam, aber auch Träume, die etwa zur selben Zeit auftraten, Vorahnungen, wiederkehrende Gedanken, Bewusstseinsentwicklungen.

➤ Im nächsten Schritt stellt sich die Frage: Gab es eventuell auch kleinere oder größere Zufälle, die darauf aufmerksam gemacht haben, was gerade im Werden ist? Worin bestanden Vorzeichen für etwas Kommendes? Haben Sie so etwas bereits erlebt oder gibt es in Ihrem Umfeld solche Vorgänge, aus denen heraus Sie auf ein Gestaltfeld bei anderen schließen würden?

➤ Falls Ihnen momentan nichts dazu einfallen sollte, dann überlegen Sie doch beim nächsten Zufall, der entweder Ihnen selbst oder Freunden, Verwandten, Kollegen passiert, was er uns sagen will oder auf welche Dinge er aufmerksam machen könnte, die im Werden sind. Das kann sehr konkret sein, zum Beispiel im Hinblick auf eine berufliche Entwicklung. Dann ergibt sich eins zum anderen, das uns darin unterstützt, Entscheidungen zu treffen oder Menschen zu begegnen, die in die jeweilige Richtung führen.

➤ Ein Muster kann auch allgemeiner umschrieben werden, etwa in Überschriften oder Merkzeilen wie »Erneut mit Verzögerung«, »Noch im letzten Moment«, vielleicht auch »Ständig überhastet«. Bei solchen zeitbezogenen Mustern, die zunächst gar nicht einmal so vordergründig nach Zufall riechen, uns aber doch vom Ereignischarakter her zufallen, lohnt es sich, gedanklich Querverbindungen herzustellen.

Zum Beispiel welche Dinge man selbst im »letzten Moment« veranstaltet, wenn einem auf einer anderen Ebene vielleicht erst kurz vor Torschluss von außen Hilfe zuteil wird. Oder wenn in der Familie, in der Firma oder im Verein Entscheidungen, vielleicht auch Arbeiten überhastet zustande kommen, wäre unter anderem die Frage interessant: Was überdenke ich selbst nicht gründlich genug, wo lasse ich mir genügend und wo zu wenig Ruhe. Meist ist es ja so, dass Zeitaufwand für eine Sache Zeit und Energie woanders wegnimmt.

Gerade im Bereich zeitlicher Raster kann man seine ersten nachhaltigen Erfahrungen machen, um sich typischer Muster bewusst zu werden und sie gegebenenfalls auch zu verändern. Der Grund liegt darin, dass Zufallsgeschehen selbst viel mit dem Faktor Zeit zu tun hat. Ich kann damit sehr gut experimentieren, um zu sehen, wie eine veränderte Handhabung von Zeit Ereignisdynamiken verändert.

➤ Auch mit periodischen Zeitsymbolen (sprich Feiertagen und Ähnlichem) lässt sich recht gut arbeiten. Etwa vor dem Jahreswechsel unbedingt noch etwas aufräumen, erledigen, besprechen befreit den Geist für Kommendes, unterstützt meist eine Feldenergie von Antrieb und Optimismus.

Zwar haben wir nur einmal im Jahr Silvester, aber vor dem eigenen nächsten Geburtstag lässt sich genauso mit der symbolischen Zeitqualität umgehen. Wir können für Ostern Dinge ins Reine bringen, oder zu den alten Jahreszeitenfesten wie zur Tagundnachtgleiche oder zur Sommer- und Wintersonnenwende.

Sie können sich zu diesen Zeitpunkten wichtige Dinge vornehmen, die für Sie Symbolcharakter haben, und Sie gewinnen auf
diese Weise die Chance, neugierig zu sein, ob vielleicht etwas an
kleineren oder größeren Zufällen daraus resultiert. Sogar zu dem
Feldcharakter von Wochentagen können wir in Beziehung treten.
Etwa wenn Sie dafür sorgen, dass der Montag demnächst eben nicht
wieder der typische »gebrauchte Tag« für Sie und Ihre Umgebung
wird, wenn Sie Sonntage einmal anders als gewohnt verbringen,
zum Ende der Woche Dinge abschließen und vieles mehr.

Stellen Sie dabei fest, wie sich der Gestaltcharakter vieler Dinge,
die Sie erleben, womöglich verändert. Achten Sie am besten auch
darauf, wie vieles eventuell anders im Werden ist, wenn Sie ein
wenig Ihren gewohnten Rhythmus verändern (natürlich nur dort,
wo Veränderungsbedarf besteht). Auf jeden Fall lassen sich hier
erste Erfahrungen gewinnen, was es mit dem Feldcharakter von
Ereignistendenzen auf sich hat.

➤ Es macht einigen Sinn, sich ein Zufallsjournal anzulegen, in dem
man seine Erfahrungen und Eindrücke sammelt. Dies muss keine
große Mühe bereiten. Sich von Zeit zu Zeit etwas zu notieren, das
einem wichtig erscheint, kann ganz hilfreich sein. Hierfür eignet
sich auch gut die »Notizzettel«-Funktion von einem Office-Pro-
gramm im PC, besonders wenn es Möglichkeiten auch nachträgli-
cher Gliederung unterstützt. Oder man nimmt ein normales
Schreibprogramm und hält darin ungewöhnliche Erlebnisse, Wahrnehmungen von Lebensmustern, Gedankenverbindungen usw. fest.
Aber natürlich tun auch einfach handschriftliche Notizen ihren
Dienst.

Zufall und kein Zufall

Wie in vielen Dingen gibt es auch bei unserem Thema gelegentlich eine gewisse Sprachverwirrung. Da wird manchmal auch das Wort »zufällig« genutzt, obwohl es in Wirklichkeit gar nicht darum geht. Aus diesem Grund sollten wir uns noch einmal erinnern, was Zufall definitionsgemäß ist. Wie bereits erwähnt, wird damit das Eintreten unvorhergesehener beziehungsweise unbeabsichtigter Ereignisse bezeichnet. Gemeint ist alles, was nicht notwendig (also durch physikalische/biologische Ursache) oder beabsichtigt (durch zielgerichtetes menschliches Handeln) geschieht.

Geht es um den rein mathematisch interessanten Zufall, passiert alles gleichgültig für unser Schicksal, sozusagen beliebig und ohne Plan. Im psychologischen Sinne gibt es eine völlig andere Art von Zufall. Es ist jene, die beispielsweise in irgendeiner Form eine Botschaft für uns enthalten könnte oder die Weichen für Zukünftiges stellt. Dies ist der viel zitierte »sinnvolle Zufall«.

Um davon Dinge zu unterscheiden, die nur vermeintlich Zufall bedeuten, denken wir einmal an folgendes Szenario: Der Mitarbeiter eines Supermarktes hat klammheimlich Verkaufsartikel für den »Eigenbedarf« an sich genommen. Ausgerechnet in dem Augenblick, in dem er die Artikel in seinem Spind des Pausenraums zwischenlagern will, kommt der Marktleiter hinzu und stellt ihm nun eine peinliche Frage – was das zu bedeuten hat. Sind die Artikel an der Kasse abgerechnet? Hochroter Kopf des Angestellten, da diesbezüglich natürlich Fehlanzeige vorliegt.

Das Ganze mag im üblichen Sinne erst einmal Zufall genannt werden. Jedoch kann es auch zielgerichtetem Handeln entsprechen. Der Chef oder Abteilungsleiter ist vielleicht gerade misstrauisch und macht Stichproben. Oder er sucht ohnehin den seiner Meinung nach faulen Mitarbeiter, der sich schon wieder vor der Arbeit drücken will. Das wäre also ganz natürlich zu erklären und hätte eher mit der Wahrscheinlichkeit zu tun, mit der davon auszugehen ist, dass der Chef »ausgerechnet jetzt« in den Pausenraum kommt.

Synchronizität ist dagegen etwas, das wir im Sprachgebrauch zwar auch Zufall nennen, das aber spezieller ist. Sie könnte im geschilderten Beispiel vielleicht darin bestehen, dass der Chef momentan unbewusst ähnlich konstelliert ist wie sein Mitarbeiter. Wie dieser hat auch er ein verdrängtes schlechtes Gewissen. Bei ihm hat es aber nicht mit Diebstahl zu tun, sondern damit, dass er vergessen hatte, den Anweisungen der Konzernzentrale gemäß ein Plakat über verschärfte Dienstvorschriften im Pausenraum anzubringen.

Auch der Zeitfaktor ist ähnlich geschaltet, weil sowohl Mitarbeiter als auch Chef heute ein ähnliches Stressmuster aufweisen, ihre Atmung und Herzschlag für wenige, aber entscheidende Momente tatsächlich synchron laufen. Demnach sind beide in dem Fall durch eine markante unbewusste Konstellation miteinander verbunden, die gerade dann ereignisauslösend wirkt, als es zum Erwischtwerden kommt.

Noch einmal: Es könnte so gelaufen sein. Und dann wäre es ein sinnvoller Zufall. Aber genauso gut wäre es denkbar, dass es sich überhaupt nur um einen vermeintlichen Zufall handelte, weil der Chef einfach Verdacht geschöpft hatte oder routinemäßig mal im Pausenraum nach dem Rechten sehen wollte. Dann hätte alles eine ganz und gar gewöhnliche Erklärung.

Das Leben würfelt nicht

Häufig wirkt der sinnvolle Zufall als Scharnier oder Relais ineinandergreifender Geschehnisse und Muster. Er befördert in diesem Fall eine konkrete Ereignistendenz, spielt uns Bücher oder Informationen zu, lässt eine Idee in uns reifen oder lässt irgendetwas anderes passieren, das unser Leben nachhaltig beeinflussen wird. Daraus ergeben sich wieder Ereignisse und aus ihnen wiederum andere. Auch dies geschieht nach einer inneren Logik.

Oftmals erleben wir die klassische Koinzidenz aber auch in Reinkultur mit ihrem Botschaftscharakter. In früheren Zeiten hat man dabei von einem entweder »schlechten« oder »guten Omen« gesprochen. Doch es muss nicht nur um positive oder negative Vorzeichen gehen. Zufälle sind auch in der Lage, uns komplexere Informationen, kleine Rätsel oder gar eine gewisse Art von Empfehlung zu vermitteln. Mit anderen Worten: Was uns an Ereignissen zufällt, hat für uns oft den Charakter einer vom Leben gleichsam verschlüsselten Information.

Um die Einzelaussage eines Zufallsgeschehens richtig zu verstehen, ist es allerdings wichtig, sie möglichst vor dem Hintergrund einer Entwicklung zu begreifen, auf jeden Fall nicht nur eindimensional. Das isolierte Ereignis bliebe oft unverständlich oder kann auch schnell zu Fehlinterpretationen führen. Solche Entwicklungslinien, die zur Beurteilung einfach dazugehören, sind zum einen der ganz persönliche gestaltbildende Prozess in unserem eigenen Leben, zum anderen die Entwicklungen in unserer Umgebung.

Wie wir noch sehen werden, ist all das, was bei einem selbst im Werden ist, in vielfältiger Weise mit Feldenergien bei anderen Menschen vernetzt, manchmal auch mit kulturellen, gesellschaftlichen und sonstigen Einflüssen. Und zwar in einer Weise, dass sich Ereignisformen geradezu wie eine logische Kette aufbauen. Von Albert Einstein stammt aus einer wissenschaftlichen Debatte das Wort: »Gott würfelt nicht.« In Abwandlung ließe sich in puncto sinnvoller Zufälle auch sagen: »Das Leben würfelt nicht.«

II

ALLTAGSERLEBNISSE UND
SYMMETRIETYPEN

Wie wir inzwischen erfahren haben, gehören Muster und Synchronizität eng zusammen. Es ist deshalb so, weil Muster in den gestaltbildenden Feldenergien enthalten sind, die bei sinnvollen Zufällen eine Rolle spielen.

Auf den ersten Blick erscheint uns der Musterbegriff wohl etwas abstrakt und vielleicht nicht immer ganz zugänglich. Daher vielleicht wieder ein fiktives Beispiel, das ein paar typische Musterbeziehungen beinhaltet: Es interessiert sich eine Frau für die italienische Sprache und belegt einen Kurs dafür. Wenig später zieht ein italienischer Pizzabäcker, den sie noch nie zuvor gesehen hat, zu ihr ins Mietshaus.

Darüber freut sie sich schon einmal, weil sie sich davon Gelegenheit verspricht, für ihren nächsten Italienurlaub etwas Konversation zu üben. Obendrein hat ihr Chef auch noch eine Skulptur aus Florenz ersteigert, die er wegen ihres Wertes voller Stolz im Foyer der Firma aufstellen lässt.

Wenig später verliebt sich die Frau in einen Mann, der zwar kein besonderes Faible für Italien aufweist, aber, wie sich später herausstellt, ein Auto italienischer Herkunft fährt. Doch als der Pizzabäcker aus ihrem Haus auszieht, trennen sich zufällig auch die Wege der Frau und ihres von italienischen Wagen begeisterten Freundes.

So fügt sich eins zum anderen, als würden plötzlich Puzzleteile des Lebens haargenau zusammenpassen. Etliche Zusammenhänge sind zwar komplexer. Doch viele Zufälle bilden auch kleinere Ausschnitte an Gestaltmustern. Sie sind wahrscheinlich die häufigsten. Anzunehmen ist auch, dass sich wie bei dem Kristallisationsprinzip von kleineren Musterstrukturen ausgehend im Zeitverlauf größere Musterkomplexe herausbilden.

Bei vielen größeren Zufallsverflechtungen stolpern wir aber nicht unbedingt über den Zusammenhang. Es hat seinen Grund darin, dass wir die möglicherweise verbindenden Gesichtspunkte nicht immer als bemerkenswerten Zusammenhang auffassen.

Auf diese Weise bestehen in unserem Mustererkennen oft Lücken. So bleibt unsere Wahrnehmung ungewöhnlicher Ereignisse oder Entsprechungen oft ausschnittsweise und episodisch. Daher lohnt es sich, auch relativ einfache und zunächst unscheinbare Gestaltbeziehungen von ihrer Logik her verstehen zu lernen. Machen wir das Schritt für Schritt und ganz praktisch.

Wenn man sich mit dem Zufallsprinzip von dieser Seite her systematisch auseinandersetzen will, ist es zunächst einmal interessant, verschiedene Symmetrietypen kennenzulernen. Sie veranschaulichen so etwas wie Familien sinnvoller Zufälle, die in eine ähnliche oder vergleichbare Symmetrierubrik gehören.

Das ist deswegen von Bedeutung, weil die Art von Ähnlichkeitsmuster, das sich in eine von verschiedenen möglichen Zufallsgruppen einordnen lässt, uns zeigt, welchen Charakter und welche Dimensionen ein Geschehen hat, das uns gerade zufällt. Gleichzeitig lässt sich durch mehr Unterscheidungsmöglichkeiten auch der Blick für Dinge schärfen, die einem sonst gar nicht als Muster auffallen würden. Denn über die Musterfamilie wissen wir mehr, worauf wir eigentlich unseren Blick richten können.

In diesem Kapitel habe ich eine Reihe von Zufallsgattungen, die auf jeweils charakteristischen Symmetrien aufbauen, zusammengestellt. Dabei erhebt die Auswahl keinen Anspruch auf Vollständigkeit. Sie bietet einfach eine Anregung zum Sortieren. Prüfen Sie nun anhand der folgenden Erlebnisformen einfach einmal, ob Ihnen einigermaßen Ähnliches oder Vergleichbares auch schon passiert ist.

Zu den jeweiligen Symmetrietypen werden auch Strategien vorgeschlagen, was sich bei problematischen Mustern tun lässt. Dabei wird insbesondere die Umkehrung des Zufallsprinzips angeboten. Das heißt, wenn das Muster eine zugrunde liegende Symmetrie aufweist, ist es meist sinnvoll, es mit einer entsprechenden Symmetrieform auch aufzurollen, es sozusagen damit »zu behandeln«.

Das ist in etwa ähnlich wie in der Homöopathie, die auch Gleiches mit Gleichem bekämpft oder aufzuheben sucht. Der Vergleich scheint schon deshalb passend, weil auch Homöopathen die These vertreten, dass ihre Therapie mit Informationsfeldern arbeitet.

Schließlich werden auf den folgenden Seiten zudem einige Ideen dafür vermittelt, wie schicksalhafte Symmetrien allgemein funktionieren und wie sinnvolle Zufälle uns manchmal aus der Situation heraus positiv unterstützen. Eventuell, weil wir vorher etwas getan haben, was ihr Zustandekommen angeregt hat. Synchronizitäten können aber auch einfach so geschehen und uns dazu auffordern, etwas Bestimmtes zu tun, das für unsere momentane Situation oder für Künftiges hilfreich sein könnte.

Symmetrietyp 1
»Wechselwirkung im Ordnungsgrad«

Sie räumen zu Hause auf, nicht nur das Gröbste, sondern auch den letzten Kellerwinkel. Selbst irgendeine Dachbodenecke kommt dran, die Sie wohlweislich vielleicht schon Jahre nicht berührt haben. Bereits wenig später merken Sie, wie Ihnen ein berufliches Problem verständlicher oder ein privater Zusammenhang transparenter wird. Vielleicht empfinden Sie obendrein Ihre persönliche Aura oder auch einige persönliche Beziehungen nach Ihrer Haushaltsaktion als klarer.

Oder es kann sein, dass jemand nach dem Aufräumen bei sich zu Hause plötzlich einen Anruf erhält, bei dem ihm mitgeteilt wird, dass jemand anders ein schwer vermisstes Notizbuch von ihm gefunden habe. Vielleicht weil man es selbst bei anderer Gelegenheit (zunächst unentdeckt) bei der betreffenden Person liegen ließ. Mit anderen Worten: Eine ganz neue Ordnung in der persönlichen, häuslichen Umgebung hat im Extremfall sogar das Wiederfinden eines Gegenstands an einem entfernten Ort angezogen.

Eine ähnliche Qualität haben Instandsetzungen von Dingen, die zum Haus, Auto oder sonstigen Besitz gehören. Wenn vorher Defektes wieder in seine Funktion gebracht wird, kann auch dies

Resonanzen haben, und zwar dergestalt, dass andere Dinge in Gang kommen oder dass einem ein paar – vielleicht zunächst nur kleine Dinge – auf einmal besser gelingen. In der Summe wird hierdurch auf jeden Fall ein positives Energiefeld für das eigene Lebensgefühl unterstützt. Bei all diesen Dingen hat eventuell nicht nur der Ordnungsgrad in den Beziehungen zum materiellen Umfeld, sondern womöglich auch jener in der zwischenmenschlichen Kommunikation oder in den persönlichen Fähigkeiten zugenommen.

Auf einer Entsprechungsebene hat es möglicherweise damit zu tun, dass quantenphysikalische Beziehungen in einiger Hinsicht einen höheren Ordnungsgrad angenommen haben. Daraus ließen sich vielfältige Wechselwirkungen zwischen einigermaßen unterschiedlichen Lebensbereichen erklären.

PRAXIS

➤ Vielleicht ergibt es sich nach einer größeren Aufräumaktion, wie sie beschrieben wurde, dass Sie sich spontan fragen, ob sich in Ihrem Alltag früher oder später irgendwelche Dinge einstellen, die mit den dargestellten positiven Folgen in irgendeiner Weise vergleichbar wären. Desgleichen, ob es nach kleineren oder größeren Reparaturen an Geräten, Mobiliar oder sonstiger Ausstattung schon einmal Ereignisresonanzen gegeben hat, die Ihnen dann auf einer anderen Ebene passiert sind – beispielsweise ob sich auf einmal vielleicht ein menschliches Problem wie auf wunderbare Weise ebenfalls gelöst hat (sozusagen »repariert« wurde).

Oft entsteht eine solche Tendenz, wenn wir die materielle Reparatur zuvor als einigermaßen notwendig oder wünschenswert erkannt, aber aus irgendwelchen Gründen geraume Zeit vor uns hergeschoben haben.

Das Prinzip lässt sich aber auch anwenden, wenn wir auf Zukünftiges blicken: Sie können sich beispielsweise bewusst vornehmen, etwas in Ihrem Hausstand in Ordnung zu bringen, um einen höheren Ordnungszustand auf seelischer Ebene zu erreichen.

➤ Und noch ein Experiment, das möglicherweise eine Überraschung beinhalten kann: Was halten Sie davon, sich einfach nur einmal vorzustellen, von welchen störenden Gewohnheiten im Alltag Sie sich lösen können werden, wenn es Ihnen gelänge, einige Pfunde abzunehmen?

Können Sie sich ausmalen, mit den Kilos auch einige alte Strukturen über Bord zu werfen – Einstellungen, Fixierungen, Bereiche, in denen Sie das Gefühl haben, nicht flexibel genug zu sein? Oder könnte es Ihnen umgekehrt leichter gelingen, abzunehmen, wenn Sie sich von angesammelten Papieren, ungelesenen Büchern oder auch Staubfängern zu lösen bereit sind?

➤ Was halten Sie schließlich davon, beides gleichzeitig – Ausmisten und Abnehmen – in kleineren oder größeren Schritten anzupacken? Wenn Ihnen dazu Assoziationen kommen, machen Sie sich gegebenenfalls ruhig Notizen und verfolgen diese Spur weiter.

Malen Sie sich das aus, stellen Sie sich vor, wie Sie sich dafür belohnen werden oder – wer weiß? – eine besondere Belohnung vom Leben erhalten. Das Bild davon muss nicht klar sein. Vielleicht ist es in der Fantasie nur ein sonniger Lichtschein, in dem sich etwas Positives symbolisiert. Lassen Sie Eindrücke einfach kommen. Dann ist es am stimmigsten.

➤ Nächster Schritt: Ihr Vorhaben in die Praxis umsetzen. An die Stelle von Abnehmen kann man als schlanker Mensch entsprechend »gesündere Ernährung« oder »mal eine Fastenkur« einsetzen, vielleicht auch mehr Bewegung, sich sportlich aktivieren usw. Letzteres heißt ja auch mental oder auf einer anderen Ebene, etwas in Bewegung zu bringen. Ein gesundheitsorientierter Lebensstil hat also ebenfalls etwas mit einem höheren Ordnungsgrad, hier auf körperlicher Ebene, zu tun, der im einen oder anderen Fall ganz bestimmte existenzielle Schaltkreise anzusprechen vermag.

Symmetrietyp 2
»Selbstbeschleunigung«

Jemand hat eine Zeit der Stagnation erlebt, und zwar privat ebenso wie beruflich. Dazu gehörte eventuell auch, dass kleinere Vorhaben immer wieder verzögert, zerredet oder auf die lange Bank geschoben wurden. Und sei es beispielsweise einfach nur, von einem Sportclub Informationen einzuholen, für den man sich schon längere Zeit interessiert.

Bisher blieb es immer nur beim Blabla – »Ich will, möchte unbedingt …« Doch dann passiert es, dass dieser Mensch unter beruflichen Stress gerät, und er fängt an, kleine Handhabungen schneller zu erledigen. Weil er merkt, wie kostbar Zeit sein kann. Er vereinfacht möglicherweise nur einige Arbeitsabläufe für sich und bekommt sie dadurch schneller hin. Oder er fängt aus irgendeinem Grund an, sich im Alltag schneller zu bewegen – einfach so.

Wenig später erwähnt eine Bekannte zufällig seinen Wunschsportverein und erzählt, sie kenne da eine Frau, die selbst aktiv dabei sei. Mit der möge er doch sprechen. Sie könne ihn dort auch mit den Leuten bekannt machen, sodass er sich da gleich wohlfühlt. Auf einmal geht alles zügig voran, und der Interessent hat schon bald die erste Trainingsstunde. Gleichzeitig merkt er, wie sich ihm auch beruflich eine Tür öffnet, die vorher verschlossen schien. An vielen Stellen gleichzeitig scheinen Dinge recht seltsam voranzugehen.

PRAXIS

➤ Machen wir doch die Probe aufs Exempel: Man stelle für sich einmal fest, welche gewünschten Beschleunigungseffekte im Leben auf einer symbolischen Ebene unterstützt werden können – und zwar wie genau oder wodurch? Beispiele mögen sein, durch strafferes Gehen zu Fuß Antriebseffekte zu erreichen, durch insgesamt dynamischere Bewegungen im Alltag oder durch ein schnelleres Auto, vielleicht auch über Einkäufe auf Rollerskates.

➤ Eine weitere Möglichkeit bestünde darin, sich Erleichterung bei einem beliebigen Arbeitsablauf zu verschaffen, indem man Aufgaben delegiert. Das kann auch eine Hausfrau, die etwa die Kinder mal mit dem einen oder anderen betraut.

➤ Vielleicht mögen Sie parallel überlegen, auf welchem Lebensgebiet Sie eine »erste Tür« öffnen wollen, damit recht schnell weitere folgen. Wo haben Sie womöglich schon einen Schlüssel dazu? Gehen Sie die Dinge erst in der Fantasie durch und starten Sie dann dazu Experimente – kleine »Pilotprojekte«, wenn man so will.

Symmetrietyp 3
»Temporeduktion«

Wir wissen es nur zu gut: Für manche ist genau das Gegenteil von Beschleunigung wichtig. Der Terminkalender solcher Leute ist so voll, dass sie häufig außer Atem sind, und auch beim Fitnesstraining hält man sich noch auf Trab. Alles geschieht bei ihnen unter Hochspannung. Dazu braucht man nicht einmal Manager eines großen Unternehmens zu sein. In extremen Fällen soll es selbst Rentner geben, die aufgrund von Ehrenämtern und Hobbys nicht zur Ruhe kommen. Auch bei normalen Berufstätigen gibt es das Phänomen, dass oft alles eine Spur zu schnell läuft. In welcher Weise können damit eventuell negative Synchronizitäten verbunden sein?

Die Entsprechungsbereiche liegen auf der Hand: Als Ereignisse auf einer anderen Ebene kann es beispielsweise zu plötzlichen Unfällen kommen oder im harmloseren Fall zu vorzeitigem Materialverschleiß bei Geräten.

Vielleicht ist es auch irgendein seltsamer technischer Defekt am neuen Auto. Erkennt man das Muster, erscheint es wichtig, die Drehzahl herunterzuschrauben, die gesamte Lebenstaktung eine Ecke ruhiger werden zu lassen. Will heißen: Man muss es nicht erst zu gesundheitlichen Problemen oder einer ernsthaften Verletzung kommen lassen, die dann von außen für Verlangsamung sorgen würde.

Nun mag einem Menschen mit solch einem Naturell zwar Meditation widerstreben, und selbst wenn meditiert wird, hat man es vielleicht noch schwer, im normalen Leben innerlich runterzukommen. Doch manchmal hilft schon Aufmerksamkeit für Kleinigkeiten im Leben: Wenn man beispielsweise häufiger merkt, dass man anderen nicht richtig zugehört hat, innerlich schon wieder bei einer ganz anderen Sache war, mag das solch ein Hinweis sein.

In dem Fall sollte ich mir einen Augenblick Zeit nehmen, um geistig wirklich im Raum, vor Ort und bei dem anderen zu sein. Fragen wir uns bei solchen Gelegenheiten doch einfach, wie schade es wäre, wenn die Zeit gleich vorbei ist, ohne dass man sie wirklich mit Gegenwart erfüllt hätte.

Kleine Technik zur Abhilfe: Positive Unterstützung findet der Wunsch nach Korrektur, indem man sein mentales Selbst, das zuvor geistig vielleicht schon meilenweit entfernt gewesen ist, in der Vorstellung regelrecht zu sich heranholt. Bringen wir es dann in unseren Körper und in die Gegenwart zurück.

Oder eine andere Situation: Vielleicht begegne ich einem Menschen, der mir geradezu unerträglich *tranig* vorkommt, eine Ausstrahlung hat, die einem wie die Trägheit in Person erscheint. Dann kann es sich doch einmal lohnen, den anderen auszuhalten, seine körperliche und geistige Präsenz als Botschaft des Lebens zu spüren. Vielleicht wurde er mir gerade als eine Art Schutzengel geschickt, selbst wenn er mir in allem beinahe abstoßend langsam vorkommt, mit einer unangenehmen Behäbigkeit. Eine solche Person nur mal für eine kurze Zeit zu erleben, kann einen positiven Übertragungseffekt mit Korrektiveigenschaft beinhalten.

Anderes Beispiel: Vielleicht hat jemand eine heftige Erkältung, die ihn für ein, zwei Tage zwingt, die gewohnte Drehzahl herunterzufahren. So paradox es erscheinen mag, wird es dann regelrecht guttun, sich unbewusst diese Minikrankheit »genommen« zu haben. Wahrscheinlich haben die meisten von uns es auch schon einmal erlebt. In solchen Fällen sollte man wenigstens jetzt zulassen, irgendwie ein Stück mehr Ruhe im Leben zu spüren. Und man widerstehe unbedingt dem inneren Zwang, selbst mit Fieber, Schnupfen und Halskratzen noch irgendwelche Dinge »mal eben« erledigen zu wollen.

Erwähnt sei schließlich auch, dass es vorkommen kann, in einigen Bereichen zu schnell (etwa voreilig), in anderen zu langsam im Leben zu operieren (etwa weil man auf den Feldern risikoscheu ist). Da kann es mit einiger Feindiagnostik darauf ankommen, herauszufinden, wie die Drehzahlen verteilt sind, um sich hinterher zu überlegen, auf welchen Entsprechungsebenen möglicherweise symbolträchtige Handlungsweisen Abhilfe schaffen mögen.

PRAXIS

➤ Wir alle können auch ganz bewusst etwas tun, um eine Beruhigung im eigenen Lebensprozess zu unterstützen. Die entscheidende Frage dabei lautet: Was gibt es dabei für Analogieebenen? Wie kann ich rein praktisch – erst einmal im kleinen Maßstab – für Verlangsamung des ständig rotierenden Kreisels sorgen? Das Einfachste ist, ganz simple Bewegungen, einfache Handhabungen langsamer und bewusster vorzunehmen – einen Schreiber entspaaannnt zur Hand nehmen, gelasssssen nach dem Telefonhörer greifen, mich ruuuhig vom Stuhl oder Sessel erheben, einen Schritt langsamer zur Tür gehen und so weiter.

Oder was bewirkt es, einmal langsamer zu sprechen, zu essen, langsamer und gründlicher zu kauen, ruhiger zu trinken? Oder man fährt mit dem Auto mal langsamer, kauft sich einen Wagen, der von der ganzen Ausstrahlung etwas ruhiger und gemütlicher als der vorherige wirkt, und vieles mehr in der Richtung.

➤ Vielleicht fällt einem daraufhin plötzlich auch einmal ein Termin auf, der sich streichen oder eine Ecke verschieben lässt. Und eventuell tritt auch gerade jetzt jemand ins Leben, der mich ein kleines Stück entlasten könnte. Da reiht sich dann oft eins ans andere, was in der Lage ist, zu mehr Ruhe und Gelassenheit zu verhelfen. Wichtig ist zunächst, einen Anfang zu machen, ganz bewusst darauf zu achten, aus einigen kleinen Dingen mal einen Tick Geschwindigkeit herauszunehmen. Sobald das gut gelingt, nimmt man sich das Nächste vor, dann wieder eine »Baustelle« usw.

➤ Besonders kann es sich schließlich lohnen, die bereits angesprochene Balance zu unterstützen, also die Bereiche zu identifizieren, in denen die Drehzahl zu erhöhen ist (was ja auch Entlastung an anderer Stelle schafft), und wiederum spezifische, wo man sie zu senken hat.

Weil verschiedene Lebensbereiche häufig in Wechselwirkung zueinander stehen, kann es einiges Laborieren erfordern, einen Prozess zunehmender Umdrehungsbalance im Leben zu erreichen.

Symmetrietyp 4
»Umgebungssignale außer Haus«

Wir sind gewohnt, meist nur das Ungewöhnliche, Sonderbare oder Verblüffende als etwas wahrzunehmen, das uns »zufällt«. Aber sinnvollen Zufällen begegnen wir am laufenden Band.

Nehmen wir Folgendes: Da geht man eine Straße entlang und ist mit Gedankengängen von einiger Bedeutung beschäftigt, seien es solche persönlicher Natur oder andere, die allgemeine, vielleicht weltanschauliche Fragestellungen betreffen. Ganz spontan fällt in dem Moment der Blick auf ein Auto, das gerade um die Ecke gefahren kommt; und etwas hat das Fahrzeug an sich, dass man diese Charakteristik spontan mit seinen aktuellen Überlegungen zu ganz anderen Dingen in Verbindung bringen möchte.

Ich habe es persönlich einmal erlebt, als es um ein Vorhaben ging, das sich später ganz erfolgreich gestaltete. Als ich gerade zu Fuß unterwegs war, überlegte ich das Für und Wider, machte mir so meine Gedanken über Realisierungschancen und sah auf einmal, wie eine weiße amerikanische Stretchlimousine auf der kreuzenden Straße vorbeifuhr. Da musste ich unwillkürlich einen Moment innehalten.

Meine Assoziation: Die Sache könnte noch »recht groß« werden, würde sich aber in der Umsetzung hinziehen (englisch »to stretch«: sich dehnen). Die Farbe Weiß deutete auf etwas gedanklich Helles, vielleicht auch Glanzvolles, aber das Auto hatte schwarz getönte Scheiben. Der Kontext könnte also vorerst noch undurchsichtige

Aspekte beinhalten. Ich müsste auf verborgene Motive der beteiligten Personen achten (stellvertretend jene Leute im Wagen, die von außen nicht einsehbar waren).

Eindrücke in solch einer Phase können sich aber auch noch in einer ganz anderen Alltagssprache ausdrücken. Stellen Sie sich vor, Sie haben ein Projekt, mit dem Sie sich seit einiger Zeit beschäftigen. Eventuell denken Sie aktuell gar nicht einmal darüber nach, aber unbewusst bewegt es Sie ständig. Da gibt es plötzlich ein Ereignis, das sich doch irgendwie indirekt mir Ihrem Vorhaben in Zusammenhang bringen lässt. Sagen wir, Sie sitzen in einem Bus Ihrer öffentlichen Verkehrsbetriebe. Vielleicht haben Sie in der letzten Nacht wenig geschlafen, und genervt wie Sie sind, geht Ihnen ein durchdringendes Babygeschrei in Ihrer Nähe plötzlich auf den Geist.

Aus dem Grund stehen Sie vielleicht auf und bewegen sich ans andere Ende vom Bus, um dort feststellen zu müssen, dass Sie hier genauso Babygeschrei (von einem anderen Kind) erwartet. Bis zum nächsten Umsteigehalt wird Sie das durchdringende Kindergekreische nicht mehr in Frieden lassen. Eventuell ist es sogar so heftig, dass Sie jetzt subjektiv an die Grenzen des Erträglichen geraten. Liegt es da nicht nahe, an einen eigenen Prozess von »Schwangerschaft« in einem übertragenen Sinne zu denken? Man geht innerlich mit einem Vorhaben gleichsam schwanger, und das für Sie nahezu Unerträgliche der lautstarken kindlichen Äußerungen erinnert im Moment regelrecht an Geburtswehen. Die hat eine Frau bei ihrer Entbindung ja auch zu erleiden.

Wenn man nach seiner seelischen »Tortur« den Bus verlassen hat, könnte man im Anschluss an die Assoziation von Schwangerschaft doch geradezu einen freudigen Gedanken haben. Etwa in dem Sinne, dass die Geburt (Realisierung) eines Planes kurz bevorsteht.

PRAXIS – IM ÖRTLICHEN BEREICH

➤ Im Allgemeinen gilt, dass man vor allem die Geschehnisse als »echte Zufälle« ansehen sollte, die uns wie von selbst anrühren. Das Talent, Assoziationen herzustellen, welche einen sinnvollen Zusammenhang ergeben, kann aber durchaus gefördert werden, wenn man zu Trainingszwecken auch gelegentlich aktiv nach Eindrücken sucht, die uns mit Chance etwas an Botschaftsgehalt vermitteln. Doch selbst in den Fällen ist darauf zu achten, dass die Gedankenverbindungen wenigstens ansatzweise Triggereigenschaften haben, uns etwas mental also ein Stück zu einer Interpretation hinzieht.

Beispielsweise sind Sie mit dem Wagen unterwegs und befinden sich gerade im Stop-and-go-Verkehr. Dort, wo Sie anzuhalten haben, fallen Ihnen vielleicht bestimmte Häuserfronten auf. Was drücken diese visuellen Eindrücke für Sie gefühlsmäßig aus? Woran fühlt man sich erinnert? Gibt es Assoziationen zu irgendwelchen Dingen, mit denen man sich momentan auf einer anderen Ebene beschäftigt? So können Fensterflächen analog wie »strahlende Augen« oder wie Flächen wirken, von denen wir uns seltsam beobachtet fühlen. Oder eine Häuserzeile kann Beamtenmentalität oder etwas Futuristisches ausdrücken. Welche Parallelen weist das dann womöglich zu einer persönlichen Grundstimmung auf?

➤ Auch ein Fußgänger kann zu ähnlichen Wahrnehmungen kommen, die sich auf einem Weg in der Stadt entsprechend hinterfragen lassen. Vielleicht gibt es auch einen Blickfang, der an ein persönliches Ziel – zum Beispiel körperliche Fitness – erinnert, etwa symbolisiert durch ein Plakat oder durch die Fassade einer Sportschule, hinter deren Fenstern man Menschen trainieren sieht. Eine interessante zusätzliche Frage könnte dann lauten: Was hat mein Blick so nebenbei oder kurz vorher wahrgenommen und wie ließen sich die visuellen Eindrücke gegebenenfalls zusammenbringen? Beispielsweise kann eine Kirche, die in der Nähe von der Sporteinrichtung zu sehen ist, bedeuten: Wenn ich *daran glaube*, werde ich meine körperlichen Ziele erreichen. Oder wenn ein Hund Ihnen aufgefallen ist, könnte es heißen, *auf den Instinkt* bei der eigenen Belastung zu achten. Entdecken Sie Ihre eigene Symbolsprache und machen Sie sich dazu am besten wieder Notizen.

PRAXIS – DRAUSSEN IN DER NATUR

➤ Schön ist es, sich einmal von Umgebungsmerkmalen ansprechen zu lassen, wie unsere Ahnen dies vor Zeiten getan haben mögen. Man suche sich einen angenehmen Platz in der Natur. Setzen wir uns dort möglichst bequem hin. Man nimmt als Nächstes mental Kontakt mit dem Boden auf und lässt die Gedanken einfach so wandern. Fragen wir uns eventuell: Was sagt mir der Wind (sein Anschwellen oder Nachlassen), wenn ich mich mit Aspekten von einer Fragestellung oder einem Problem befasse? Oder auch: Wird das Licht durch ein Wolkenloch hindurch zufällig gerade stärker, wenn ich an bestimmte Orte, Menschen, Ereignisse denke? Wird es dagegen schwächer, wenn ich mich an andere Situationen, Begegnungen, Plätze erinnere?

Seien Sie dabei möglichst ruhig und entspannt und achten Sie irgendwann darauf, was die Natur Ihnen noch sagen will. Beispielsweise: Vermitteln Vogelstimmen Ihnen Optimismus oder scheint der plötzliche Aufschrei eines Vogels in der Ferne Sie vor irgendetwas warnen zu wollen? Verhelfen sie Ihnen im ersten Fall nur zu einem geringen Maß an Optimismus bzw. hält der Vogelschrei Sie dazu an, Dinge noch einmal zu überdenken? Lassen Sie weitere Impressionen kommen. Spüren Sie, wie die Natur vielleicht auch auf unbewusster Ebene mit Ihnen in Kontakt treten will.

➤ Unter Umständen werden hell bewusste Gedanken mit der Zeit zurücktreten und wir fangen an, vor uns hin zu träumen. Wenn dabei eine harmonische Stimmung empfunden wird und man sich innerlich ruhig und gut fühlt, ist es ein guter Zeitpunkt, dem eine Weile nachzuspüren und das Erlebnis später langsam ausklingen zu lassen. Bedanken Sie sich zum Schluss bei der Sie umgebenden Natur für die Kraft und die Eindrücke, die Sie empfangen haben. Ähnlich kann man es übrigens auch bei einem Spaziergang machen. Ab und an während des Gehens ein paar Eindrücke aufzunehmen kann hier zu einem bescheidenen Dialog mit der Natur mal so eben nebenbei einladen. Vielleicht haben Sie sogar im eigenen Garten oder auf Ihrem Balkon Gelegenheit, sich hinzusetzen und kleine Botschaften der Sie umgebenden Natur aufzunehmen.

Symmetrietyp 5
»Zeit- oder richtungskonform«

Stellen Sie sich bitte Folgendes vor: Sie werden in einem Laden oder auf der Straße mit einem Menschen in einen unfreundlichen Wortwechsel verwickelt, sei es, dass es um das Anstehen in der Kassenschlange oder um einen Parkplatz geht. Zufällig bewegen Sie sich anschließend in die genau gleiche oder eine ähnliche Richtung wie der Konfrontationspartner, und zwar nicht nur ein kurzes Stück, sondern etwas länger.

Eine interessante Überlegung könnte lauten: Wieso stehe ich mit dieser Person in einem zufallsauslösenden Resonanzbogen, sodass ich mich zum selben Zeitpunkt in dieselbe Richtung bewege? Was sind die Dimensionen einer solchen Situation? Genauer: Welche Richtungen gehe ich momentan (von einer anderen Warte aus gesehen) im Leben? Was ist das auf unbewusster Ebene möglicherweise Übereinstimmende mit jemandem, der mir unfreundlich begegnet ist?

In solch einem Fall vergegenwärtigt man sich am besten die Aura des Betreffenden, seine körperliche Erscheinung, die Kleidung usw. Eventuell gibt es auch hier die eine oder andere Übereinstimmung mit einem selbst. Oder der andere hat vielleicht Dinge an sich, die man für sich persönlich gerne verdrängen würde.

Möglicherweise hat einem die Auseinandersetzung dagegen Genugtuung vermittelt, und man stellt fest, dass dieser Personentyp einem nicht das Wasser reichen kann – wie auch immer. Die gleiche Bewegungsrichtung würde hier eventuell andeuten, dass einem der Betreffende nahezu vom Leben geschickt wurde, damit man sich der eigenen Souveränität vergewissert. Ebenso können Gedanken eine Rolle spielen, die einem kurz vorher oder im Anschluss an die Begebenheit durch den Kopf gehen. Falls es sich um etwas Markantes handelt, ließe sich fragen, was der Streithahn aus dem Spontankonflikt damit zu tun haben könnte, mit dem man sich kurzzeitig richtungskonform bewegt. Steuere ich bei meiner Angelegenheit in die richtige Richtung oder in die falsche, symbolisiert durch die unsympathische Person?

PRAXIS

➤ Erweitern wir das Prinzip nun noch ein Stück. Denken Sie – falls es nicht zu stressig für Sie ist – generell einmal an Menschen, mit denen Sie über Kreuz liegen oder mit denen Sie in letzter Zeit Reibereien hatten. Überlegen Sie, welche Gewohnheiten Sie in scheinbar banalen Alltagsdingen miteinander teilen. Lässt sich irgendeine Art von Muster feststellen und zu welchen weiteren Fragen führt diese Erkenntnis Sie?

Was könnte das also mit einem selbst zu tun haben? Findet sich in meinem Leben eventuell ein entsprechendes Muster, das ich künftig durchbrechen möchte? Vielleicht ist das aktuelle äußere Pendant ja ein lauter, auffälliger Mensch, und Sie werden sich bewusst, dass Sie zwar selten laut und auffällig sind, aber doch gelegentlich auf andere Weise aus dem Rahmen fallen, anecken – wer weiß? Sofern einem bei solch einer Gelegenheit der authentische Eindruck kommt, da wäre der eigene Verhaltensstil vielleicht nur einen Tick zu ändern, hätte einem der Gedankengang ja einen positiven Anstoß gegeben.

➤ Übertragen Sie, wenn es sich gerade ergibt, das vorher geschilderte Prinzip auch auf neutrale und positive Situationen. Fragen Sie sich, mit welchen Menschentypen Sie sich auf der Straße, im Kaufhaus oder wo auch immer in die gleiche Richtung oder in gleichem Tempo bewegen. Oder ganz allgemein: Mit wem unternehmen Sie zufällig etwas parallel, auf ähnliche Weise, mit irgendeiner Art von Entsprechung?

Dabei mag es sich darum handeln, dass man in der Bahn oder im Bus die gleiche oder eine ähnliche Zeitung liest, zur selben Zeit auf einer öffentlichen Bank etwas isst und vieles andere. Was repräsentiert dieser Mensch? Habe ich auch sonst mit ihm etwas gemeinsam? Wie ist die Person drauf? Was repräsentiert sie? Solche Überlegungen können manchmal unbewusste Dinge ans Licht bringen, die irgendwie neu sind.

Symmetrietyp 6
»Ernährungscodes«

Vielleicht sehen Sie gern Kochsendungen im Fernsehen und möchten das eine oder andere Gericht einmal ausprobieren. Gerade haben Sie daran gedacht, als Sie telefonisch auch schon zu einem Essen eingeladen werden, das – wie Sie später feststellen – eine Reihe der angesprochenen Zutaten enthält. Manchmal sagt einem das etwas; zum Beispiel dass eine vorher noch nicht so deutlich wahrgenommene Übereinstimmung mit der einladenden Person besteht, eventuell auf ganz anderen Ebenen, die indirekt mit Nahrung zu tun haben.

Oder in einem Gespräch stellen zwei oder mehr Personen fest, dass sie alle gern solche Sendungen sehen. Darin kann unter Umständen der Hinweis liegen, dass bei den Beteiligten Ernährung auch ein psychisches Thema ist, das auf irgendeinem Gebiet seine Analogieebene hat.

Wenn man sich laufend solche Sendungen ansieht, ohne sich davon bei eigenen Gerichten auch nur minimal beeinflussen zu lassen, träumt man eventuell von einer besonders kultivierten Form, den eigenen Nahrungsstrom herzustellen, weiß aber noch nicht so recht, wie das geschehen könnte. Allerdings mag einfach nur die gezeigte Lebensart inspirieren und durchaus auch eine zunächst nicht sichtbare Energieanregung bieten, etwa sein »berufliches Gericht« neu und anders zu kochen, besondere Zutaten zu nehmen usw.

Insofern würde die Logik nicht dagegen sprechen, wenigstens ansatzweise auch mal eine Kleinigkeit nachzukochen oder eine Gewürzidee zu übernehmen. Dadurch können Analogieprozesse, die mit Ernährung zusammenhängen, ebenfalls eine stärkere Anregung bekommen. Ich glaube, ein solches Sendeformat spricht im Grunde einen psychologischen Hintergrund an, der über das Kochen hinausgeht.

Generell dürfte es so sein, dass die Art unserer Ernährung (Verzehr) auch einiges mit unserem Broterwerb (Grundlage für Nahrungsbeschaffung) zu tun hat. Und das Thema hat noch weitere Dimensionen.

Oft passiert es beispielsweise, dass man ganz bestimmte Nachbarn oder Bekannte, die in der Nähe wohnen, immer wieder im Supermarkt, beim Fleischer oder Weinhändler trifft. Das hat meist etwas Sympathisches, ist es doch oft eine schöne Gewohnheit. Doch wie kommt es, dass es zufällig so oft dieselben sind, manchmal sogar zu verschiedenen Zeiten?

Eine mögliche Antwort könnte darin bestehen, dass beide beteiligten Seiten tatsächlich eine ähnliche Struktur haben, was den Broterwerb betrifft (auf einem ähnlichen Niveau, mit ähnlichen Denkstrukturen bei der Arbeit usw.). Aber auch, dass sie ähnliche Muster haben, sich zu bevorraten, ähnlich geizig oder großzügig sind und so weiter. Die Frequenzähnlichkeit könnte auch dazu beitragen, dass man sich in Gestaltfeldern wie etwa Beruf und Lebensstil unterstützt, ohne dass man direkt viel miteinander zu tun haben müsste – einfach eine Art von Fernwirkung.

Auch wenn immer wieder bei demselben Nachbarn geklingelt wird, der für Sie Pakete annimmt, hat dies im weiteren Sinne etwas mit Ernährung zu tun. Oder Sie nehmen ständig für dieselbe Person oder Familie etwas an. Hierin kann ebenfalls ein Hinweis liegen, denn auch Paketpost nährt uns in gewisser Weise. Wer weiß, vielleicht besteht mit dieser Person ein unbewusster Energieaustausch. Oder der betreffende Mensch ist einfach ein Hintergrundfaktor im eigenen Leben, der zu einer bestimmten Ausstrahlung in puncto Ernährungsmodus für das Haus beiträgt (sprich einspeist).

Der im Folgenden besprochene Symmetrietyp »Wohnumfeld« spielt hier zwar mit hinein, aber es geht an dieser Stelle jetzt mehr um den psychologischen Nahrungsmodus, wenngleich auch eine Art Energiekanal zu den betreffenden Nachbarn oder ihrer Wohnung (ihrem Haus) durch die häufige wechselseitige Paketannahme deutlich sein kann. Insofern wird auch sinnfällig, dass Nahrung und Wohnen manchmal recht verwandte Themen sind.

Viele Dinge, die – in welcher Weise auch immer – mit Verpflegung zu tun haben, reichen übrigens in diverse Lebensbereiche hinein. Wie oft hat jemand etwa vergessen, Lebensmittel einzukaufen, und der Kühlschrank ist (fast) leer? Oder wie häufig kommt es vor, dass man zu viele Vorräte anlegt und die Sachen nicht aufgegessen werden. Wenn einem so etwas oft (scheinbar zufällig) passiert, hat das womöglich eine Aussage. Ebenso, wenn gelegentlich etwas im Kühlschrank vergammelt. Kürzlich äußerte eine junge Prominente im Fernsehen, so etwas sei bei ihr leider gang und gäbe.

Verfolgt man diese Dinge tiefer, offenbart sich, was Nahrung einem grundsätzlich bedeutet: eine Selbstverständlichkeit in der Wegwerfgesellschaft oder ein Faktor, den wir wertschätzen? Unsere Einstellung zur Natur stellt sich hierin eventuell dar, und unsere Haltung uns selbst gegenüber. Wer häufiger etwas im Kühlschrank »schlecht werden« lässt, hat nicht nur eine eher gleichgültige Einstellung zum Nahrungsmittel, sondern man mutet sich in dem Fall auch selbst etwas zu. Oftmals möchten wir, wenn uns so etwas passiert, eigentlich anders handeln, aber es ist dummerweise »eben gerade« wieder passiert. Man frage sich dann, in welchen Lebensbereichen man ebenfalls Zumutungen in Kauf nimmt. Oder wo einem die Kontrolle über wichtige Dinge fehlt.

Nahrung, die Schimmel ansetzt oder anderweitig verdirbt, kann ein Zeichen für etwas Kränkelndes, Brachliegendes oder Verwelkendes auf einer ganz anderen Ebene sein. Jeder weiß insgeheim eigentlich schon, worum es sich dabei handeln könnte. Umgekehrt kann ein Ruck, den man sich gibt, um Lebensmittel von nun an respektvoll zu behandeln, auch der Anfang davon sein, ganz andere Dinge zum Leben zu erwecken.

Auch die besondere Art des Essens, das wir regelmäßig zu uns nehmen, ist musterbildend. Fast Food oder Dosennahrung sind – häufig verzehrt – ebenfalls eine Zumutung sich selbst gegenüber. Ja, sogar das ständige In-sich-Reinstopfen von Snacks, übermäßiger Genuss von Süßigkeiten und anderer Lebensmittel mit besonders künstlichem Charakter beinhalten ihre eigene Botschaft.

Man darf sich dann nicht wundern, wenn einem immer wieder dieselben scheinbefriedigenden Situationen im Leben begegnen. Desgleichen, wenn wir Erlebnisse haben, die oft so standardisiert erscheinen, wenn uns Menschen mit vorfabrizierten Antworten begegnen oder wenn uns vieles im Leben künstlich und letztlich leer vorkommt.

Musterbildend ist Nahrungsaufnahme aber noch in anderer Hinsicht. Wie viele Menschen nehmen beispielsweise ihr Abendbrot ein, während sie Schreckensnachrichten im Fernsehen verfolgen? Oder schlürfen ausgerechnet bei der Mordszene im Krimi (oder wenn der forensische Mediziner eine Leiche seziert) genüsslich ihr Bier, den Rotwein oder auch nur Mineralwasser?

Es sind bestimmt viel mehr Leute, als Sie denken. Und darunter sind beileibe nicht nur diejenigen, die sowieso wenig bewusst sind. Ich glaube, dass der Mensch die Eindrücke, die er während der Nahrungsaufnahme empfängt, in gewisser Weise »mit isst« oder »mit trinkt«. Natürlich betrifft das auch Gesprächsthemen bei einem Essen im Lokal. Solche Einflüsse machen sich dann manchmal auf eine Weise bemerkbar, mit der man gar nicht gerechnet hat.

In dieser Weise kann zum Beispiel eine gehaltvolle Musik zum Speisen in gepflegter Umgebung parallel zur physischen Nahrungsaufnahme ihre eigenen Wirkungen hinterlassen. Und genauso haben Bilder an der Wand Resonanzwirkungen auf unsere Lebensmuster – gerade dort, wo wir häufig speisen.

Doch Nahrung ist auch die Luft, die wir atmen, sind die Themen, mit denen wir uns beschäftigen, sind die vielen Sinneseindrücke während des Tages. Und all das steht in Wechselwirkung miteinander. Beachten wir also gerade einmal Zufälle, die mit Nahrungsaufnahme in irgendeiner Weise in Beziehung stehen. Denn Nahrung zählt zu den zentralen Belangen unseres Lebens.

PRAXIS

➤ Interessante Erfahrungen ergeben sich daraus, die Nahrungsaufnahme nach bestimmten Rhythmen durchzuführen. Eine Möglichkeit wäre zum Beispiel, die Essensgewohnheiten nach der Tageszeit auszurichten.

Bei einer wissenschaftlich untersuchten Ernährungsform nimmt man morgens (fast) nur Kohlehydrate, mittags Mischkost und abends vor allem Eiweiß tierischen oder pflanzlichen Ursprungs zu sich. Viele Leute können hierbei recht erfolgreich abnehmen. Aber das ist nicht der alleinige Effekt. Denn Rhythmen beeinflussen oft Gestaltfelder. Wer weiß, was also passiert, wenn Sie mit Ihrem Ernährungsrhythmus experimentieren? Und sei es nur, dass Sie in anderen Dingen auf einmal ebenfalls Ihren Rhythmus verändern.

➤ Werden Sie sich zudem mancher Kofaktoren zum Thema Nahrungsaufnahme bewusst. Vielleicht möchten Sie feststellen, welchen Nährwert manche Gespräche für Sie haben, wie Ihnen dabei das Essen schmeckt usw. Oder es ist für Sie interessant, welchen Einfluss schnelles oder langsames Essen auf Sie ausübt. Wie wirkt es, wenn Sie beim Essen schweigen? Und schließlich wird es spannend sein, welche Erlebnisse sich um das Essen herum neu in Ihrem Leben einstellen. Denn vieles hat mit Nahrungsaufnahme zu tun, was scheinbar gar nicht damit zusammenhängt – manchmal bis hin zu dem Mehr oder Weniger auf dem Konto (nämlich in Bezug auf Geld, das uns »nährt«).

Symmetrietyp 7
»Nachbarschaft – Wohnumfeld«

Oftmals sehen wir unsere Nachbarn kaum. Dennoch berühren wir uns ungeahnt auf einer nicht sichtbaren Ebene. Dabei können unter Umständen auch die Einrichtung, der Stil, die Ausstattung mit Bildern, Symbolen und der Hund oder die Katze in der anderen Wohnung oder im Nachbarhaus bis zu einem bestimmten Grad Einflüsse auf eigene Gestaltfelder haben. Daher ist gelegentlich schon mal die Frage interessant: Was für Personen wohnen bei mir im Haus oder in der unmittelbaren Umgebung? In welcher Weise können fremde Frequenzen abfärben? Es kann aber auch ganz einfach um Spiegelungen gehen, die Rückschlüsse auf mich zulassen. Das könnte man als Indikatorfrequenzen bezeichnen.

Vielleicht wohnt in Ihrer Nähe oder direkt in Ihrem Haus jemand, der eine extreme Leibesfülle aufweist. Jedenfalls nehmen Sie das eventuell so wahr, egal ob Sie selbst etwas mollig sind oder nicht. Möglicherweise fühlt dieser Mensch sich recht wohl mit seinem Gewicht, ist beliebt und steht überaus erfolgreich im Leben. Das soll uns hier aber gar nicht interessieren. Es geht nämlich um etwas ganz anderes. So kann man sich die Frage stellen, ob es irgendeinen Lebensbereich bei einem selbst gibt, der »überernährt« ist. Die Frage hieße dann: Wo gebe ich möglicherweise übermäßig Energie hinein? Oder: Sorge ich für meinen Broterwerb (Symmetrieform »Ernährung«) auf vielleicht schwerfällige Weise? Oder kann es sein, dass ich mentalen Ballast angesammelt habe, und der andere ist mein lebendes Spiegelbild dafür? Wo kann ich beispielsweise etwas gedanklich Schweres, vielleicht auch etwas relativ Unbewegliches in einigen meiner Lebensumstände entdecken? Möglicherweise fällt einem ja dazu etwas ein. Manchmal ist einfach das Bewusstsein dafür schon hilfreich.

Je weniger man sich künftig mit den Körpermaßen der anderen Person beschäftigt und ihre physische Präsenz uns in irgendeiner Weise beeinflusst, desto mehr könnte dies bereits beinhalten, dass der parallele Bereich bei einem selbst an Bedeutung verliert oder sich wandelt. Vielleicht findet man den anderen irgendwann auch gar nicht mehr so korpulent. Auch besonders dünne, flippige, spießige, geschwätzige, emsige oder sonst wie bemerkenswerte Nachbarn bringen eine eigene Art von Schwingung mit sich. Die Art, wie wir selbst darauf reagieren, weist in vielen Fällen einen besonderen psychologischen Schlüssel aus. Eben diese Nachbarn können nämlich Polaritäten oder Parallelmuster zu uns auf jeweils anderen Ebenen andeuten.

Eine sehr wichtige Spiegelung ist die Problematik mit dem Gartenzaun, die ihre Varianten auch in vergleichbaren Konflikten bei Mietshäusern hat. Was steckt jeweils dahinter? Vielleicht dies: Probleme mit Zäunen und Grenzverläufen von Grundstücken können gelegentlich eine seelische Analogieebene haben, bei der es um das allgemeine Thema »Grenzziehung«, »Distanzwahrung« und dergleichen mehr geht.

Beispielsweise mag es eine Rolle spielen, dass man sich innerlich abgekapselt hat oder – im Gegenteil – sich anderen gegenüber zu offen mitteilt. Wie angemessen kann ich mich gegenüber Ansprüchen anderer abgrenzen? Wo gelingt mir das zu wenig? Wo neige ich manchmal womöglich zu Überreaktionen? Oder auch interessant: Kann es der Fall sein, dass in einer privaten Beziehung ein symbiotisches Verhältnis vorliegt, bei dem man es schwer hat, zwischen Ich und Du zu unterscheiden? Eine weitere Möglichkeit bestünde schließlich darin, dass man auf einem allgemeinen Gebiet Dinge nicht gut unterscheiden kann (Grenzziehung). Vielleicht fehlt es irgendwo an der Bereitschaft zu differenzieren. Eventuell ist die Problematik aber auch anders gelagert.

Verlustängste können eine Rolle spielen, was den eigenen Besitzstand betrifft. Falls Sie persönlich übrigens von einer symbolischen Schlacht um den Gartenzaun betroffen sind (in Deutschland nach der Statistik gar nicht so unwahrscheinlich), denken Sie womöglich: Das Problem habe wahrscheinlich nicht ich, sondern der andere. Richtig! Aber sein Problem könnte auch einen Anteil bei Ihnen spiegeln, und wenn dieser scheinbar noch so unbedeutend ist.

Falls man anschließend in einem stillen Stündlein einen möglichen oder gar wahrscheinlichen Entsprechungsteil bei sich selbst ausgemacht hat und überlegt, was tendenziell Abhilfe schaffen würde, kann das positive Feldeinflüsse haben. Eventuell ebbt die Zaunproblematik ab oder lässt sich ein Stück zufriedenstellender regeln. Das vielleicht durchaus eher kleine Problem bei sich selbst zu lösen kann zum Kontrahenten etwas spiegeln, was seine eigenen Gestaltbeziehungen ebenfalls ändert. Das Mindeste, was an Veränderung eintreten könnte, wäre, dass man sich nicht mehr so sehr bei entsprechenden Streitigkeiten aufregt.

Darüber hinaus gibt es energetische Spiegel rund um Wohnen und Nachbarschaft, die noch mehr auf der Prozessebene liegen. Dazu gehört etwa das Kommen und Gehen, also die Fluktuation im Haus oder die Beständigkeit, mit der Menschen im eigenen Umfeld leben. Das könnte ein Licht auf die Stabilität von Lebensumständen bei einem selbst werfen.

Neue Nachbarn können eventuell ein Hinweis darauf sein, dass sich etwas im eigenen Leben bewegt. Wer in der Nachbarschaft wegzieht oder dazukommt, welche Frequenz von den betreffenden Personen ausgeht, ist ebenfalls recht interessant, da dies Akzente setzt und zu persönlichen Gestaltprozessen beiträgt. Auch die Häufigkeit eigener Umzüge in einem gewissen Zeitraum hat schließlich Aussagekraft (ersatzweise auch die Veränderung von Mobiliar, Wohngeschmack usw.).

Dabei kann es sich lohnen, auch die Gravitationskraft von Gestalteinflüssen im Umfeld ins Auge zu fassen: Kommt man trotz Umzugswunsch eventuell einfach nicht vom Fleck, weil in der Nähe ein bestimmter Mensch lebt, der eine bewusste oder unterschwellige

Bedeutung besitzt? Sind es Erinnerungen oder hat man in einer Gegend durch Handlungsweisen Karma angesammelt? Ist das Bleiben insgesamt mehr förderlich oder hinderlich?

Auch der umgekehrte Fall enthüllt womöglich seine eigene Sprache: Was ist in mir vielleicht nicht gefestigt, wenn ich andauernd umziehe? Beispielsweise könnte sich darin ein Mangel an Struktur und eigener Schwerkraft ausdrücken. Vielfach geht es ja damit einher, dass man etwa ständig die Frisur, die Barttracht, den Kleidungsstil, Handynummern, E-Mail-Adressen oder gar das Studienfach bzw. den Job wechselt. Insofern kann ein vergleichsweise langes Aushalten in unter Umständen nicht ganz befriedigenden Wohnverhältnissen sogar einen energetischen Ausgleich zu häufig wechselnden Gewohnheiten auf anderen Gebieten darstellen. In solchen Fällen könnte es wiederum interessant sein, im Ausbalancieren von Verändern und Belassen unter den verschiedenen Elementen eine Art optimierter Gestaltkonfiguration herzustellen. Einfach weil jedes dieser Merkmale eine eigene mentale Färbung und Frequenzeigenart hat, die in der Summe mehr sind als ihre Anteile.

PRAXIS

➤ Aus den Stichworten zu dem speziellen Symmetrietyp gehen im Grunde schon etliche Anregungen hervor, sich den damit verbundenen persönlichen Fragestellungen praktisch zu nähern. Erleichtert wird der beobachtende Zugang dadurch, dass man sich die Situation im Zeitablauf ansieht. Denn in den angedeuteten Zusammenhängen stecken etliche Elemente drin, die mit Lebensrhythmus zu tun haben. Gehen wir also ruhig ein paar Jahre zurück und erinnern uns. Wie sah damals meine Nachbarschaft aus? Was hat sich verändert? Was für eine Symbolik ist darin wohl enthalten? Auch die Gegenwart (Zufriedenheit bzw. Unzufriedenheit) oder die Zukunftsperspektive können weiteren Aufschluss geben. Was für eine Art von Nachbarschaft oder Wohnumgebung möchte ich anziehen? Welche psychomagnetischen Details kann ich mir darin als ganz passend vorstellen? Welche Dinge, mit denen ich jetzt schon zu tun habe, bieten womöglich eine Entsprechung dazu? Außerdem ist (bei Problemlagen) auch ein aktueller Umgebungs-Check ganz interessant: Welche markanten Gebäude, öffentlichen Einrichtungen befinden sich in der Nähe? Was für eine Aussage mag darin stecken usw.?

Symmetrietyp 8
»Sich kreuzende Wege«

Kennen Sie das? Eine Zeit lang laufen einem immer ganz bestimmte Menschen über den Weg, sei es beim Einkaufen oder in öffentlichen Verkehrsmitteln, vielleicht auch in der Nähe vom Arbeitsplatz, etwa während der Mittagspause. Darunter sind auch Begegnungssituationen, auf die man gerne verzichten könnte. So mag es sein, dass einem der Mitschüler von früher, mit dem man immer nur Rivalitäten ausgetragen hat, ständig über den Weg läuft. Oder man trifft unterwegs immer wieder auf den unfreundlichen Menschen von nebenan, der den Streit um den Gartenzaun mit einem austragen will (siehe Symmetrietyp »Nachbarschaft«).

Das eine wie das andere beinhaltet fast immer eine Botschaft, die meist ganz individuell ist und folglich jeweils eigene Interpretationsschlüssel verlangt. Generell zeigen sich kreuzende Wege mit Personen, denen man eigentlich lieber nicht begegnen möchte, dass eigentlich eine eigene Problematik sich aktualisiert oder dass es momentan ansteht, sich damit zu beschäftigen. Auch ohne Gartenzaun im Hintergrund können in vielen Fällen dabei Abgrenzungsthemen eine Rolle spielen. Denn unliebsame Personen kommen einem dabei ja oft relativ nahe.

So können einem auch immer wieder Leute begegnen, die sich als Energiestaubsauger betätigen. Irgendwie haben diese Menschen es an sich, Energie von einem abzuziehen. Damit verbunden ist dann ein bestimmtes Erwarten von Aufmerksamkeit, das auf subtile Weise sogar aufdringlich sein kann. In solchen Fällen fragt man sich eventuell, warum einem diese ständige Begegnung nicht erspart bleibt, der man aus Gründen der Höflichkeit nicht ausweichen zu können glaubt.

Einer der Gründe kann darin liegen, dass man zu sehr einem Reaktionszwang unterliegt. Dann müsste man sehen, wie man das eigene Energiefeld stabilisiert. Es kann beispielsweise bedeuten, nicht auf jeden Stimulus von außen zu reagieren, der mit einer Ablenkung der eigenen Aufmerksamkeit zu tun hat.

Manche Menschen fühlen sich schon angesprochen, wenn eine wildfremde Person hinter ihnen ruft und sie gar nicht meint. Oder man sitzt bei Freunden in der Wohnung, und jedes Mal wenn dort das Telefon klingelt, zuckt man zusammen, als sei der Anruf für einen selbst bestimmt – und zwar mit dem gleichzeitigen Gefühl oder Gedanken, womöglich reagieren zu müssen. Man befindet sich dann in einer Art Dauerhaltung, auf Abruf zu funktionieren. So etwas ist ein Thema, das seine Variationen findet, gelegentlich gerade als Beispiel, das den eigenen Weg kreuzt.

Häufig bleibt nichts anderes übrig, als sich innerlich ein Stück zu verschließen und eine gewisse Distanz zu signalisieren. Zum Beispiel bei Leuten, die schon von Weitem winken, obwohl man kaum etwas mit ihnen zu tun hat. Bei einem Fußweg wird man im Übrigen auch dann von üblichen Konventionen der Höflichkeit absehen müssen, wenn vielleicht eine demente Frau aus einem Fenster zum x-ten Mal fragt, welchen Wochentag wir gerade haben. Da ist es eventuell schon mal richtig, so zu tun, als habe man nichts gehört.

Manchen Menschen widerfahren übrigens unerwünschte Begegnungen unter eigenartigen Bedingungen. So kann man erleben, dass man auf dem Weg zur Sparkasse oder Bank ständig jemanden trifft, der einem irgendwie zu nahe kommt oder gar unsympathisch ist. Dann könnte der eigene Geldstil eine Rolle spielen, also die Art und Weise, wie man seine finanziellen Angelegenheiten handhabt.

Bei sich kreuzenden Wegen (oder allgemein Wegsituationen) kann es also unter Umständen nicht nur bedeutsam sein, auf wen man trifft, sondern auch, wo, in welcher Umgebung, welche dritten Personen eventuell anwesend sind und wie sich die Umstände sonst noch gestalten. Manchmal sind womöglich sogar Zeitpunkte interessant. »Immer bei Sonnenuntergang« könnte auf einen Romantikaspekt hinweisen, aber auch auf eine abnehmende Tendenz, die gespiegelt wird. Trifft man immer wieder auf Leute, die »alte Geschichten« aus dem eigenen Leben repräsentieren, fragt man sich am besten, was in einem anderen Bereich fortlebt, mit dem man sich womöglich auseinanderzusetzen hat. Vielleicht sollte man auch gegen irgendetwas vorbeugen oder sich gegen etwas abschirmen, was dem Vergangenen in der Gegenwart unliebsam an anderer Stelle entsprechen könnte. Andererseits mögen Menschen, die einen bei diversen Zufallsbegegnungen mit Vergangenheitserinnerungen positiv berühren, ein Zeichen sein, dass man an einen Ausschnitt damaliger Energie wieder anknüpfen kann (oder anknüpfen sollte), ein Fingerzeig, sich bestimmter Stärken wieder bewusst zu werden usw.

Es lassen sich noch viele Fälle aufzählen, in denen ständige Zufallsbegegnungen auf ganz eigene Weise etwas Positives haben. Das kann an verschiedenen Ecken sogar der Obdachlose vor dem Supermarkt sein, der dort seine Zeitung verkauft. Vielleicht hat er etwas Lebendiges in den Augen und gibt etwas Freundliches zurück, wenn man ihm etwas Geld gibt oder die Zeitung von ihm kauft, die man hinterher doch nicht liest. Aber es geht einfach um eine bestimmte Energiefrequenz, die in Ordnung ist und positiv berührt.

Wenn Sie selbst dynamisch drauf sind, werden Ihnen bekannte Gesichter beim Joggen oder Walking die eigene Energie spiegeln. Befindet man sich eher in einer Durchhänger-Phase, kann es auf mentaler Ebene heißen: »Komm, mach auch etwas.« Oder wir treffen bei allen möglichen Gelegenheiten – sei es am Bahnhof, am Flughafen oder in Lokalitäten – immer wieder ganz bestimmte Personen, vielleicht alte Bekannte oder Menschen aus einem beruflichen Zusammenhang. Sind es solche, die besondere Fähigkeiten haben – in unseren Augen vielleicht sogar Überflieger –, könnte dies einen recht positiven Signalcharakter haben, dass man inzwischen gerade selbst erfolgreich auf dem Weg zu höher gesteckten Zielen ist. Oder es könnte der Hinweis sein, dass man sich einfach in einem guten Energieabschnitt seines Lebens befindet.

Übrigens braucht das Wiederkehrende der Situation nicht unbedingt in der identischen Person zu liegen, sondern es kann ein bestimmter Menschentyp sein. Dann ist die Spiegelungsform etwas komplexer, meint aber dasselbe. Wichtig ist indes, die Energie zu spüren, die vom anderen ausgeht, wenn ich wissen will, was mir die Begegnung sagt. Wie wirkt derjenige auf mich, was überträgt er, und sei es nur aus dem Augenwinkel heraus?

Gelegentlich stellen sich einem bei häufigen Begegnungen aber keine Assoziationen ein. Dann heißt die Botschaft zunächst nur: Diese Menschen gehören einfach zur Hintergrundkulisse meines Lebens. Sie sind Teil meines Alltags. Oder sie stehen mit mir in irgendeiner Form von Energieaustausch. Den muss ich offenbar aber nicht tiefer ergründen.

PRAXIS

➤ Fragen Sie sich zunächst, welche Menschen, die Ihnen eher unliebsam sind, besonders oft Ihre Wege kreuzen und was dahinterstehen könnte. Falls Sie nicht gleich vermuten, worum es dabei geht, lassen Sie erst einmal einzelne Erinnerungseindrücke kommen und notieren Sie vielleicht ein paar Anhaltspunkte.

➤ Genauso interessant wie diejenigen, denen man eigentlich lieber nicht ständig begegnen möchte, sind andere Menschen, die uns immer wieder auf positive Weise über den Weg laufen. Auch sie haben oft eine Bedeutung, sind häufig genug lebende Wegweiser. Manchmal kann es sein, dass sie uns auf eine Gegend hinweisen, wohin wir umziehen könnten (weil sie aus einem bestimmten Landesteil oder einer Wohngegend kommen). Oder es könnte bedeuten, dass sie persönliche Werte repräsentieren, von denen man sich eventuell ruhig anstecken lassen sollte usw. Das Leben gibt auch hier unter Umständen den personifizierten Wink.

Fragen wir uns dann: Was hat dieser Mensch alles an sich, wozu ich eine Parallele entwickeln könnte? Wer oder was befindet sich in seinem Umfeld? Welche Schwingung nehme ich bei einer Begegnung mit der betreffenden Person auf? Was kommt von mir zurück? Oder noch allgemeiner: Wie passt dieser Mensch in mein momentanes Lebenspuzzle? Gehen Sie diesen Fragen nach, wenn Ihnen danach ist, auch in einem ruhigen Moment wiederum mit einigen schriftlichen Notizen: Die Antworten kommen über kurz oder lang.

Symmetrietyp 9
»Wiederholung mit Feldcharakter«

Es gibt eine spezielle Klasse von Zufällen, die über einen längeren Zeitraum einen Wiederholungscharakter aufweisen. Beispielsweise macht jemand die Erfahrung, dass im Bus die Ansage einer Haltestelle mit dem Namen »Friedensallee« konstant ein positives Omen für Angelegenheiten liefert, über die er gerade nachdenkt. Dabei ist es eventuell nicht nur so, dass augenblicklich eine gedankliche Beruhigung eintritt, etwa weil unmittelbar im Moment der Ansage Assoziationen an alles geweckt werden, was für die betreffende Person mit dem Begriff »Frieden« zusammenhängt. Vielmehr wird möglicherweise tatsächlich auch die Erfahrung gemacht, dass die Dinge, über die man beim Passieren der betreffenden Haltestelle nachgedacht hat, anschließend einen glücklichen Verlauf nehmen. Dies ist ein markantes Beispiel dafür, wie eine sich selbst verstärkende Feldenergie im Zeitverlauf immer mehr Gestaltkraft entwickelt.

Die Haltestelle kann natürlich auch einen anderen positiv besetzten Namen haben, wie »Glückstraße«, »Fortunaweg« oder »Kleegasse«. Es kann sich entsprechend auch um den morgendlichen Weg zur Arbeit handeln, auf dem man mit dem Auto an einem Baum oder Brunnen vorbeifährt, wo sich bekanntlich die Liebespaare treffen – was auch immer. Es wird auch keineswegs jedem so gehen, dass all die Dinge sich positiv entwickeln, über die er (oder sie) beim Passieren eines solchen Ortes gerade nachdenkt. Vielmehr ist es eine von Fall zu Fall sehr individuelle Erfahrung, die man auch nicht suchen kann. Sie kommt von selbst, und zwar anfangs eher zufällig.

Da hat man das erste Mal gerade daran gedacht, ob der Handwerker wohl endlich die gemeldeten Mängel beheben wird, ohne dass ein Anwalt bemüht werden muss, wenn man einen gemeinsamen Bekannten einschaltet. Und ausgerechnet in dem Moment tönt die Lautsprecherstimme »Friedensallee«. Na, das passt doch, denken Sie sich. Und als sich die Sache dann auch wirklich friedlich löst, sind Sie umso zufriedener. Das nächste Mal fahren Sie wieder gerade dort vorbei und denken zufällig über einen Arzttermin nach, und wieder kommt genau in dem Moment die Ansage, und später ergibt die Untersuchung tatsächlich eine vergleichsweise harmlose Ursache von Magenbeschwerden. Wenn sich solche Erfahrungen wiederholen, hat sich so etwas wie eine selbst verstärkende Erlebnisqualität aufgebaut.

Etwas Ähnliches hört man übrigens gelegentlich von Menschen, die eine schwere Operation hinter sich haben. Sie machen oft die Erfahrung, dass die Präsenz einer ganz bestimmten Begleitperson bei routinemäßigen Folgeuntersuchungen, die nacheinander ein gutes Ergebnis zeigen, eine eigene Art von Bedeutung bekommt. Im Laufe der Zeit wird die betreffende Person dann zu einer Art lebendem Glücksbringer. Die wiederholte positive Erfahrung wird als Aneinanderreihung unterstützender Zufälle verstanden, die im Laufe der Zeit mit der Begleitperson (sei es der Sohn, die Schwester oder der Partner) in Verbindung gebracht wird. Auch hierbei hat sich so etwas wie ein Erfahrungsfeld aufgebaut.

Seit dem frühen Altertum erhoffen sich Menschen einen vergleichbaren Effekt, indem sie gezielt Talismane gebrauchen. Das ist bis heute sehr beliebt. Zu einem gewissen Bekanntheitsgrad hat es vorübergehend sogar einmal der Stoffhund von Tennislegende Steffi Graf geschafft, dem sie eigens einen Namen gab und den sie in allen Lebenslagen bei sich tragen soll. Oft bekommt so etwas einen beschwörenden Charakter, der von wenig Zufallsqualität begleitet wird, und in einem Fall funktioniert es mehr, im anderen weniger.

Thomas Morgenstern, österreichischer Olympiasieger im Schanzenspringen, berichtete vor einiger Zeit etwa, dass er auf eine Silberkette mit einer sehr persönlichen Bedeutung eingestimmt sei. Diese für ihn offenbar mit starker Bedeutung aufgeladene Kette hätte ihn schon oft beschützt und Glück gebracht. So meinte er auch, dass sie ihm Glück im Unglück beim Weltcupspringen 2003 im finnischen Kuusamo brachte: Eine Windböe hatte ihn erfasst, worauf er sich im Flug überschlug. Der Sportler traf mit voller Wucht auf den Berghang auf, brach sich jedoch nur einen Finger und kam mit ein paar Prellungen sowie Schnittwunden an Armen und Beinen davon.

Wie dem auch immer sei, im Falle eines geradezu wie ein Amulett bei sich getragenen Objekts ist eine Zufallsverschränkung wichtig, die zum wiederholten Male mit einem glücklichen Ereignis verbunden wird. Sonst wird der Gegenstand, wenn es sich um einen Ring oder eine Kette handelt, für den Träger einfach nur noch zum Schmuck. Oder bei anderen Dingen landet ein extra angeschafftes Objekt, das Glück bringen soll, in einer Ecke, wird verschenkt oder weggeworfen. Wenn tatsächlich der Gedanke an eine Feldenergie plausibel wird, handelt es sich dagegen oft eben nicht um einen eigens ausgesuchten Talisman. Vielmehr ist es meistens ein eher banaler Gegenstand – vielleicht ein altes Gasfeuerzeug, eine an sich wertlose, eventuell abgegriffene Münze oder eine zwanzig Jahre alte Eintrittskarte für ein Rolling-Stones-Konzert. Eher per Zufall ist der Besitzer darauf aufmerksam geworden, dass das Bei-sich-Tragen ihm anscheinend Glück bringt.

Offenbar spielt auch eine Geschichte drum herum eine Rolle, meist in Verbindung mit einem ganz bestimmten Menschen. Da hat der Talisman, der einem zum Geburtstag oder zur Versöhnung nach einem Streit geschenkt wurde, eine ganz andere Energie als ein selbst gekaufter Anhänger.

Der Gegenstand ist auf diese Weise personalisiert, was auch deshalb Bedeutung hat, weil die Sache dann mit Strukturen auf unbewusster Ebene verkoppelt ist. Das Zufallsgeschehen, das hinzutritt, verstärkt diese unbewussten Wechselwirkungen und kann seinerseits neue Zufälle provozieren.

Wenn wir also so etwas wie »unseren Glücksbringer« bekommen wollen, sollten wir uns wahrscheinlich von ihm »finden lassen« und nicht umgekehrt. Ausnahmen, bei denen es auch anders herum funktioniert, bestätigen die Regel. Auch sollen sich Kristalle aufgrund ihrer energetisch informationsaufnehmenden Struktur gleichsam für bestimmte Zwecke programmieren lassen. Es kommt vielleicht einmal auf ein Experiment an, damit Erfahrungen zu sammeln. Immerhin soll sogar der ehemalige deutsche Außenminister Hans-Dietrich Genscher Halbedelsteine in der Hosentasche getragen haben, die ihn wohl in manchen Situationen positiv begleitet haben mögen.

PRAXIS

➤ Kurz eine beispielhafte Überlegung: Welche Bedeutung hätten Straßennamen wie »Königsallee« oder »Gaußstraße« für Sie, falls Sie dort immer wieder ähnliche markante Erfahrungen machen würden? Tatsächlich mögen bei einem Menschen – zufällig passend – an der Königsallee etwa gehäuft Gedankenverbindungen eine Rolle spielen, die mit Selbstbewusstsein oder einer souveränen Einstellung zu tun haben. Und etwa bei der Gaußstraße? Was erlebe ich da vielleicht wiederholt im Vorbeifahren oder wenn ich mich dort befinde? Was sind das für charakteristische Gedanken oder Erlebnisse?

Und nächste Frage: Womit lässt sich das gegebenenfalls assoziativ noch in Verbindung bringen? Um bei dem Beispiel zu bleiben: In dem konkreten Fall würden Sie vielleicht nach der historischen Ableitung des Namensgebers für die Straße suchen. Welcher Persönlichkeit verdankt die »Gaußstraße« also ihren Namen, die in verschiedenen deutschen Städten (zum Beispiel Berlin, Hamburg, München) zu finden ist? In der Regel bezieht sie sich auf Carl-Friedrich Gauß, Mathematiker und Physiker des 18. Jahrhunderts, nach dem auch eine physikalische Maßeinheit benannt ist.

Wenn Sie in der Gaußstraße also schon wieder über ein wichtiges Thema stolpern, während Sie aus dem Autofenster das Straßenschild sehen, dann könnte eine Aussage dahinter so aussehen: Ihr Problem hat einen Bezug zu Mengenrelationen, Sie könnten vielleicht etwas Bestimmtes quantifizieren beziehungsweise eine emotionale Sache einmal rationaler durchdringen. Oder im Gegenteil, Sie gehen » diese gefühlsmäßigen Dinge« allzu kopflastig an. Was es auch immer sein mag: Ihnen wird sich eigentlich automatisch der stimmige Eindruck vermitteln, wenn Sie aus Ihrer Perspektive darüber nachdenken.

Straßennamen haben es ganz allgemein in sich, wenn sich dort gedankliche Fäden beim Vorbeifahren oder Gehen wiederholen. Manchmal gibt die Begegnung mit einem Straßennamen auch einen Hinweis auf einen speziellen Zusammenhang. Die Wolfgangstraße oder der Helenenweg kann direkt etwas mit einem selbst oder mit jemandem aus dem Bekanntenkreis zu tun haben. Die zu stellende

Frage würde sich dann nach der Schnittstelle einer Angelegenheit mit dieser Person richten oder sich auf eine Erlebnisqualität beziehen, die direkt oder indirekt eine Bedeutungsbrücke zwischen der Straße/Gegend und dem Bekannten bildet.

➤ Sofern das Phänomen Wiederholung in Betracht zu ziehen ist, muss sich dies nicht nur auf den Straßennamen allein beziehen. So kann man seit Kurzem etwa öfter in der Karolinenstraße zu tun haben, und zur gleichen Zeit bekommt man auch wieder häufiger eine Mail von der Freundin Carol aus den USA. Um die Möglichkeit weiterzuspinnen: Wenn man ein paar Wochen später ganz in der Nähe der Karolinenstraße vorbeifährt, sieht man vor einem Reisebüro vielleicht einen alten amerikanischen Straßenkreuzer stehen, und Carol kündigt noch am selben Abend an, dass sie gern für ein paar Tage zu Besuch kommen würde. Die Karolinenstraße transportierte dann im Vorweg auf besondere Weise eine Botschaft.

So lohnt es sich, ganz allgemein festzustellen, ob sich um Straßen, Plätze, Orte oder Gegenden herum für Sie Eindrücke oder Erlebnisse mit Wiederholungscharakter ergeben. Dabei gilt: Wir brauchen uns darüber nicht den Kopf zu zerbrechen. Wenn es so weit ist, macht die Koinzidenz schon auf sich aufmerksam. Oder die Erinnerung sagt: Ja, da war doch mal etwas …

➤ Registrieren Sie bei Gelegenheit in Ihrem eigenen Leben oder im Schicksal eines Menschen aus Ihrer Umgebung sonstige Erfahrungen mit Wiederholungscharakter – sowohl positive als auch negative. Sind die Begebenheiten mit einem Haus oder einem Gegenstand verbunden, mit einem Namen, einer Telefonnummer oder einer beliebigen Zahl? Oder schärfen Sie den Blick für solche Zusammenhänge, indem Sie über Ihren persönlichen Kreis hinausschauen. Vielleicht fallen Ihnen in Literatur oder Pressebeiträgen auch Beispiele von Persönlichkeiten aus Öffentlichkeit und Geschichte auf. Nicht immer wird man die Zusammenhänge ohne Weiteres entschlüsseln. Es kann aber schon bedeutsam sein, sich für diese Dinge zu sensibilisieren. Denn dies stärkt das Bewusstsein dafür, wie sehr viele Geschehnisse im Leben einen besonderen Feldcharakter über Wiederholungsschleifen entwickeln.

Symmetrietyp 10
»Hilfreiche Fehler«

Auch ärgerliche Zufälle können unter Umständen wertvoll sein. Da ist etwa der EDV-Programmierer, der vor einem unlösbaren Problem zu stehen scheint. Die Zeit drängt, aber er kommt nicht weiter. Dann fällt ihm auch noch auf, dass er sich in wichtigen Schritten seiner Programmentwicklung geirrt hat – solch ein dummer Fehler. Das wird noch einmal Stunden oder Tage kosten, um ihn zu beheben.

Aber, was ist das? Die falsch gesetzten Parameter sagen ihm plötzlich etwas. Ja, nur eine leichte logische Veränderung im Routineablauf und dann müsste das Ganze auf dem richtigen Weg sein. So kommt überhaupt erst ein höherer Standard gegenüber Konkurrenzprodukten zustande. Was für ein Zufall – wie hätte er je darauf kommen sollen, wenn dieser vermeintlich »dumme Fehler« nicht gewesen wäre? In Japan werden ärgerliche Zufälle vergleichbarer Art zur ständigen Produktivitätsentwicklung genutzt.

Es ist die Fehlerkultur, die Bestandteil von »Kaizen« (ausgesprochen »Kai-Sen«) ist, einer Unternehmensphilosophie, die sich auf permanente Produktentwicklung durch die Mitarbeiter stützt. Hierfür bestehen seit Jahrzehnten sogenannte »Qualitätszirkel«, betriebsinterne Arbeitskreise für Verbesserungsvorschläge. Masaaki Imai, japanischer Unternehmensberater, meint, aus »Fehlern zu lernen spiele eine große Rolle für den Erkenntnisfortschritt«. Hierdurch wäre Japan in der Lage, wichtige Fertigungs- und Produktneuheiten mit vergleichsweise wenig Geld Schritt für Schritt voranzubringen.

Auch Victor de Bono, westlicher Kreativitätspapst seit den 70er-Jahren, ist der Ansicht, Entwicklungsfortschritt sei ohne gelegentlichen Irrtum nicht möglich. Wahrscheinlich geht auch die Natur selbst so vor, indem aus »fehlerhaften« Mutationen ein Überlebensfortschritt wird. Diese Erkenntnis kann jeder von uns auf den ganz persönlichen Alltag übertragen – sei es privat oder im Berufsleben.

Es bedeutet keineswegs, jeden Fehler bei sich oder anderen zu entschuldigen. Vielmehr geht es um die entscheidende Frage, die wir uns möglichst häufig stellen sollten: »Kann ich etwas aus diesem Fehler lernen? Was ist es oder was könnte es sein?« Mit anderen

Worten: Liegt hier ein Zufall vor, der mir über einen markanten Fehler sozusagen die Augen öffnen will?

Genauso wichtig ist es dann bekanntlich, Fehler nicht zu wiederholen. Doch je mehr man durch nachdenkliches Fragen in einen Fehlerdialog mit seinem Unbewussten tritt, steigt auch der Aufmerksamkeitspegel. Man weiß häufig durch die einem zugefallene Botschaft ein Stück mehr, worauf es ankommt.

PRAXIS

➤ Eine interessante Strategie liegt in Folgendem: eine Zeit lang systematisch jeden »dummen Fehler« von sich selbst oder von anderen Menschen durchgehen und sich fragen, welcher Nutzen sich daraus ziehen ließe oder was für eine »Botschaft« dahinter stehen mag.

Setzen Sie diese Überlegungsform am besten auch bei diversen Alltagspannen fort – ein Computer, der laufend eine »Macke« zeigt, Probleme mit dem Auto oder mit der Telefonverbindung. Also »Fehler«, die Geräten unterlaufen – was will mir das vielleicht sagen?

Beim Wagen würde man etwa überlegen: Wofür nutze ich ihn? Wo fahre ich öfter hin? Was für längere Fahrten habe ich vor? Gibt es etwas, was meinem Unbewussten dabei widerstrebt? Welche Reise will ich oder sollte ich mit dem Wagen nicht unternehmen? Gibt es dazu vielleicht noch andere Eindrücke, die das bestätigen würden? Oder geht es mehr darum, die Wagenklasse und das damit verbundene Lebensgefühl zu wechseln? Kann ich mich vom Automobil ein Stück unabhängig machen usw.? Es können viele Gründe sein. Näheres ergibt sich natürlich wiederum aus dem Zusammenhang.

Symmetrietyp 11
»Zahlensynchronizität«

Zahlen bedeuten manchmal fast »Zeichen und Wunder«. Da gibt es etwa folgende Begebenheit, die einen charmanten Hintergrund beinhaltet: Vom 24. Oktober 2007 an war der Jackpot in der Ziehung 6 aus 49 des Deutschen Lottoblocks unbesetzt geblieben. Am 5.12. wurde er dann geknackt und es kam zur Auszahlung von drei mal 15 127 485 Euro. Einer der Gewinner gab hinterher an, als Zahlen seinen Hochzeitstag und die Geburtstage seiner Kinder getippt zu haben. Es ist ein sehr beliebtes Vorgehen, markante Datumsbezüge von sich und Angehörigen einzusetzen. Unbewusst wird hierdurch Resonanz zu positiv besetzten Zeitpunkten hergestellt.

Gemäß Wahrscheinlichkeitsrechnung besteht bei jedem Tipp für sechs Richtige allerdings nur eine Wahrscheinlichkeit von eins zu 15 537 537. Für »fünf Richtige« beträgt die mathematische Wahrscheinlichkeitsrelation eins zu 55 491. So kann die Chance, durch das Ankreuzen von Zahlen mit positiver Resonanzenergie tatsächlich auch einen beachtlichen Gewinn zu erzielen, zunächst begrenzt sein.

Mindestens sollten noch weitere Gestaltmerkmale hinzukommen. Sie könnten etwa darin liegen, dass man ohnehin eine gute Ader in Gelddingen hat, vielleicht auch, dass im familiären Umfeld bereits Lottogewinner mit einem »Fünfer« dabei waren. Unterstützend für die Gestaltenergie wäre es eventuell auch, häufig wenigstens drei oder vier Richtige erzielt zu haben. Aber auch Leute, die sonst immer finanzielles Pech erlebt haben, können gelegentlich mit ihren Zahlen richtig liegen. Manchmal spielt die starke emotionale Erwartungshaltung eine Rolle, die da etwa lauten könnte: »Ich muss doch auch einmal dran sein.« Das gilt ebenso für Menschen, die auch sonst nicht unbedingt auf Rosen gebettet sind. Ich kenne beispielsweise einen Menschen, dem es materiell zwar immer recht gut ging, der aber über Jahre Schmerzpatient war. Ihm waren genauso fünf Richtige vergönnt wie einer Frau, die manche Krankheiten hatte und sich für Mann und Familie aufopferte.

Den Großteil des an sich schon nicht sehr hohen Gewinns verschenkte sie und nur einen kleinen Teil behielt sie für sich. Die

Gestaltenergie ihres Lebenskonzepts passte hier geradezu identisch mit dem Modus der Verteilung zusammen. Auch dies könnte den Gewinn als solchen angezogen haben.

Woher weiß ich aber, ob ich mit einem positive Gestaltenergie unterstützenden Muster verbunden bin? Und müsste die statistische Wahrscheinlichkeit für einen nennenswerten Lottogewinn nicht eigentlich entmutigend sein, an so etwas wie meine »Glückszahlen« zu glauben? Die Antwort liegt wohl in einem kleinen Umweg des Denkens. Denn wer beim Ankreuzen von Lottozahlen auf »seine Zahlen« schwört, vollzieht ständig einen symbolischen Akt. So kann es sein, dass sich »fünf« oder vielleicht sogar »sechs Richtige« auf einem anderen Lebensgebiet ausdrücken, wo eine stärkere Verdichtung unterstützender Gestaltbeziehungen besteht. Wenn es aber sein soll, dann gewinnt man mit Chance auch im Lotto. Solange sich das eingesetzte Geld im Rahmen hält – »Warum nicht«, sagt man sich.

Andere Spieler folgen mit häufig oder ständig wechselnden Zahlenkombinationen mehr ihrer momentanen Intuition und gehen dabei mit dem in einem Fall eher richtig, im anderen weniger stimmig gefühlten Trend der Quantenfluktuation mit. Und in einigen Fällen ist die eigene Frequenzempfindlichkeit dabei gleich so dicht an einer sich unbewusst abzeichnenden Zufallsgestalt dran, dass vielleicht ein Volltreffer möglich wird.

Mit etwas Abstand betrachtet, ist es einfach ein kreatives und für viele auch faszinierendes Spiel mit dem Zufall und den eigenen Gestaltenergien des Lebens.

Wir können den Faden mit sogenannten Glückszahlen aber noch weiterspinnen. Wenn Zahlen dabei sind, die im Zeitverlauf immer wieder auf seltsame Weise mit positiven Ereignissen verbunden waren, lassen diese sich in mancher Weise wiederum symbolisch gezielt einsetzen. So wird es eine gute Frequenz beisteuern, wenn man sich eine entsprechende Nummer für das Kraftfahrzeugkennzeichen bestellt. Auch die Auswahl von Telefonnummern ist dafür geeignet, sofern der Netzanbieter eine entsprechende Wunschoption anbietet. Ferner lässt sich die Adresse gemäß Hausnummer und vieles mehr danach wählen.

Andere Beispiele wiederum zeigen, dass sich die Feldenergie sogenannter Glückszahlen oft vor allem auf eine bestimmte Lebensphase bezieht, die an Ereignisse, Situationen oder Orte gekoppelt sein kann. Der ehemalige russische Schachweltmeister Garri Kasparow – heute ein führender Oppositionspolitiker in Russland – hatte zum Beispiel einmal einen Lebensabschnitt gehabt, in dem die Zahl »13« für ihn eine Rolle spielte.

In den 80er-Jahren wollte er nämlich 13. Weltmeister im Schachspiel werden. Deswegen sahen er und seine Mutter häufig zu, dass sie Hotelzimmer mit der Zahl 13 bekamen. Kasparow gewann schließlich mit 13 zu 11 Punkten – und zwar 13 Jahre nachdem der Amerikaner Bobby Fischer Weltmeister geworden war. Kasparow erklärte dazu einmal in einem Interview: »Erst gibt es die Ereignisse, dann beobachtet man die wiederkehrenden Anzeichen oder Ziffern.«[1] Daraus könne man oftmals so etwas wie eine Glückszahl generieren.

Allerdings kann man unter Umständen nicht unbedingt damit rechnen, dass die einmal gebildete Feldenergie ein Leben lang konstant bleibt. Möglicherweise war die Feldenergie im Fall Kasparow zu sehr auf ein Projekt bezogen, nämlich den Gewinn der 13. Weltmeisterschaft. Vielleicht gibt es heute für den ehemaligen Schachweltmeister andere Zahlen, die inzwischen mehr Bedeutung für ihn gewonnen haben.

Wer ähnliche Serienerfahrungen mit Zahlen gemacht hat, prüfe einmal, wie anhaltend das entsprechende Gestaltfeld dafür wirksam ist. Manchmal kann es sich ja relativ dauerhaft stabilisiert haben. Es hängt dann davon ab, ob weitere positive Dinge ebenfalls mit einer bestimmten Zahl korrelieren, die zuvor nichts damit zu tun hatten.

Wenn man im Zeitverlauf allerdings einen Satz positiver Erfahrungen um eine Zahl herum erlebt, ist es sinnvoll, diese auch in Telefonnummern erscheinen zu lassen (sofern der eigene Netzanbieter eine entsprechende Wunschoption anbietet). Es könnte auch Sinn machen, sich vielleicht Hausnummern danach zu wählen, die entsprechende Anzahl von Gästen zu einer Feier einzuladen oder selbst definierbare Tages-, Wochen- oder Monatsrhythmen danach einzurichten, um welches Thema es dabei auch immer geht; zum Beispiel alle 3, 9 oder 14 Tage besondere Dinge zu erledigen, wenn die entsprechenden Zahlen ein Gestaltfeld beinhalten, das mit positiven Ereignissen im eigenen Leben zu tun hat.

Ich selbst würde aber nicht unbedingt »13 bei Tisch« einladen, man denke an den Kriminalroman. Ohnehin hat der eine oder andere zudem seine Aversionszahlen, die manchmal auch einen kulturellen Hintergrund haben und die obendrein mit manchen anderen Faktoren zusammenhängen. So ist statistisch gesehen Freitag, der 13., zwar kein Datum, das bislang tatsächlich signifikant viele Negativereignisse hervorgebracht hätte. Aber Tag und Zahl zusammen haben ein Odium, das vielen Menschen doch nicht ganz geheuer ist.

Unter anderem wurde schon der Stapellauf eines Öltankers deswegen verschoben. Der große Börsenkrach in den USA, der die Weltwirtschaftskrise hervorbrachte, fand an der Wallstreet aber genau genommen an einem Donnerstag statt, wurde am Freitag dann allerdings in Europa realisiert. Jedoch war es kein Freitag, der 13., sondern der 25. Oktober 1929. Letztlich sollte man sich aber dessen bewusst sein, was solch ein Tag wie Freitag, der 13., für einen ganz persönlich bedeutet; und für die meisten Menschen wird er so unspektakulär oder erfreulich, vielleicht so nervenaufreibend oder ärgerlich verlaufen wie viele andere Tage im Jahr.

PRAXIS

➤ Wenn wir mit der Gestaltenergie von Zahlen Praxis bekommen wollen, wird es meist darauf hinauslaufen, zunächst zu beobachten und möglicherweise ein wenig zu experimentieren. Das heißt, es werden einem eher spontan bestimmte Daten oder Zahlen auffallen, die uns eventuell in einer seltsamen Häufigkeit begegnen. Dann fragt man sich eigentlich von selbst, ob jeweils mehr glückliche oder wenig verheißungsvolle Umstände damit verbunden sein mögen. Im positiven Fall könnte es Sinn machen, sich bewusst mit der betreffenden Zahlenresonanz zu verbinden.

Habe ich also in meinem 25. Lebensjahr einen bestimmten beruflichen Erfolg erzielt und bin zufällig in dem Jahr auch in eine Wohnung mit der Hausnummer 25 eingezogen, dann erscheint das als eine glückliche Ereignisüberschneidung. Das wird besonders dann so zu bewerten sein, wenn weitere positive Entwicklungen folgen, man im Moment vielleicht auch privat geradezu wohltuende Umstände anzuziehen scheint. Warum dann nicht probieren, was passiert, wenn man jetzt die Zahl 25 in das Kraftfahrzeugkennzeichen hineinnimmt, oder warum nicht einmal mit 25 Personen bei einer Party experimentieren?

Manches wird davon abhängen, ob die Gestaltphase noch anhält, in der von der Zahl 25 eine positive Feldenergie auf die persönlichen Lebensumstände auszugehen scheint. Des Weiteren könnte eine Rolle spielen, inwieweit man Fantasie darin entwickelt, Handlungselemente in die betreffende Zahlensymbolik einzubeziehen. Beispielsweise ließe sich am 25. Tag nach Beginn von Verhandlungen etwas Entscheidendes unternehmen, oder man legt sich in eine Schatulle 25 Glücksbringer, die eine persönliche Bedeutung haben.

Einiges an Umgangsmöglichkeiten mit der betreffenden Zahl wird einem regelrecht zufallen. In solchen Fällen liegt ein besonderer Aufforderungscharakter des Schicksals darin, auf einen entsprechenden Wink einzugehen, weil eben zufällig gerade etwas geschieht, das mit einer bestimmten Zahl korrespondiert.

Es kann auch sein, dass sich gelegentlich Wechselwirkungen zwischen Zahlen anzudeuten scheinen, die mit teils belastenden Lebensumständen einhergehen, etwa bei einem selbst oder bei Personen im Umfeld. Da mag die Pin-Nummer des Handys mit der Hausnummer eines Auftraggebers korrespondieren, und einige Begleitumstände, die in dem Zeitabschnitt des Zusammentreffens eine Rolle spielen, lassen eventuell auf eine ungünstige Tendenz schließen. In dem Fall würde man wahrscheinlich bereits einen symbolischen Akt vollziehen, der negative Gestaltentwicklungen zu unterbrechen vermag, wenn man sein Handy auf eine andere Pin-Nummer einstellt.

Manche Dinge sind weniger schnell zu verändern und daher am besten von vornherein mit einer gewissen Aufmerksamkeit zu würdigen. Denken wir an die Zahl der Wohnanschrift. Über die Analysemöglichkeiten, welche Hausnummern womöglich eher günstige oder vergleichsweise ungünstige Resonanzen beinhalten, wenn man bei der jeweiligen Adresse einziehen will, ließe sich ein ganzes Buch schreiben. Ich glaube, dass beispielsweise an manchen Zuordnungen der klassischen Numerologie etwas dran ist. Hausnummer eins kann heißen, dass man im sozialen Kontext häufiger die Nummer eins darstellt oder aber bei vielen Dingen noch am Anfang steht. Bei der Zwei geht es um Beziehung, während die Drei auch als Hausnummer eine Kreativzahl ist, die etwa für Entwicklung steht (man denke an These, Antithese und Synthese in der Philosophie).

➤ Auch numerische Zuordnungen aus den Kennzahlen der Karten im Tarot oder Lenormand (dem anderen viel angewandten Orakel) lassen sich unter Umständen hinzuziehen. Generell gesagt: Eine Symbolik aus dem Tarot, Lenormand oder konventioneller Numerologie abzuleiten kann dann Sinn machen, wenn man selbst eine starke oder stärkere mentale Beziehung zu diesen Systemen hat. Manchmal mögen die entsprechenden Symboliken auch unabhängig von unseren inneren Glaubenssystemen wirksam sein, wenn unser Unbewusstes so konstelliert ist, dass es auf die damit verbundenen Gestaltfelder reagiert, sozusagen »Rezeptoren« dafür hat.

Will man sich bewusst mit dem kollektiven Aussagegehalt von Zahlenbotschaften auseinandersetzen, ist zu vergegenwärtigen, dass Zahlen meist mehr als einen symbolischen Aspekt aufweisen. Während die 16 im Tarot für einen vom Blitz getroffenen Turm steht, der auf persönliche Krisen hinweist – vielfach das Erfordernis, sich in seiner persönlichen Struktur neu zu sortieren –, heißt die 16. Karte im Lenormand »Die Sterne«. Die Bedeutung hat etwas mit gehobenen Stimmungen zu tun, mit Träumen, Einfühlsamkeit oder Medialität. Beruflich kann es darum gehen, »nach den Sternen zu greifen« oder einen Karrieresprung zu erleben.

Welche Bedeutungstendenz in einem konkreten Fall überwiegt, wird man als jemand, der sich mit diesen Dingen beschäftigt, zu einem erheblichen Teil der eigenen Gefühlsreaktion entnehmen. Was empfinde ich also bei der betreffenden Zahl, wenn ich irgendwo einziehen will? Außerdem ist die Frage entscheidend, wie die Hausnummer mit der Aura von einem Haus oder einer Wohnung korrespondiert. Auch kann es aussagekräftig sein, wie diese Nummer mit Aussichtsmerkmalen durch die Fenster nach draußen, mit dem Bauzustand des Gebäudes und anderen Elementen einen übereinstimmenden Gestalt-Mix ergibt, der gleichsam seine eigene Sprache spricht. Dabei kann auch eine Rolle spielen, wer Vormieter war und somit seine Energie in den Wänden hinterlassen hat. Manchmal erkennt man das ja an kleinen Hinterlassenschaften, die eventuell durch eine Art Vorzeichen aus der Hausnummer noch unterstrichen werden. Bedeutsam werden solche Dinge vor allem dann, wenn sie einem spontan auffallen, vielleicht geradezu ins Auge springen.

➤ Man kann aber auch noch ganz anders mit Zahlensymbolik umgehen. Gern wähle ich zum Beispiel bei der Wiederholung von Affirmationen (Bejahungsformeln mit suggestivem Charakter) eine bestimmte Wiederholungszahl. Bei manchen Affirmationen reicht es in Alltagssituationen, in denen man sich eigentlich auf anderes zu konzentrieren hat, zwischendurch die betreffende Affirmation entschieden drei Mal zu wiederholen. Damit kann man sich mental oft gut ausrichten. Die neunfache Wiederholung wirkt aus verschiedenen Gründen recht kraftvoll, die mit manchen mystischen Betrachtungsweisen zu tun haben. Und schließlich gibt es sogar Meditationssysteme, in denen ein Mantra 81 Mal (für neun mal neun) zu wiederholen ist.

Symmetrietyp 12
»Was Namen entspricht«

Wenn es im Lateinischen heißt, »nomen est omen« (Name ist Vorzeichen), so ist dies ein sinnvoller Aphorismus, der sich im Leben vielfältig bestätigt. Bekanntlich gibt es etwa Menschen, die aussehen, wie sie heißen. Jemand mit dem Namen »Habicht« kann in einigen Fällen tatsächlich ein Gesicht haben, das entfernt an den Greifvogel erinnert. Und vielleicht zieht es jemanden damit auch in die Lüfte, als Dachdecker, Pilot, als Bewohnerin eines Hochhauses oder als Person, die ihre Freizeit gerne mit Fesselballonfahrten oder Ähnlichem verbringt.

Desgleichen kann man sich jemanden vorstellen, der den Familiennamen Löw trägt und eine Aura um sich verbreitet, wie man sie mit dem Gedanken im Hinterkopf erwartet, dass der Löwe bis heute als König der Tiere gilt. Von Joachim Löw, dem derzeitigen Fußballbundestrainer Deutschlands kann man auf jeden Fall gelegentlich sagen: »Gut gebrüllt, Löwe.«

Recht häufig ist eine Verhaltensparallelität oder Ähnlichkeit in Eigenschaften. Die Zusammenhänge, auf konkrete Namen bezogen, lassen sich aber nicht generalisieren. Vielmehr entspringen sie individuell einer Projektionsgeschichte zwischen beteiligten Personen und haben damit einen im Zeitverlauf entstandenen Feldcharakter. Beispielsweise könnte ein gewisser Herr Reich in der Wahrnehmung seiner weniger bemittelten Nachbarn im Mietshaus für einen gewissen »Reichtum« stehen, ebenso wie der Namensinhaber für die zwei Mitarbeiter, die er in seinem kleinen Unternehmen beschäftigt, relativ »reich« sein kann.

Seine Schwester, die aufgrund von Heirat einen anderen Namen trägt und in der Chefetage eines Topkonzerns in verantwortlicher Position arbeitet, findet ihren Bruder aber gar nicht reich. Unterdessen hat sich seine Frau mit dem Verkauf von Geschenkartikeln über das Internet immerhin ihr »kleines Reich« geschaffen und ihre Freunde sehen das auch so. All das hat sich vielleicht im Laufe der Zeit ergeben, wobei die passenden Assoziationen hintergründig immer mehr eigene Feldenergie entwickeln.

So etwas wird in den meisten Fällen eher unbewusst ablaufen, vermag aber dennoch eine starke Kraft hervorzubringen. Irgendwann könnte dies bei unserer Familie Reich für ein gutes Händchen bei Geschäften sorgen, und die beiden erarbeiten sich – symbolisch unterstützt durch den Namen – einen gehobenen Lebensstandard.

Eine besondere Zufallssprache aus Namensinhalten ergibt sich oft auch durch spezielle Motive beteiligter Personen und Hintergrunddynamiken in einem gemeinsamen Geschehen. Ein authentisches Beispiel mit leicht veränderten Namen mag dies illustrieren. Versetzen Sie sich dazu am besten selbst einmal in die Lage des tatsächlichen Protagonisten. Also, Sie sind in einer Phase, in der Sie mit einer Angelegenheit schnell vorwärtskommen wollen. Da könnte es doch mit einem Herrn »Hemmermann« immerhin mentale Reibeflächen geben, wenn Sie allein schon den Namen hören (erinnert Sie eventuell an »etwas hemmen« oder »Hemmung«).

Aufgrund von Sachzwängen muss Ihr Gegenüber Sie auch tatsächlich sanft bremsen. Dies gewinnt im Zusammenhang mit dem

Namen nun Resonanzeigenschaft und entwickelt in Einklang mit Ihrer Gedankenkraft eine Frequenz, die immer mehr Einfluss in der Angelegenheit gewinnt. Es gibt merkwürdigerweise zig Verzögerungen und zum Schluss gerät sogar noch das berühmte Körnchen Sand ins Getriebe, das die Sache schließlich zum Scheitern bringt. Was Sie als Energie unbewusst auf den Namen Hemmermann projiziert haben, hat sich verselbstständigt und dadurch ein Gestaltfeld der Hemmung im Vorhaben aufgebaut.

Inzwischen finden Sie das alte Projekt vielleicht selbst nicht mehr so toll und gehen mit einer frischen Idee, die aber in den gleichen Fachbereich fällt, zur Konkurrenz in der Branche. Dort treffen Sie, wie es der Zufall will, auf eine Frau Hemmerling, also eine Person mit einem einigermaßen ähnlichen Namen wie Ihr Gesprächspartner zuvor. Da wird vielleicht schon ein inneres Warnlämpchen bei Ihnen aufleuchten.

Immer noch optimistisch, wie Sie nun einmal sind, ignorieren Sie das zunächst einmal und bemühen sich, die Sache rational zu betrachten. Was hat das eine denn schon mit dem anderen zu tun, wollen Sie sich einreden. Aber die unbewusst auch hier projizierte Energie ist wiederum stärker als das, was Sie sich vom Kopf her sagen. Auch diese Sache floppt.

Auf Ihrer Odyssee steuern Sie daraufhin als Nächstes das Schwesterunternehmen der Firma an, in der Frau Hemmerling in der Entwicklungsabteilung arbeitet. Hier nimmt man die Sache zwar mit Interesse auf, aber es gibt dort Probleme mit der Zuständigkeit, wer letztlich entscheiden soll. Einer schiebt es dem anderen zu und schließlich schmort Ihr schönes neues Projekt erst einmal bei einer Person namens »Limes« vor sich hin. Nun heißt »Limes« aus dem Lateinischen übersetzt »Grenze«, und an die scheinen Sie nun endgültig gestoßen zu sein.

Allmählich dämmert Ihnen, dass mehr hinter diesen seltsamen Zufällen stecken könnte. Worin würde ein Ausweg bestehen? Sie regeln einige Dinge, die im Hintergrund eine Rolle spielen könnten, und modifizieren Ihren Plan. Auf einmal fällt Ihnen ein ganz anderes Unternehmen ein, mit dem Sie schon einmal losen Kontakt hatten. Hier heißt der Geschäftsführer Zugschwerdt (der Name geht sprachlich auf »Zücke das Schwert« zurück).

Er gilt in der Branche als ausgesprochen innovativer Kopf, und ein untrügliches Gefühl sagt Ihnen, dass Sie mit seiner Unterstützung die Fesseln durchtrennen werden, die das Projekt umgeben hatten. Und wie sieht die anschließende Entwicklung aus? Zwar braucht die Sache auch in der aktuellen Firma noch eine gewisse Anlaufzeit, weil Sie aus Ihren Vorerfahrungen eine Menge hemmende und begrenzende Gestaltenergie mitgebracht haben.

Es ist fast so, als würden Sie selbst auf geheimnisvolle Weise bei den neuen Gesprächspartnern die internen Entscheidungswege mental blockieren. Traditionell denkende Chinesen würden in dem Fall sagen, Sie haben noch etwas ungünstiges »Chi« aus den vorherigen Situationen zu der neuen Firma mit herübergebracht. Doch auf einmal geht es voran. Der Geschäftsführer erweist sich hier bald als genau passender Partner und die Sache kommt zur gegenseitigen Unterschrift.

Was der Fairness halber nachzutragen ist: Es gibt viele Leute, die mit besagtem Herrn Hemmermann aus der ersten Anlaufstation bestens zusammenarbeiten. Dabei interessant: In gewisser Weise haben diejenigen, mit denen er zusammenarbeitet, überwiegend eine ähnliche Namenselektrizität wie er selbst. Mit anderen Worten: Es sind auch hier Menschen, die von symbolischen Faktoren her gut zusammenpassen.

Vielleicht hätten auch Sie mit Herrn Hemmermann ein prima Team bilden können, wenn Sie unter anderen Umständen zusammengekommen wären und wenn Gestaltkräfte im Hintergrund hilfreich Pate gestanden hätten. Womöglich dergestalt, dass Sie in der manchmal hemmenden Art Ihres ursprünglichen Gesprächspartners einen Vorteil entdeckt hätten, um Ihr altes Projekt erst einmal für Ziele und Geschäftsbereiche seiner Firma reifen zu lassen. Doch nun sind Sie recht zufrieden. Finanziell lohnt sich die Sache im Unternehmen von Herrn Zugschwerdt für Sie noch mehr und die Energie ist auch ganz anders im Fluss. Es sollte einfach so sein.

Wie gesagt: Für dieses Musterbeispiel gibt es einen realen Hintergrund, aber es bestehen gute Gründe, Namen und Umstände abzuwandeln. Das gilt auch für die Schilderung in einem weiteren Fall.

Nennen wir eine Frau, die etwas ins Rollen brachte, »Janine«. Eines Tages vermittelte sie einem guten Freund und Exkollegen –

für uns »Herr Keppler« – die geschäftliche Verbindung zu einem gewissen Mark Oldenwald, mit dem sie gerade liiert war. Herr Keppler dachte sich gleich, dass dies eine ganz konstruktive Zusammenarbeit ergeben könnte, da seine Familie, als er Kleinkind war, viel mit einem Mann zu tun gehabt hatte, der für ihn immer nur »Onkel Oldenbach« gewesen ist – eine regelrechte Bezugsperson. Daher dachte er später auch gleich »*Olden*wald« und »*Olden*bach«, das passt doch hervorragend. Diese Namensähnlichkeit knüpfte also an eine recht positive Kindheitserinnerung an.

Nun, als Erwachsener, überlegte jener Herr Keppler weiter: Ich heiße Markus und der Mann, der da geschäftlich auf mich zukommt, hat auch noch einen ganz ähnlichen Vornamen (nämlich Mark). Außerdem befindet sich dessen Firmensitz seltsamerweise in einer kleinen Ortschaft namens Waldbach. Eine wirklich ungewöhnliche Kette von Zusammenhängen ist das doch: *Olden*bach, *Olden*wald und schließlich auch noch *Waldbach*.

Daraus ergaben sich im Laufe der Zeit einige interessante Ansatzpunkte für eine Zusammenarbeit, zwar zwischendurch auch mal mit der einen oder anderen Stockung; aber dann kam auch wieder ein gemeinsamer Vorwärtsimpuls.

Ein wichtiger Gedanke lautet in manchen Situationen andererseits, dass auffällige Ähnlichkeiten und Symmetrien nicht immer gleich Anlass zu Euphorie bilden sollten. Denn eventuell bestanden früher beispielsweise einige zwiespältige Beziehungsdynamiken um die Person herum, auf deren Namensvetter man heute stößt. Diese Dinge mögen einem heute nicht immer alle bewusst oder bekannt sein.

Vielleicht hing es in der Kindheit mit der eigenen Familie zusammen oder sonstwie mit dem Umfeld, das man einmal mit dem Namensträger teilte, der mit heutigen Personen eine Namensübereinstimmung aufweist. Es ist schon gut, genau hinzusehen und sich einige Dinge im Hintergrund stets mit bewusst zu machen, sofern man sie kennt.

Einfachere und unkomplizierte Muster in Bezug auf Namen sind selbstverständlich ebenfalls anzutreffen. Sind Sie schon einmal über Entsprechungen bei traditionsreichen Berufsgattungen gestolpert? So können etwa handwerksbezogene Namen wie Müller oder

Schneider auf Menschen anziehend für eine Verbindung wirken, die selbst aktiv ein Handwerk wie Schlosser oder Elektriker ausüben oder die ebenfalls einen Namen wie Bäcker oder Meister (bis heute Rang im Handwerk) tragen.

Allerdings wird es in der Regel so sein, dass dieser Zusammenhang durch ein ganz persönliches Schlüsselmuster etwa aus hinzukommenden biografischen Merkmalen oder gemeinsamen Interessenverschränkungen eines energetisierenden Anschubs bedarf, um wirksam zu werden. Vielleicht gibt es eine Goldschmiedin, die einen Roland Becker heiratet (auf beiden Seiten ein handwerklicher Bezug im Namen). Dazu die unterstützenden Gestaltmerkmale: Besagte Dame hat als Kind der Mutter beim Kuchenbacken immer fleißig geholfen, und sie hat auch längere Zeit in einer Ortschaft namens Mühlenbach gewohnt (Bäcker bekamen früher ihr Mehl noch von kleinen Betrieben, die etwa mit einer Wassermühle arbeiteten).

So weit einige Namensentsprechungen auf individueller Ebene, für die es im Übrigen auch Pendants mit kollektiver Bedeutung gibt. Als beispielsweise am 18. November 2005 eine Große Koalition zwischen Sozialdemokraten und Christdemokraten Deutschlands ins Leben gerufen wurde, wurden in den Medien einige Zweifel laut, ob diese eine ganze Wahlperiode halten würde. Manche Kommentatoren hielten es für möglich, dass diese politische Ehe schon nach kurzer Zeit beendet sein könnte.

Wie auch immer, eine symbolische Namenskonstellation im Kabinett trug womöglich zu einem stabilisierenden Gestalteinfluss bei. So beinhaltet der Namensbestandteil »Stein« von den Assoziationsmerkmalen her generell etwas wie Stabilität oder Festigkeit. Weitere Gedankenverbindungen ergeben sich zu Erdung und Bodenhaftung.

Als Frank-Walter Steinmeyer und Peer Steinbrück – der eine als Außenminister, der andere als Finanzminister – ihren Amtseid ablegten, waren sie sich ihres Namensfaktors für die neue Regierung wohl nicht bewusst gewesen. Aber in den beteiligten Namen ließe sich im gegebenen Fall nicht nur für ein Regierungsbündnis, sondern auch für einen Kollegenkreis oder für einen Vereinsvorstand eine symbolisch stabilisierende Tendenz vermuten.

Des Weiteren kam im Kabinett eine gedanklich reizvolle Verbindung durch Bildungsministerin Anette Schavan (Assoziation: Schwan) von der CDU und Verkehrsminister Wolfgang Tiefensee, SPD, zustande – also ein Schwan, der auf dem See schwimmt. Dabei müssen Namensträger in einem vergleichbaren Fall weder ein besonders herzliches noch ein konflikthaftes Verhältnis miteinander aufweisen.

Es funktioniert einfach anders. Die jeweiligen Personen geben einfach neutral »kraft ihrer Namen« eine psychomagnetische Energie in einen beliebigen Gruppenprozess hinein, die den Beteiligten allgemein kaum auffallen wird. Das heißt: In der Regel wird niemand darüber stolpern, aber die Synchronizität ist in solchen Fällen hintergrundwirksam.

Manchmal kann es sich auch lohnen, die etymologische Ableitung eines Namens (also seine Erklärung aus der sprachlichen Herkunft) festzustellen. Hieraus ergeben sich weitere Aufschlüsse. Besonders für den eigenen Vornamen und Nachnamen wie auch für die Namen von engen Freunden und Familienmitgliedern kann das interessant sein. Beispielsweise hat Angela einen griechisch-lateinischen Ursprung und heißt so viel wie »Engel«.

Setzt man einen Namen zusammen, lässt sich dieser gelegentlich wie eine beziehungsreiche Aussage lesen. Die antike Figur des Engels hat beispielsweise eine Mittlerfunktion (ursprünglich zwischen Himmel und Erde). Angela Merkel schmiedete die große Koalition, eine Verbindung politisch prinzipiell entgegengesetzter Pole (klassisch »links« und traditionell eher »rechts«), ein Zweckbündnis aus zwei großen Volksparteien, die bislang überwiegend gewohnt waren, hart miteinander zu konkurrieren.

Im Namenslexikon findet man außerdem, dass Merkel einen ähnlichen Hintergrund wie Markwart hat, nämlich als »Hüter der Grenze«. Daraus ergibt sich eine Reihe von Assoziationen. Eines Tages wird die Geschichtsauffassung wahrscheinlich zu dem Ergebnis kommen, ein Thema der Kanzlerschaft von Angela Merkel sei gewesen, Unterscheidbarkeit (Grenzen) zwischen den an ihrer Koalition beteiligten politischen Parteien zu wahren, dabei gleichzeitig aber selbst in stürmischen Phasen noch bemüht zu sein, Vermittlung zu moderieren. Ähnliches wird man dann wahrscheinlich auch hinsichtlich Merkels Rolle für die EU (Grundlagenvertrag) und die von der Kanzlerin weitgehend zurückhaltend bewertete Aufnahmekapazität für weitere große Staaten wie die Türkei sagen können (wiederum Thema »Grenze«).

PRAXIS

➤ Eine Möglichkeit, sich dem Thema Synchronizität um Namen zu nähern, besteht etwa in dem, was man nach Methoden der klassischen Psychoanalyse als »freie Assoziation« bezeichnen würde. In diesem Sinn kann man bei ganz beliebigen Namen überlegen – vielleicht auch mal bei solchen, die aus den Medien bekannt sind: »Was fällt mir alles dazu ein?« Auch kann man sich fragen, wie die zugehörigen Attribute zu einem Menschen ganz oder in Ausschnitten passen. Jemand mit dem Namen »Groß« muss nicht unbedingt physisch groß sein, aber er hat vielleicht ein großes Haus, große Kinder, ein großes Herz oder was Ihnen dazu auch immer auffallen mag. Zudem lässt sich überlegen, wie etwa Gesichter zu Namen passen. Jemand mit dem Namen »Weiß« kann zum Beispiel einen recht blassen Teint haben.

Eigenschaften in Namen sind oft beziehungsreich im Hinblick auf ein spezifisches Verhältnis von zwei oder mehr Personen zueinander, und sie werden aus den gegenseitigen Erfahrungen oft mit Gestaltenergie aufgeladen. Ein quirliger Mensch, der auf eine Frau Still trifft, kann in der Begegnung entweder gebremst oder in seinem Wesen beruhigt werden. Unsere Bewertungsgewohnheiten, ob sich dies positiv oder negativ auswirkt, laufen letztlich wohl darauf hinaus, was wir daraus machen. Zu überlegen ist auch, was jemand selbst zu seiner eigenen Namenselektrizität beiträgt, etwa dadurch, wie man sich am Telefon meldet. Der Name kann ganz unterschiedlich ausgesprochen werden, auch bei Vorstellungen in der persönlichen Begegnung. Das ist etwas ganz Ähnliches wie der Schwung der Unterschrift.

Eventuell werden einem in Personengruppen Namen auffallen, die entweder neutral zueinander stehen, sich vom Vorzeichen her unterstützen oder die eigentlich konträr gepolt scheinen. Dabei müssen die Betreffenden etwa im ungünstigen Fall gar nicht einen direkten Disput miteinander haben. Die Elektrizität ihrer Namen kann einen solchen aber symbolisch in einem bestimmten Kreis anregen. Jemand mit Namen »Krieger« und ein anderer, der zufällig womöglich »Zorn« heißt, würden wahrscheinlich eher Gestaltenergien stimulieren, die zu Aggression beitragen.

Diese Namen gibt es immerhin und ihr Zusammentreffen würde sich vielleicht in einer kämpferischen Organisation – vielleicht im Umweltbereich – sinnvoll ergänzen. Beispielsweise im Vorstand einer Kirchengemeinde könnte man sich diese Zusammensetzung wohl als weniger produktiv vorstellen. Hier wäre dann zu überlegen, wie man die Energie auf irgendeine Weise neutralisiert. Es können irgendwelche Symbole sein, die im Raum aufgestellt werden oder die als Bild an der Wand hängen, vom Motiv der Friedenstaube bis hin zu Landschaftsbildern, die einfach Frieden ausstrahlen. Auch könnten Sie als Mitglied solch einer Gruppe ein Symbol bei sich tragen, von dem Sie meinen, dass hiervon eine nachhaltig beruhigende Energie ausgeht.

Gelegentlich bestehen auch ausgesprochen harmonisierende Namensverbindungen in manchen Gruppierungen. Dabei fließt die Energie wiederum mehr indirekt in den Gruppenprozess mit ein. Vor diesen beschriebenen Möglichkeiten ist es recht interessant, Namensentsprechungen am eigenen Arbeitsplatz, im Verein oder Club, dem man angehört, zu untersuchen.

➤ Vielleicht erleben Sie es außerdem als interessant, für sich selbst einmal Bedeutungsgehalte des eigenen Vor- und Nachnamens herauszufiltern, und zwar, welche Assoziationen sich vom Klang her einstellen (phonetisches Muster), aber auch im Hinblick auf die allgemein gültige Ableitung. Genauso lassen sich Vor- und Nachnamen als Einheit gelesen auch für Freunde und Familienangehörige interpretieren. Darüber hinaus sind auch die einzelnen Namensbestandteile für sich manchmal interessant. Ferner lässt sich ein Name energetisch aufladen. So gibt es für manche Namen auch eigene Kraftorte, mit denen man sich zumindest gedanklich verbinden kann. Für Ursula (Bärin), ebenso für Bernd oder Bernhard wären es zum Beispiel die Städte Bern oder Berlin. Beide haben einen Bären im Wappen. Sich ein Bild vom jeweiligen Ort der Namenskraft in die Wohnung oder ins Arbeitszimmer zu hängen könnte Sinn machen, ferner in Gedanken oder real zu dieser Stadt zu reisen. Auch Namenstage haben von daher ihre Bedeutung.

Resümee zu Symmetrietypen

Mit den dargestellten Beispielmustern und Praxismöglichkeiten sind infrage kommende Symmetrietypen in einem bestimmten Umfang systematisiert worden. Es bedeutet aber nicht, dass hiermit alle Möglichkeiten abgedeckt sind, die für eine Unterteilung denkbar wären. In einem späteren Kapitel werden wir sehen, wie Erlebnistypen auch mit einer bestimmten Bewusstseinsform zusammenhängen, die ganz charakteristische Ereignisse und Zufälle anziehen können.

Generell ist erst einmal die Überlegung wichtig: Gibt es zwischen Dingen, die passieren, Ähnlichkeiten, Übereinstimmungen (manchmal auf einer anderen Ebene)? Fragen Sie sich einfach: Woran erinnert mich das? Was will mir das sagen?

Schließlich haben vor allem viele Phänomene, die in Wiederholung auftreten, oft Botschaftscharakter. Auch Formelemente spielen eine Rolle, also: Wie sieht etwas aus, was für Assoziationen weckt eine Gestalt?

Die in sensibler Sprache formulierende Bestsellerautorin Doreen Virtue hat dies in ihrem Engel-Orakel sehr schön beschrieben. Hier geht sie auf Form und Serialität ein. Sie schreibt: »*Du wirst aufgefordert, vermehrt auf Zeichen zu achten, da sie Teil der Antwort auf deine Frage sind. Achte auf alles, was du mehr als dreimal siehst oder hörst. Wenn zum Beispiel mehrere Personen dir gegenüber das gleiche Buch, denselben Film oder Kurs erwähnen, dann ist dies ein Zeichen.*

Achte auch auf engelförmige Wolken oder Gruppen von Schmetterlingen. Achte auf Dinge, die eine spezielle Bedeutung für dich haben, wie das Lieblingslied einer dir nahestehenden Person, das du im Radio hörst, oder eine Blume, die du mit einem bestimmten Menschen oder Ereignis assoziierst.«[2]

Doreen Virtue schreibt weiter, dies seien keine gewöhnlichen Zufälle, sondern solche, die für den Betreffenden eine spezielle Bedeutung hätten. So ist der ganz persönliche Hintergrund, der in einem Gegenstand oder in der Wahrnehmung einer Situation steckt, oft erst das, was überhaupt eine Bedeutung vermittelt. Dechiffrieren wir aus dieser Perspektive heraus also viele Dinge, die speziell für uns selbst oder für unser Umfeld Sinn machen.

III

DAS »ÜBERALL-ORAKEL«

Es wurde bereits erwähnt, dass wir sinnvolle Zufälle häufig in einem etwas größeren Zusammenhang zu betrachten haben. Im Hintergrund spielen oft Wechselwirkungen eine Rolle, die energetische Zusammenhänge bilden. Es können im Einzelfall Dimensionen in die Vergangenheit führen oder auch mit übergeordneten Mustern verbunden sein. Andererseits werden wir uns allein schon aus Zeitgründen eher selten in der Lage finden, umfassende Gestaltbeziehungen herauszufiltern. Unter diesen Umständen sollte man immer gerade so viel Komplexität beachten, wie es einem ganz natürlich zufällt, sodass es sich gut anfühlt, man einen stimmigen Eindruck gewinnt und der Blick für das Wesentliche gewahrt ist.

Sicher ist die persönliche Interpretation von Zufallsereignissen aus dem Bauchempfinden heraus oder aus dem, was einem das Herz dabei sagt, wenig erklärungsbedürftig. Jedoch sind in der Regel über den intuitiven Zugang hinaus auch die rationalen Kriterien wichtig. Dabei spielen einige Grundüberlegungen eine Rolle:

1. Wir kommen nicht umhin, bei all diesen Dingen mit Annahmen zu arbeiten, die im einen Fall stimmig, im anderen weniger stimmig sein werden. Es handelt sich stets um Annäherungsmodelle der Wirklichkeit, nicht aber um die Wirklichkeit selbst. Der Grund ist ganz einfach: Wir stecken nicht in allen Beteiligten eines Zufallsgeschehens drin, können oft für Zusammenhänge in einer Situation ausschließlich mit unserer Interpretation herangehen, wie das zu deuten ist, was geschieht. Und die ist manchmal wie eine Art Versuchsballon.

2. Nicht alles, was wir einigermaßen sicher als Muster zu erkennen glauben, wird sich bestätigen. Das liegt zum einen an der Flüchtigkeit mancher Feldenergien, zum anderen an der Möglichkeit, dass Feldenergien auf Gedanken- wie auf Ereignisebene unterbrochen werden können. So liegt es im einen oder anderen Fall daran, dass sich Motivationslagen, gedankliche Intensitäten oder Gefühlsdynamiken beteiligter Menschen ändern.

3. Vor allem dann kann es zu Fehleinschätzungen kommen, wenn wir nicht genau genug die Zusammenhänge im Detail angeschaut haben, also wenn »Logik« und »Grammatik« des Zufallsgeschehens, ihre »Satzbildung« nicht Beachtung fanden, sondern gleichsam eher einzelne Ereignisbuchstaben herausgegriffen wurden.

4. Die erwähnte »Satzbildung« hat damit zu tun, dass man verschiedene Synchronizitäten und Gestaltsignale, die sich möglicherweise aneinanderreihen, zusammen betrachtet. Dabei muss nicht immer die chronologische Reihenfolge der Geschehnisse entscheidend sein.

Manchmal wird einem auch nach und nach eine »Story« vom Schicksal enthüllt, die man entweder rückwärts zu lesen hätte oder die man wie einen zerrissenen Brief zusammenzufügen hat, damit ein sinnvolles Zufallsmuster ablesbar wird.

5. »Grammatik« im Geschehen bedeutet: Man beachte den logischen Zusammenhang. Wie passen die Proportionen und Verhältnismäßigkeiten von Ereignismerkmalen zusammen? Wie plausibel erscheint eine Annahme? Ist die Sache wirklich »zufällig« geschehen oder habe ich nach etwas gesucht? Und auch: Welche Assoziationen verbinden sich mit einem Zufallsphänomen? Wohin führen die Gedankenverbindungen und was sagen sie uns? Mit anderen Worten: Wie schlüssig erscheinen gedankliche Querverbindungen?

Was die erwähnten Punkte unter anderem praktisch bedeuten, möchte ich an einer Fehlinterpretation von Zufallsgeschehen deutlich machen, die mir vor Längerem unterlaufen ist. Es hat damit zu tun, dass ich vor ein paar Jahren als freier Mitarbeiter für eine Event- und Internetagentur arbeitete. Zu dem Zeitpunkt hatte ich auch vor, mich beruflich zu verändern. Wegen einer Veranstaltung, welche sich meine momentane Agentur als Auftraggeber überlegte, hatte ich Kontakt mit einer deutschen Sternwarte aufzunehmen, in deren Räumen wir etwas veranstalten wollten. Zunächst schickte ich meine E-Mail mit dem Anliegen los. Von der Sternwarte wurde die Mail gleich weitergeleitet und ich erhielt erst später Nachricht darüber, dass es externe Ansprechpartner in der Sache geben würde. Man nannte mir Namen, aber es ging im Gespräch unter, dass die Dinge von einer fremden PR-Firma bearbeitet würden, die auch im Veranstaltungsbereich tätig ist. Und wie das Leben oft so spielt: Gleichzeitig bewarb ich mich auch bei einer PR-Firma. Von dieser Parallelität wusste ich aber nichts, als ich dem Haus einen Besuch abstattete, um mich vorzustellen.

Wie sich dann in einem Gespräch mit der Geschäftsleitung herausstellte, war es eben diese Agentur, der meine Mail wegen der Event-Anfrage weitergeleitet worden war. Es war schon recht ungewöhnlich: Mein Name tauchte in der Firma gleich von zwei Seiten auf. Wir sprachen auch darüber, und ich war einigermaßen überrascht, dass es da plötzlich eine Überschneidung gab – immerhin unter Hunderten von Agenturen im Großstadtbereich.

Die Tatsache veranlasste mich zumindest im ersten Moment zu der Annahme, dass sich bei einem so ungewöhnlichen Zusammentreffen doch bestimmt eine Möglichkeit für mich finden würde, in der PR-Agentur künftig etwas mit zu bewegen. Aber es war ein typischer Fall von Pustekuchen! Es ergab sich rein gar nichts, weder für mich persönlich noch für die Firma, für die ich im Moment tätig war. Die Relationen stimmten einfach nicht.

Die andere Agentur, für die ich gerade arbeitete, war vom Budget her einfach nicht so aufgestellt, die vergleichsweise hohe Raummiete in der Sternwarte zu bezahlen. Ich kam also von einem Sparflammen-Maßstab her und wollte Größeres mit meiner zufällig parallelen Bewerbung in der anderen Firma starten. Doch das war in dem Augenblick wohl nahezu sprichwörtlich so weit weg wie die Sterne.

Dies wurde mir aber erst später klar. Vorher fixierte ich mich noch eine Weile auf den eigentlich ganz ungewöhnlichen Vorfall. Da müsste doch noch etwas kommen. Richtig entschlüsselt, hätte mir auch anfangs schon die Deutungsalternative kommen sollen:

Eine Zufallskoppelung im Zusammenhang mit dem Thema Sternwarte heißt womöglich: Du willst unbewusst woandershin. Das Schicksal führt dich eventuell in eine Richtung, die ein Stück entfernt von dem liegt, wofür du dich heute bewirbst.

Diese Geschichte sei besonders deshalb erwähnt, weil ich bereits erlebt habe, dass Leute Zeichen deuten und irgendwann ganz enttäuscht sind, weil die wunderbaren Dinge nicht eintreffen, die sie sich aufgrund gewisser Omen von einer Sache versprochen haben. Wie gesagt, es kommt sehr auf die Beachtung von Proportionen und Relationen an. Sie bilden die Logik oder – wenn man so will – die Grammatik in der Deutung des Zufallsgeschehens.

Das Gesagte soll aber keineswegs verunsichern, sondern eher dazu ermuntern, mit dem Zeichendeuten unverdrossen weiterzumachen, wenn sich mal kleine Fehlbeurteilungen einstellen sollten. Irgendwann wird die Trefferquote immer höher, weil wir uns durch die Beachtung von Zeichen immer mehr mit dem Sinn des Augenblicks verbinden – und das ist letztlich sogar das Eigentliche, worauf es ankommt. Auch in dem Fall ist der Weg in vielerlei Hinsicht das Ziel. Nämlich der Weg zu einer bewussten Einstellung allem gegenüber, was mich umgibt.

Zufallsbotschaften aus Werbung filtern

Das Faszinierende an Erfahrungen, die wir in unserem eigenen, direkt wahrnehmbaren Lebensbereich machen können, besteht darin, dass wir Botschaften zum Teil auf der Straße gewinnen oder einfach irgendwo, an einem ganz gewöhnlichen Ort, wo man sich gerade aufhält. Stellen Sie sich bitte einmal folgende Situation vor: Sie haben jemandem eine Idee oder ein Konzept vorgeschlagen.

Vielleicht ist es eine berufliche Vision oder auch ein Anliegen von Eltern für eine Schule oder der Vorschlag einer Stadtteilinitiative, worum Sie sich kümmern. Nun wissen Sie, dass in der Firma, in dem Verband, Verein oder der Behörde erst einmal einiger Beratungsbedarf darüber besteht. Aber Sie wollen die Sache natürlich nicht allzu lange schmoren lassen. Bislang schleppen sich die Dinge dahin.

Sie überlegen: Vielleicht sollten Sie sich einen Termin geben lassen, um bei den Ansprechpartnern – eventuell auch in Begleitung zusätzlicher fachkundiger Assistenz – die Dinge vorzutragen, die Ihnen wichtig sind. Oder lieber »abwarten und Tee trinken«? Während Sie gerade darüber nachdenken, ob Sie jetzt eine erinnernde Mail oder ein Fax schicken sollten, erledigen Sie zu Fuß ein paar Besorgungen. In dem Moment kommt ein LKW mit einer großen Reklameschrift auf der kreuzenden Straße vorbei. Darauf steht: »Abholmarkt… Tel. 832…«.

Ihre Assoziation könnte etwa sein: »Aha! Soll ich mir die Zustimmung für das Vorhaben tatsächlich abholen? Womöglich heißt die Botschaft: Hier läuft dir niemand hinterher. Dein Job ist, die Initiative zu ergreifen.« Und als sollte es hierfür eine Bestätigung geben, kommt im nächsten Moment ein noch größeres Lastfahrzeug vorbei, und da steht »Erfolg für Ihre Lieferung« darauf. Und schon schnappt Ihr intensiv kreisendes Bewusstsein intuitiv bei dem Wortelement »Erfolg« zu. »Na, bitte«, sagen Sie sich, »das wär's doch: Der Erfolg ist im Anrollen« (wie der LKW).

Allerdings führt Ihr Weg Sie im nächsten Moment an einem großen Plakat einer Versicherung vorbei, das die Aufschrift trägt: »Nicht drum kümmern, wir machen das schon«. Darin könnte ein entgegengesetzter Botschaftsgehalt liegen: Also, doch lieber etwas warten, um den Leuten nicht zu sehr auf den Füßen zu stehen? Sie denken erst einmal nicht weiter darüber nach. Doch während Sie beim Bäcker warten, bis Sie an der Reihe sind, kehren die Gedanken wieder zu Ihrem Vorhaben zurück, wie sich die Sache insgesamt wohl entwickeln wird. Und gerade in dem Moment fällt Ihr Blick auf einen Stapel Tageszeitungen, der auf dem Verkaufstresen liegt. Eine Schlagzeile lautet: »Die Parteien müssen aufeinander zugehen«.

Ist schon seltsam, gerade jetzt, wo Sie gedanklich wieder bei Ihrem Thema angelangt sind, fällt Ihnen spontan dieser Text ins Auge. Mit einer Tüte Brötchen und der Zeitung unterm Arm kommen Sie auf dem Rückweg erneut bei dem Plakat vorbei, und jetzt fällt Ihnen auch noch auf, dass da in kleinerer Schrift zu lesen ist: »Rufen Sie uns doch einfach an!« Na bitte, also doch!

Sie sind womöglich immer noch bei Ihrem Thema und fragen sich: Besser allein oder ein Treffen mit personeller Unterstützung vorschlagen? Inzwischen sind Sie auf dem Weg zu Ihrer Hausbank, während Sie weiter darüber grübeln. Dort fällt Ihnen von allen Botschaften im Kassenraum am meisten ein Schild mit der Beschriftung »Ihr Kompetenzteam in Geldsachen« auf.

Danach würde es naheliegen, doch am besten in Begleitung aufzukreuzen, denn der Begriff »Team« ist ja angesprochen, und dieses Wort pflanzt sich unwillkürlich in Ihr Bewusstsein ein. »Ja, das mache ich nicht allein, sondern ich hole mir jemanden dazu.« Auf einmal ist dieser Entschluss ganz klar für Sie.

Wenn sich in einem solchen Fall nach und nach immer mehr eine Richtung herauskristallisiert, worauf die Hinweise hinauslaufen, ist man mit seiner Intuition gut in den Wahrnehmungsprozess eingeschaltet. Je mehr da etwas dran ist, was man an Alltagsomen wahrzunehmen meint, desto mehr wird der Eindruck in der Regel auch durch ein begleitendes Gefühl unterstützt. Da ist eventuell auch eine Art innerer Stimme, die sagt: »Ja, das passt doch zusammen.«

Das Prinzip läuft bei dieser Abfolge einfach so, dass man seine Gedanken laufen lässt und jeweils bei den Werbebotschaften oder anderen Textaussagen, die fast automatisch ins Auge fallen, gedanklich kurz verweilt: Ist das gerade für mich? Natürlich kann es dabei auch widersprüchlichere Zufallsbotschaften geben als im dargestellten Beispiel.

Dann habe ich mich zu fragen: Welche dieser Aussagen spricht mich am meisten vom Bauchgefühl her an? Wie passt das gegebenenfalls auch zu rationalen Entscheidungskriterien, die ich im Hinterkopf habe? Oder was ist im einen oder anderen Fall bildlich zum Text hinzugefügt. Doch keine Sorge, diesen Fragenkatalog geht man nicht der Reihe nach durch, sondern die entsprechenden Eindrücke ergeben sich automatisch, wenn man ein Gespür dafür bekommt.

Widersprüchlichkeit in den Zufallsinformationen könnte aber auch bedeuten, dass ich vom Kopf her gerade nach einer Antwort auf ein Problem oder eine Frage gesucht habe, und das Schicksal will mir dazu keine Antwort geben. Die Eindrücke zerfasern in dem Fall oder man dreht sich mit Gedankenspielen im Kreis und das innere Fragezeichen wird nur immer größer. Ganz klar also: In dem Fall soll mir keine Antwort zuteilwerden.

Viele Hinweise, die das Leben so den ganzen Tag lang gibt, sind im Übrigen weniger komplex als im eben geschilderten Beispiel mit dem Vorhaben, wie am besten zu verfahren sei. Manchmal sind es geradezu Kurzschlüssel. So fragte ich mich einmal, ob es richtig sei, bei einem Gruppenkonflikt nach einer Sprachregelung zu suchen, bei der keiner sein Gesicht verliert.

Und ich traute meinen Augen kaum: Im nächsten Moment kam ein Bus oder Laster (genau weiß ich das nicht mehr) mit einem riesigen Schriftzug vorbei, der lautete: »Wir brauchen Ausreden.« Es unterstützte mich in der Auffassung, dass man sprachlich einige Zusammenhänge bei der persönlichen Auseinandersetzung der Beteiligten glätten müsste, da das Graben nach der reinen Wahrheit manchmal nur verletzend sein kann.

Indes kam mir solch ein Schriftzug auf dem Fahrzeug fast wie ein Traumelement vor. Sollte ich mir einmal ins Ohr kneifen, ob das noch Realität ist? Aber Wirklichkeit kann nun einmal tatsächlich einen recht traumähnlichen Charakter haben und dann geradezu aufgeladen sein mit Synchronizitäten.

Andere Beispiele sind alltäglicher. Kurzhinweise zu eigenen Fragestellungen können beispielsweise auch darin liegen, dass Sie gerade denken, so und so vorzugehen müsste doch irgendwie eine Lösung bringen, und just in diesem Moment treffen Sie im Vorübergehen auf einen Werbetext in auffälligen Lettern, der da vielleicht lautet: »Guter Tipp« (eigentlich für ein Nahrungsmittel gemeint), »Die richtige Qualität« (von der Werbeagentur für Textilien entworfen), oder Ihnen begegnet gerade jetzt ein Verkehrsschild mit der Aufschrift »Schlechte Wegstrecke«.

Das eine wie das andere lässt sich sinngemäß unter Umständen auf die eigene Situation beziehen und es wäre so etwas wie ein kleiner Wink im Vorbeigehen. Wichtig ist es indes, möglichst nicht nach Zufallsbotschaften zu suchen – etwa gemäß dem Motto »Ach, ich habe gerade ein Entscheidungsproblem, jetzt schaue ich doch einmal, was denn fröhliche Werbebotschaften gerade dazu sagen«. So etwas funktioniert nicht oder eher selten.

Erkennungsmelodie für Synchronizität

Zufall heißt, etwas hat uns emotional von selbst anzusprechen. Es ist ein selbsttätiger Prozess, dessen Intensität, in dem er Sie gerade bewegt, durchaus unterschiedlich sein kann. Und dafür gilt es mit der Zeit vor allem Gespür zu entwickeln: Welche emotionale Stufe hatte der Eindruck und wie sehr berührte er mich selbstauslösend? Da gibt es manchmal durchaus Grauzonen, wo nicht so ganz klar ist, ob ich nun eine Antwort gerade angepeilt habe oder eine Art Schicksalsinformation unverhofft kam.

Man kann zwar auch einmal mit bewusstem Vorsatz die Frage stellen: Was sagt mir denn jetzt gerade meine Umgebung zu einem Problem? Aber das Ergebnis wird in den meisten Fällen weniger aussagekräftig sein, als wenn sich mir ein Zusammenhang plötzlich geradezu aufdrängt. Mit ein paar Einschränkungen allerdings: Die Plötzlichkeit kann auch in dem Auftauchen Ihrer Frage liegen und in der sofortigen inneren Offenheit für Mitteilungen aus Ihrer Umgebung. Das heißt, mehr oder weniger plötzlich ist da der Gedanke, ich könnte doch jetzt, gerade in diesem Moment, einmal schauen, was mir vielleicht meine Umgebung mitteilen kann. Dabei ist dieser Gedanke eventuell so spontan oder kommt so spielerisch, dass Sie es geradezu als eine Einladung durch das Schicksal empfinden. Mit anderen Worten, die Fragestellung selbst ist Ihnen zufällig aufgestoßen und zeigt, dass es passt, den Umgebungseindruck, der Ihnen im nächsten Moment vielleicht nachhaltig begegnen wird, in Ihre sonstigen Überlegungen einfließen zu lassen.

Und es gibt noch einen weiteren Ausnahmebereich: wenn Sie »Trockenübungen« machen, um den formalen Weg zu testen und einzuüben, mit Ihrer Umgebung eine Form des Zwiegesprächs herzustellen. Dann geht man schon einmal im praktischen Training durch, was hier und da in der Umgebung an symbolischen Antworten zu beliebigen Fragestellungen verborgen sein könnte.

Schließlich gibt es auch noch unabhängig davon Momente, in denen man spürt: Ich bin heute so angeregt drauf, mir Zeichen aus der Umgebung zusammenzusetzen, so energetisiert in der Hinsicht, dass ich es auch ruhig einmal wagen kann, von mir aus nach einer

Antwort auf eine Frage zu suchen. Hinterher kann man immer noch feststellen, wie die Trefferquote dabei lag.

Eventuell denken Sie nun kritisch: Wenn ich im Regelfall aber zu warten habe, bis das Leben zu mir spricht, ich jedoch gerade ein drängendes Problem klären muss – was mache ich denn dann? Eine prinzipielle Antwort liegt darin, dass wir vom Schicksal in vergleichsweise dichter zeitlicher Folge Mitteilungen erhalten, wenn etwas tatsächlich zu klären ansteht. Sehr oft ist das, was uns ganz authentisch anspricht, mit einem Empfinden verbunden, das wir etwa so wahrnehmen wie ein vertrautes Lied – etwa wie eine Erkennungsmelodie.

Hilfreich ist in vielerlei Situationen indes, eine Art Erfahrungspolster zu haben, worin alle kleinen Mitteilungen liegen können. Und das müssen beileibe nicht nur Werbebotschaften oder Schlagzeilen der Presse sein, aus denen man für sich einen Zusammenhang zur eigenen Frage herstellt. Genauso können es Gläser oder Tassen sein, die laufend kaputtgehen, selbst eine defekte Kupplung am Auto kann eine Aussage beinhalten (siehe dazu den Anhang »Zufallsschlüssel von A bis Z«). Insofern spielt es eine Rolle, inwieweit man sich für Zeichen des Schicksals im Laufe der Zeit sensibilisiert.

Manchmal fällt einem zu verschiedenen Zeichen, die uns das Schicksal vermittelt, nachträglich ein, dass etwas Bestimmtes vorher gelaufen ist – etwas, das sich in einen übereinstimmenden Zusammenhang bringen lässt. Plötzlich ist der »rote Faden« da. Oder es gibt noch einen späteren Wink, der auf andere Weise zusätzlich vermittelt, was man eben als Zeichenbotschaft wahrgenommen zu haben meinte.

Eventuell können aber auch mehrere, teils klare, teils unklare Signale des Lebens auftreten. Dazu lassen sich zwei wichtige Auswahlfilter für das, was unter dem Strich als Hinweis bleibt, einsetzen.

Zum einen ist es die Verdichtung – so wie ein momentaner Trend, der sich herausstellt. Er erzeugt irgendwann eine sichere Empfindung. Zum anderen gibt es die Sprache zweifelnder Gefühlskommentare oder auch rationaler Einwände. Meine innere Stimme sagt vielleicht: Gib dich mit dieser (scheinbaren) Antwort noch nicht zufrieden. Denke weiter darüber nach. Was sagt dir vielleicht auch noch ein zusätzlicher Zufall?

Und dann stellt sich eventuell wieder ein Eindruck ein, der jetzt viel mehr passt und zuvor Registriertes in einen neuen, schlüssigeren Kontext rückt, Dinge womöglich ausgleicht und einen zuvor ständig wiederkehrenden Gedanken oder ein störendes Gefühl beruhigt. Es entsteht auf einmal so etwas wie eine innere Symmetrie, die darauf hinweist: So ist die Botschaft für den Augenblick rund und es passt auch mit dem rationalen Gedankengang perfekt zusammen.

Gerade damit all dies eine Chance hat, sich zu entwickeln, ist es so wichtig, solche Hinweise eher kommen zu lassen und nicht krampfhaft nach Botschaften zu suchen. Gleichwohl lässt sich eine Bewusstseinshaltung entwickeln, die eine besondere Achtsamkeit für das entwickelt, was wir als die kleinen oder großen Schicksalszeichen verstehen. Diese innere Haltung erzeugt eine Aufmerksamkeit, die Augenblicksomen geradezu anziehen kann.

Viele Wege zu einem Zeichen

Nächte Überlegung: Wenn ich mir die Karten lege (Orakel als Zufallsgenerator), gehe ich doch auch bewusst vor und suche in dem Moment nach einer Antwort. Warum nicht auch bei dem Wunsch, Zeichen zwischendurch im Alltag zu erhalten? Die Antwort liegt darin, dass man sich etwa beim Kartenlegen mit einem Energiefeld verbindet, in das bereits enorm viele Menschen psychomagnetische Energie eingespeist haben. Es wird gleichsam ständig angewählt und besitzt eine typische Feldeigenschaft, oft unmittelbar zu antworten, wenn man danach sucht.

Auch wenn es manchen durchaus überraschen mag, wie hoch die Trefferquoten liegen, die Orakelergebnisse hervorzubringen vermögen, kann die Qualität der Antworten durchaus variieren – dadurch etwa, in welchem Umfang die Fragestellung seelische Ladung mitbringt. Auch spielt es gelegentlich eine Rolle, inwieweit es gerade der richtige Zeitpunkt ist, Karten zu legen oder das I Ging zu Rate zu ziehen. Manchmal sagt eine innere Stimme ja auch, lieber nicht jetzt, sondern besser »heute Abend« oder sogar erst »morgen« nachschauen – einfach so eine Intuition.

Erfahrene Kartenlegerinnen kennen im Übrigen Regeln, wann ihr besonderes Set der Zufallsauskunft gerade nicht antworten will, und beraumen lieber einen neuen Sitzungstermin an. Auch Medizinmänner von Naturvölkern haben oft ihre über Generationen vererbten Regeln, wann ein Orakel angerufen werden kann und wann nicht.

Eine besondere Möglichkeit besteht schließlich auch darin, das Universum oder spirituelle Instanzen, zu denen Sie über Ihren Glauben eine besondere Verbindung haben, regelrecht um Zeichen zu bitten. Man kann etwa einen Zettel mit dem Wunsch nach einer Botschaft schreiben, vielleicht dazu auch ein Ritual zur Unterstützung vollziehen und den Zettel auf die Fensterbank legen.

In diesem Zusammenhang existieren viele Möglichkeiten. Wichtig ist, dass sie mit den ganz persönlichen Glaubenssätzen korrespondieren und genügend psychoelektrische Kraft bereitstellen. Mit einiger Offenheit fallen einem dann im Anschluss hier und da Kleinigkeiten auf, die sich als Hinweise deuten lassen. Wir versuchen daraus ein Muster zu erkennen, wahrgenommene Zusammenhänge auf einen Nenner zu bringen und sinnvolle Kontexte herzustellen.

Vielleicht fällt Ihnen bei dieser Vorgehensweise eines auf: Verschiedene Zufallseindrücke gewinnen oft besondere Eindringlichkeit erst dadurch, dass sie sich wie in einer Kette von Informationen wahrnehmen lassen. So wandert der Blick oft wie automatisch von einer Textbotschaft auf Plakaten in unserer Umgebung zur nächsten. Und gerade dann, wenn diese Informationsbausteine sich für unseren ureigensten inneren Kontext geradezu wie für uns geschrieben aufeinander zu beziehen scheinen, ergeben sie in besonderer Weise einen Sinn. Etwa so, als hätte jemand Schilder mit Beschriftung eigens für uns aufgestellt.

So lässt sich gelegentlich zusätzlich eine Bestätigung für eine erste spontane Interpretation eines zufällig auffallenden Schriftzugs durch die nächstfolgende Botschaft herauslesen, auf welche das Unbewusste uns nun wiederum zusteuern lässt. Also erneut so ein Text, der zufällig passt, wie vom Schicksal für uns geschrieben. Und sagt er nicht genau dasselbe wie die Zeile vorher in meiner Situation aus? Manchmal kann es sich allerdings um Differenzierungen handeln, um Gesichtspunkte, die mit einzubeziehen sind usw.

Hierbei wird wieder einmal der Charakter von Aussagen im Sinne einer regelrechten »Sprache« des Zufallsgeschehens deutlich. Es sind meist aneinandergekoppelte Botschaften, die zusammen so etwas wie Satzaussagen bilden. Wir beachten dabei die innere Logik aus dem jeweiligen Zusammenhang heraus. Allerdings sei noch einmal gesagt: Es muss sich nicht nur um Texte auf Werbeflächen handeln, die sich geradezu wie eine Serie aufeinander beziehen lassen, ebenso sind es all die vielen kleinen Pannen des Alltags, unsere Ungeschicklichkeiten, sich kreuzende Wege oder ungewöhnliche Beobachtungen.

Die Quelle an Signalen für Zufallsbotschaften ist nahezu unerschöpflich. Wie die Luft übrigens das Medium für den Schall oder Papier ein Medium für das gedruckte Wort ist, lässt sich im Zusammenhang mit den unterschiedlichsten Zeichen und Hinweisen aus der Umgebung auch von verschiedenen Zufallsmedien sprechen, durch die uns eine Form von Botschaft erreicht. Ein Zeichen am Himmel wäre danach ein anderes Medium für den Informationsgehalt des Zufalls als etwa eine zufällig wahrgenommene Schrifttafel oder die Gestalt eines Baumes.

Nach meiner eigenen Erfahrung eignen sich für unser Überall-Orakel unter anderem Werbebotschaften aus verschiedenen Gründen ganz gut, weil sie in unserer modernen Welt in großer Dichte vorkommen. Aussagen auf Plakatsäulen oder anderen großen Flächen der Außenwerbung, markante Textstellen im Werbefernsehen ebenso wie gesendete Werbeblöcke im Autoradio bilden doch alle ein Stück Gegenwartskultur, egal wie man zu den Verführungskünsten der Massenkommunikation steht. In ihnen steckt Zeitgeist, Bewusstsein für Trends und damit auch ein bestimmter kollektiver Gehalt.

Dabei geht es für uns um Wortsequenzen, die sich durch die Augenblicksüberschneidung mit eigenen sachlichen Erwägungen oder Gefühlen das eine oder andere Mal als eine Art Kommentar des Lebens auffassen lassen. Wenn Sie zu dem Eindruck gelangen, dass die momentanen Botschaften wirklich einen Sinngehalt herausstellen, werden Sie spontan eine bestimmte Orientierungsmöglichkeit daraus ableiten können. Deshalb nämlich, weil die betreffenden Aussagen meist im wahrsten Sinne des Wortes *plakativ* sind.

Sie wirken in der Regel kurz, knapp und eindringlich, weshalb sie ja gerade als Werbebotschaften verwandt werden.

Wer mit ganz bestimmten eigenen Erfahrungsmustern schwanger geht, kann daraus auch ohne große Schwierigkeiten einen gedanklichen Transfer herstellen. Die betreffenden Satzfragmente bilden dann im einen Fall mehr und im anderen weniger signifikante Schnittpunkte mit unserer eigenen Befindlichkeit.

Ähnliches gilt für Buchrücken, Buchtitel, die man etwa beim Aufenthalt in einer Buchhandlung so im Vorbeigehen wahrnimmt. Sie können ein persönliches Verhalten kommentieren, das vorher gelaufen ist, oder das, was man an verschiedenen Entscheidungsmöglichkeiten vor sich sieht. Am sichersten macht uns übrigens das, was sich an Botschaftsgehalt über verschiedene Zufallsmedien vermittelt.

Da ist ein Wort, das einem in einer Textbotschaft auffällt, und plötzlich kommt von einem Menschen im Raum ein kritischer, fragender oder besonders freundlicher Blick. Diese Art, angesehen zu werden, kann ausgerechnet in diesem Moment wie eine Art Markierungszeichen durch das Schicksal wirken. Oder vielleicht stoße ich kurz nach einer Lautsprecherdurchsage im Kaufhaus, die sich wie ein korrespondierender Klangteppich über die eigenen Gedanken legt, mit jemandem zusammen und kann mir unmittelbar einen Reim aus der Art machen, wie das geschieht.

Ein Manager, der in der Wirtschaft mindestens »zweite Bundesliga« spielt, sagte mir einmal, oft komme man auch als rational denkender Entscheider bei einigen Dingen nicht um so etwas wie »Knöpfe zählen« herum. Jeder hätte da wohl so sein kleines »Geheimpatent«, wie er ab und zu nach Durchsicht aller Daten und Fakten zu einer letztendlichen Bewertung gelangt. Wenn dem so sein sollte, bietet sich mit der geschilderten Methode der Beachtung von Umgebungseindrücken mit Botschaftscharakter immerhin ein ausgesprochen vielschichtiges »Knöpfe-Abzählen«. Nur dass man dabei ein wenig geduldig zu sein hat, bis einem das Leben möglichst von sich aus eine Botschaft übermittelt.

Wir können das, worum es hier geht, auch als »Überall-Orakel« bezeichnen. Es ist geradezu so, als wenn wir auf Schritt und Tritt die Möglichkeit hätten, uns gleichsam die Karten zu legen. Haben wir auch tatsächlich! Nur sind die »Karten« hier ganz schlicht Alltags-ereignisse oder Eindrücke der Umgebung, die auf ihre Weise für uns markant werden. Nicht jedes Ereignis hat dabei, wie bereits erwähnt, die gleiche Aussagekraft.

Das formale Zufalls-ABC

Zwei wichtige Kriterien im Erkennen aussagekräftiger Zufallsbe-gebenheiten wurden bereits genannt: Das eine besteht in einer Art von Verdichtung gewonnener Eindrücke. Bei dem anderen geht es darum, dass etwas uns emotional berührt, wobei auch die Frage wichtig ist, auf welche Weise das geschieht. Manchmal genügt die Eindrucksverdichtung, um Stimmigkeit zu unterstreichen, manch-mal auch ein bestimmter Grad emotionaler Ladung. Wenn beides zusammenkommt, mag dies eine besonders eindringliche Spiegelung von Gestalttendenzen sein.

Doch es gibt noch weitere Charakteristika, ob man auf der richti-gen Spur ist – nämlich, dass ein Eindruck genau passend ist. Deckt sich etwas mit einer entsprechenden Situation oder nicht? Dazu noch ein eigenes Beispiel für eine Fehlinterpretation: Ich fand einen für mich wichtigen Gegenstand eines Tages trotz verzweifelten Suchens gerade nicht und überlegte, ob ich ihn bei einer Bespre-chung liegen gelassen hatte. Diese hatte einen Tag zuvor stattge-funden. Ich musste nun ohnehin noch einmal in die Richtung wie am vorigen Tag fahren und wollte dann kurz bei dem betreffenden Büro anhalten und dort nachfragen.

Unterwegs kam ich an einer Werkstatt mit der großen Reklame-schrift »Auto-Glas« vorbei. Da ich mir gerade einen Sport daraus machte, aus diesem und jenem etwas für mich herauszulesen, ver-suchte ich mir eine Botschaft darauf in Gedanken zusammenzu-setzen, etwa so: Ist doch völlig klar wie Glas, eine geradezu »auto-matisch« auf der Hand liegende Tatsache, dass du »das Ding« ganz woanders verloren oder liegen gelassen hast. Es ist verschwunden.

Allerdings war ich mir nicht ganz darüber im Klaren, ob ich womöglich zu sehr nach einer Antwort aus der Umgebung gesucht hatte, ob meine Interpretation also eventuell innerlich konstruiert, an den Haaren herbeigezogen war.

Nun gut, sagte ich mir gleichzeitig, immer wenn du in letzter Zeit nicht mehr erwartet hattest, etwas wiederzufinden, ohne es ganz auszuschließen (so etwa die 10%-Wahrscheinlichkeit), ist es dann doch wieder aufgetaucht. Also am besten gar nicht mehr weiter darüber nachdenken.

Und siehe da, es erschien mir einmal wieder wie ein Wunder oder ein Geschenk des Himmels. Auch diesmal war der aktuell vermisste Gegenstand nicht verloren. Er lag tatsächlich in dem Büro, in dem ich mich tags zuvor aufgehalten hatte. Und sogar der einige Kilometer zuvor wahrgenommene Schriftzug »Auto-Glas« hatte einen realistischen Bezug zu dem Ganzen. Denn das Büro befand sich innerhalb des Gebäudes in einem durch Glas separat abgeteilten Bereich. Man hatte meinen gesuchten Gegenstand – ohne genau zu wissen, wem er gehören könnte – *automatisch* beiseitegelegt und ich bekam ihn wieder. Der Schriftzug »Auto-Glas« sollte also eine ganz andere Botschaft im Nachhinein offenbaren, als ich aus meinem Zweckpessimismus heraus zunächst annehmen wollte.

Allerdings hatte ein Teil von mir wohl gefühlt, dass sich die Sache wiederfinden würde – die bewusste 10%-Chance, für die sich die letzten Male geradezu so etwas wie ein Gestaltfeld aufgebaut hatten.

Übrigens fühlen wir manchmal auch mehr, wie eine Botschaft zu interpretieren ist, als dass wir es rational und analytisch wüssten. Mein Körpergefühl, das mich ruhig werden ließ, traute sich schon mehr von der wiederholten Erfahrung auszugehen, dass auch diesmal der vergessene Gegenstand wieder auftauchen würde.

Schließlich kann ein Zufall sich gelegentlich auch durch ein weiteres Kriterium als sinnvoll darstellen, nämlich indem ein Vorgang besonders ungewöhnlich ist, sich eventuell sogar entgegen aller Erwartung einstellt. Man denkt vielleicht, das könne doch nicht mit rechten Dingen zugehen usw.

All dies kann man sehr gut als »Trigger-Eigenschaften« in einer Situation bezeichnen. Sie »triggern« die Sinnhaftigkeit (regen sie an, verstärken die Situation eventuell auch durch Ihren Eindruck, ziehen sich eventuell geradezu in einen Aussagezusammenhang hinein). Auch lassen sich einige Metaphern für Trigger-Merkmale finden. Beispielsweise könnte es sein, dass eine Assoziation zu einer Zufallswahrnehmung innerlich geradezu »arretiert«.

Andere Variante: Häufig wird es uns so vorkommen, dass sich etwas Eindruck um Eindruck mit Vorerfahrungen oder logischen Gesichtspunkten zusammenfügt – etwa so wie zuströmender Verkehr sich nach dem Reißverschlussprinzip beim Einbiegen in eine größere Straße eingliedert. Genauso können bestimmte Botschaftsanteile, die wir als solche zu erkennen glauben, sich in spontane Gedanken, Gefühle und Empfindungen oder nicht zuletzt natürlich in rationale Überlegungen einfügen.

Bedenken wir noch etwas: Da Koinzidenz von *Zusammentreffen* kommt – mit anderen Worten bedeutet, dass es um Ereignisse geht, die sich gleichsam begegnen oder die mit inneren Gedankenmustern korrespondieren –, wird es wichtig sein, uns ein möglichst großes Vokabular von Zeichen anzueignen. Einfach deshalb, weil einem damit mehr Verständnis- und Zuordnungsmöglichkeiten in der Sprache des Zufalls offenstehen. Anderenfalls nimmt man viele Dinge gar nicht als Zeichen wahr, die sich recht gut als solche verstehen ließen.

Anders ausgedrückt lautet hier die Frage: Wie könnte uns ein Zusammentreffen von Merkmalen auffallen, wenn wir nicht in der Lage sind, gedanklich gerade eine Beziehung aus einem spezifischen Vorkommnis herzustellen, sodass es uns etwas sagt? Auch in der gesprochenen Sprache können wir Dinge bekanntlich umso besser und sicherer verstehen, je größer unser Vokabular ist.

Zeichenspektrum der Natur wiederentdecken

Schauen wir jetzt weiter, was sich generell noch an Interpretationsmöglichkeiten anbietet. Eine besondere Quelle stand schon unseren Ahnen zur Verfügung. Schamanische Traditionen sind damit oft bis heute vertraut. Immerhin lässt sich eine enorme Vielfalt von Sinngehalten den Signalen der Natur um uns herum entnehmen. Die elementarsten liegen etwa in einem Heller- oder Dunklerwerden des jeweiligen Sonnenlichts.

In der Regel interpretieren wir (zumindest in nördlichen Breitengraden ohne Wasserknappheit) ein Aufhellen des Himmels als positives Signal. Auch helle Vogelstimmen haben im kollektiven Bewusstsein eine allgemein positive Vorbedeutung. Sie wirken freundlich, stimmungsaufhellend, vermitteln allgemein Optimismus. Wenn helle Vögel über einem Haus kreisen, kann vielleicht in besonderer Weise von einem guten Zeichen ausgegangen werden. Krähen und Raben gelten im europäischen Kulturkreis zwar wegen ihres dunklen Federkleides als tendenziell eher ungünstig. Aber es gibt Unterschiede und Ausnahmen. Auch einige Menschen in der modernen Welt freuen sich über Raben und sehen in ihnen vor allem Intelligenz – ganz ähnlich wie etwa auch Angehörige indianischer Stämme, die diese Tiere gemäß traditioneller Überlieferung als Symbole der Weisheit verehren.

Schon die Etrusker wussten übrigens in vorrömischer Zeit aus Zeichen der Natur wie dem Vogelflug oder dem Verlauf von Blitzen die Zukunft zu deuten. Ich selbst achte gelegentlich darauf, ob ein Vogel gerade nach oben fliegt (zunehmende Tendenz – eventuell auch eher positiv) bzw. nach unten (abnehmende Tendenz – manchmal eher negativ). Aber stopp! Fliegt ein Vogel nach unten, kann das auch heißen, dass man demnächst bei der und der Sache seinen Platz finden wird, oder in einer anderen Analogie, wir sollten »den Ball« lieber »flach halten«. Es kommt dann auf den Fortschritt der eigenen Praxis an, wie zuverlässig die Aussagen dadurch werden, dass man mehr und mehr ein Auge für solche Unterscheidungen bekommt.

Hierzu noch ein Beispiel: Bei vielen Nord- und Mitteleuropäern existiert eine Zeitkodierung von links nach rechts, von der Vergangenheit zur Zukunft, entsprechend der Schreibschrift von links nach rechts. Es lassen sich zwar viele individuelle Abweichungen feststellen, dennoch besteht eher eine kollektive Tendenz bei uns, von links nach rechts zu denken, wenn wir Überlegungen zu einem Verlauf anstellen. Im arabischen Raum etwa wäre das gemäß der Schrift wahrscheinlich genau anders herum. Dort wird von rechts nach links geschrieben und die Zeitkodierung für Entwicklungsrichtungen ist vermutlich dementsprechend.

Vor diesem Hintergrund lässt sich im gedanklichen Transfer auch die Flugrichtung von Vögeln analysieren. So lässt sich ein Vogel, der

bei einem relevanten Gedanken gerade von rechts nach links (sozusagen »umgekehrt«) fliegt, in dem Sinne interpretieren, dass
etwas zu beachten ist, was (einfach wertneutral) mit Vergangenheit,
eventuell Rückkehr, Rückzug, Rückwärtsbewegung, nochmaligem
Überprüfen oder solchen Zusammenhängen zu tun hat.

Beispielsweise warten Sie vielleicht auf den Rückruf einer Person,
der auf sich warten lässt. In dem Moment fliegt ein Vogel von rechts
nach links (symbolisiert hier den Rückruf). Wenn das etwa als Vorgang allein für sich geschieht, kann so etwas schon mal ein positives
Vorzeichen sein. Scheint die Sonne dazu auch noch heller, so fügt
sich ein diese Wahrnehmungstendenz noch unterstützender Eindruck hinzu.

Hält dagegen gleichzeitig vor Ihrer Tür auf einmal die Müllabfuhr
(für entsorgen = gleich klären), wird die Sache eventuell kom-
plizierter. Die zusammengesetzte Antwort könnte dann heißen, der
erwartete Rückruf kommt, es ist aber noch einiges zu klären, kann
also noch dauern. Vielleicht sollten Sie sogar noch mental oder
sonstwie entschlacken, damit sich die gemeinsame Situation mit der
Person verbessert, von der Sie glauben, sie würde sich melden. Oder
die Möglichkeit des Rückrufs selbst wurde erst einmal fortgeräumt,
weil noch zu viel Stress im Raum steht. Dann entsprach Ihre Erwartung des Anrufes vorerst Müll, weil sie nicht mit den Zeitbedingun-
gen übereinstimmte. Die Verlaufsrichtung des Vogelflugs eben vorher
wurde so in einen ganz anderen Symbolzusammenhang gerückt.

Beim Vogelflug von links nach rechts kann man in den meisten
Fällen wahrscheinlich den Zufall in einer Weise interpretieren, dass
etwas weitergeht, sich als Entwicklung nach vorn bewegt. So fragen
Sie sich vielleicht gerade, während Sie zum Hörer greifen, ob Ihr
nächstes Verkaufsgespräch, Ihre Behördenanfrage oder was auch
immer erfolgreich verlaufen wird. In dem Moment fliegen zwei Vögel
von links nach rechts. Dies könnte sogar einen günstigen Verlauf
mehrerer Gespräche andeuten.

Ob aber wirklich Ihr nächster Anruf schon das gewünschte Resultat bringen wird, ist eventuell noch offen. Vielleicht sagt Ihnen Ihr
Gefühl das sogar oder ein innerer Gedankenkommentar. Kaum sind
die Vögel vorbeigeflattert, sehen Sie von Ihrem Fenster auch noch
eine Hochbahn vorbeifahren, ebenfalls von links nach rechts. Das

hieße zusätzlich noch einmal: Es geht voran. Aber gleichzeitig beinhaltet es wahrscheinlich auch: Der genaue »Fahrplan« in Ihrer Angelegenheit wird von den Umständen und anderen Einflüssen festgelegt, die Sie wahrscheinlich nicht in der Hand haben. Also eine positive Tendenz, wobei Sie aber nicht gleich Zweifel aufkommen lassen sollten, wenn sich die Dinge noch nicht im allernächsten Augenblick realisieren.

In manchen Fällen können wir den Vogelflug als Zufallsmedium für sich nehmen, in anderen ist es so, dass Kofaktoren, zusätzliche Hinweiseindrücke mit zu berücksichtigen sind. Dies ist zwar nicht nur beim Vogelflug so, aber hier wird es besonders deutlich, weil er in vielen Fällen rein abstrakt mit einem Richtungsverlauf und seiner Interpretation zu tun hat.

Auch der Flugrichtung eines Vogels, der sich von uns weg- oder auf uns zubewegt, kann im Übrigen besondere Bedeutung zukommen, nämlich ob ein paralleler Gedanke künftig mehr oder weniger etwas mit uns zu tun haben wird, sprich: ob der Gedankeninhalt – das, worum es zufällig gerade geht – an persönlicher Relevanz zu- oder abnimmt.

Indes kann nicht nur die Verlaufsrichtung des Vogelflugs Signalcharakter haben. Nach einem ähnlichen Schema lassen sich auch andere Richtungsverläufe interpretieren, die sich zufällig gerade ereignen. Interessant ist es beispielsweise, vielleicht aus einer plötzlichen Laune von seinem Fenster aus den Rauch aus einem Schornstein zu beobachten. Ist er ausgerechnet gerade weiß, könnte es für einen positiven Eindruck sprechen.

Dunkler oder schwarzer Rauch wäre tendenziell womöglich das Gegenteil. Nach rechts abgehender Rauch könnte für »Ja«, nach links für »Nein« stehen, ähnlich wie die Richtungsentscheidung bei einem Pendel. Ich persönlich finde Rauch bislang noch interessanter als ein Pendel, weil ich mir sicherer sein kann, dass ich zumindest keinen körperlichen Einfluss auf das Ergebnis ausüben werde.

Bei der Rauchentwicklung gezielt nach einer Antwort zu suchen hat allerdings immer einen gewissen Experimentalcharakter. Da uns der Wahrnehmungsprozess in solch einem Fall nicht unmittelbar antickt, fehlt eine Trigger-Eigenschaft. Man möge gegebenenfalls für sich selbst herausfinden, wie treffsicher man dabei etwa mit

Prognosen liegt. So etwas lässt sich allerdings auch einfach mal spielerisch handhaben und bietet gegebenenfalls die Möglichkeit, ein Stück über die Rauchentwicklung beim Blick aus dem Fenster oder vom Balkon zu meditieren.

Ich habe übrigens noch eine recht ähnliche Signalform entdeckt, wenn sie auch mehr ein Einzelphänomen war und nichts mit Richtungseigenschaften zu tun hatte. Ein Erlebnis besonderer Art ergab sich nämlich einmal, als ich Wasser zum Kochen in einem Topf aufgesetzt hatte.

Just in dem Moment, in dem ich mich zufällig damit beschäftigte, ob bestimmte Fragen in einem privaten Zusammenhang nicht schon geklärt seien – ob ich mir da also keinen Kopf mehr machen müsste –, intensivierte sich auf einmal die Dampfbildung geradezu schlagartig. Das bedeutete für mich spontan ein »Ja« und wie zur Bestätigung, dass es sich auch wirklich um einen Vorgang mit Zeichenqualität handelte, war die Dampfentwicklung danach im Nu zurückgegangen. Das Wasser köchelte von einer Sekunde auf die andere einfach nur noch vor sich hin.

Omen relativieren ist »Zeichenhygiene«

Mögen uns Eindrücke aus Werbebotschaften manchmal etwas profan erscheinen, haben Zeichen, die wir der Natur entnehmen können, für viele von uns einen besonderen Zauber. Genauso können aber auch ein altes Auto, ein weggeworfener Gegenstand und vieles mehr Botschaftscharakter haben. Eine bestimmte Eindringlichkeit haben manchmal auch Worte von fremden Personen als Botschaft, etwa in einem öffentlichen Verkehrsmittel, in einer Hotellobby oder sonstwo im öffentlichen Raum ausgesprochen.

Ganz bestimmte Satzfetzen können in solch einem Fall ebenfalls oft mit Trigger-Eigenschaften versehen sein, die Assoziationen zu einem eigenen Thema herstellen, mit dem man sich gerade beschäftigt. Manchmal heißt das aber auch nur, dass die Atmosphäre mit einer Energie aufgeladen scheint, die zu den Dingen passt, mit denen wir gerade zu tun haben.

Von einiger Bedeutung ist auch die Überlegung, in welchen Situationen man Zeichen an sich heranlassen sollte. Am Anfang wird es hilfreich sein, wenn sie sich eher auf verhaltensorientierte Prozessfragen richten. Das bedeutet: Sie sind bestimmt bereichernd, wenn ich gerade überlege, sollte ich dies tun oder wäre »X« oder »Y« als Reaktion besser? Dazu kann man dann bewusst Merkmale mit Zeichencharakter wahrnehmen, die sich spontan anbieten.

Schwerwiegende Fragen etwa der Art, ob man wieder gesund wird, verliere ich meinen Job, ist meine Ehe noch zu retten usw., sollte man erst einmal ausklammern, also ganz einfach aus seiner Aufmerksamkeit für Zeichen und Botschaften wegfiltern. Das hat mehrere Gründe. So ist die Gefahr einer Fehlinterpretation zu hoch. Auch könnten verschiedene, unterschiedlich intensive Gestalttendenzen vorhanden sein. Aber aus irgendwelchen Gründen genügt ein Moment gedrückter Stimmung, in dem ich mich auch noch auf eine in meinen Augen ungünstige Umgebungsbotschaft fokussiere, und schon würde ich womöglich eine negative Entwicklungsrichtung verstärken.

Tatsächlich können negative und positive Feldenergien in einer Angelegenheit auch eine ganze Zeit parallel laufen. Entsprechend würden wir dann auch Botschaften unterschiedlicher Tendenz empfangen. Es könnte unter Umständen sogar sein, dass wir einen Teil unserer Realität in der spezifischen Auswahl erzeugen, auf welche Zeicheninhalte wir reagieren.

Bei den meisten Menschen geschieht dies im Alltag wahrscheinlich unbewusst oder im vorbewussten Raum. Das heißt, mehr oder weniger unterschwellig werden Dinge wahrgenommen und auf irgendeine Weise registriert und bewertet. Aber es gibt auch eine natürliche Immunität gegenüber Signalen. Sie beinhaltet, weder in Anziehung noch in Ablehnung zu einem scheinbaren Omen für etwas zu gehen (das möglicherweise gar nicht relevant ist).

Unser Gehirn verfügt über vielfältige Möglichkeiten, Wahrnehmungssequenzen auszublenden. Denken wir an eine typische Alltagssituation, die wohl jeder von uns kennt – nämlich dass einem starke Umgebungsgeräusche (beispielsweise in einem intensiven Gespräch) oft nicht bewusst werden, bis unser Gegenüber sagt: »Das ist aber laut hier.«

Hätte der andere den Geräuschpegel nicht erwähnt, wären wir im Anschluss womöglich nach Hause gegangen und hätten die Umgebung im Nachhinein gar nicht als laut empfunden. Das heißt, in solchen Fällen hat das Gehirn akustische Eindrücke ganz einfach weggefiltert. Entsprechend sollten wir in bestimmten Situationen Zeichen der Umgebung zumindest nicht in eine seelische Energiekoppelung gelangen lassen. Meist genügt eine Art von Vorsatz, sie nicht an sich herankommen zu lassen.

Dies gilt am Anfang jedenfalls für negative Tendenzen in existenziell schwierigen Situationen. Man sollte sich davor hüten, sich ungünstig beeinflussen zu lassen. Wenn ein Schmetterling oder eine Taube mir dagegen ein Zeichen der Hoffnung überbringt, ist dies wiederum etwas ganz anderes.

Hilfreich kann es im Krankheitsfall aber generell sein, wenn ich etwa überlege, ob eine bestimmte Diät oder Ernährungsform und manche andere Dinge, die in diese Richtung gehen, hilfreich sind. Da können Zeichen schon einmal wertvolle Hinweise bieten (eben eine prozessorientierte Herangehensweise). Außerdem kann der sinnvolle Zufall uns in vielen Lebenssituationen zu wichtigen Büchern, Zeitschriftenartikeln oder Internetseiten führen.

Noch ein anderes Beispiel für eine prozessorientierte Zeichenbeachtung: In einer Partnerschaftskrise können Synchronizitätsmerkmale aufschlussreich sein, ob man gleich ein Thema diskutieren sollte oder lieber ausmacht, die Dinge ein, zwei Tage später zu besprechen. Das sind Prozessüberlegungen, bei denen die Beachtung kleiner, spontan wahrgenommener Botschaften leicht zu positiven Weichenstellungen führen kann.

Wenn man eine Menge Erfahrung mit all diesen Dingen gesammelt hat – unter anderem weiß, wie Zeichen im jeweiligen Kontext zu interpretieren und zu gewichten sind –, wird man eventuell auch einmal Botschaftselemente für grundsätzlichere Fragestellungen die mentalen Filter passieren lassen. Auch sollte man dann wissen, wie man gegebenenfalls eher negative Botschaften auffängt und wie man in der Lage ist, sich so zu aktivieren, dass man in seinen seelischen Reaktionen wie auch auf der Handlungsebene gegensteuern kann.

Allerdings findet sich im Alltag eine Menge »kleine Themen«, bei denen es einfach seinen Charme hat, nicht nur Zeichen zu verhalhaltenstechnischen Fragen an sich heranzulassen, sondern auch mal bei Geschieht-das-und-das-Gedanken. Also ob man etwa die Person, die man am Abend zuvor kennengelernt hat, wohl wiedersieht, ob man genug für eine Prüfung getan hat und Gedankenverbindungen in etlichen Bereichen mehr. Mit der Zeit entsteht einfach ein Gefühl dafür, wann es persönlich gerade passt, auf etwas zu reagieren, und wann besser nicht. Man bekommt ein Gespür für Zeichenrelevanz und eine womöglich zu beachtende Zeichendichte. Das ist ein Erfahrungsprozess, vor dem man keinesfalls zurückschrecken muss. Wenn man diese Dinge spannend findet, kommt alles Weitere mit der Zeit von allein.

IV

PSYCHONAVIGATION –
VOM AUSGLEICH
»NEGATIVER LADUNG«

Vertiefen wir die angesprochenen Überlegungen jetzt noch etwas. Was beispielsweise tun, wenn sich eine Botschaft für eine negative Situationstendenz geradezu aufdrängt? Auch hierfür gibt es ein paar sinnvolle Verhaltensmaximen. So sollte man eher ungünstige Zeichen zunächst einmal als das nehmen, was sie in erster Linie sind, nämlich eine Warnung.

In vielen, wenn nicht den meisten Fällen, in denen wir etwa unser Überall-Orakel beachten, werden uns Tendenzen angezeigt, auf irgendwelche Dinge zu achten, vielleicht das eine oder andere zu vermeiden. Das gilt auch dann, wenn als ein markantes Zeichen wichtige Gegenstände, etwa solche, die für uns eine Geschichte haben, mit einer Art Botschaftscharakter verloren gehen oder wenn mehrfach etwas Wertvolles, das mit einer Person in Verbindung steht, kaputtgehen sollte.

Als Konsequenz hätte man vielleicht die eigenen Verhaltensweisen demjenigen gegenüber zu hinterfragen, die gegenseitigen Einstellungsmuster usw. Man hätte aber nicht notwendigerweise daraus zu folgern, dass der andere krank wird, einen Unfall erleidet oder man einen Bruch in der Beziehung erlebt. Erst das Nichtbeachten von Zeichen, die emotional womöglich eine deutliche Sprache sprechen, kann dazu führen, dass Dinge immer mehr eine Gestalt annehmen, die in eine Richtung mit entsprechend negativen Vorzeichen führt.

Besonders wichtig ist es, bei Signalen, die wir als ungünstig interpretieren, nicht zu generalisieren oder etwas als endgültig anzusehen.

Das Phänomen der sich selbst erfüllenden Prophezeiung ist hinreichend bekannt, und genau dies gilt es in solchen Fällen zu vermeiden. Dazu wäre etwa zu fragen, auf welche Teilausschnitte sich eine Art Zeichen womöglich nur bezieht und wie man möglichst umgehend etwas entgegensetzen kann.

Eine andere hilfreiche Überlegung besteht darin, sich klarzumachen, dass in den meisten Fällen durchaus alternative Zukünfte infrage kommen. Das gilt im Übrigen auch für manch kleineres Ungemach, das sich andeutet, und sei es etwa nur dadurch, dass eine Wolke sich gerade vor die Sonne schiebt, wenn man zum Hörer greift, um den Steuerberater oder eine Behörde anzurufen. So etwas bekäme womöglich eine etwas stärkere emotionale Energie, wenn man dann instinktiv kurz den Atem anhielte und dadurch die Sauerstoffzufuhr zum Gehirn – wenn auch nur für Sekunden – vermindert würde.

Ganz bestimmte Botenstoffe können in solchen Momenten dafür sorgen, dass man den sich gerade zuziehenden Himmel mit einer unterschwellig negativen Erwartungshaltung zum beabsichtigten Anruf verbindet. Hieraus kann eine eigene Art von Elektrizität entstehen, welche die Worte des Gegenübers am Telefon anders aufnimmt, als es unter anderen Umständen geschehen würde, und schon fallen uns im weiteren Verlauf eventuell Dinge zu, die wir lieber nicht erleben würden.

So etwas kann in vergleichbarer Weise übrigens auch geschehen, wenn man von Zeichen und Vorbedeutungen nichts wüsste. Nur würden dann alle Wahrnehmungen und Empfindungen unterschwellig vonstatten gehen. Mit etwas Kenntnis von Synchronizität ist uns einiges meist klarer, und wir legen vielleicht im letzten Moment den Hörer noch einmal auf und warten einen Augenblick, bis wir eine bessere Stimmung erwischen, draußen die Sonne fünf Minuten später womöglich wieder etwas heller scheint. In dem einen oder anderen Fall kann so etwas wahrscheinlich schon einmal helfen, gleichsam eine andere Zukunft »anzuwählen«. Und sei es einfach nur dadurch, dass wir beim Gespräch in der Lage sein werden, mit inhaltlichen Informationen anders umzugehen.

So dürfte auf einer mentalen Ebene das Navigieren im Ereignisstrom oft mit relativ kleinen Dingen zu tun haben, um einer veränderten Zukunftstendenz entgegenzugehen. Der entscheidende Bewusstseinsschritt dabei heißt: Ich muss mich in den meisten Fällen nicht fatalistisch einer Schicksalsrichtung ergeben, die sich gerade anzudeuten scheint. Dies können wir als heilsamen Glaubenssatz in unserem Empfinden verankern. Hierdurch werden sich manche Möglichkeiten verbessern, auf künftiges Geschehen, das scheinbar von außen kommt, von innen her positiv Einfluss zu nehmen.

In diesem Zusammenhang sei noch einmal die Lektüre von Lynn Mc Taggart zu erwähnen. Und zwar jene Textstellen, in denen sie die Arbeiten von Wissenschaftlern mit ihren Zufallsgeneratoren beschreibt, die auf quantenphysikalischer Grundlage sensitiv reagieren. Erinnern wir uns: Versuchsanordnungen, in denen Menschen über ihr Bewusstsein signifikante Abweichungen in zu erwartenden Normalverteilungen der Signalfolgen hervorbrachten. Eine wichtige These bei Mc Taggart lautet: Das Bewusstsein habe in diesen Fällen offenbar Verbindung zu Prozessen außerhalb des Raum-Zeit-Kontinuums. Wahrscheinlich hat man es sich so vorzustellen, dass wir dabei die tiefere Ordnung des Universums berühren, die jenseits unserer gewöhnlichen Koordinaten liegt.

Und die Autorin formuliert: »*Wenn Menschen in der Lage sind, Quantenereignisse zu beeinflussen, dann folgt daraus, dass wir genauso fähig sind, Ereignisse oder Augenblicke außerhalb der Gegenwart zu beeinflussen.*«[1]

Mit anderen Worten auch solche, die (als Potenzial) noch in der Zukunft liegen. Es komme im Wesentlichen darauf an, welche Möglichkeiten wir von dem Punkt unserer gegenwärtigen Existenz aus jenseits dieser Zeitgrenze energetisieren würden.

Wiliam Braud, ein Wissenschaftler, der sich mit wahrscheinlichen Zukünften beschäftigt hat, spricht etwa von einem »Aussaat-Moment« als dem jeweils ersten Zeitpunkt einer Ereigniskette.[2] In genau diesem Zusammenhang, der mit einem neuen Grundmodell von Zeit zu tun hat, herrschen auch noch einigermaßen fantastische Spekulationen. So etwa, ob wir sogar in die Vergangenheit hinein mit unseren mentalen Sendekapazitäten etwas an den Keimeigenschaften solcher Aussaat-Momente verändern könnten, sodass sich daraus wieder veränderte Folgen späterer Geschehnisse ergeben würden.

Liebhaber des Science-Fiction-Genres werden an dieser Stelle bestimmt denken: Willkommen, Zeitparadoxa! Doch wenn man genau hinschaut, ist unsere ganze Realität ohnehin einigermaßen paradox und in manchen Fällen mag das sogar recht sympathisch sein. Möglicherweise funktioniert wie eben beschrieben auch eine erfolgreiche Psychotherapie. Indem sie nämlich Vergangenheitsmuster uminterpretiert, verändern sich womöglich auch Ladungszustände einer vorhergehenden Zeitperiode in der Biografie. Das hätte dann wiederum Rückkoppelungen in Gegenwart und Zukunft hinein. Entsprechend sind von verschiedenen Gesichtspunkten aus, die wir erwähnt haben, Zukunftsveränderungen für viele kleine Dinge des Alltags möglich, aber auch für große oder ernste Angelegenheiten. Vor allem aber, wenn wir grundsätzlich von mehr als einer möglichen Zukunft ausgehen, bekommt unser Schicksal mehr Spielraum.

Lynn Mc Taggart schreibt, nachdem sich eine Krankheit entwickelt hat, könne sie zwar nicht mehr rückgängig gemacht werden. *»Aber einige ihrer gefährlichsten Aspekte haben sich vielleicht noch nicht realisiert und sind folglich noch beeinflussbar.«*[3] Wenn man krank wird, seien Entwicklungen in viele Richtungen möglich. Nach Wiliam Braud sollen auch einige Spontanheilungen schwerer Krankheiten so einen Erklärungsansatz finden. Es komme offenbar darauf an, dass eine Umkehrdynamik erfolgt, bevor ein Krankheitsverlauf unumkehrbar wird.

Ähnliches mag sich auch auf die Wirtschaftsentwicklung von Unternehmen beziehen, auf unsere eigenen Schicksalstendenzen in beruflicher Hinsicht oder in partnerschaftlichen Zusammenhängen. Deswegen ist es auch so wichtig, ein einzelnes Zeichen, das in eine ungünstige Richtung zu deuten scheint, nicht überzubewerten. Genauso wichtig ist es aber, negative Gefühlsladungen herunterzusteuern.

Ich habe schon erlebt, dass ich in der Bahn saß und auf ein Plakat aufmerksam wurde, das mir einen nicht eben vielversprechenden Kommentar für eine Sache bot, die ich in Kürze zu erledigen hatte. Ich hatte eine gewisse Ahnung, dass mir etwas wenig Erfreuliches bevorstehen könnte, war mir aber nicht darüber im Klaren, wie sich das genau entwickeln würde. Der zufällig im Schnittpunkt mit meinen Gedanken gelesene Reklametext beinhaltete eine eher nicht günstige Assoziation. Zufällig wurde dies auch noch durch Wortfetzen aus einer Konversation von anderen Fahrgästen in meiner Nähe unterstrichen.

Doch in dem Moment konzentrierte ich mich sogleich auf den blauen Himmel, dachte an etwas Positives und kalibrierte mich auch beim Aussteigen bewusst auf verschiedene Umgebungseindrücke mit positiven Inhalten. Außerdem nahm ich eine Körperhaltung an, die sich gut anfühlte, und befleißigte mich eines kraftvollen Ganges.

Mir blieb später noch die Aufgabe, einer möglichen Schieflage aus jener während der Bahnfahrt angedeuteten Tendenz etwas durch Handeln entgegenzusetzen. Mit anderen Worten: Ich sah mich veranlasst, mich möglichst zügig in Aktion zu begeben und mich der Situation als solcher zu stellen. Hierdurch löste sich tatsächlich bereits ein Teil der Problematik in Wohlgefallen auf.

Wahrscheinlich ist das auch das eigentlich Wichtige: negative Zufallsbotschaften als Zeitsignale wahrzunehmen, die zum Handeln oder zumindest zum Reflektieren geeigneter Strategien der Abhilfe auffordern. Ich glaube, dass hierin der Unterschied zu dem einigermaßen unkritischen positiven Denken früherer Jahre liegt. Dieses hat oft Negatives einfach verdrängt oder ignoriert.

Sich mit Unerwünschtem sowohl gedanklich als auch im Handeln angemessen auseinanderzusetzen, nicht aber in psychomagnetische Resonanz dazu zu gehen, ist von einiger Bedeutung, ebenso positive Ereigniskeime für die Zukunft mit Gefühl und mentaler Energie anzureichern. Dies ist – wenn man so will – viel alchemistischer und bietet Möglichkeiten für einen elastischen Umgang mit diversen Eventualitäten.

So gesehen, können also möglicherweise ungünstig zu deutende Zeichen jedweder Art wegen ihres Informationsgehalts durchaus wertvoll sein. Doch es kommt darauf an, gedanklich nicht an ihrem Einfluss kleben zu bleiben, sondern sich gleich im Anschluss an einen ungünstigen Eindruck oder an eine Eindrucksfolge mental positiv auszurichten. Und wie geschieht das gegebenenfalls en détail? Einfach dadurch, dass man seinen Fokus verstärkt auf positive Stimuli für die Wahrnehmung konzentriert.

Man muss das gar nicht angestrengt handhaben. Ein spielerisches Wandern des Auges von einem positiven Wahrnehmungsbereich zum anderen ist schon ganz hilfreich, um möglicherweise beängstigende oder beunruhigende Augenblicksimpressionen auszugleichen. Das bedeutet gleichzeitig: An negativen Dingen lässt man nun den Blick einfach vorbeigleiten.

Zur Erläuterung ein Beispiel: Es gibt doch überall kleine Strichmännchen mit Symbolcharakter, darunter auch solche, welche eine Verlaufsrichtung von Treppen, etwa zur U-Bahn hinunter, anzeigen. Nehmen wir dabei erst einmal den Fall an, dass sich jemand überhaupt nicht mit Zeichen oder all diesen Dingen beschäftigt. Wenn man schlecht drauf ist und an dem erwähnten Schild vorbeiläuft, kann es dennoch geschehen, dass unbewusst dieses Symbol für »Treppe runter« gespeichert wird und die negativen Gefühle unterstützt. Nämlich deshalb, weil der Blick an diesem Tag zufällig immer bei Eindrücken hängen bleibt, die entweder eine ungünstige Aussage beinhalten oder vom Gehirn aktuell so interpretiert werden.

Wenig später nach dem Treppensymbol mit Verlaufsrichtung abwärts könnte beispielsweise eine weitere Assoziation hinzukommen, die sich aus irgendwelchen aufgeschnappten Worten von Passanten ergibt. Darin kann etwas mit »Alles umsonst« oder »Bringt doch nichts« vorkommen. Und wieder wird das gedankliche Speicherregal mit einer Gestaltinformation angereichert, die eine ähnliche mentale Tendenz unterstützt. Und damit sind womöglich schon Verknüpfungspunkte für ein sich weiterentwickelndes Muster vorhanden, das aus vorhergegangenen Frustrationserlebnissen in der Familie oder am Arbeitsplatz gespeist wird.

Anders kann es laufen, wenn man Zeichen solcher Art bewusst einzuordnen vermag. Vielleicht ist man auch jetzt schlecht drauf, wird aber in der Lage sein, mit verschiedenen Informationen aus der Situation differenzierter umzugehen. Ich hatte das so ähnlich einmal bei dem geschilderten Piktogramm erlebt, das den Weg zur U-Bahn-Ebene bezeichnet. Auch hatte ich vorher gerade irgendwelche Sätze im Kopf, bei denen es um Abwärtsspirale und Derartiges ging. Es mag rückwirkend betrachtet wohl so sein, dass ich mir mehr in einem abstrakten Sinn über etwas Gedanken machte, vielleicht politisch oder was auch immer. Aber ich hatte auch persönlich keine besonders gute Laune. Dann fiel mir auch noch dieses blaue Schild mit dem Männchen auf, das die Treppe runtermarschiert.

Das, was ich augenblicklich der mir gleichsam zufallenden Botschaft entnahm, war: Du solltest nicht so negativ denken. Gehe aus diesem mentalen Schwerkraftfeld wieder heraus, sonst bewegst du dich innerlich selbst gleich noch mit Tendenz nach unten.

Als Nächstes fiel mein Blick auf einen Wochenmarktstand mit der Aufschrift »Spezialitäten aus Freiburg«. Dabei bildeten die Wortbestandteile »frei« und »Burg« für mich positive Assoziationsanker, hat der Gedanke an Burg doch etwas Schützendes und das Attribut »frei« einen günstigen emotionalen Stellenwert. Ich ließ zu, dass mein Körpereindruck sich diesem Einfluss öffnete und sich spontan ein etwas befreiendes Gefühlsmoment ausbreitete.

Anschließend erblickte ich einen Promotionstand mit einer freundlich lächelnden Mitarbeiterin, die dort Material verteilte. Ich lächelte zurück und las die Aufschrift des Werbeaufstellers beim Stand, die lautete: »Wir suchen Entdecker«. Aha, war die nächste Überlegung, was gibt es denn künftig für mich zu entdecken? Der folgende Blick galt einem Plakat mit einem Sportler, das ich kurz streifte. Der Mann hatte die Arme zur allbekannten Siegerpose hochgestreckt. Na gut, schmunzelte ich, dann wollen wir mal den Weg zur nächsten Energiestufe entdecken, und ließ meinen Gang sogleich eine Spur dynamischer werden.

Auf jeden Fall hatte ich in dem Moment einen Weg gefunden, um einen negativen Musteransatz zu unterbrechen. Sicher wäre wohl auch nichts Dramatisches entstanden, wenn ich nicht so verfahren wäre. Aber wer weiß, ein negativer Eindruck und noch einer. Man schaut nicht nach oben oder geradeaus, sondern senkt den Kopf, bekommt an dem Tag vielleicht noch per Telefon oder im persönlichen Gespräch einen negativen Verstärker. Und schon kann sich der Teppich ungünstiger Zusammenhänge weiter geknüpft haben. Da war es mir augenblicklich doch ganz lieb, dass ich einen kleinen mentalen Hebel positiv nutzen konnte.

Es kann also bedeutsam sein, in diesem Sinne eine bestimmte mentale wie auch emotionale Hygiene zu betreiben. Ihre Dimensionen gehen manchmal noch viel weiter. So kann Psychohygiene durchaus auch damit zu tun haben, welche Fernsehsendungen wir uns ansehen. Von der Feldenergie her dürften sogar solche Bilder eine Rolle spielen, bei denen wir gar nicht Betrachter sind. Beispielsweise hat man seinen Fernseher gerade laufen, befindet sich aus irgendeinem Grund aber für eine halbe Stunde in der Küche, vielleicht um sich etwas zu essen zuzubereiten. Wenn dann auf dem Bildschirm heftige Gewaltszenen laufen, weil inzwischen eine neue Sendung läuft, kann sich durchaus eine unerwünschte Resonanzschwingung dem Raum mitteilen.

Wer seinem Wohnzimmer sozusagen eine positive mentale Dusche verabreichen will, lässt vielleicht einfach mal Szenen eines klassischen Konzerts laufen, selbst wenn einen die Musik nicht besonders interessieren sollte. Aber die klangliche und bildhafte Energie wird sich auf besondere Weise dem Raum mitteilen. Auch andere Szenen mit positiven Stimmungen können viel ausmachen. Eine sehr enge Freundin von mir, die über Jahre mit Depressionen zu tun hatte, achtet bei Fernsehsendungen sogar auf die Farbqualitäten, die ausgestrahlt werden. Bei einem allzu dunklen oder tristen Szenenhintergrund zappt sie heute sofort weiter. Dies ist ein recht gutes Beispiel, wie man die mentale und emotionale Hygiene von der Schwingungsebene her sinnvoll unterstützen kann.

V

Von der Schmalspur-Übereinstimmung zur Hochvernetzung

»Heureka – ich hab's«, sagten die alten Griechen, wenn ihnen spontan etwas klar geworden war. Hierzu gibt es eine Anekdote, der zufolge der Mathematiker Archimedes splitterfasernackt dem Bad entstiegen und durch die Stadt gelaufen sein soll, als ihm das nach ihm benannte archimedische Prinzip bewusst geworden war. Dabei habe er ganz aufgeregt immer wieder gerufen: »Heureka!« (»Ich hab's gefunden.«)

Inzwischen ist Heuristik der Begriff für eine eigene Methodik geworden, die sich auch als »Findekunst« bezeichnen lässt. Insofern kann man die Auseinandersetzung mit sinnvollen Zufällen und die Suche nach Schicksalstendenzen wie Gestaltmustern dahinter als »heuristisch« bezeichnen. In der Online-Enzyklopädie Wikipedia heißt es gar: In der Philosophie spreche man von einer heuristischen Herangehensweise insbesondere dann, wenn Ähnlichkeitsmerkmale genutzt würden, um »das Verständnis oder das Wissen« über konkrete Dinge »zu erweitern beziehungsweise zu vertiefen«.[1]

Immerhin: Ein Grundmerkmal von Synchronizität besteht doch gerade darin, dass Ereignisse oder auffällige Zusammenhänge ganz bestimmte Ähnlichkeiten, Symmetrien beziehungsweise frappante Entsprechungen aufweisen. Und zwar zu jeweils parallelen Dingen, Geschehnissen bzw. zu Mustern auf einer anderen Ebene, an einem anderen Ort oder in einer anderen Zeit. Unterdessen scheint es angebracht, den bisher gebrauchten Zufallsbegriff weiter aufzuschlüsseln. Lassen Sie uns das sinnvolle Zusammentreffen diverser Vorkommnisse daher noch ein Stück genauer untersuchen, und zwar hinsichtlich der Komplexität dieser Vorgänge und ihrer Energiespannung.

Einfache Verknüpfungsgrade

In einem recht alltäglichen Sinn kann eigentlich jedes beliebige Ereignis als ein sinnvoller Zusammenhang begriffen werden, wenn es auch nur irgendeine schwache Ahnung von einem möglichen Muster vermittelt. Diese Klasse von Begebenheiten lässt sich als Zufall erster Stufe charakterisieren. Beispielsweise denken Sie bei einem Spaziergang angestrengt über zwei verschiedene Verhaltensmöglichkeiten bei einer Angelegenheit nach. Gerade in dem Moment begegnen Ihnen zwei Personen, die eine größer, die andere kleiner. Ebenso haben Sie bei Ihrem eigenen »Plan A« oder »Plan B«, den Sie innerlich gerade hin und her bewegen, mit unterschiedlichen Größenordnungen zu tun.

Rein theoretisch könnten Sie sich – ganz im Sinne unseres Überall-Orakels – nun fragen, was die beiden Ihnen begegnenden Personen von ihrem Anblick her in einem übertragenen Sinne aussagen mögen. Eben dann, wenn Sie sie als Entsprechungsmerkmale für die sich bietenden Alternativen in Ihren Absichten zu diesem Zeitpunkt einsetzen.

Eine Möglichkeit, damit umzugehen, bestünde bei einem kleinen gedanklichen Experiment darin, im nächsten Moment einmal darauf zu achten, welcher der beiden Menschen Ihnen von der Ausstrahlung sympathischer ist, der größere oder der kleinere, welcher wirkt intelligenter, gewitzter, raffinierter oder wer von ihnen stimmt mehr mit Ihrem Fantasiebild von einer zuverlässigen Person überein? Je nachdem, was in Ihrer eigenen Angelegenheit gerade wichtig ist, könnte die größere oder die kleinere Gestalt im übertragenen Sinn Ausschlag für eine Ihrer Planalternativen geben.

An dieser Stelle sei übrigens absichtlich der erwähnte umgangssprachliche Begriff für Personen genutzt – etwa in dem Sinn, wenn wir von »Gestalten« sprechen, die uns über den Weg laufen. Lassen wir dabei einmal außen vor, dass in diesem Wort meist eine negative Bedeutung mitschwingt, etwa »was für seltsame Gestalten« irgendwelche Leute doch seien. Auf der anderen Seite bringt der Ausdruck geradezu typisch zum Ausdruck, dass wir unterschwellig mit dem Erscheinungsbild von Menschen oft Gestaltprinzipien assoziieren.

Personen, die mir irgendwo unterwegs begegnen, können also unter Umständen durchaus etwas symbolisieren – mal mehr, mal weniger. Bleiben wir einen Moment noch beim »Weniger«. Wenn ich in nahezu jedem beliebigen Ereignis eine – wenn vielleicht auch recht schwache – Sinnhaftigkeit entdecken kann, lassen Sie uns von dem Zufall der (Energie-)Stufe eins sprechen. Das ist vor allem dann der Fall, wenn man gerade mehr vom Kopf her nach einer Antwort sucht, was zumindest nicht im Regelfall geschehen sollte.

Das begleitende Gefühl wäre, bei etwas, das als Eingebung dazu infrage kommt: Gut – etwas kann so zusammenhängen, vielleicht Sinn machen, muss aber nicht! Man lässt sich im gerade beschriebenen Beispiel von zwei Menschen unterschiedlicher Größe, die einem unterwegs entgegenkommen, immerhin auf so etwas wie ein Gedankenexperiment ein. In der Regel wird man festzustellen haben, ob sich zusätzliche Eindrücke ergeben, welche die Plausibilität eines angenommenen Musters in dem Fall verstärken.

Eine Steigerung – sprich so etwas wie ein »Zufall zweiter Stufe« – liegt darin, wenn die Botschaft uns spontan schon mehr wie von selbst »antickt«. Mit anderen Worten: Wenn sie ganz bestimmte »Trigger-Eigenschaften« hat, die einen besonderen Eindruck in Gang bringen, verstärken, unterstreichen.

Ein Beispiel, das ich persönlich erlebte, soll es veranschaulichen. Es bezieht sich wiederum auf einen Menschen von der Straße. Ich blickte gerade zum Fenster hinaus und war als politisch von jeher stark interessierter Mensch innerlich mit einem Thema in dieser Richtung beschäftigt. Um es kurz zu machen: Ich hatte mich intensiv mit einem Landtagswahlkampf und dem wahrscheinlichen Abschneiden verschiedener Parteien auseinandergesetzt.

Gerade in dem Moment ging ein kleiner, aber recht kräftiger Mann draußen vorbei. Just kam es mir wie von selbst: Vergleichsweise klein, aber stämmig! – hat vielleicht auch eine gewisse Durchsetzungskraft. Wie sich gegen 18.00 Uhr herausstellte, gewannen

die kleinen Parteien im Wahlkampf besonders stark. Verblüffenderweise passte hier die gedankliche Entsprechung auf den Punkt.

Wichtig: Ich hatte in dem Fall nicht nach einem sinnvollen Zufallsmuster in meiner Umgebung gesucht, sondern es hatte mich wie
von selbst berührt. Der Vorgang kam im wahrsten Sinne des Wortes
»zufällig« auf mich zu – nichts Großes, manch einer würde sagen,
eigentlich banal. Aber wir wollen ja unsere Aufmerksamkeit für all
die vielen kleinen, manchmal auf den ersten Blick unscheinbaren
Begebenheiten schärfen, in denen durchaus eine Botschaft stecken
kann.

Wie auch immer: Man kann die Sache mit dem kleinen kräftigen
Mann und dem starken Abschneiden der kleinen Parteien im Wahlkampf deswegen energetisch als sinnvollen Zufall zweiter (gehobener) Stufe bezeichnen, weil es ein unmittelbar spontanes Wahr-
nehmungselement mit Koppelung zu einem anderen Vorgang (hier
einem intensiven Gedankenablauf) gab. Und wichtig: Es existierte
eine Art innerer Bestimmtheit in dem Eindruck.

Um herauszufinden, inwieweit man allgemein mit seinen Interpretationen von Zufallsereignissen richtig liegt, ist kritisches Abwä-
gen von Fall zu Fall durchaus hilfreich. Halten wir gleichwohl fest:
Personen können durchaus Symbolcharakter haben.

So gibt es eine erstaunliche Metapher, die in einem Wort von
Lao-Tse besteht, welches folgendermaßen lautet: *»Himmel und Erde
bezeugen nicht besonderes Wohlwollen, sie behandeln alle Welt gleich,
als wären es lauter Strohpuppen. Der vollendete Weise bezeugt nicht
besonderes Wohlwollen; er erweist dem einen Menschen das Gleiche
wie dem anderen, als handelte es sich nur um eine Strohpuppe neben
anderen.«*[2]

In einem kreativen Verständnis des Zitats macht die Überlegung
vielleicht Sinn, dass Menschen, die uns begegnen, Symbole für etwas
sein können. Sie sind sozusagen oft selbst »logische Gleichnisse«,
etwa wie »Strohpuppen«. Wie von Experten für chinesische Kultur
zu hören ist, wäre das eine akzeptable Deutung des zitierten Lao-
Tse-Ausspruches unter mehreren möglichen Auslegungen. So kann
ich jemanden, der mir über den Weg läuft, einmal als Persönlichkeit
wahrnehmen, außerdem aber auch im abstrakten Sinn als Merkmal
für ein Muster (eben wie eine »Strohpuppe«).

Wollen wir das symbolische Rätsel, welches ein Mensch uns liefert, entschlüsseln, ebenso wie ein anderes Phänomen, das uns irgendwo begegnet, dann haben wir auch zu entscheiden, auf welcher Energieebene sich der Symbolgehalt bewegt. Nämlich ob sich etwas auf der einfachsten Ebene abspielt, auf der Ereignisformen oder Gedankenmuster und Vorkommnisse zusammentreffen oder schon auf der zweiten, spontan stärker berührenden Koinzidenzstufe.

Höherstufige Synchronizität

Ein persönliches Beispiel wird wiederum zum Verständnis helfen, und zwar an dieser Stelle dafür, was mit einer bereits etwas stärker entwickelten Zufallscharakteristik gemeint ist: Ich machte vor einiger Zeit einen längeren Spaziergang und überlegte – durch vorherige Gespräche angeregt –, wie ich jemandem eine Sache klarmachen sollte. Mir gingen verschiedene Argumente durch den Kopf. Bei einer der infrage kommenden Möglichkeiten überquerte ich die Straße und ging geradewegs auf ein Haus mit schweren heruntergezogenen Rollos zu. Bei anderer Gelegenheit mögen solche dichten Fensterläden nichts Besonderes haben. In diesem Moment wirkten sie auf mich aber wie ein buchstäblicher Ausdruck von Verschlossenheit. Die Assoziation kam mir unmittelbar und ich brachte sie augenblicklich mit meinem Thema in Verbindung.

Hinzu kam, dass unterhalb der abgeschotteten Fenster Graffiti zu sehen waren, die wie kryptische Buchstaben wirkten. Also hatten sie den Symbolgehalt von etwas, das nicht ohne Weiteres zu entziffern wäre. Daraus schloss ich, dass die Art, wie ich die Angelegenheit verständlich machen wollte, nicht angemessen sein würde. Mehr noch: Das würde nur noch mehr Fragezeichen aufwerfen.

Ich kombinierte die Antwortfolge zu meinem Problem daraufhin, ohne lange darüber nachdenken zu müssen, wie folgt: Die massiven heruntergelassenen Rollläden, die mir so zuvor noch nie aufgefallen waren, hinterließen einen Gestalteindruck von »Blick versperrt« – auch und gerade im Transfer auf meinen gedanklichen Dialog. Und die Kritzeleien sagten zusätzlich: »Nicht verständlich« so.

Die Antwort, die ich mir aus der Situation heraus selbst geben konnte, drängte sich geradezu schlüssig auf. Doch oftmals werden einem die passenden Zusammenhänge vom Leben nicht gleich auf dem Tablett serviert. Andere Beispiele, die sich etwa auf einer vergleichbaren Energiestufe bewegen, mögen folgende Situationen sein: Der weitläufige Bekannte, bei dem man sich innerlich fragt, was er eigentlich macht, weil man ihn schon lange nicht mehr gesehen hat, und ein paar Minuten später sieht man ihn im Auto vorbeifahren. Oder es geht um einen Sachverhalt, über den man sich am Telefon unterhält, und gerade wird das Thema in der nebenbei laufenden Fernsehsendung angeschnitten.

Da solche Anstöße aus dem Umfeld kommen, ohne dass man danach gesucht hat, handelt es sich dann eindeutig um die Zufallsstufe zweiter Ordnung mit einem bereits höheren psychoenergetischen Gehalt.

Auf der dritten Stufe bewegt sich ein Beispiel, über das vor längerer Zeit im Internet berichtet wurde.[3] Ein Musiker erwähnte, dass ihm laufend etwas Seltsames passiert. Die sich seit Jahren, manchmal mindestens einmal pro Woche wiederholende Geschichte: Er hat eine Melodie im Kopf und nur kurze Zeit später hört er den Titel im Radio oder im Fernsehen. Interessant dabei: Meistens seien es Stücke, die derzeit nicht viel gespielt werden. Das heißt also, Songs, die keine große Wahrscheinlichkeit aufweisen, gerade jetzt über den Äther zu gehen.

Der Mann weiß zu erzählen: Eines Tages war ein Bekannter bei ihm zu Hause, der in einer persönlichen Sache telefonieren musste. Er wählte die Nummer einer hierfür wichtigen Hotline an, und der Musiker begann währenddessen spontan eine Melodie vor sich hin zu summen. Daraufhin schaltete der Freund das Telefon auf laut: Ausgerechnet die gesummte Melodie war haargenau in diesem Moment auch in der Warteschleife der Hotline zu hören.

Interessant werden solche Dinge über ihren Unterhaltungswert hinaus, wenn wir uns in einer entsprechend ungewöhnlichen Situation überlegen: Und was könnte es mit mir zu tun haben? Oder mit meinem Umfeld? Oder mit irgendetwas, das mir gerade wichtig ist? Das sind genau die Zugangsfragen zum Sachverhalt. Im geschilderten Fall könnte man etwa folgern, dass Musik für den Mann so etwas wie eine Brücke bildet, mit der er sich mental nach außen hin in Beziehung setzt. Wenn er künftig darauf achtet, könnte Musik ihm vielleicht auch helfen, in wichtigen Situationen seiner inneren Stimme besonders zuzuhören und mit seinem Instinkt in Verbindung zu treten.

Praktisch wäre das etwa möglich, wenn er bei wichtigen Fragen auf Musikstücke achten, die ihm durch den Kopf gehen, und sich daraufhin überlegen würde, was ihm das wohl sagen will. Auch könnte es einen kreativen Weg bilden, in Zeiten gedanklicher Stagnation Sätze innerlich zu singen, für sich mit einer Melodie zu unterlegen. Oder Musiktitel könnten auch ein Wegweiser sein, auf die es sich einmal zu achten lohnt. Vielleicht weisen sie im Einzelfall auf eine Stadt oder ein Land hin, wo etwas persönlich Wichtiges geschehen wird. Eine solche Form von Wahrnehmung würde gut zu einer Aussage des Mannes auf der Website passen, dass Musik einen großen Teil seines Lebens ausmacht.

Vielfach gibt es allerdings Beispiele, bei denen uns zunächst keine überzeugende Antwort einfallen wird, was in einer ungewöhnlichen Geschichte an Botschaft steckt. In solchen Fällen helfen einige gezielte Überlegungen weiter. So ließe sich bei dem Bekannten, den man unverhofft unterwegs vorbeifahren sieht, während man gerade an ihn gedacht hat, etwa wie folgt fragen:

Mit welchen Menschen, Zeiten, Gegenden, Umständen hat derjenige auch noch im engeren oder weiteren Sinne zu tun? Von welchen Einflüssen war man damals selbst umgeben, als man mit ihm zu tun hatte? Wer spielte zu der Zeit vielleicht noch alles eine Rolle? Von welcher örtlichen Gegend her kannte man den Betreffenden? Was hatte diese Umgebung für mich für eine Bedeutung? Was spielte sich dort ab und woran erinnert mich dieser Zusammenhang? Eventuell auch noch: Unter was für einem Stern stand die Bekanntschaft überhaupt?

Auch diese Gesichtspunkte dekliniert man nicht unbedingt der Reihe nach durch. Es kommt lediglich darauf an, ein paar Fragemöglichkeiten in petto zu haben. Kennt man sie ungefähr, kommen die passenden Gedanken nahezu automatisch, weil all diese Dinge ja über Assoziationen verknüpft sind, und so ergeben sich auch die passenden Fragen ganz von selbst.

Doch noch einmal zurück zum Beispiel mit dem unvermutet gesichteten Menschen, an den man zuvor gerade gedacht hatte: Vielleicht wird ja künftig ein weiteres Element aus der Vergangenheit aktualisiert, mit dem »Herr X« (und sei es nur indirekt) zu tun hatte. Hier könnte jemand also – ob positiv oder negativ – ein kleines Omen bilden. Und falls einem dies im speziellen Fall gar nicht so recht sein sollte, so mag man es doch unter Umständen als nützliche Warnung nehmen.

In einem anderen Zusammenhang kann es auch sein, dass man nun weiß, mit einer Sache durch zu sein. Nämlich weil der Betreffende weitläufig mit dem berühmten »Schnee von gestern« zu tun hat und weil ich merke, wie da gefühlsmäßig einfach nichts mehr in mir angesprochen wird. Oder aber mal noch anders: Die Sache ist positiv besetzt und man kann an etwas Erfreuliches aus der Vergangenheit anknüpfen.

Was aber, wenn sich einfach kein Sinnzusammenhang ergeben will? Vielleicht war das Ganze dann nicht bedeutsam genug, hat zu wenig psychoelektrische Ladung. Tritt so etwas gelegentlich bei verschiedenen Zufallsbeobachtungen auf und hat es meist einen eher beiläufigen Charakter, dann ist die Botschaft wahrscheinlich: »Oh, ich bin offenbar dabei, mich für diese Dinge überhaupt zu sensibilisieren.«

Das ist dann die für mich bedeutsame Erkenntnis, auch wenn ich mir auf die einzelnen Vorkommnisse nicht unbedingt einen Reim machen kann. Muss dann auch nicht sein! Man weiß so aber doch: Ich bin wieder einmal auf dem Weg, mich mit dem Universum mehr zu synchronisieren. Das wäre in dem Fall die eigentliche (positive) Hintergrundbotschaft.

Manchmal kommt die spezielle Einordnung aber auch später – sagen wir, bei einem weiteren Zufall, der sich irgendwie seltsam hinzufügt. Vielleicht habe ich eine weitere Begegnung, und zwar mit einer Person, die ebenfalls zu der Zeit wie besagter Bekannter in meinem Leben eine markante Rolle spielte. Eventuell stolpere ich regelrecht in ein neues Wiedersehen hinein und es entsteht beidseitig eine merkliche Irritierung darüber oder eine freudige Überraschung.

Vielleicht ist es aber auch ein Gegenstand, ein verloren geglaubtes Objekt, das aus der Zeit von früher auf einmal zusätzlich wieder auftaucht. In all den Fällen handelt es sich um eine Verdichtung von Umständen, die an eine Zufallsmäßigkeit der dritten Stufe denken lässt. In diese hochenergetische Energiestufe gehören aber nicht nur Zufallsserien hinein, sondern auch einmalige Vorgänge, die eine intensive emotionale Beteiligung beinhalten oder die besonders frappierend sind.

Rätselhafte Vorfälle

Vor einigen Jahren ereignete sich eine Art Superzufall, der unsere Vorstellung von den Grenzen der Realität in besonderer Weise herausfordert. So schildert neben dem Fernsehen und anderen Medien auch das Nachrichtenmagazin »Der Spiegel« die geradezu unglaubliche Begebenheit.[4] Passiert war Folgendes: Ein Hamburger lässt in der Silvesternacht 2002 einen Ballon aufsteigen, an den er mit einem Faden einen beschrifteten Zettel befestigt hat.

Der Ballon steigt höher und höher, bis er schließlich am Himmel entschwindet. Der Wind treibt das Objekt anschließend nach Nordosten. In diese Richtung wird es circa 106 Kilometer weit getragen, bis eine Stelle mit veränderten atmosphärischen Bedingungen erreicht wird. Über dem Ostsee-Badeort Grömitz fällt der Luftdruck rapide, wodurch der Ballon Gas verliert und nach unten segelt. Hier wird die ungewöhnliche Sendung von niedrigen Ästen eines Obstbaums in einem Garten aufgefangen.

Einige Zeit später tritt der Hausbesitzer vor seine Tür und will das neue Jahr mit einem Blick ins Freie begrüßen. In dem Moment sieht er den mittlerweile geschrumpelten Ballon in seinem Apfelbaum hängen. Da ihm das auffällt, greift er danach und betrachtet, was bei ihm gelandet ist. Jetzt findet er den Zettel, der unversehrt geblieben ist. Darauf steht eine Telefonnummer mit einem Namen sowie dem Vermerk »Bitte um Anruf«. Der Finder der Karte ist neugierig, begibt sich ans Telefon und wählt die Nummer. Es kommt zum Austausch von Neujahrsgrüßen und zu einer angeregten Unterhaltung. Auf einmal stolpern die beiden Gesprächsteilnehmer darüber, dass sie sich von der Schulzeit her kennen. Sie haben beide nicht nur dasselbe Internat besucht, sondern waren auch nur eine Klasse auseinander und hatten damals öfters miteinander Kontakt.

Der Gartenbesitzer meint später, es sei unfassbar. Der Ballon hätte nur ein paar Meter weiter zu fliegen brauchen und wäre nicht mehr auf seinem Grundstück gelandet. Und bei nur etwas anderen Windbedingungen hätte das Objekt auch leicht über der Ostsee davontreiben können. Ein besonderer Zufall habe darin gelegen, dass die Flugpost obendrein noch in greifbarer Höhe gelandet war.

Der Beteiligte erinnert im Übrigen: »Ich bin eigentlich kein großes Medium für solche Dinge, habe aber auch schon einmal erlebt, dass ich an einen Freund dachte, den ich schon zehn Jahre nicht mehr gesehen hatte. Ausgerechnet in dem Moment klingelt es und am Apparat ist besagter Freund von früher.«[5]

Der Sinn des Zufalls lag bei der Ballon-Geschichte wahrscheinlich weniger in einer Botschaft als in der Beförderungsfunktion von Ereignisqualität. Insofern nämlich, als hier eine Verbindung aus der Schulzeit reaktiviert wurde. Synchronizitäten dieser Art unterstreichen im Übrigen, dass wir Menschen untereinander ebenso wie mit vielen Dingen um uns herum weit mehr verbunden sein dürften, als wir normalerweise annehmen.

Dieser Zusammenhang wäre vergleichbar mit einigen Vorstellungen, die im Buddhismus vorkommen, der bekanntlich davon ausgeht, dass wir alle eine mal eher lose, mal intensiver verbundene Einheit bilden. Damit wäre selbst der Multimillionär vom Obdachlosen auf der Straße nur scheinbar getrennt. Auf einer bestimmten Ebene können sie schicksalhaft durchaus verflochten sein und Teile eines größeren Ganzen zu einem Zeitabschnitt bilden. Etwa so, wie es aus der wissenschaftlichen Perspektive auch die Theorie vom Nullpunkt-Feld und andere Ansätze nahelegen. Nur ist das Ausmaß schicksalhafter Verbindungen zwischen Menschen durchweg recht unterschiedlich.

Oftmals ist ein hoher mentaler Vernetzungsgrad zwischen Menschen, die sich zufällig begegnen, eher vorübergehender Natur. In einem kurzfristig stark vernetzten Bereich lag beispielsweise die Erfahrung einer Norddeutschen, die Bhagwan zu Zeiten von Poona und des Oregon-Ashrams heftigst ablehnte. Jahre später, nachdem Bücher von ihm längst unter seinem spirituellen Namen »Osho« erschienen waren, bekam sie zu einem seiner Titel einen besonderen Zugang. Eines Tages erhielt sie einen Anruf von einer wildfremden Frau, die irrtümlich ihre Nummer gewählt hatte. Seltsamerweise kamen die beiden in ein kurzes persönliches Gespräch, und dabei ergab sich, dass sie beide gerade »Osho« lasen und dass ihnen diese Lektüre aktuell sehr wichtig sei. Hierin liegt wiederum eine Verbindung über Entfernung hinweg, zudem noch zu einem Menschen, mit dem man noch nie zuvor etwas zu tun hatte.

Wenn der Vernetzungsgrad wie hier durch einen Zeitfaktor begrenzt ist, liegt manchmal ein Vergleich aus der Seefahrt nahe. Es ist etwa so, als wenn zwei Schiffe sich auf ihren Routen für Momente recht nahe kommen. Das Wort Route für solche Begegnungssituationen passt deshalb besonders gut, weil wir auch mit unseren persönlichen Entwicklungen einer inneren »Route« folgen.

Die Parallele geht sogar noch weiter: Auf solchen festen Seewegen bewegen sich Frachter, Kreuzfahrt-Liner und andere Schiffe häufig mit einiger Regelmäßigkeit. Und mit einem vergleichbaren Wiederholungsfaktor gehen wir psychisch in den Magnetismus bestimmter seelischer Themen hinein, die so lange in unserem Leben wieder auftauchen, bis wir sie von der schicksalhaften Ladung her abgearbeitet haben. Auch in diesem Sinn bewegen wir uns gleichsam auf bestimmten Routen, wo wir von Zeit zu Zeit möglicherweise mit ganz bestimmten Personen oder einem bestimmten Typ von Menschen zusammentreffen können. Letzteres beinhaltet, dass manche Begegnungen persönliche Episoden bleiben werden, aber man trifft möglicherweise auf jemanden, der ähnlich gelagert ist wie die Person vom letzten Mal.

Im Allgemeinen sind ungewöhnliche Ereignisse, die aus solchen Fällen resultieren, auf Stufe drei der Zufallsenergie einzuordnen. Der Vernetzungsgrad kann dabei mal höher, mal niedriger liegen. Das heißt, einmal wird es eventuell nur eine recht oberflächliche Berührungsform sein, das andere Mal eine emotional bewegende Angelegenheit, die vielfältige Bezüge in unterschiedliche Lebensbereiche hinein aufweist.

Darüber hinaus gibt es auch noch eine vierte Energiestufe. Hier sind alle die Vorkommnisse einzugruppieren, die bereits einen Anschein des Paranormalen erwecken. Manche Zufälle beispielsweise haben mit präzisen Vorhersagen oder mit der unbewussten psychischen Einwirkung auf Objekte zu tun, auch mit anderen normalerweise unerklärlichen physikalischen Ereignissen.

So kann es geschehen, dass bestimmte Menschen nur einen Raum betreten und schon zerspringt ein Glas von selbst. Andere erleben, dass lediglich durch ihre Berührung Apparaturen auf einmal Störungsanomalien aufweisen, bis hin zum Gerätedefekt.

Von Sigmund Freud und C.G. Jung wird im Übrigen berichtet, dass beide einmal eine heftige wissenschaftliche Auseinandersetzung hatten, in deren Verlauf es im Bücherregal von Freud einen heftigen Knall gab – wie aus dem Nichts.[6] Jung führte den physikalischen Vorgang auf seelische Einflüsse zurück, die als Katalysator gewirkt hätten, was Freud für Blödsinn hielt. Doch Jung beharrte auf seiner Meinung und sagte voraus, das Phänomen werde gleich noch einmal passieren. Im Nu gab es noch einmal einen starken Knall in Freuds Bücherregal – eine wirklich mysteriöse Geschichte. Hier spielte offenbar eine außerordentlich hohe psychische Energie im Zufallsgeschehen eine Rolle.

Das Gesetz der Serie

Bei bestimmten Synchronizitäten ist es ein außerordentlicher Ordnungszustand, der sich im Geschehen ausdrückt. Solche Begebenheiten sind oft auch international bekannt geworden. So etwa das Beispiel einer Frau aus Virginia (USA), die fünf ihrer sieben Kinder haargenau an einem 20. Februar zur Welt brachte[7] – geradezu ein Wunder nach der Wahrscheinlichkeitslehre. Hier hatte sich offenbar ein ausgesprochen energiestarkes Gestaltfeld für das Datum aufgebaut. Es erweckt den Eindruck, als würde sich Leben nach einer verborgenen Ordnung von Energiezuständen vollziehen.

Auch aus der Geschichte sind einige Beispiele bekannt, die in solch eine Richtung gehen. Dabei spielen insbesondere Serialität und Zeitsequenzen eine Rolle. Was passierte als Aufeinanderfolge etwa im Amerika des 19. und 20. Jahrhunderts? Es ist eine fast schon unheimliche Seriengeschichte: In den USA wurde Abraham

Lincoln 1861 zum Präsidenten gewählt, John F. Kennedy knapp hundert Jahre danach (genau 99 Jahre später). Beide wurden Opfer von Attentaten. Genauer: Beide wurden von hinten angeschossen und mit einer Kugel in den Kopf getroffen. Die Morde in beiden Fällen geschahen an einem Freitag und in Anwesenheit der Ehefrauen. Die Nachfolger im Amt hießen in beiden Fällen Johnson. Andrew Johnson wurde 1806 und Lyndon Johnson gut hundert Jahre später, nämlich 1908, geboren.

Etwas zeigte hier über einen weiten Zeitraum hinweg, dass gerade um Perioden und Zahlen herum sich Gestaltbeziehungen besonders zu bündeln scheinen, etwa so, als gäbe es einen Kristallisierungseffekt, der beispielsweise Jahreszahlen als eine Art virtuelles Gittersystem nutzt. Nicht umsonst sind kulturell ja auch Jahrestage für zurückliegende Ereignisse beliebte Anlässe zum Feiern, sei es das Gründungsjubiläum einer Firma, der Hochzeitstag von Paaren oder staatspolitische Feiertage.

Immer wieder gibt es auch Beispiele, wie sich Ereignisse offenbar in Serie wiederholen, manchmal sogar am selben Tag. So wurden am 19. Februar 1998 im Zollabschnitt Görlitz, also im deutschen Grenzbereich nach Polen, zwei Zollbeamte erschossen. Wenige Stunden später wurden auch tödliche Schüsse auf zwei weitere Zollbeamte am Grenzübergang »Klein-Venedig« an der deutsch-schweizerischen Grenze abgegeben. Die Nachrichtensprecher teilten noch am Abend mit, dass die Fälle nichts miteinander zu tun hätten. Inzwischen wird von Seiten des Bundesfinanzministeriums bestätigt, dass normalerweise kaum Zollbeamte auf diese Weise im Dienst umkommen.[8] Es handelt sich also um einen in mehrfacher Hinsicht ungewöhnlichen Vorgang.

Auch Halleneinstürze oder Brände ereigneten sich in den letzten Jahren ebenfalls in auffallender Folge hintereinander und ohne gemeinsamen Bezug, jeweils um einen zeitlichen Schwerpunkt herum. Wahrscheinlich gibt es Entsprechendes auch im Hinblick auf positive oder erfreuliche Ereignisse, nur bestimmen diese weniger die Nachrichtenlage. Eine Ausnahme war da etwa die Meldung, dass im Jahr 1977 Zahlen im Lotto der Niederlande gezogen wurden, die eine Woche später haargenau identisch auch in Deutschland das Lotto-Ergebnis bildeten.

Der österreichische Biologe Paul Kammerer hat sich mit Fragen solcher Serialität besonders stark auseinandergesetzt. Gegen Anfang des 20. Jahrhunderts sammelte er viele Beispiele, bei denen ein auffallender Seriencharakter von Ereignissen eine Rolle spielte, darunter manche, die auch mit direkter Alltagserfahrung zu tun hatten. Zum Beispiel besuchte sein Schwager ein Konzert und hatte hier die Platznummer 9; zufällig erhielt er auch den Garderobenzettel mit der Nummer 9. Am nächsten Tag suchte der Schwager ein weiteres Konzert auf und erhielt dort den Platz Nummer 21, dazu ausgerechnet auch noch einen Garderoben-Bon mit der Nummer 21.[9]

Einen weiteren markanten Fall aus Kammerers Beispielfundus zitiert F. David Peat. Darin spielt eine adlige Persönlichkeit eine Rolle, die eine Namensgleichheit mit einer Romanfigur aufweist. Peat schreibt: »*1916 las Kammerers Frau einen Roman, in dem eine gewisse Frau Rohan auftauchte. Als sie an jenem Tag eine Straßenbahnfahrt machte, sah sie einen Mann, der dem Fürsten Josef Rohan sehr ähnlich sah, und hörte ihn über das Dorf Weissenbach sprechen. Später, immer noch am selben Tag, wurde sie von einer Verkäuferin gefragt, ob sie vielleicht Weißenbach kenne, denn sie habe etwas dorthin zu senden und kenne nicht die genaue postalische Anschrift.*«[10] Was danach passierte? Die Geschichte beginnt nicht nur verrückt, sie endet auch so: Noch am selben Tag, so ist zu erfahren, stattete Fürst Rohan Familie Kammerer einen Besuch ab.

Hier lässt sich die Hypothese aufstellen, dass entweder ein einigermaßen differenziertes Einzelmuster zustande gekommen ist oder dass sich verschiedene Gestaltfelder überlappten, die gemeinsam ein »Metafeld« (also einen übergeordneten Gestaltzusammenhang) aufgebaut haben. Peat schreibt dazu: »*So wie auch Asteroiden sich unter dem Einfluss der Schwerkraft im Raum gemeinsam bewegen, so treten, das war Kammerers Hypothese, auch Zufallsereignisse in Gruppen auf.*«[11] Hier werde tatsächlich so etwas wie eine Musterbildung angesprochen und das unter anderem in den Medien immer wieder erwähnte »Gesetz der Serie« ist ein Begriff, den wir Kammerer verdanken. Es ist ein geflügeltes Wort, das heute in aller Munde ist. Im Übrigen hat Albert Einstein Kammerers Arbeit als »originell« und keinesfalls als »absurd« bezeichnet, wenngleich C. G. Jung Phänomene der Serialität nicht zu dem Bereich der Synchronizität zählen wollte.

Dazu lässt sich anmerken, dass es zwar nicht im engeren Sinn um »Gleichzeitigkeit«, aber doch um Parallelität geht. Wahrscheinlich weisen Phänomene solcher Parallelität sogar in sehr hohem Maße auf einen sinnvollen Zusammenhang hin. Deshalb nämlich, weil darin in jedem Fall eine intensive Musterbeziehung zu erkennen ist und eine erhebliche ordnende Feldenergie vermutet werden kann. Was denn, wenn nicht das »Gesetz der Serie«, könnte eine besonders ausgeprägte Musterbildung erkennen lassen?

Interessant war für mich auch, als ich aus der Lektüre von Robert Anton Wilsons Buch »Coincidance – Tanz der Zufälle« erfuhr, dass Kammerer ebenfalls Klassifizierungen von Zufällen beispielsweise nach Zahlen und Namen vorgenommen hat.[12] Also in vergleichbarer oder ähnlicher Weise, wie sie auch hier in »Sprache des Zufalls« nach Kategorien geordnet werden. Allerdings unterscheiden sich ansonsten die Gruppierungen und Unterteilungen in einiger Hinsicht. Dennoch ist es für mich spannend, dass ich im Abstand von nahezu 100 Jahren hinsichtlich einiger Klassifizierungsansätze unbewusst in Kammerers Fußstapfen getreten bin.

Auch solche Erfahrungen haben letztlich mit dem Prinzip sinnvoller Zufälle und dahinter liegender Gestaltprinzipien zu tun. Sie weisen auf einen eigenen Feldcharakter hin, der sich – wie sich gut in solchen Beispielen zeigt – auch über lange Zeiträume erstrecken kann.

Blicken wir an dieser Stelle kurz zurück: Der Streifzug durch die verschiedenen Formen von sinnvollen Zufällen hat uns inzwischen immer wieder vor Augen geführt, dass die auftretenden Geschehnisse sich in unterschiedlicher Intensität darstellen. Dabei können wir das Stufenmodell von eins bis vier sowohl auf die beteiligte Energiespannung beziehen (das emotionale Rauschen) als auch auf die Komplexität eines Musters.

Allerdings sind Komplexität, Serialität und Ordnungsgrad verwandte Kategorien. Denn eine umfangreiche Serie von Ereignissen bedarf einer hohen Gleichrichtung und damit Ordnung von Faktoren, um Bestand zu haben. Gleichzeitig ist das Seriengeschehen ein komplexes Muster, das eine bestimmte Anzahl ähnlicher Merkmale bündelt.

Grafisch lässt sich das so darstellen, dass man etwa auf einer waagerechten Achse die zunehmende Energiespannung bei dem Zufallsgeschehen auf den Stufen von eins bis drei darstellt. Die vierte Stufe liegt eigentlich schon außerhalb des Spektrums, jedenfalls hervorgehoben, da wir hierunter sämtliche uns zufallenden Ereignisse zu verstehen haben, die in den Bereich des Paranormalen fallen. Das Zerspringen von Gläsern durch psychische Einwirkung, wenn zufällig gerade über ein spannungsvolles Thema diskutiert wird, fiele in diesen Bereich hinein.

Auf einer senkrechten Achse lassen sich die Stufen von eins bis drei in der Zunahme von Komplexität darstellen (gleichzeitig auch stellvertretend für zunehmende Ordnung in der Feldenergie oder im Serienfaktor). Die vierte Stufe hat auch in der Hinsicht einen vergleichsweise paranormalen Charakter. Bestes Beispiel ist der erwähnte Musiker, dem schon seit Jahren geradezu in Endlosserie stets eine Melodie im Kopf vorausgeht, die er anschließend in seiner Umgebung hört. Hier verbinden sich Synchronizität und eine besondere Form von Hellhörigkeit (Vorauswissen). Abbildung 2 zeigt die Stufenfolgen einmal vor allem waagerecht (Energie), einmal senkrecht (Komplexität) plus Mischung der Zunahme in der Ereignisdynamik.

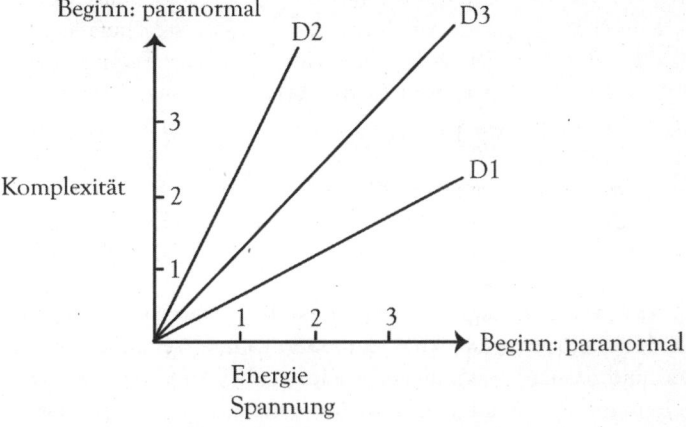

D1 Dynamik 1
D2 Dynamik 2
D3 Dynamik 3

Abbildung 2: Die waagerechte Linie zeigt die Zunahme der Energiespannung in einem Geschehen auf den Energiestufen von 1 bis 4. In der Senkrechten ist die Zunahme von Komplexität bzw. Ordnungsgrad von 1 bis 4 dargestellt. Häufig kommt ein sehr energiereicher Zufall vor (Dynamik 1), weil das Geschehen emotional stark angezogen wurde (ausgeprägte Trigger-Merkmale – etwas spricht dabei innerlich stark an). Auch ein hochkomplexes Serienmuster kann eintreten, das etliche Verwicklungen aufweist (Dynamik 2), aber es beruht mehr darauf, dass sich Dinge in einer Vielzahl von Wiederholungen oder kreuz und quer einfach eingeschliffen haben, jedoch mit relativ geringen emotionalen Komponenten. Häufig werden aber Mischungsverhältnisse in Energie und Komplexität vorherrschen (Dynamik 3). Denn Wiederholung bzw. Vielschichtigkeit eines Geschehens und bioelektrische Spannung bedingen einander doch recht oft.

VI

MUSTERGEOMETRIE:
BEZIEHUNGSPARALLELEN
UND ENERGIEKREISE

Das Gesetz der Serie hat oft auch mit bestimmten Gegenständen oder größeren Objekten zu tun. So kann es sein, dass jemand ein und dasselbe Buch immer wieder vermisst und dass es immer nach einer bestimmten Zeit wieder auftaucht. In solchen Fällen lässt sich natürlich sehr direkt nach dem Inhalt des Buches fragen, um eine Botschaft zu ermitteln, eventuell auch nach den Umständen, unter denen man es erworben oder erhalten hat. Oder es geht um die aktuellen Begleitsituationen, in denen es wieder auftaucht. Vielleicht ist es ein Geschenk, und das Verschwinden und Wiederauftauchen des Buches kann somit einen personenbezogenen Hinweis enthalten, der mit dem zu tun hat, der das Buch verschenkte.

Auch um Häuser und Autos herum können sich sinnvolle Zufälle ranken. Was dahinter steht: Objekte sind oft leicht in der Lage, eine bioelektrische Mittler- oder Relaisfunktion in zwischenmenschlichen Situationen auszuüben. Gerade dann ist das der Fall, wenn sich eine Geschichte mit ihnen verbindet.

Manchmal könnte es mental etwa eine Rolle spielen, wer einen Gegenstand wann und in welchem emotionalen Zustand berührt hat. Auch besteht die Möglichkeit, dass wir durch unsere Stimmungen und Handlungen Energie an einen Ort oder zu Personen herantragen. So heißt es etwa im chinesischen Feng-Shui, man könne »Hochzeits-Chi« sammeln – etwa kleine Dinge von glücklichen Paaren für den eigenen Hausstand übernehmen oder öfter auf Hochzeiten anwesend sein.

Außerdem sagt man, etwas Erde vom Grundstück eines reichen Menschen (den man darum gebeten haben soll) in der eigenen Schreibtischschublade – etwa in einem Briefumschlag – aufzubewahren würde den eigenen Wohlstand fördern.

Genauso trägt der häufige Aufenthalt in Räumen mit positiver Ausstrahlung dazu bei, sich innerlich selbst gut aufzuladen, und man kann oft etwas von dieser Energie zu sich nach Hause mitnehmen. In dem Fall findet eine Art Transfer von Gestaltenergie statt. Personen oder Gegenstände ebenso wie räumliche Bezugspunkte können also Transmittereigenschaften (Übertragungsmerkmale) für Musterenergien beinhalten. Hieraus werden unter Umständen auch zusätzliche Gestaltkopplungen unterstützt. Manchmal kann es nämlich obendrein geschehen, dass Menschen parallelogrammartig aufeinander abgestimmt sind.

Wie war das noch im Geometrieunterricht? Ein Parallelogramm ist ein Viereck, bei dem je zwei gegenüberliegende Linien parallel und gleich lang sind. Daraus folgt, dass Positionsveränderungen automatisch ergänzende auf der gegenüberliegenden Seite hervorrufen. Rückt eine Ecke des Parallelogramms nach rechts, rutscht die entgegengesetzte Ecke automatisch in einem entsprechenden Abstand nach links. In einer ähnlichen Parallelogramm-Beziehung befinden sich manchmal auch Personen oder Personengruppen zueinander, ebenso wie die beteiligten Hintergrundmerkmale.

Nehmen wir zur Illustration folgende Situation an, die sich in vielerlei Hinsicht auf ein tatsächliches Beispiel bezieht: Da entwickeln kreative Mitarbeiter einer Werbeagentur eventuell immer dann die besten Ideen, wenn der Chef in seiner Heimatstadt einen bekannten Künstler – vielleicht einen Maler – trifft. Nehmen wir weiter an, beide sind miteinander befreundet oder gut bekannt. Fatalerweise stagniert die Firma womöglich, wenn es diesem Kunstschaffenden gesundheitlich oder auf sonst eine Weise schlecht geht. Das könnte sogar der Fall sein, wenn weder Chef noch Belegschaft wüsste, wie der betreffende Künstler gerade drauf ist. Ein Grund für dieses seltsame Phänomen bestände vielleicht darin, dass der Maler eine Reihe von Bildern gemalt hat, die in der Werbeagentur aufgehängt sind und immer wieder von Kunden bewundert werden, den Mitarbeitern womöglich auch ein Stück Unternehmenskultur vermitteln.

So besteht eine Mustertendenz, die es der Firma gut gehen lässt, wenn der Maler sich wohl fühlt und sich optimalerweise auch noch von Zeit zu Zeit mit dem Agenturchef trifft. Umgekehrt könnte es sein, dass ein Streit zwischen ihnen beiden das Wohlfühlklima in der Firma ebenso wie möglicherweise die Umsätze ungünstig tangiert, desgleichen wenn beide sich lange nicht sehen. Wichtig wäre dabei, dass sich um die Bilder eine emotional bedeutsame Geschichte rankt, die für Belegschaft wie auch für Chef und Künstler jeweils einen vergleichbaren Stellenwert besitzt. Die Wahrnehmung der gesamten Angelegenheit muss auf den verschiedenen Seiten inhaltlich nicht gleich sein, sich aber von der emotionalen Spannung bzw. von den seelischen Projektionen her annähernd symmetrisch auf jeder Seite darstellen (Abbildung 3).

Hier verhalten sich im übertragenen Sinne Chef und Künstler wie jeweils zwei gegenüberliegende Parallelogramm-Seiten und Mitarbeiter und Firma wie die beiden anderen Seiten.

Ich habe persönlich eine solche Parallelsituation über einen längeren Zeitraum beobachtet. In dem Fall spielten zwei Paare eine Rolle (wenn man so will, die sich gegenüberliegenden langen Seiten) sowie eine dritte Person und ein bestimmtes Haus als die beiden verbindenden Parallelogramm-Anteile.

Wenn die dritte Person, die beide Paare kannte, mit dem einen Paar näher zu tun hatte, schien es geradezu Auswirkungen auf das andere Paar zu haben. Beide Paare hatten eine unbewusste Verbindung über besagtes Haus (siehe Abbildung 4).

Das Beziehungsviereck war so lange zufallsaktiv, bis das Muster von den Beteiligten abgearbeitet war und sich seine Energie schließlich erschöpfte. Irgendwann war das Ganze einfach Geschichte, weil das Haus und andere Dinge nicht mehr mit den Projektionen und Gedankenenergien wie vorher verbunden waren. Allerdings ist die Sache recht privat gewesen und ich möchte im Interesse der beteiligten Personen nicht weiter in die Einzelheiten gehen.

Auf jeden Fall ist mein Eindruck bislang, dass solche Parallelogramm-Symmetrien dann auftreten, wenn energetisch verbindende Komponenten zwischen beteiligten Seiten eine Art Übertragungsfunktion ausüben.

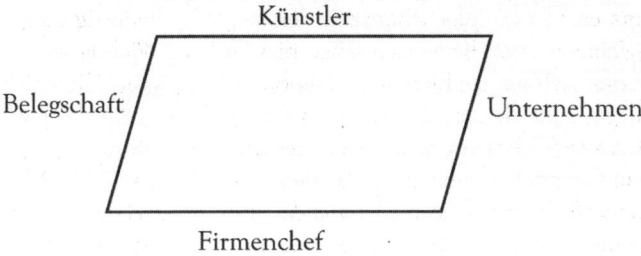

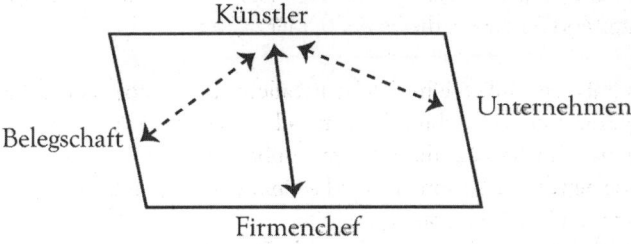

Abbildung 3: Ein Beziehungsparallelogramm: Der Chef einer Firma und ein befreundeter Künstler, der viel fürs Ambiente und die erlebte Unternehmenskultur getan hat, stehen in einem psychischen Spannungsfeld zueinander (mal eher positiv, mal vielleicht eher negativ). Davon wird jeweils die Dynamik von Mitarbeitern und Künstler mental mit betroffen, ebenso die Dynamik vom Meister der Künste und der Firma als Organismus. Schließlich gibt es auch jeweils unabhängig vom Chef ein Spannungsgefälle von der Firma bzw. Belegschaft zum Künstler. Wenn es ihm mal schlecht geht, könnte beispielsweise auch das Energiefeld der Firma darunter leiden. Geht es ihm gut, verschiebt sich das Muster zur anderen Seite hin.

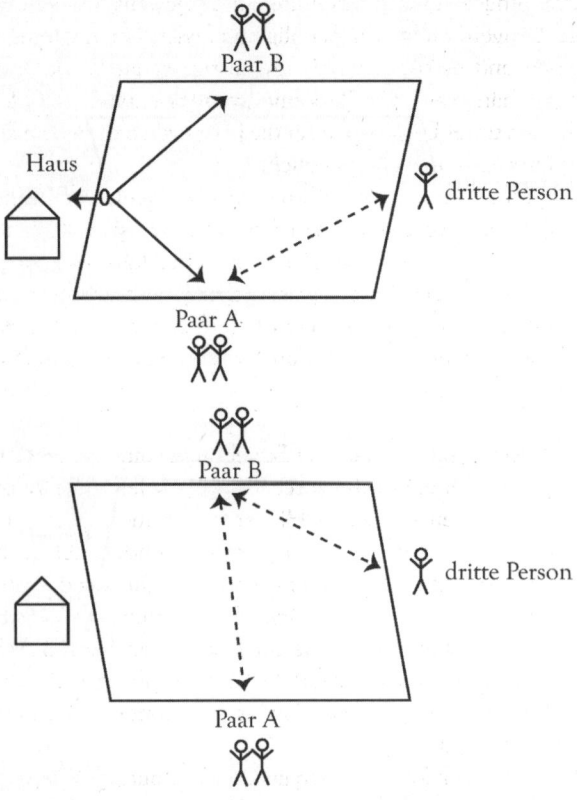

Abbildung 4: Zwei Paare, von denen sich nicht alle beteiligten Partner kennen, sind durch einen seltsamen Zufall eine Zeit lang über ein Haus in einer Parallelogramm-Beziehung gewesen. Paar B hatte dort ein paar Jahre gelebt, später fand dort einer der Partner von Paar A sein Büro. Beide Paare hatten außerdem zu einer dritten Person Kontakt, Paar A allerdings mehr als Paar B. Immer wenn die dritte Person aber mit Paar B zu tun hatte, war dies für Paar A über einen längeren Zeitraum mit bestimmten Entwicklungen verbunden. Irgendwann verloren die Rückkoppelungen zwischen den Paaren aber an Energie, unter anderem durch Gespräche, welche den Zusammenhang ein Stück transparent machten.

Ein solcher Transmittereffekt scheint unter Umständen auch über Entfernungen hinweg Resultate auf der jeweils anderen Seite hervorzubringen. Einige der Beteiligten müssen sich noch nicht einmal kennen und es können eher ungünstige genauso wie positive Zusammenhänge aus dem Beziehungsviereck entstehen. Oder es vollzieht sich unter Umständen für die jeweiligen Seiten eine bestimmte Lernentwicklung – alles möglich.

Die Frage ist, ob solche Situationen in identischer Weise häufig vorkommen. Aber auf jeden Fall könnten sich daraus manche Dinge erklären, bei denen sich um ein Haus, ein Grundstück, Kunstobjekte oder um anderes seltsame Geschichten ranken. Die Grundfrage wäre jeweils, welche Menschen sich dabei in welcher spezifischen Weise verhalten und was für eine Art von Feldenergie daraus hervorgeht.

Im Übrigen erschöpft sich die Beziehungsgeometrie nicht im Parallelogramm. Beispielsweise sprechen wir ja viel von Dreiecksbeziehungen zwischen Menschen. Hier kommen einerseits die klassischen Konkurrenzspannungen vor, andererseits finden sich in bestimmten Dreierkonstellationen aber auch wahre Quellen der Kreativität. So ist die Dreiheit ja das ursprüngliche Kreieren aus einem bipolaren System (zwei Elternteilen), die ein Kind zeugen (vergleichbar damit, etwas Neues hervorzubringen). Schließlich gibt es auch eine schicksalhafte Verbundenheit zwischen zwei Personen und einem Objekt als drittem Punkt.

Grundsätzlich können auch im Dreierverbund jeweils recht ungewöhnliche Rückkoppelungen und Zufälle von der Energie her provoziert werden (Abbildung 5). Lohnend ist jeweils, die Übertragungswege dabei ins Auge zu nehmen, das heißt, welche seelischen Projektionen wie auch beteiligten Gefühle das Ganze jeweils am Laufen halten.

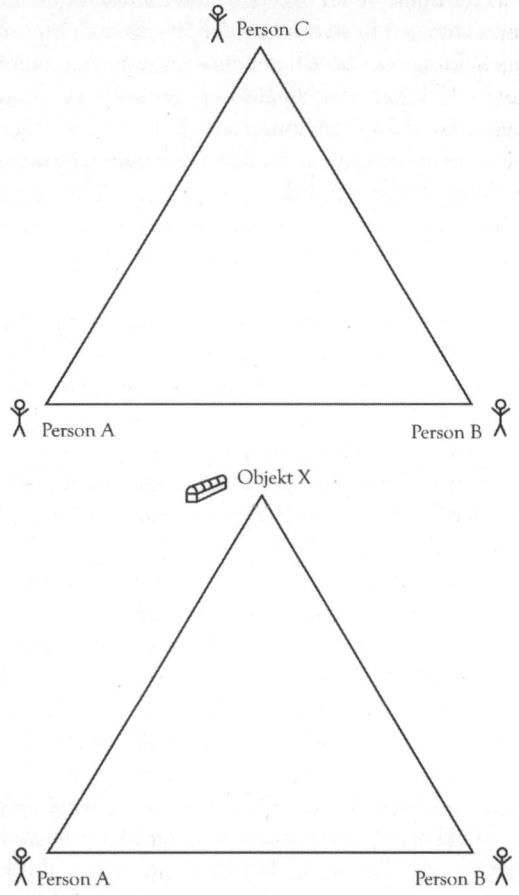

Abbildung 5: OBEN: *Drei Personen bilden ein Spannungssystem. Ob Eifer-suchtsbeziehung oder Kreativdreieck; es könnte sozusagen per Fernwirkung zu Begebenheiten bei Person C kommen, wenn ein ungewöhnlicher oder emo-tional bedeutsamer Vorgang zwischen A und B stattfindet. Auch lässt sich feststellen, dass Dreieckskonstellationen oft noch längere Zeit unbewusst nachwirken, selbst wenn die Beteiligten direkt nichts mehr miteinander zu tun haben.* UNTEN: *Zwei Personen, A und B, sind über seelische Projektionen mit einem Objekt X verbunden.*

Recht spannend ist es, sich schließlich eine weitere Zufallskategorie zu vergegenwärtigen, die sowohl im Großen als auch im Kleinen auftritt. Auch hierbei treffen wir auf eine Analogie aus dem Bereich der Geometrie. Es handelt sich dabei um ein Geschehen, das wir als Energiekreislauf bezeichnen können.

Im Sprachgebrauch begegnet uns die Vorstellung davon häufiger, etwa wenn bei einem Vortrag oder in einer Fernsehsendung jemand äußert: »Hier an der Stelle schließt sich der Kreis.« Vielfach merken wir auch im eigenen Leben, dass wir mindestens gedanklich wieder zu einem Ausgangspunkt zurückgelangen.

Manchmal gibt es zudem Ereignisse, die jeweils solche Ähnlichkeiten oder Übereinstimmungen aufweisen, dass eine Spur von einem Ausgangspunkt eine Art Kreis zu beschreiben scheint, um schließlich dort wieder anzugelangen, wo alles begonnen hat.

Vorkommnisse mit Energiekreisläufen – positiver wie negativer Natur – erkennt man daran, dass Gegenstände, Adressen, Begriffe oder Personen wieder in demselben oder einem ähnlichen Zusammenhang wie schon einmal auftauchen.

Denken wir für ein Beispiel noch einmal an das Gestaltprinzip sogenannter »Glückszahlen«. Da hat jemand wie Juri Kasparow markante Zahlen mit Wiederholungscharakter beobachtet und ist sich dessen bewusst, dass in seinem Leben etwa die Zahlen »25« und »9« eine Rolle spielen. Wie ist derjenige nun darauf gekommen? Da hat er sich vielleicht an einem 25.9. ein Auto gekauft und aus einer spontanen Idee heraus gibt er dem numerischen Anteil des Kraftfahrzeugkennzeichens die Ziffernfolge »2509«. Was passiert vielleicht anschließend? Als Sportler beteiligt er sich diesjährig bei einem Marathon und läuft jetzt an 259. gegenüber der 325. Stelle im letzten Jahr ein.

Er lernt bald auch eine tolle Frau kennen, die zwar mit Zahlendreher, aber immerhin unter einer ebenfalls passenden Adresse, nämlich in einem Haus mit der Nummer 52 wohnt und (da es sich um ein Hochhaus handelt) im neunten Stockwerk.

Falls besagte Dame nun aber einen »dummen Blechschaden« mit einem fremden Auto hat, das dem des Freundes mit den Glückszahlen von Farbe, Fabrikat und Typ her womöglich identisch oder ähnlich ist, könnte dies unter anderem heißen: Achtung, dass nicht

bald auch in der Beziehung der Lack ab ist! Denn das Thema »Auto«
stand ja am Anfang der Glücksserie mit der Zahlenkombination 25
und 9. Hiermit begann – wie jetzt erkennbar – ein Energiekreislauf
von Ereignissen, der sich nun einigermaßen bedeutungsschwanger
zu schließen scheint (Abbildung 5).

Ist der Betreffende aber mit seiner neuen Partnerin zum 25. Geburtstag ihrer Cousine oder Nichte eingeladen, die aus diesem
Anlass von ihren Eltern gerade ein Auto geschenkt bekommen hat,
dann könnte darin ein Zeichen fortschreitender gemeinsamer Entwicklung liegen (Besuch bei Familie). Das Geschenk »Auto« wird
sicher Thema in den Gesprächen sein, und bei der Gelegenheit wird
einem vielleicht bewusst, wie eine eigene Glückssträhne mit einem
Auto und seinem Nummernschild begann (Abbildung 6).

Meist sind die Kreislaufbeziehungen im Alltag weniger spektakulär.
Aber wenn wir etwa erkennen, dass eine bestimmte Handlung an
andere Dinge anschließt und dabei einen Bogen macht, der auf eventuell missliche Weise an etwas Zurückliegendes anschließen könnte,
wird man sich wahrscheinlich rechtzeitig stoppen. Jedenfalls dann,
wenn man sich von seinem Instinkt leiten lässt und nicht meint, aus
rationalen Überlegungen darüber hinweggehen zu müssen.

Es hat immer mit Assoziationen zu Themen zu tun, mit Ähnlichkeiten oder anderen Formen von Musterübereinstimmung, wenn
etwas den Eindruck entstehen lässt, ein Kreis schließe sich. Oft wird
es ein Vorgang auf rein gedanklicher Ebene sein, bei dem wir uns
vielleicht gerade erwischen, wieder zu einer alten Sache und ihren
vielleicht belastenden Gefühlsverknüpfungen zurückzukehren.
Auch hierbei kann man unterbrechen und sich auf etwas anderes
konzentrieren.

Genauso kann im Handeln wie auf gedanklicher Ebene aber auch
ein positiver Energiekreislauf zustande kommen – einfach ein
Grund, sich zu freuen und es als positiven Verstärker zu sehen, der
die eigenen Energien unterstützt.

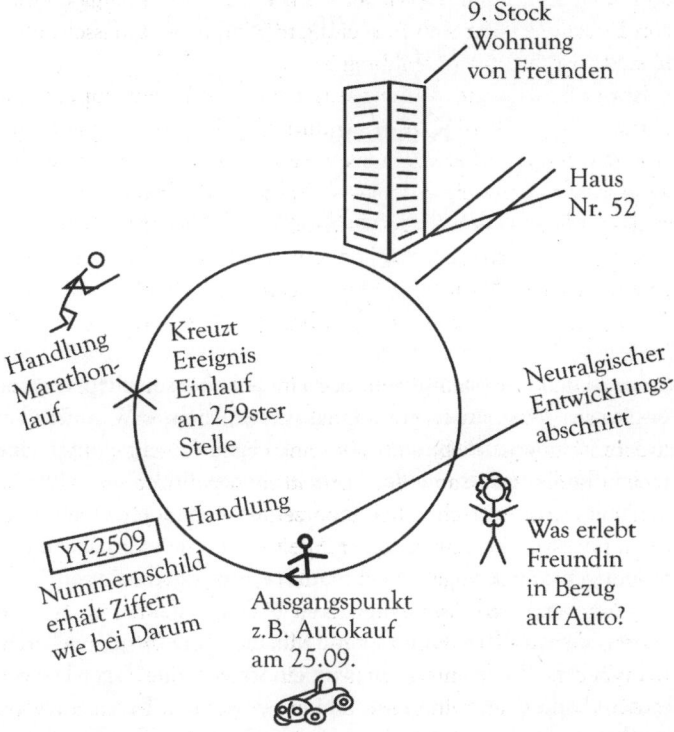

Abbildung 6: Der Anfangspunkt einer Entwicklung ist naturgemäß auch immer die Stelle, wo sich ein Kreislauf energetisch schließt. Vorbedeutungen, die sich möglicherweise abzeichnen, sagen aus, ob man im neuralgischen Bereich vor dem Ausgangspunkt gleich der Rückkehrposition lieber eine Sache abbremsen bzw. mindestens abfedern sollte oder ob Grund zum Jubilieren besteht, weil die Einlaufrunde zu einer Wiederholung von allem auf höherem Energieniveau zu erwarten steht.

VII

RINGARCHETYP
UND
ZIRKULÄRES MUSTER

Die geschilderten Synchronizitätskreisläufe haben auch ihre energetischen Entsprechungen. Wir können einen solchen Vorgang beispielsweise mit einem Stromkreislauf vergleichen. Wenn er über ein Verbindungsstück geschlossen wird, beginnt Energie durch eine elektrische Leitung zu fließen. Dazwischen befindet sich etwa im Haushalt oder in der Arbeitswelt ein damit verbundenes Gerät, das durch den Stromkreislauf aktiviert wird. Ebenso können über einen eindeutigen Musterkreislauf energetische Ereignisresonanzen angeregt und womöglich auch Dinge ausgelöst werden.

Erst die letzte Verbindung sorgt dafür, dass eine bislang vielleicht eher mögliche Entwicklung nun wirklich stärker zum Tragen kommt. Insofern kann es sich durchaus lohnen, einmal zu überlegen, wann man bei sich selbst oder im Umfeld schon einmal Ähnliches beobachtet hat. Auf diese Weise wird auch der Blick dafür geschärft, wann es sich genau um entscheidende Momente handelt, in denen es aufzupassen gilt – entweder eine Situation abzuwenden oder eine Chance wahrzunehmen, die an etwas Ähnliches in der Vergangenheit anschließt. Es ist so, als wenn Sie gerade ein Licht in einem Raum eingeschaltet haben.

Überhaupt können wir aus den Begriffen der Elektrizität einiges an Vergleichen gewinnen, wie sinnvolle Zufälle energetisch funktionieren. Einige Synchronizitäten verhalten sich von der Energiespannung her etwa eher wie plötzliche Blitze, manche wie ein zwar bedeutungsschwangeres Wetterleuchten in der Ferne, aber es betrifft mich nicht – oder noch nicht. Oder die Synchronizität stellt sich ganz anders ein, nämlich im Vergleich fast wie die elektrostatische Entladung eines Teppichs. Das ist dann der Fall, wenn eigentlich alles ganz alltäglich, völlig normal läuft. Und plötzlich zucken Sie kurz zusammen – fast so, als hätten Sie einen ganz leichten elektrischen Schlag bekommen. Dann haben Sie sich wie im Vorbeigehen mit niedrigpolarisierender Ereignisenergie aufgeladen und irgendwo sucht sie sich ihre »Erdung«. Sobald dafür ein Weg gefunden ist, gibt es einen kurzen Schreck (oder Achselzucken beziehungsweise eine Spannungslösung), ohne dass eigentlich etwas Besonderes vorgefallen wäre. Es sind all die Situationen, in denen wir uns nur etwas wundern, sonst nichts.

Viele andere Synchronizitäten kann man indes eher mit dem schon mehrfach erwähnten Prinzip des Magnetismus vergleichen. Es gibt dabei im Hintergrund Gestaltmuster, entweder mit einer Ereignis anziehenden oder auch abstoßenden Wirkung. All das sind sehr geeignete Metaphern für die Energiebeziehungen im individuellen Schicksal ebenso wie in dem von Gruppen, Unternehmen, Organisationen, Gesellschaften oder Nationen. Wir können förmlich spüren, wie hier überall die verschiedenen Ladungs- und Entladungszustände wirksam sind.

Vor allem Synchronizitäten mit zirkulärem Charakter (also die diskutierten energetischen Kreisläufe) können – ob positiv oder negativ – oft eine besondere Faszination auf uns ausüben. Dann jedenfalls, wenn wir sie als solche entdecken und erkennen. Ein Grund mag darin liegen, dass der Ring der Kraft ein Ursymbol ist, das etwa im magischen Bild der Schlange »Ouroboros« auftaucht – ein Wesen, das halb Drache, halb Schlange ist und sich selbst in den Schwanz beißt (Abbildung 7). Es gehört zu den grundlegenden Archetypen der Menschheit.

Im »Herrn der Ringe« thematisierte der Anglistikprofessor J. R. R. Tolkien die Kraft von Zauberringen. Das Romanepos beschreibt, wie sie zum Wohl einer mystischen Bevölkerung eingesetzt werden. Es schildert aber auch den Ring eines schwarzen Großmagiers, der die Lebensräume und Gedanken ihrer Bewohner mit seinem Ring der Macht beherrschen will. Doch es kommt zu endzeitlichen Kämpfen, um den dämonischen Kraftring unschädlich zu machen.

Abbildung 7: Der Ouroboros steht für Kreisläufe in der Natur, ferner auch für die in der Gesellschaft und im Organismus zirkulierende Lebenskraft. Auch als Wiedergeburtssymbol kommt die Darstellung vor. In mancher Hinsicht bedeutet die sich in den eigenen Schwanz beißende Schlange auch die Möglichkeit einer sich aus sich selbst heraus erneuernden Energie (positiv) sowie übertriebener Narzissmus (negativ). In der Tiefenpsychologie steht sie für die frühkindliche Entwicklungsstufe, in der noch keine Unterscheidung zwischen Innen- und Außenwelt existiert. Die äußere Welt (Schwanz) ist gleich der seelischen Innen- bzw. Gedankensphäre (Kopf).

In dieses weltberühmte Werk ist sicher viel unbewusstes archetypisches Material eingeflossen, zum Teil etwa aus Sagen und Überlieferungen übermitteltes Wissen um das Geheimnis der Lebenskraft ebenso um die Versuchungen, sie missbräuchlich einzusetzen.

Auch in Werken des schamanistischen Ethnologen Carlos Castaneda kommen im Übrigen besondere »Ringe der Kraft« vor, wie das Thema zudem auch weiteren Eingang in die New-Age-Literatur gefunden hat. In mancher Hinsicht liegt der Gedanke nahe, dass im Archetyp von einem solchen *Ring der Kraft* ein Energiekreislauf von Universum, Natur und Menschen angesprochen ist.

Man kann sich zirkuläre Energiebeziehungen zudem darin vorstellen, wie wir unser Zusammenleben organisieren. In diesem Sinn lässt sich der Gedanke an einen Kräftekreislauf abstrakt auf gesellschaftliche Situationen übertragen.

Hieran erwirbt der Einzelne gegebenenfalls dann energetische Teilhabe, wenn er in einem Kreis als aufgenommen gilt. So bilden bestimmte berufliche »Zirkel« buchstäblich solche energetischen Verbindungen. Man tauscht Informationen, Jobs, Aufträge, private Einladungen, Empfehlungen, Tipps und so weiter aus.

Die Energie ist dort eigentlich in einem ständigen Ringfluss. Eine bestimmte Kleidung, übereinstimmendes Interesse für bestimmte Themen, Redewendungen, typische Gesten, gemeinsame Bekannte und dergleichen können Synchronizitäten fördern, um in einen solchen Kreis aufgenommen zu werden. Vorausgesetzt, man möchte so etwas.

Im Übrigen gibt es solche kollektiven Ringe der Kraft nicht nur auf diesem Gebiet. Woanders laufen diese Prozesse vielleicht nur nicht so elitär ab. Aber in der Politik und selbst in den »inneren Zirkeln« von Umweltgruppen oder Dorfgemeinschaften existieren mit Sicherheit energetische Kreisläufe der Beteiligten. Bevor man wirklich dazugehört, muss man sich seinen Status über verschiedene mentale Stufen erarbeitet haben. Das heißt dann letztlich, Teil eines geschlossenen Energiekreislaufs geworden zu sein, es geschafft zu haben, sich hier energetisch einzubringen.

Oft geschieht so etwas offenbar durch Synchronizitäten, die wie »Türöffner« so mal nebenbei zustande kommen: der Spaziergang oder Restaurantbesuch, bei dem man zufällig eine relevante Person trifft, oder die persönliche Querverbindung über irgendwelche Bekannte oder Partys, Schützenvereinsfeste oder Karnevalssitzungen. Auf einmal ist da ein Insider, der sagt: »Mensch, ich weiß da jeman-den für dich. Geh doch mal da und da hin, oder ich bringe dich mal mit jemandem zusammen, der interessant für dich sein kann.«

Sympathiewerte spielen dabei zwar eine erhebliche Rolle, aber es geht manchmal auch um anderes. Wenn jemand in einen Kreis aufgenommen wird, dann oft deshalb, weil man selbst irgendeinen Funken mit rübergebracht hat und folglich interessant erscheint – dies oft sogar auf einer eher unbewussten Ebene. Manchmal auch dann, wenn aus ursprünglicher Abneigung Sympathie oder aus Konflikt-bewältigung Freundschaft entsteht, führt das zu einer Art spezieller »Eintrittskarte«, um in einen Energiekreislauf einzutreten. Einfach deshalb, weil darin auch eine bioelektrische Energieleistung liegt.

Man hat etwas zu dem Gruppenfeld beigetragen, dem die »empfehlende Person« angehört. In Zukunft verspricht diese sich wahrscheinlich auch instinktiv von »dem Neuen«, dass er ein besonders loyaler Verbündeter sein kann. Oder es ist so etwas wie Herzlichkeit entstanden. Das ist eine besonders machtvolle Energie, weil sie jeweils aus dem energetischen Zentrum der Beteiligten kommt und entsprechend ausstrahlt.

Selbstverständlich kommen in Organisationen und anderen sozialen Gruppierungen zusätzlich weitere Mustersymmetrien vor, zum Beispiel Dreiecksbeziehungen als Konkurrenzkonfiguration ebenso wie als kreatives Impulsteam. Ein Beziehungsparallelogramm ist ebenfalls denkbar, genauso wie andere aus Situationen heraus entstandene Konfigurationen.

VIII

WIE MUSTERBILDUNG ANFÄNGT UND WAS MUSTEREBENEN BEINHALTEN

Inzwischen haben wir mehrfach über Feldenergien beim Zufallsgeschehen und allgemein in schicksalhaften Verbindungen zwischen Menschen, Zeiten, Objekten, Orten und dergleichen gesprochen. Doch interessant ist bestimmt auch einmal, sich zu überlegen, wie sich denn solch ein Feld überhaupt aufbauen mag. Hierüber gibt es bislang keinerlei Untersuchungen und so bleibt erst einmal nur die Hypothese. Gehen wir von Folgendem aus: Zunächst entsteht ein Gestaltkern, sozusagen ein Urerlebnis oder Initialvorgang in einem konkreten Zusammenhang. Dieses Ereignis braucht Bindeeigenschaften zu ähnlichen oder symmetrisch entsprechenden Merkmalen. Eine Art bioelektrischer Ladung ist wichtig, um ein hieraus sich ergebendes Grundmuster mit Energie anzureichern. Emotionale Erregung des Einzelnen oder (oft noch stärker) die Ladung eines Gruppengefühls ist eine der energetischen Quellen, die dies gewährleisten kann. Wenn der entsprechende Spannungsbogen zu den ersten Musterbeziehungen hinzukommt, dürfte es etwa so sein, als wenn ein System zum Leben erweckt wird. Viel hat diese aktivierende Energie etwa mit seelischen Projektionen von Vorstellungsbildern, Erwartungshaltungen und Gefühlsreaktionen zu tun.

Man fühlt sich beinahe an die biblische Geschichte erinnert, als Gott einen Klumpen Lehm nimmt und ihm Leben einhaucht. Vielleicht ist an dieser Stelle ein universelles Grundprinzip gemeint, dass Muster einer bestimmten Anregung im Laufe der Evolution bedurften, um jeweils lebendige Formen hervorzubringen.

Lehm wäre in diesem Verständnis insofern auch ein interessantes Bild, als es seit alters her ein Baustoff ist, der Bindeeigenschaften hat. Daher steht die Substanz nicht nur für Materie, sondern auch für das verknüpfende Prinzip im Leben. Wir finden es abstrakt in Musterbeziehungen und sinnvollen Zufällen wieder.

Makro- und Mikrosignale

Eventuell haben aber nicht nur seelische Prozesse, sondern auch physikalische Einflüsse wie Wetter oder Klima Eigenschaften der Anreicherung für ein Gestaltfeld. Möglicherweise liefern im Einzelfall zudem Tiere mit ihren Empfindungen feinelektrische Energien. Das ist schon deshalb plausibel, weil sicher auch schon vor dem Menschen Gestaltbeziehungen auf der Erde bestanden, die Lebensmuster für die damalige Umwelt hervorbrachten.

Die ursprünglichsten Gestaltprozesse ergaben sich eventuell aus Größenrelationen und Bewegungsabläufen, in denen sich bis heute archaische Botschaften vermitteln. Deshalb können auch Bewegungsvorgänge von Menschen im Raum Schubkraft für einen Gestaltprozess bereitstellen.

Vertraut dürfte etwa die Vorstellung sein, dass hektische Bewegungen oft eine entsprechende mentale Energie in einem persönlichen Umfeld hervorrufen. Aber auch jemand mit einer massigen Statur, der sich schwerfällig bewegt, hinterlässt eine unsichtbare morphische Spur in seiner Umgebung, ebenso wie jemand anders, der sich sportlich, schwungvoll, vielleicht sogar sexy, elegant oder katzenhaft geschmeidig bewegt. Etwas von der physischen Präsenz bleibt sehr oft im Umfeld zurück.

Zusätzlich interessant wird es dann, wenn sich solche Eindruckselemente mit ähnlichen materiellen oder geistigen Merkmalen verbinden. Eine innere Stimmung von Stagnation des Beobachtenden kann beispielsweise unterstützt werden, wenn er wahrnimmt, wie sich die massige Statur eines großen Menschen durch den Raum schleppt, in dem sich beide aufhalten. Und man versucht ausgerechnet in dem Moment, auch noch einen schweren Gegenstand aufzuheben. Alles kommt einem im Moment dann schwer vor. Mit anderen Worten, es werden Bindeeigenschaften des Gestaltkerns gestärkt und es formieren sich hierum – beispielsweise durch die erwähnten emotionalen Eindrücke des wahrnehmenden Menschen – weitere Symmetriemerkmale, die mental angezogen werden.

Das beinhaltet im Umkehrschluss: Sinnvolle Zufälle können uns im Zuge eines Feldaufbaus über einige Zeit spezielle Botschaften vermitteln – darüber nämlich, was atmosphärisch im Werden ist. Sie können sich auf der ersten – meist recht banal erscheinenden – Energiestufe bewegen oder gleich einen hohen Grad an Komplexität und Aussagekraft beinhalten.

Je strukturierter und komplexer ein Zufallsgeschehen ist, über desto mehr Energie verfügt es auch. Das ist ähnlich wie mit der Zusammenballung großer elektrisch geladener Gewitterwolken, in denen sich immer größere Mengen an Spannung ansammeln.

Was einem in der zwischenmenschlichen Begegnung passiert und uns etwa im Hinblick auf Orte oder handfeste Objekte an Synchronizitäten begegnet, können wir als den Makrobereich bezeichnen. Hier werden wir auf ähnliche Namen, auf Formen von Gebäuden, Menschen, Tiere, Autos, Landschaftsmerkmale und so weiter achten. Also all die Dinge, die uns im Großen als auffällig, beziehungsreich, eventuell auch in einiger Hinsicht als seltsam erscheinen.

In den zurückliegenden Kapiteln wurde dies bereits ausführlich erörtert. Wir können im Hinblick auf Botschaften hier auch von »mittleren« oder »großen Zeichen« sprechen. Denken Sie noch einmal an das Überall-Orakel, an Werbebotschaften oder Worte von einem Nachrichtensprecher, Satzfetzen aus einem Filmklassiker, die auf einmal in einer eigenen Erfahrung Sinn zu machen scheinen. Oder die andeuten, was gerade »im Busch« liegt, worauf man gründlicher achten könnte.

Ein eher subtiles Mustererkennen im Mikrobereich gibt es ebenso. Es sind die »kleinen« und »feinen Zeichen«. Ein recht prägnantes Beispiel, das sich in der Praxis gut verwerten lässt, sind Schriftabweichungen bei eigenen handschriftlichen Notizen oder beim Verfassen eines Briefes. So wird unsere Handschrift manchmal krickelig, unsicher oder energielos. Wir können uns dann fragen, ob es an dem Wort liegt, das wir gerade geschrieben haben, oder an dem

Gedanken, der uns dabei gerade durch den Kopf gegangen ist. Die Schriftanomalie ist ein Hinweis, über einen Zusammenhang nachzudenken, der entweder mit dem Geschriebenen selbst oder mit einem zufällig begleitenden gedanklichen Inhalt zu tun hat.

Und was genau könnte beim Schreiben etwa Anlass sein, darüber zu stolpern? Die Antwort lautet, dass dies manchmal recht verschieden sein kann. So mögen etwa Buchstaben eine Form annehmen, die ganz bestimmte Assoziationen wecken. Letztere sind häufig individuell verschieden und haben im Zweifelsfall sogar mal mit den Dingen zu tun, mit denen sich eine Person auseinandersetzt. Nehmen wir als Beispiel vielleicht jemand, der sich in der Freizeit mit Astrologie beschäftigt.

Eine Zeit lang könnte jedes Mal, wenn er »tz« schreibt, ein Saturnkürzel daraus werden, wie es in der Astrologie verwendet wird. Sehen wir einmal hin, wenn »tz« mit einer Art Tiefstellung des »z« geschrieben wird. Und so sieht das Saturnzeichen aus: ♄.

Sich dieser Ähnlichkeit bewusst werdend, versucht der Schreiber vielleicht vom Kopf her zu vermeiden, entsprechend die Buchstaben zu formen, da er die traditionelle Wahrnehmung des Saturnprinzips als etwas Dunkles, Einengendes und oft allzu Ernstes verinnerlicht hat. Dann macht er sich aber klar, dass es für ihn viel mehr um Disziplin geht (ebenfalls überlieferte Saturnentsprechung) und darum, zu lernen, sich auf das Wesentliche zu beschränken, eine gerichtete Kraft bei Vorhaben zu entwickeln. Andererseits könnte es für ihn auch wichtig sein, Erstarrtes loszulassen, aus eingefahrenen Gleisen herauszukommen.

Sobald derjenige entsprechende Konsequenzen daraus zieht, hört die Schriftabweichung eventuell von allein wieder auf. Gelegentlich mag sie zwar noch einmal durchkommen. Doch man hat das Prinzip grundsätzlich verstanden. Oder sie bleibt, weil etwa Disziplin ein bleibendes Charaktermerkmal des Betreffenden ist. Das geschilderte Beispiel hat sich in einem tatsächlichen Fall allerdings so abgespielt, dass die Schriftbesonderheit nachher wieder verschwand.

Für jemanden, der mit Astrologie nichts am Hut hat, könnte besagte Schreibweise von »tz« natürlich entweder gar nichts oder etwas ganz anderes beinhalten. Eine Deutungsmöglichkeit: Vielleicht hat man als Kind oder Jugendlicher gerne Zorro-Filme gesehen und das nach unten herausrutschende »z« deutet vielleicht auf geheimen Widerstand gegen etwas hin. Denn Zorro malt im Film als Widerständler gegen Willkür bekanntlich mit seiner Degenspitze ein »Z« in die Luft oder in den Sand als persönliches Energiezeichen. Wie gesagt: Die jeweilige Deutung ergibt sich aus dem ganz individuellen Kontext.

Es gibt darüber hinaus Schriftabweichungen, die einerseits sicher ganz unspektakulär sind, trotzdem aber nützliche Hinweise liefern. Das kann zum Beispiel der Fall sein, wenn wir uns eine Liste von Dingen anfertigen, die zu erledigen sind, oder beim Notieren von infrage kommenden Adressen für ein Anliegen (Ärzte, Anwälte oder Ähnliches). Und ganz wie von selbst beginnt man ein bestimmtes Wort oder einen Namen ein Stück weiter vorn auf dem Papier zu schreiben – so, dass es auffällt!

Dann kann man sich doch fragen, ob einem dies nicht auch etwas sagen will. Denn das betreffende Wort ist durch die spontane Schriftabweichung ja hervorgehoben. Beispielsweise kann darin unbewusst ein Fingerzeig für die Wichtigkeit geformt sein – etwas, was bei der späteren Auswertung des Aufgeschriebenen zu beachten wäre, vorher aber gar nicht so im Fokus war.

Oder man braucht, um ein Wort zu schreiben, zig Anläufe, überlegt, streicht durch, lässt sich ablenken, beginnt erneut zu schreiben und streicht wieder durch. Auch das bedeutet eventuell unterschwellig etwas. An der Stelle besteht wahrscheinlich ein seelischer Widerstand oder es gibt etwas, das noch zu lösen wäre. Proportionen und Form von einzelnen Worten können ebenfalls ihre Aussagekraft haben. Beispielsweise kritzelt jemand während des Telefonierens als Kommentar zu einem Gegner das Wort »Papiertiger« auf einen Notizblock, jedoch wird »tiger« von der Schriftgröße eigenartig groß in den Buchstaben oder bekommt aggressive Krakel, eigentlich wie Krallen. Ob die gemeinte Person oder Organisation unter diesen Voraussetzungen wirklich ein Papiertiger ist, sollte man sich dann vielleicht noch einmal überlegen.

Manchmal macht ein instinktiv großgeschriebenes Wort auch auf eine Chance, ein Potenzial aufmerksam oder seine ungewöhnliche Schräglage fordert zum Nachdenken auf. Zum Beispiel, ob die Sache, um die es geht, nicht etwas »schräge« ist. Ein Graphologe mag aus seiner schriftkundigen Expertise anders darüber denken. Es ginge im erwähnten Beispiel aber auch nicht um die Beurteilung einer durchgängigen Handschrift, sondern um eine einzelne (besondere) Schriftabweichung, die deutlich mehr Schräge als das übrige Schriftbild zeigt.

Was das Schriftphänomen konkret bedeuten kann, wird man im Übrigen nur aus der eigenen Situation heraus beurteilen können. Möglicherweise ist es erst einmal ein kleiner, unbewusst entstandener Hingucker, ebenso wie besonders groß oder klein geratene Worte, Unterstreichungen, Durchstreichungen, ganze Zeilen, die auf einmal eine Verlaufstendenz in Schreibrichtung nach oben oder unten bekommen, möglicherweise mit Analogie zum »aufsteigenden« oder »absteigenden Ast« in einer Situation.

Oder man hat bei einer leicht nach unten verlaufenden Schrift den unbewussten Impuls, dass es gut sein könnte, in einer bestimmten Sache den Ball flach zu halten. Tiefere Schichten der Psyche erkennen das vielleicht schon und veranlassen den Schreibenden, entsprechend die Worte aufs Papier zu bringen. Je nach Einzelfall kann nach unten weisender Schriftverlauf im Übrigen auf etwas Unterschiedliches hindeuten, wie Energiemangel, Ängstlichkeit in Bezug auf das Geschriebene usw. Betonungen von links unten nach rechts oben mögen beim Schreiben dagegen Optimismus oder Ehrgeizausprägung vermuten lassen.

Außer Schriftabweichungen gibt es auch noch andere Merkmale im Mikrobereich. Zum Beispiel in der häuslichen Umgebung, wenn einem im Wohnbereich winzige Kleinigkeiten auffallen. So könnte uns folgende Frage einen Hinweis geben: Worauf liegt Staub, wenn sonst alles blitzeblank ist? Eventuell ist der persönliche Hintergrund, mit dem sich das staubbehaftete Objekt innerlich verbindet, für mich »alt« geworden, innerlich »angestaubt« – wie auch immer. Wenn so etwas einmalig geschieht, hat es wahrscheinlich keine besondere Bedeutung. Aber im Wiederholungsfall, an derselben Stelle, mag darin schon ein Fingerzeig liegen. Oder es wiederholt sich zwar nicht, springt mich beim Betrachten aber geradezu an. Auch dann könnte es Relevanz beinhalten.

Dieser Zusammenhang ist selbstverständlich auch bei den Beziehungen im Bereich der Wahrnehmung größerer Objekte und zwischenmenschlicher Zufälle ähnlich zu sehen. Wiederkehrende Beobachtungsmerkmale zeigen gewöhnlich Botschaftscharakter, ebenso all das, was innerlich unmittelbar anrührt.

Spuren übergeordneter Strukturen

Die Wahrnehmung mancher Merkmale kann sofort oder im Nachhinein auffallen und sie bildet in dem Fall gleichsam die Synchronizität auf den »zweiten Blick«. Unter Umständen wirkt der verspätet entdeckte Zufall seelisch sogar noch nachhaltiger, weil es uns vorkommen kann, als hätte sich ein Geheimnis offenbart.

Verzögerungen spielen im Übrigen nicht nur auf der Wahrnehmungsebene eine Rolle, sondern auch im Wirkungsmechanismus, das heißt also, in der Geschwindigkeit, mit der sich ein Gestaltfeld manifestiert. Irgendwelche Handlungen – seien sie individuell, im Gruppenkontext oder kollektiv zustande gekommen – kreuzen sich mit anderen Dingen und bilden eine karmische Spur, die sich oft in einem geraumen zeitlichen Abstand manifestiert. So mag man etwa notorisches Fremdgehen in einer Beziehung sicher gern verheimlichen. Aber alles, was wir tun oder lassen, schreibt sich gleichsam ins Raum-Zeit-Gefüge hinein, besonders wenn es von emotionalen Qualitäten begleitet ist.

Durch einen beteiligten Anteil von Gefühl kommt es zur Berührung mit Feldenergien, die womöglich Ereignisqualitäten anziehen. Was sehr oft zur Folge hat, dass verheimlichte Fehltritte oder andere Dinge, die man nicht gern offen zugibt, irgendwann in der Zukunft an ganz anderer Stelle herauskommen. Damit hatte man dann gar nicht gerechnet und ist auf einmal völlig überrascht.

In dem Fall hat das zugehörige Gestaltfeld den Zusammenhang gespiegelt und offenbar werden lassen. Einige Dinge bleiben allerdings Geheimnis, weil das Verborgene hier selbst Sinnhaftigkeit spiegelt. Es hat dann eine ganz bestimmte »höhere Funktion«, die wie ein Schatz in der Höhle zu verstehen ist. Etwa manche Erkenntnisse sind unter Umständen verdeckt zu handhaben. Vielleicht so lange, bis es sinnvoll oder notwendig sein könnte, in einem geeigneten Rahmen darüber etwas mitzuteilen. Manche sagen auch gern, »bis die Zeit reif dafür ist«. Ansonsten werden viele Dinge zufällig doch nach draußen gespiegelt, die manchmal auch Gruppen gern gedeckelt halten würden.

Wobei anzumerken ist, dass unangemessene Heimlichkeiten in der Regel viel Energie für ihre Aufrechterhaltung binden. Wir kommen hier in den Bereich übergreifender größerer Strukturmuster, umfassender Zusammenhänge mit energetischen Querverbindungen. Solchen Dingen bei sich selbst auf die Spur zu kommen kann manchmal aufregend wie ein Kriminalroman sein.

Immerhin lassen sich Zusammenhänge, die in verschiedene Lebensbereiche führen, persönlich manchmal schon aus Kleinigkeiten erkennen, unter Umständen sogar aus einem körperlichen Phänomen. Dazu ein eigenes Beispiel: Eines Tages merkte ich, als ich am Schreibtisch saß, am linken Bein einen leichten Schmerz. Ich fragte mich sogleich, was dahinter stehen könnte. Während ich aufstand und mir Möglichkeiten vergegenwärtigte, fiel mir spontan ein, dass ich manchmal dazu neige, Arbeitsaufwand relativ einseitig zu betreiben, von der Energie insgesamt her, von zeitlichen Schwerpunkten, aber auch in der Detailbearbeitung. Das führt dann gelegentlich zu zeitlichen Engpässen und auch zu Schwierigkeiten in der Planung.

Ich kam auf diesen Zusammenhang im Stehen, und bereits während ich mir das sagte, begannen meine Arme und Hände in eine spielerische Bewegung einzutreten, die für mich etwas Ausgleichendes beinhaltete. Darin sah ich zum einen Zeichen und Botschaft (du liegst mit deiner Vermutung richtig). Das wurde auch noch dadurch unterstrichen, dass ich das Bein im selben Moment irgendwie anders belastete als noch einen Augenblick vorher. Das hatte zur Folge, dass sich offenbar Muskelpartien leicht entspannten und plötzlich der Schmerz nachließ. Zum anderen beschrieb es auch den Weg für mich: in der Arbeit etwas Fließendes zuzulassen, Rhythmus, eine gewisse Leichtigkeit.

Später, als ich mir das notierte, vertiefte sich automatisch auch der Atem, und ich erlebte so etwas wie eine Zunahme an Energie im Sitzen. Gleichzeitig beschloss ich, vom Schreiben des Öfteren aufzustehen und zwischendurch auch für Bewegung zu sorgen. Denn dies symbolisiert Bewegung auf noch ganz anderen Ebenen. So etwas kann gerade dann sehr interessant werden, wenn einem Situationen erstarrt und festgefahren erscheinen.

Ich glaube, wir erkennen an diesem personenbezogenen Beispiel, wie verschiedenartig Muster und zufällig wahrgenommene Hinweise sich berühren können. Dabei ist der Mensch jedoch keine Insel. Das heißt an dieser Stelle: Morphische Entwicklungen von anderen Personen wie auch von Gruppen berühren uns oft. Sie offenbaren sich in Makro- ebenso wie in Mikrozeichen, die uns auf besondere Vernetzungen hinweisen. Vielfach sind es auch Ereignisketten, die einen spezifischen Zusammenhang mit der jeweiligen Umgebung erahnen lassen. Hierbei handelt es sich vielleicht um Vorkommnisse, die immer wieder mit ähnlichen Menschen, Themen, Orten oder Prozessen zu tun haben.

Bedeutsam kann in solchen Fällen die Frage sein, wen es betrifft. Geht es mehr mich selbst an oder meine Person nur am Rande? Hat eine Ereignisfolge womöglich mit Menschen aus meiner näheren oder weiteren Umgebung zu tun? Es sind diverse Assoziationen, welche die eine oder andere Annahme im Zweifelsfall begleiten. Hier wird es auf ein Gutteil Intuition ankommen, die Dinge sicher auseinanderzuhalten.

Auf jeden Fall lässt sich in komplexeren Mustern wiederum eine Form von energetischer Kristallisation erkennen, etwa ausgehend von Gestalteigenschaften, die sich verbinden und so etwas wie die »dritte Musterebene« bilden.

Zum Verständnis: Die erste Ebene sind die mittleren oder großen Zeichen ebenso wie offenkundige Entsprechungen im Makrobereich (etwa »sich kreuzende Wege« oder Namensähnlichkeiten), während die zweite Ebene durch die haarfeinen Energieabbildungen im Mikrobereich entsteht (zum Beispiel oft nur mit geübtem Auge erkennbare Schriftabweichungen als optisch »kleine Omen«).

Den Makrobereich nennen wir an dieser Stelle deshalb die erste Ebene, weil er uns am ehesten zugänglich ist, wir am häufigsten damit Kontakt haben. Schließlich können beide Ebenen durch die dritte Ebene verbunden sein, in der sich komplexere Muster zu Formationen herauskristallisieren, die auch über einen längeren Zeitverlauf Beständigkeit aufweisen. Hierfür ließe sich sinnvollerweise der Begriff »Metamuster« wählen (»meta« = übergeordnet). Es ist der berühmte »rote Faden«, der sich oft durchs Leben zieht. Es kann aber auch die verbindende Überschrift für einen Problembereich sein, auf die wir stoßen – die bislang verborgene Struktur für eine störende oder unangenehme Angelegenheit. Oder wir erkennen das Muster für eine Problemlösung, die über den Tellerrand hinausweist, für einen bestimmten Vorteil über die Grenzen eines sozialen oder sonstigen Systems hinweg.

VIIII

STRICKMUSTER
HINTER SITUATIONEN
UND WIEDERHOLUNGEN

Mancher wird vielleicht denken, es müsse doch enorm schwierig sein, sich aus Hunderten von Begebenheiten ein Puzzle zusammenzusetzen. Wie lassen sich denn übergeordnete Metamuster gut erkennen? Die Antwort liegt darin, dass ein beständiges Eingehen darauf, was uns gleichsam das Universum an Information durch sinnvolle Zufälle sendet, übergeordnete Muster wenigstens ausschnittweise erkennen lässt ebenso wie störende Muster hierüber auch nach und nach abgetragen werden. Etwa so wie Schutt, den man Schaufel um Schaufel, Schubkarre um Schubkarre von einem Grundstück entfernt.

Ein weiterer Weg besteht in dem Hilfsmittel gezielter Übungen, die uns einen besonderen Schlüssel vermitteln. So gibt unter anderem eine Autorin wertvolle Anstöße, die ihre Menschenkenntnis in einem kleinen, praxisnahen Buch sehr schön systematisiert hat. Debbie Frank, Promi-Astrologin, unter anderem acht Jahre persönliche Beraterin von »Lady Di«, macht in puncto Beziehungsmuster einen unkomplizierten Vorschlag. Er erscheint etwa sinnvoll, wenn es in der Partnerschaft kriselt oder man glaubt, gerade mal wieder einmal an die falsche Partnerin, den falschen Partner geraten zu sein. Jedenfalls empfiehlt die Autorin, eine Liste der wichtigsten Beziehungen unseres Lebens anzufertigen. Darin soll vor allem vermerkt werden, welche Wirkung die Beziehung jeweils auf einen ausübte. Man möge aufschreiben, wie jede Verbindung angefangen hat, welche Gefühle sie in einem hervorgerufen hat.

Liste von Personen und Gefühlen

Debbie Frank: »*Schreiben Sie auf, wie jede Beziehung angefangen hat, welche Gefühle sie in Ihnen ausgelöst hat – und wenn dieses Gefühl sich verändert hat, warum das so war.*«[1]

Man möge auch notieren, was man von jeder Beziehung erwartet hat, wie sie womöglich endete und – sehr wichtig – was man aus ihr an Lebenserfahrung mitnehmen konnte. Darüber hinaus könne es bedeutsam sein, sich zu vergegenwärtigen, ob man mit einer Beziehung innerlich vielleicht immer noch nicht fertig ist.

Kleine Anregung: Natürlich können wir eine solche Liste auch noch um Kriterien ergänzen, welche Ähnlichkeiten die Beteiligten hatten. Welche Zufälle sprachen beim Kennenlernen oder Auseinandergehen eine ähnliche Sprache? Und dabei gilt: Nicht lange nachdenken, sondern einfach nur notieren, wenn einem etwas dazu einfällt.

Selbstverständlich kann es Sinn machen, eine solche Liste nicht nur für Liebesbeziehungen anzufertigen, wenn man in der Hinsicht gerade Schwierigkeiten hat, sondern auch für berufliche oder geschäftliche Beziehungen, falls hier eine Problemlage besteht.

Die Erfahrung zeigt allerdings, dass man sich nicht immer eine regelrechte Liste anfertigen muss, sondern dass sich manchmal zwei, drei Beispiele gelegentlich auch so im Kopf nachvollziehen lassen, um ein verbindendes Muster aus der eigenen Beziehungsgeschichte – etwa im Berufsleben – abzuleiten. Markante Dinge, die »wieder einmal haarklein genauso« wie etliche Male zuvor gelaufen sind, fallen einem meist ohnehin ein.

Etwas länger ist gelegentlich allerdings nachzudenken, was man an positiver Lebenserfahrung aus jeder einzelnen Beziehung oder Begegnung des Musters hatte mitnehmen können. Das dürfte aber besonders wichtig sein, weil hierdurch so etwas wie Sinn im Muster erkennbar wird. Außerdem könnte im einen oder anderen Fall hierdurch auch ein Versöhnungsgefühl mit dem Schicksal herbeigeführt werden.

Muster erkennen mit »innerem Kino«

Um so etwas wie Metamuster erkennen zu können, schlägt Debbie Frank auch noch eine ganz spezielle Übung vor, die hier einmal etwas gerafft wiedergegeben sei. Dabei wird mit einer Art Meditation gearbeitet, beginnend mit der Anweisung, sich gerade hinzusetzen, zu entspannen und die Fantasie in Richtung der eigenen Lebensmuster wandern zu lassen. Dabei erfasst man in seiner Vorstellung zunächst einmal den Boden unter sich, dann den Raum, in dem wir gerade sitzen, erweitert die Perspektive und sieht sich geistig schließlich von oben. Mit anderen Worten: Wir gehen innerlich in die Vogelperspektive.

Debbie Frank: »*Stellen Sie sich dann vor, wie Sie das Ganze von noch weiter oben sehen. Sie erkennen die Straße, das Dorf oder die Stadt; und jeder geht seinen Beschäftigungen nach, während Sie da drinnen auf einem Stuhl sitzen, in einem Haus, in Ihrem Haus.*«[2]

Für den nächsten Fantasieschritt wird vorgeschlagen, sich das Land vorzustellen, in dem man lebt, und die ganze Welt mit all ihren Ländern und Menschen. Man sollte dann gleichsam aus seiner mentalen Position von hoch oben Licht auf sich selbst herunterschicken, etwa so, als würde dieses Licht einen dort unten wie von einem Scheinwerfer anstrahlen.

Frank weiter zu der Situation, wegen der man womöglich die Übung durchführt: »*Sehen Sie sich mit diesem Problem dasitzen und gehen Sie in Gedanken die Muster und Ereignisse in Ihrem Leben durch, die dazu geführt haben, so als würden Sie einen Film abspulen.*«[3]

Und sie stellt abschließend die Frage: Können Sie sich von Ihrer höheren Warte aus »*irgendwelche Worte, Eingebungen, Gefühle oder Ratschläge*« nach unten schicken? Dies ist ein recht entscheidender Punkt, da im Unbewussten so auch neue Lebensstrategien angeregt werden.

Nach dieser Überlegung heißt es, in der szenischen Bildfolge langsam wieder herunter zu seiner ursprünglichen Umgebung zurückzukommen, bis man sich selbst auf dem Stuhl sitzend, dann die unmittelbare Umgebung vor dem geistigen Auge hat und die Augen öffnen kann.

Beim ersten Anlauf mit dieser Übung von Debbie Frank sah ich zunächst, wie sich bestimmte, noch vorhandene Selbstbegrenzungen in meinem Atemmuster abbildeten, die mit Ängsten vor einer Horizonterweiterung zu tun hatten. Deswegen mochte ich bei der Visualisierung auch noch nicht so weit nach oben steigen oder vergaß es wohl einfach. Beim nächsten Mal erkannte ich aber, dass sich bestimmte Wünsche in wohlüberlegten Schritten verwirklichen lassen würden.

Der aus der veränderten Perspektive erkennbare »rote Faden« hatte lange Zeit offenbar darin bestanden, viele Lebensträume gleich zu groß zu denken und ihre Verwirklichung wegen ihrer Dimensionierung vorstellungsmäßig zu weit in die Zukunft zu schieben. Ich sah, wie sich dagegen eine sich selbst verstärkende Kraft entwickeln würde, wenn ich damit anfinge, mir nach und nach etwas mehr Spielraum in Hinsicht auf meine Wünsche zu geben – so im überschaubaren und relativ schnell realisierbaren Bereich.

Der Struktur auf der Spur

Interessante Übungen zum Erkennen und zur Veränderung komplexer Metamuster finden sich auch bei anderen Autoren. Mentaltrainer Chuck Spezzano schreibt etwa in »Die tieferen Dimensionen des Erfolgs«: »*Wenn eine Situation, in der du gerade bist, sich nicht positiv entwickelt, kannst du sicher sein, dass du für einige Menschen Gefühle hegst, die nicht positiv sind.*«[4]

Hierbei würden vielfach zwiespältige Einstellungen anderen gegenüber eine Rolle spielen. Das habe auch seine Koppelung zu Gefühlen sich selbst gegenüber. Und zwar folgendermaßen: »*Um für einen anderen Menschen ungeteilt positive Gefühle empfinden zu können, müssten wir diese Gefühle auch uns selbst gegenüber empfinden.*«[5]

Spezzano wagt sich hier zu der kühnen These vor, dass uns nie etwas Negatives geschehen könnte, wenn wir uns selbst gegenüber vollkommen positiv eingestellt wären. Diese Annahme mag einerseits etwas zugespitzt sein, andererseits ist da bestimmt auch etwas dran. Spannend ist die aus der gedanklichen Hypothese folgende

Trainingslektion: Als Ausgangspunkt vergegenwärtige man sich eine aktuell bestehende negative oder tendenziell ungünstige Erfahrung. Dazu soll man sich eine Liste der Menschen erstellen, die an dieser unbehaglichen oder unbefriedigenden Angelegenheit beteiligt sind.

Vorweg gibt Spezzano eine Art Leitgedanken mit auf den Weg: »*Wenn du es intuitiv tust, dann solltest du dir bewusst sein, dass deine Liste auch Menschen aus deiner Vergangenheit enthalten kann, mit denen du noch unerledigte Geschäfte hast, die zur Entstehung der jetzigen Situation beigetragen haben.*«[6] In dieser Bemerkung steckt noch einmal der Hinweis auf eine persönliche Feldenergie aus der Vergangenheit mit einem Gestalteinfluss auf gegenwärtige Schicksalslinien.

Für jede der aufgelisteten Personen möge man sich nun ein Dutzend Mal eine wichtige Schlüsselfrage stellen. Nämlich, was war mein Gefühl gegenüber dem Menschen, das die negative Situation herbeigeführt (oder unterstützt) hat? Die Ereignisse sind im Anschluss zu notieren. Man möge sich ferner vergegenwärtigen, wie das besagte Gefühl zwischen dem Menschen und einem selbst steht und wie dies dem Erfolg hinderlich sein dürfte. Im Grunde deswegen, weil hierdurch vielleicht ja eine negative Feldenergie oder Gefühlselektrizität angereichert wird (sagt Spezzano zwar nicht so, aber es erscheint doch plausibel).

Der Autor fordert nun zu einer Entscheidung auf. Man soll sich im Prinzip klar darüber werden, ob man gleichsam von der belastenden Gefühlselektrizität frei sein will oder ob man sie weiterhin benutzen möchte, um sich selbst vom Erfolg zurückzuhalten – warum auch immer.

Kommt man jedoch zu dem Entschluss, die negativen Gefühle loszulassen, geht es als Nächstes mit einem Visualisierungsschritt vor dem geistigen Auge weiter. Spezzano geht an dieser Stelle davon aus, dass lebendige Wesen auf einer bestimmten Ebene Lichtenergie sind. Daraus folgt für ihn: Wenn man sich von einem wechselseitig belastenden Einfluss erlösen will, stelle man sich zu dem betreffenden Menschen vor, »*wie dein Licht sich mit seinem Licht verbindet*«, nach und nach, über feine Lichtbahnen.

Man beobachte, ob sich dabei Gefühlsveränderungen einstellen. Der Schlussakkord der Übung ergebe sich schließlich daraus, dass aus dem vorgestellten geistigen Licht von einem selbst und von dem der anderen Person ein zusammenhängendes Licht wird. Und sollte eine Situation mit ungünstigen Gefühlsverschränkungen sich im Zeitverlauf schon einigermaßen eingeschliffen haben, sei es hilfreich, das Lichtprogramm ein paar Tage hintereinander durchzuführen.

Ich selbst fand es gelegentlich recht aufwendig, die Eingangsfrage zu den Personen und Emotionen je zwölf Mal zu wiederholen, und habe es für mich entsprechend abgekürzt. Auch fand ich es in einem Fall besser, mir eine Lichtverbindung zu einer bestimmten Person über einen »dritten Punkt«, nämlich über die Sonne, vorzustellen. Dabei ergab sich sehr schnell die Assoziation, von anderer Seite »Licht«, also Verbindung, zu erfahren. Gleichwohl erschien mir das Gesicht der betreffenden Person in der Angelegenheit schon wieder freundlicher. Das hieß für mich, dass ich selbst nicht mehr so verurteilte.

Wie auch immer: Die Übung lässt sich noch mit einigen Wahrnehmungen verbinden, die das Prinzip des sinnvollen Zufalls unterstreichen. So kann es recht viel Sinn machen, im Anschluss an die Vorstellung des verbindenden Lichts unterwegs, auf der Straße oder wo man sich gerade befindet, auf Synchronizitätsmerkmale zu achten. Und zwar auf solche, die vielleicht eine Aussage in Richtung derjenigen Person beinhalten, um die es in der näheren oder weiteren Vergangenheit ging.

Beispielsweise kann es sein, dass einem beim Autofahren Plakate auffallen, die einen neuen Situationskommentar im Zusammenhang mit dem Menschen zu enthalten scheinen. Das Feedback also, wie die Übung inzwischen wirkt. Oder man sitzt im Bus und der Blick eines anderen Fahrgastes spiegelt vielleicht das neue Verständnis, das man der Person gegenüber entwickelt, die man gedanklich in seine Lichtübung einbezogen hatte – sozusagen stellvertretend.

Natürlich können einem auch Zeichen begegnen, die eher darauf schließen lassen, dass mit der emotionalen Aussöhnung hinsichtlich der betreffenden Person noch nachzuarbeiten ist oder dass es eventuell zusätzlich um andere beteiligte Menschen geht. Auch hier bieten kleine sinnvolle Zufälle des Alltags wiederum ein wertvolles Situations-Feedback. Übrigens sind generell zu vielen Mentalübungen, die man in der Literatur findet, Zeichen in diversen Alltagssituationen denkbar, die uns Aufschluss darüber geben, wo wir gerade stehen oder wohin sich die Dinge entwickeln. Wie immer gilt auch hier: sinnvolle Zufälle kommen lassen und nicht krampfhaft danach suchen.

Letztlich lassen sich übrigens fast alle wirksamen Methoden darauf zurückführen, dass sie die Eigenschaft besitzen, Muster und damit Feldeigenschaften zu verändern. Dabei müssen die Änderungstechniken durchaus nicht aufwendig sein. Eine Möglichkeit besteht etwa in dem, was Debbie Frank die Nutzung des »Als-ob-Faktors« nennt. Das heißt, man stelle sich sein Leben ganz plastisch so vor, wie es künftig ohne das störende Muster verlaufen wird.[7]

Es ist ein Ansatz, der auch oft im Managementbereich oder in der Psychotherapie eingesetzt wird. Letztlich kommt es darauf an, bei diesem Vorgehen alle fünf Sinne für das »Als-ob-Erleben« innerlich einzubringen. Wer mag, kann zum Beispiel zunächst Kontakt mit den Gefühlen aufnehmen, die gegeben sein mögen, wenn das Problem bereits gelöst sein wird. Wie ungefähr wird sich das wohl anfühlen? Ich kann mir die Welt aber auch einmal vorstellen, wie ich die Dinge sehen werde, wenn mein Problem bereits gelöst ist. Oder was wird man dann vielleicht zu mir sagen und wie werden sich die Worte anhören? Wie wird mir das Leben schmecken und welche neuen Gerüche könnte ich in der Nase haben?

So etwas braucht aber nicht unbedingt nur bei geschlossenen Augen, in der Fantasie zu geschehen. Beispielsweise kann man mit Geldsorgen am Steuer eines alten, klapprigen Wagens sitzen und dann den Schalter umlegen. Und dann stellt man sich etwa vor, dass man sich gerade in einem mühelos bar finanzierten neuen Auto befindet, den Ausblick genießt durch die geistige Brille, welche die Welt schon aus dieser Sicht »von morgen« betrachtet, und nimmt dabei auch die Körperhaltung und das Gefühl einer Person an, die für einen so etwas wie eine Erfolgsgeschichte verkörpert.

Viele negative Muster haben aber auch ein starkes Beharrungsvermögen, weil sie eine ganz bestimmte Funktion im Leben ausüben. So kann sich jemand in seinen Erfolgen begrenzen, weil das Leben dann überschaubarer bleibt – so die kleine vermeintlich oder tatsächlich »heile Welt«, die für einen Teil der Psyche mit dem Fortbestehen der Begrenzungen gesicherter erscheint.

Solche Funktionen muss man manchmal erst einmal identifizieren, damit sie Musterveränderungen nicht behindern. Das kann durch zufällig auftauchende Gedanken, Buchpassagen, welche das Leben kreuzen, unerwartete Gespräche oder Begegnungen geschehen. Manchmal bringt auch einfach Nachdenken darüber weiter, womit das Muster von seinem funktionellen Hintergrund eigentlich zu tun haben könnte.

Der nächste Schritt bestünde darin, dem eigenen Bewusstsein einen neuen Weg für diesen »tieferen Grund« aufzuzeigen. Das hieße, sich im genannten Beispiel Schritt für Schritt dessen zu vergewissern, dass man seinen alten Bezugskreis durchaus zu bewahren vermag, wenn sich der eigene Horizont erweitert. Und man macht sich klar, wie Freunde sich in Erfolge positiv einbeziehen lassen usw.

Zufälle mögen einem im Einzelfall auch hier genau die Botschaften vermitteln, welche Einstellungen oder Schritte jene Seelenanteile in einem selbst zufriedenstellen mögen, die bislang gegenüber der nächsten Erfolgsstufe noch Einwand erhoben haben. Oder man bekommt durch kleine Begebenheiten gespiegelt, ob man schon auf dem richtigen Weg ist.

Sollte sich in der Hinsicht aber nichts einstellen, lässt man stattdessen innere Bilder kommen und fragt dazu jeweils sein Gefühl. Auf jeden Fall ist dies eine Möglichkeit, eine ganze Reihe innerer Hemmnisse und Blockaden nach und nach zu beseitigen, also ein Weg, um ein bestimmtes einengendes Muster und seine Feldenergie zu verändern.

X

ZUFALLSDYNAMIK UND DIE KUNST DES WÜNSCHENS

Wer kennt das nicht: Man träumt von großartigen Dingen, die man gern hätte oder erreichen möchte. Vieles davon bleibt aber reine Fantasie. In den letzten Jahren ist nun viel über »richtiges Wünschen« und über die mentale Anziehung von Ereignissen, Erfolgen (oder unbewusst auch Misserfolgen) geschrieben worden. Da soll es also geistige Prozesse geben, die sozusagen Ereignisfelder imprägnieren und zum Eintreffen von Resultaten führen, die man sich auf eine besondere Weise innerlich vorstellt.

Nicht umsonst hat in diesem Literaturgenre die deutsche Expertin Bärbel Mohr außerordentlichen Erfolg mit ihren Büchern. Sie weist darauf hin, dass Zeichen des Schicksals eine wichtige Rolle spielen können. Nämlich ob, wann und unter welchen Umständen etwas, das sie »Bestellung beim Universum« nennt, jeweils Realisierung findet – mit anderen Worten, als Wunsch gleichsam in Erfüllung geht. Insbesondere wenn es mit Bestellungen von Ereignissen nicht klappt, sei es wichtig, auf geeignete Omen zu achten, die dann näheren Aufschluss geben, woran es vielleicht liegen mag. Die an solcher Stelle anzuwendende Prozedur wird auch »Bestellen von Zeichen« genannt. Ein Verdienst von Bärbel Mohrs Ansatz liegt unter anderem darin, den Gedanken mit populär gemacht zu haben, dass unser Schicksal von einem Feedback-Prozess begleitet wird, für den man sich sensibilisieren kann.

Debbie Frank hat einen weiteren wichtigen Gedanken in die Diskussion gebracht, indem sie zu denjenigen gehört, die darauf hinweisen, dass es bei der Realisierung unserer Träume erst einmal wichtig sein kann, sich der alten Begrenzungsmuster bewusst zu werden. Man könnte auch davon sprechen, welche alten Feldenergien aufzulösen und durch neue zu ersetzen sind. Übungen dazu werden von den verschiedensten Autoren in ihren Büchern vorgestellt, auch wenn der Hintergrund nicht immer ausdrücklich so genannt wird. Manchmal ist dann eher von »Karma auflösen« die Rede; es heißt vielleicht auch »die Vergangenheit aufräumen« oder ähnlich.

In besonderer Weise macht es Sinn, dass Chuck Spezzano oder Debbie Frank hierbei mit dem methodischen Element der Listenerstellung arbeiten. Personen- oder Ereignislisten, wie von den beiden beschrieben, bilden nämlich auf sehr einfache Weise Muster ab, die sich im Zeitablauf erkennen lassen. Eine Liste der besonderen Art wiederum wird in einer ganz anderen Übung genutzt, die das Autorenehepaar Esther und Jerry Hicks zur Erreichung von jeweils drei aktuell wichtigen Wünschen vorschlägt.[1]

Man könnte das hierbei zugrunde liegende Prinzip eine Liste (oder das »Metamuster«) von Wunschmotiven und den Faktoren zu ihrer Verwirklichung nennen. Praktisch funktioniert diese sehr effiziente Methode bei jedem der drei momentan besonders wichtigen Anliegen so: Ich habe einen Wunsch »X«, beispielsweise einen bestimmten Job zu bekommen. Im ersten Schritt notiere ich am Kopf eines Papierbogens den Wunsch und darunter alle Gründe, die mir einfallen, warum ich mir »X« wünsche (Motivationsdynamik).

Bei jedem der drei Wünsche nehme ich mir eine ganze Papierseite Platz zum Aufschreiben. Im zweiten Schritt wird die betreffende Seite des jeweiligen Papierbogens umgedreht, und ich notiere alles, weshalb ich glaube, dass der Wunsch in Erfüllung gehen wird. Auch hierfür wird wiederum der Platz der gesamten Seite verwandt, wenn einem genügend dazu einfällt.

Persönlich habe ich bei Anwendung der Methode auf der Rückseite meines Blattes zunächst pro Wunsch einige eher vage Gründe dafür angebracht (etwa, »weil es an der Zeit ist« oder »weil ich dafür meditiere«). Dann folgten sehr konkrete, praktische Schritte (»weil ich gleich morgen ›Y‹ unternehme« oder »weil ich mich jetzt auf ›Z‹ konzentrieren werde und dafür das und das besorge«). Dabei war es für mich selbstverständlich, diese konkreten Schritte auch umzusetzen. Es war also so etwas wie Selbstverpflichtung beteiligt, wie Bärbel Mohr es nennen würde.

Das Ganze zeigte in mehreren Fällen sehr schnell Früchte. Dabei spielt vielleicht auch eine Rolle, dass es sich beim Text von »The Law of Attraction« um einen teilweise recht suggestiven Schreibstil handelt, der eine positive Glaubenshaltung unterstützt. Sozusagen die »Zauberwirkung« an der Übung dürfte allerdings auch noch auf einer zusätzlichen Ebene liegen. Sie könnte immerhin darin bestehen, dass für jeden der drei Wünsche, die man sich vornimmt, ein listenförmig dargestelltes Zukunftsmuster zustande kommt. Dieses kann im Unbewussten arbeiten und sehr schnell Gestalteigenschaften entwickeln.

Für mein Empfinden wird es positiv unterstützt, wenn man auf der zweiten Seite mit dem zugehörigen »Warum« für die tatsächliche Realisierung erst einmal kleine, aber wichtige Schritte auf jedem der drei Bogen mit einbaut. Solche unmittelbaren Aktivierungsschritte können so etwas wie eine Katalysatorwirkung entfalten und auf diese Weise die sich aufbauende Feldenergie für den Zukunftsentwurf weiter anreichern.

Ganz ähnlich ist das Prinzip, wenn Debbie Frank empfiehlt, wiederum eine Liste anzufertigen, diesmal aber einfach nur mit den »nächsten drei Schritten«, die unmittelbar unternommen werden sollten, damit Dinge künftig in Fluss geraten und eine Veränderungstendenz bei einer Angelegenheit annehmen.[2]

Es erscheint recht vernünftig, dass sowohl das Ehepaar Hicks als auch Debbie Frank die Tatsache ansprechen, dass einige Wünsche zumindest nicht gleich im Erreichbarkeitshorizont liegen, andere wohl auch gar nicht zur aktuellen Zeitqualität passen. Es ist auch die Frage, was wir in einem bestimmten Lebensabschnitt von innen her am meisten wünschen. Dem können wir nämlich auch den stärksten Magnetismus verleihen.

Weil nun die Dinge, die angemessenes Verwirklichungspotenzial haben, auch von geeigneten Zeitqualitäten abhängen, mag es einfach nur sinnvoll sein, große Wünsche erst einmal zu portionieren. So lassen sie sich meist durch Handeln wie durch mentale Einwirkung besser bearbeiten. Das, was im Augenblick meine stärksten Motive sind, gibt dann die entsprechende mentale Elektrizität hinzu. Statt ein Wunschwirrwar zu erleben, konzentriert man sich auf das, was man sich in der gegenwärtigen Phase wirklich am meisten wünscht. Hieraus entsteht eine eigene Art von Realismus. Wünsche folgerichtig momentanen Phasen bzw. Abschnitten im Leben anzupassen wird denn auch mit einem eigenen Kapitel in »The Law of Attraction« erwähnt. Weil der Vorgang sich auf eine ganz bestimmte Sequenz bezieht, heißt das Prinzip dort »abschnittweises Wünschen«.[3]

In ähnlicher Weise sagen ebenso rein psychologische Überlegungen, dass wir gut beraten sind, eine instinktnahe Fantasie zu entwickeln, die uns Dinge auf der Höhe der Zeit wünschen lässt, jeweils so, wie es optimal gerade drin liegt. In gewisser Weise wird diese Fantasie uns auch Wege aufzeigen, um manche Dinge zu realisieren, die wir bislang vielleicht nicht für möglich hielten. Doch wird unser Wunschmilieu dabei Bodenhaftung zeigen und eine Machbarkeit im Auge behalten, die von innen herkommt.

Warum dafür nicht auch Resultate beim Universum bestellen, um mit Bärbel Mohr zu sprechen? Eine ganze Menge entsprechender Methoden bildet ohnehin eine Art Experimentierbaukasten, mit dem jeder seine eigenen Erfahrungen macht. Ein Gedanke scheint dabei allerdings noch wichtig: Weil sehr vieles in unserem Leben mit vielen anderen Dingen vernetzt ist, kann es manchmal schon recht unterstützend sein, wenn es erst einmal mit Angelegenheiten vorangeht, die mit unseren größeren Wunschprojekten so direkt noch nichts zu tun haben.

Es hat eventuell doch schon einmal mit dem seelischen Schutt zu tun, der weggeräumt wurde, oder es betrifft eine menschliche Beziehung, die sich geklärt oder gebessert hat. Insofern lässt sich so etwas selbst auch als ein positives Zeichen verstehen, dass unter Umständen eine einigermaßen geklärte Beziehung uns indirekt mithilft, zu einem gewünschten Ereignishorizont hin zu gelangen.

Individuum und Kollektiv
im Wechselspiel

In all den verschiedenen Fällen von sinnvollem Zufallsgeschehen im persönlichen Leben ist von Folgendem auszugehen: Das eigene Unbewusste hat – wie erörtert – Verbindung zu speziellen menschlichen Feldenergien im Hintergrund. Oft hat ein Zufallsgeschehen aber auch mit der »Vergangenheitsladung« kultureller Einflüsse oder geografischer Merkmale zu tun. Sei es der Berg oder Baum, zu dem wir als Kind immer hingewandert sind, oder das Haus, in dem wir ganz bestimmte Erlebnisse hatten. Auch die Personen, die vorher darin lebten, und diejenigen, die heute dort wohnen, können Feldverbindungen mit uns haben.

Ebenso einflussreich ist oft das geistige Drama, das viele Menschen in einer Landschaft geprägt hat, zudem gemeinschaftliche Erfahrungen des Glaubens usw. Denken Sie nur an die ungewöhnlichen Begebenheiten, die sich um die Mythen von Heiligen oder Pilgerstätten herum ranken.

Bestes Beispiel ist Lourdes im Südwesten Frankreichs, nahe der spanischen Grenze gelegen – weltweit einer der bekanntesten christlichen Wallfahrtsorte. Hier soll im Jahre 1858 die französische Ordensschwester Bernadette Soubirous mehrfach äußerst lebendige Visionen einer weiß gekleideten Frau gehabt haben, die als Marienerscheinungen gedeutet wurden.

Es heißt, die Wasserquelle innerhalb der Grotte sei hervorgetreten, als die Schwester auf Weisung der Erscheinung dort zu graben begann. Seit diesem Moment würde das Wasser dort entspringen, dem vielfach heilkräftige Wirkungen nachgesagt werden. Und der Kölner Stadtanzeiger schreibt online, an einem »Ort der Wunder«

könne selbst ein Autoschlüssel eine Geschichte erzählen. Jemand habe ihn an den Fels genagelt, *»und krumm wie er ist«* (so der Stadtanzeiger) *»hatte der Wagen wohl einen schweren Unfall. Der Fahrer muss ihn überlebt haben – hinge der Schlüssel denn sonst hier in der Grotte?«* [1]

Wie nicht selten berichtet wird, kann es auch geschehen, dass man nach dem Besuch eines Wallfahrtsortes ein besonderes Erlebnis oder einen seltsamen Traum hat. Dabei kommt es vielleicht auch vor, dass am nächsten Tag ein kleiner oder großer Wunsch in Erfüllung geht. Stellen wir uns all diese vielen Dinge im Moment einmal so vor, dass sich kollektive Hintergrunderfahrungen in solchen Fällen mit unserem persönlichen Unbewussten verknüpfen und in entsprechender Weise zu markanten Ereignissen hinführen. Unser persönliches Schicksal bildet dann gleichsam Schnittstellen mit dem Kollektivgeschehen. Diese können aus dem Erfahrungsfeld von Zigtausenden von Menschen gespeist werden, die einen Ort besuchten und diesen mit Energie aufluden, ebenso mit der Geschichte, die in ihm steckt. Wichtig ist für unsere Betrachtung dabei gar nicht einmal so sehr der anekdotisch vielleicht interessante Gehalt solcher Vorkommnisse, sondern vielmehr ein bestimmter Fügungscharakter, der hinter den Erlebnissen steckt.

Der US-Psychologe Roger Nelson, den wir mit seinen Untersuchungen zu Feldeffekten aus einem Gruppenbewusstsein bereits kennengelernt haben, konnte immerhin quantenphysikalisch messbare Feldenergien an bestimmten lokalen Gegebenheiten wie Kultplätzen von Naturvölkern, Kraftorten, Meditationsstätten, aber auch an Plätzen kriegerischer Handlungen feststellen. Bei seinen Reihenversuchen wurden wiederum Zufallsgeneratoren verwandt, deren Signale auf Quantenimpulsen beruhten. Diese wurden in ihrem Verhalten an Orten, an denen eine besonders positive oder negative Vergangenheit nachwirkt, in statistisch signifikanter Weise beeinflusst. [2]

Andere Einflüsse, die eine Art Mustermagnetismus hervorrufen, ergeben sich aus der Verbindung von Zeitgeist und geografischen Zusammenhängen. Denken wir etwa daran, dass etliche Menschen ihr Land verlassen, weil es zeitweise eine kollektive Strömung – geradezu einen Drift – in dieser Hinsicht gibt. Davon können dann indirekt wiederum Liebesbeziehungen oder Familienschicksale stark betroffen sein.

Wer sich von seiner heimatlichen Umgebung trennt, hat sich innerlich womöglich zuvor auch schon von einer ganzen Reihe von anderen Dingen gelöst, um sein »gelobtes Land« seelisch wie materiell zu finden. In den meisten Fällen wird es aber einfach nur ein Wohnortwechsel, vielleicht sogar ein Umzug innerhalb eines Ortes sein, der bereits das Tor der Energie dafür öffnet. Hierbei spielen auch Bindeeigenschaften eine Rolle, die Menschen, Umgebungen usw. aufweisen. Bewusst oder unbewusst fragen wir uns letztlich immer: Wo finde ich das, was mir im Moment ähnlich ist? Wo, wann und wie werden meine eigenen Muster oder die meiner Familie am meisten abgedeckt?

Nun sind örtliche Gegebenheiten zwar ein energiestarker Schnittpunkt mit kollektiven Energien, jedoch nicht der einzige. So kann es beispielsweise sein, dass die Lektüre bestimmter Literatur, die Beschäftigung mit sozialen Themen oder dergleichen mehr uns in eine Art von Ereigniswirbel hineinführt, der auf teilweise ganz anderen Ebenen Konsequenzen zur Folge hat. Wie sehr darüber hinaus etwa unsere Familiengeschichte »Fügungskitt« für unser Leben herstellt, zeigt unter anderem die Therapieform der Familienaufstellung, bei der Gruppenmitglieder Stellvertreterpositionen zum Beispiel für Mutter, Bruder oder Onkel einnehmen und dabei eine Art Aufblitzen morphogenetischer Beziehungen provozieren. Als These hierzu ist gelegentlich zu hören, dass sich etwa in verfestigten Neurosen eine Situation spiegele, in der man gleichsam die unbewusste Familienschuld, das gemeinsame Karma der Angehörigen, trägt. Dieses »Karma« wäre eine Feldenergie, die während der Familienaufstellung bewusst wird.

Leicht vorstellbar ist, dass solche Hintergrundeinflüsse auch in unsere Ahnenreihen hineinreichen. Mit anderen Worten: Unser eigenes Lebensmuster fände sich dann mit kollektiven Erfahrungsmerkmalen oder einem Gruppengedächtnis verwoben. Interessant sind solche Phänomene vor allem deshalb, weil gerade hierbei deutlich wird, wie sehr unser Einzelschicksal vernetzt und verflochten ist.

XII

FÜGUNGSMODUS UND
FREQUENZBEZIEHUNG

Vielfältige Gestaltfelder überlappen sich häufig oder reiben gleichsam aneinander, wenn Menschen zusammenkommen. Unter anderem auch deshalb, weil immer wieder energetisch Interessenausgleiche hergestellt werden müssen. Dies sorgt dafür, dass Muster zum Teil eine Art selbstverstärkenden Außenschutz herstellen und sich noch vertiefen, während andere dynamisch werden, sich mit weiteren Feldenergien verbinden oder umgruppieren. Das heißt, ein Muster, das uns etwa beruflich oder hinsichtlich wichtiger Lebenseinstellungen geprägt hat, erfährt von Zeit zu Zeit bestimmte Korrekturen.

Die Konsequenz liegt von der Logik her eigentlich darin, dass wir auch unsere Gewohnheiten an veränderte Feldenergien um uns herum anzupassen hätten. Aber die Notwendigkeit kommt manchmal erst mit Verzögerung im Bewusstsein an. Daher sendet uns das Schicksal nicht selten einen einschneidenden »Zufall«, der uns umdenken lässt. Auf diese Weise werden wir auch oft zu Lernerfahrungen gezwungen. Andererseits erkennen wir dann und wann aus eigenem Empfinden, dass sich ein Muster für uns überlebt hat – beispielsweise wenn ein Hobby samt Drumherum und dazugehörigem Bekanntenkreis plötzlich keinen Spaß mehr bringt oder Ähnliches. So etwas kann manchmal einen weitreichenden Einfluss auf den persönlichen Lebensstil haben. In dem Fall ist die entsprechende Feldenergie für einen Menschen erloschen, die lange Zeit Ehrgeiz und Motivation angezündet hat. Und umgekehrt können neue Menschen im Gesichtskreis auftauchen und uns einer bestimmten Mustergravitation in eine andere Richtung näherbringen.

Auch dafür werden Symmetrien ausschlaggebend sein, also irgendwelche Merkmale, die Ähnlichkeiten mitbringen, sei es das übereinstimmende Geburtsdatum, die gemeinsame Vorliebe für eine warme oder eher kühle Umgebung, Speisen, die man gerne mag, Lieblingslokale, Reiseziele, wo man schon einmal gewesen ist, ähnliche Kindheitserfahrungen, geteilte Überzeugungen usw.

Das Puzzle an Faktoren kann kunterbunt sein, und ein besonderer Spannungseffekt liegt oftmals darin, sich nach und nach durch Symmetrien überraschen zu lassen, die einander im Gespräch bewusst werden. Dies erzeugt nicht selten eine eigene Art zwischenmenschlicher Elektrizität.

Doch nicht nur Positives wird so angezogen, auch unsere Schattenthemen gelangen auf diese Weise gelegentlich in unseren Umkreis oder werden verstärkt – äußere Einflüsse, denen wir in verdrängten Seelenanteilen Übereinstimmung bieten, oder Personen, mit denen wir zum Beispiel Klatschsucht oder andere ungünstige Merkmale gemeinsam haben. Obendrein kann es auch sein, dass Dinge ins Leben treten, bei denen positive oder negative Musteranteile von früher etwa durch neue Bekanntschaften reaktiviert werden. Das ist dann so, als wenn wir abgeschnittene Stromkabel wieder mit einem Energiekreislauf verbinden.

Somit sind wir vom Schnittpunkt der Einzelperson mit dem Kollektivbewusstsein erst einmal wieder bei jenen Prozessen angelangt, bei denen der Akzent mehr im engeren Umkreis liegt. Denken wir an einen Freund »von damals«, der genau zum richtigen (oder falschen) Zeitpunkt wieder auftaucht. Oder jemand aus dem eigenen Umfeld, der wie man selbst auf einmal eine ähnliche gesundheitliche Belastung aufweist (zum Beispiel die gleichen seltenen Rückenprobleme oder Kopfschmerzen an der identischen Stelle). Gleich besser natürlich, wenn ein Zufall uns Möglichkeiten für einen Heilungsprozess vermittelt oder wenn man zu Erfolgserlebnissen in der Karriere hingeführt wird. So behaupten manche Prominente, der Zufall habe in ihrem Leben eine große Rolle gespielt.

Aber wie genau kommt es dazu? Was für Dinge müssen zusammentreffen, damit einem gelegentlich zumindest mäßiger Erfolg beschieden ist oder einige Dinge ganz gut laufen? Wichtig scheint immerhin zu sein, zur richtigen Zeit am richtigen Ort zu sein. Fällt

Ihnen dabei etwas auf? Es sind die Grundkoordinaten unseres Universums, nämlich Raum und Zeit, die sich auf verschiedenen Entsprechungsebenen wiederfinden, wenn es um Dinge geht, die uns sinnvollerweise zufallen.

Die Bedeutung, zur rechten Zeit am rechten Ort zu sein, erwähnt sogar einer der größten Ölmagnaten im arabischen Raum, der aus der Königsfamilie in Saudi-Arabien stammt. Natürlich war al-Walid ibn Talal Al Saud seit seiner Geburt mit nicht eben bescheidenen finanziellen Mitteln ausgestattet. Genauer gesagt, soll der Vater dem Prinzen ein Startkapital von 15 000 US-Dollar und eine Villa von 1, 5 Millionen Dollar überlassen haben. Im Jahr 2005 war al-Walid aber bereits an 15 amerikanischen Firmen mit insgesamt einer Milliarde Dollar beteiligt. Dazu gehören viele große Namen wie Walt Disney ebenso wie McDonald's oder eBay. Sein Gesamtvermögen soll inzwischen 20,3 Milliarden Dollar betragen (Stand: Februar 2008).[1]

Natürlich spielen persönliche Verbindungen in solchen Fällen eine Rolle. Aber wenn selbst jemand mit den materiellen Voraussetzungen und dem Erfolg von Prinz al-Walid sagt, wie wichtig es sei, den richtigen Zeitpunkt und den richtigen Ort für ein Projekt oder Geschäft zu erwischen, ist dies eine besondere Aussage. Dahinter steht ein Prinzip, für das wir früher vielleicht den Ausdruck »Glück« gewählt hätten. Eben jenes irgendwie ungreifbare »Glück« wird doch aber gleich differenzierter und strukturierter, wenn wir nach dem jeweiligen Fügungsmodus suchen.

Schauen wir uns diese Zusammenhänge noch etwas näher an: Wenn das Ort-Zeit-Fenster sich genau richtig öffnet, hat dies wiederum oft mit Merkmalen zu tun, die wir mit unseren Mitmenschen teilen, sodass konkrete Musterentsprechungen in unseren Biografien zusammenpassen. Es mögen Symmetrien und Ähnlichkeiten im Hintergrund eine Rolle spielen. Hieraus entstehen teilweise bemerkenswerte Reflexe für ganz persönliche Weichenstellungen. Der traditionell geläufige Begriff »Fügung« beschreibt diese Dinge deshalb so gut, weil er unterstreicht, dass sich ein Geschehen wie ein genau passendes Element in ein Ereignispuzzle einfügt.

Zufällig dieselbe Schule oder Hochschule wie ein Entscheider, Chef bzw. Kollege besucht zu haben ist natürlich nützlich. Oder auch an wertvolle Informationen heranzukommen, weil die eigene Freundin wiederum eine Freundin hat, deren Schwester genau dort arbeitet, wo man über wichtige Infos verfügt. Und diese Schwester hört vielleicht zufällig genau dieselbe Musik gern wie man selbst, mag dieselben Schauspieler und lehnt haargenau dieselben Dinge ab.

Darüber muss dann manchmal gar nicht gesprochen worden sein. Gelegentlich kommt es erst viel später heraus, dass Parallelen schon von Anfang an bestanden haben. Was aussagt: Es handelt sich oft um eine bereits unbewusst wirksame Energie. Genauer: um eine Frequenz, auf der man sendet und empfängt. Daher ist es ausgesprochen wichtig, die eigenen Antennen zu sensibilisieren, mit wem ich eine Wellenlänge gemeinsam habe und mit wem nicht.

So erkennen wir an dieser Stelle eines: Fügungen ergeben sich letztlich aus Frequenzbeziehungen. Damit gewinnt auch unsere Vorstellung von dem, wie sich etwas im Schicksal zusammenfügt, noch ein Stück mehr an Tiefenschärfe. Es geht um persönliche Wellenentsprechungen und Anziehungsmuster.

Im Nachhinein wissen wir es meist auch nur zu gut, was wir im ersten Augenblick bereitwilligst verdrängt haben: Irgendetwas kam mir doch gleich seltsam vor, nicht wahr? Allzu oft lassen wir uns energetisch ja mit Menschen ein – sei es auf der Arbeit oder im Privatleben –, bei denen die Frequenz einigermaßen problematisch für uns sein kann. Manchmal wird ein solcher Einfluss regelrecht bremsen, blockieren oder stören. Und immer dann, wenn die Frequenz stimmt, erleben wir wichtige Impulse.

Genauso können Orte, Umgebungen, Dinge, mit denen wir uns beschäftigen, ihre ganz bestimmte und unverwechselbare Frequenz ausstrahlen. Außerdem haben auch Zeitpunkte ihre Frequenz. Je mehr wir ein Gespür für all diese mentalen Wellenbereiche gewinnen, desto eher werden wir auch zufällig genau richtige Zeitpunkte abpassen oder auf seltsame Weise mit genau den Menschen zusammengeführt, die uns weiterbringen.

Der Frequenzbegriff muss hier gar nicht nur metaphorisch zu verstehen sein. So hat Fritz Albert Popp, ehedem Professor an der Universität Marburg, heute Leiter eines eigenen Forschungsinstituts, mit seinen Arbeiten über ultraschwache Strahlung nicht nur Hinweise gegeben, woraus morphogenetische Felder möglicherweise ihre Energie beziehen. Jene geheimnisvolle Energie, die den Zell-kern jedes Lebewesens umgibt und die in einiger Hinsicht mit Licht vergleichbar ist, hat noch speziellere Effekte.

In Experimenten konnte Popp nachweisen, dass diese Strahlung einen ordnenden Einfluss auf die DNS als Erbsubstanz hat. Ergo hat sie in einem weiteren Sinn auch mit Information zu tun und bildet so eventuell auch eine auf feinster Ebene nach außen kommuni-zierende Frequenz.

Wahrscheinlich gibt es im Universum zudem eine ganze Reihe von solchen Information tragenden Einflüssen, die sich frequenz-ähnlich verhalten. Auf einer noch feineren Ebene als die sogenann-ten Biophotonen, welche die ultraschwache Strahlung ausmachen, könnten es die Quantenfeldprozesse in den Atomkernen der Materie selbst sein, die mit einer Form von Informationsübertragung zu tun haben. Beispielsweise hat der verstorbene Princeton-Wissenschaft-ler David Bohm auf noch feinere Ebenen hinter den physikalisch messbaren Quantenbeziehungen verwiesen, die er die eingefaltete (gleichsam nicht sichtbare oder zugängliche) Ordnung nannte.

Wir können ihre Wirkung jedoch indirekt wahrnehmen, indem sie möglicherweise an sinnvollen Zufällen teilhaben. Auch die hier-mit einhergehenden Prozesse bilden unter Umständen Frequenzana-logien, wenn man Frequenzen so versteht, dass sie Signalcharakter haben bzw. Häufigkeitsfolgen von Information bilden.

In der Welt des Messbaren, der entfalteten Welt des Universums, begegnet uns Information im Übrigen stets als Wechselspiel von Plus- und Minuspoligkeit. Vielleicht ist, so verstanden, das wohl etwa 1500 Jahre alte Schachspiel, dessen Wurzeln bis nach Indien zurückreichen, auch ein archetypisches Symbol. In seinen tiefsten Bezügen könnte es ganz unkriegerisch für Ladung beziehungsweise »weiß« (Proton) und Nichtladung beziehungsweise »schwarz« (Elek-tron) stehen. »Schachmatt« hieße, wohin sich eine Situation finali-siert, also welche Information sich durchsetzt.

Das Ganze passiert – wie im Leben – vor dem Hintergrund von Koordinaten (beim Schach die Felder, die mit Buchstaben und Zah-len versehen sind). Die Koordinaten des materiellen Universums, in dem wir in der einen Situation Erfolg, in der anderen Misserfolg haben, hier richtige Strategien, dort ungeeignete anwenden, sind die des Raums und der Zeit. Und wie beim Schach ergeben sich Fügungen des Lebens mit einem hohen Maß an Logik. Vielleicht läuft eine ähnliche Art von Spiel auch ständig im Hintergrund unserer Hirnregionen ab, wenn wir Verstand und Intuition entweder geeignet oder ungeeignet einsetzen.

XIII

KOORDINATEN DER FELDENERGIE

Wenn jemand immer wieder richtig die »Nase im Wind hat«, bringt er eine Art Naturbegabung für zeit- und ortskonformes Handeln mit. Für manche stellt sich solch ein Instinkt dagegen eher vorübergehend ein, wenn überhaupt. Was aber viel wichtiger ist: Bis zu einem bestimmten Grad kann man sich darin trainieren. Es hat viel damit zu tun, Frequenzen zu wählen und sich für sie über die Sinne zu sensibilisieren.

Außerdem spielen offenbar allgemeine Muster eine Rolle, um günstige Konstellationen zu unterstützen. So schreibt Doreen Virtue zum Erzengel-Archetypen Jophiel, der im historischen Ursprungskontext mit der Natur assoziiert wird, es gäbe ein recht einfaches Prinzip, die inneren Schaltungen positiv auszurichten. Der Aufenthalt in der freien Natur würde uns mit dem Rhythmus des Lebens verbinden. Dies wiederum unterstütze eine Tendenz, zur rechten Zeit am rechten Ort zu sein.

Auch die bewusste Beachtung von Tages-, Wochen- oder Jahresrhythmen kann sich positiv darauf auswirken, die richtigen Raum-Zeit-Fenster zu finden. So mag es unter Umständen sogar unerheblich sein, ob von den sogenannten Mondzyklen ursprünglich tatsächlich ein nachhaltiger Einfluss auf unser Leben ausgeht. Aber es gibt kollektive Erwartungen und damit Gestaltmuster in der Hinsicht, und wenn wir uns mit solchen Rhythmen beschäftigen, tun wir sicher auch etwas für unsere psychologischen Zeitkodierungen. Sie üben so mit einiger Sicherheit ihren eigenen Einfluss auf den Erfolgsfaktor in manchen Situationen aus.

Es sind letztlich die eigenen Lebensmuster, die dann darüber entscheiden, ob sich hilfreiche Fügungen erst einmal mehr im Finanziellen abspielen, auf gesundheitlicher Ebene oder in Partnerfragen. Oder es kann auch sein, dass der Instinkt dafür sorgt, dass man vor einem Unfall bewahrt wird, vielleicht auch auf glückliche Umstände in einer prekären Lage trifft.

In all diesen Fällen kommt es letztlich darauf an, bestimmte Orts- und Zeitkonstellationen zu finden. Sie sind mit einer Qualität ausgestattet, auf die unser Unbewusstes positiv anspricht. Offenbar existieren dabei so etwas wie Parallelitätsbeziehungen von korrespondierenden Ereignissen. Diese können gelegentlich auch ambivalent sein, einerseits beispielsweise einen materiellen Erfolg in Form von Gut und Geld, mindestens aber Bekanntheit anziehen, jedoch auch eine Kehrseite beinhalten. Zur Illustration ein Beispiel, das Robert Anton Wilson erwähnt[1]:

Hart Crane, 1899 in Ohio geborener Dichter und Schriftsteller, machte sich mit seinem Werk über die Brooklyn Bridge einen Namen, die er als Symphonie des amerikanischen Kontinents betrachtete. Das Thema der Brücke arbeitete er zu einer Raum und Zeit überspannenden Symbolik aus. Wilson weist darauf hin, dass Crane, als er hieran schrieb, in einem Haus wohnte, von wo er die Brücke täglich beim Blick aus dem Fenster sehen konnte. Ein Jahr später habe Crane feststellen können, dass es dieselbe Wohnadresse mit derselben Hausnummer war, unter der früher auch der Chefingenieur des Brückenbaus gelebt hatte.

Machen wir von diesem Vorgang einmal eine Nahaufnahme der Vernetzungsstrukturen. Hier bestand offenbar so etwas wie eine mehrarmige Resonanzbeziehung. Eine mentale Verbindung ging zum Haus, in dem zum Zeitpunkt »X« Washington Roebling, besagter Brückenkonstrukteur, wohnte. Das hieße, in den Wänden lebte etwas von der Energie, mit der Roebling das Haus während seiner Arbeiten für den Brückenbau in Gesprächen, Gedanken und nächtlichen Träumen aufgeladen haben dürfte.

Ein weiterer Verbindungsarm knüpfte an amerikanische Kollektivvorstellungen an, und eine dritte mentale Verbindung reichte zu dem ingeniösen Großprojekt, das zum Zeitpunkt seiner Fertigstellung im Jahr 1883 die größte Hängebrücke der Welt war und eine für die damalige Zeit kühne Vision beinhaltete. So ergab sich für den Dichter ein Muster, bei dem er genau am richtigen Ort war, um ein Werk zu verfassen, das ihn bekannt machte, und es erschien zu einem richtigen Moment, als der Zeitgeist für die Idee des Werkes offen war. Es gab möglicherweise jedoch auch ein Resonanzverhältnis, das für Crane nicht günstig war. Wie leicht herauszufinden ist, hatte John August Roebling, deutschstämmiger Vater von Washington Roebling, mit der Planung des Brückenprojekts begonnen, die sein Sohn fortsetzen musste und später in die Tat umsetzte.[2] Dies war erforderlich, weil der Senior nach einem Unfall starb, bei dem sein Fuß von einem Fährschiff eingequetscht worden war. Genauer gesagt, lag die Todesursache in einer Tetanusinfektion aufgrund des genannten Vorfalls.

Der von der Brücke so faszinierte Dichter Crane wiederum soll angeblich trotz seines Erfolgs Selbstmord begangen haben. Man kann nachlesen, dass er am 27. April 1932 von Bord eines Schiffes in den Golf von Mexiko sprang. Bei beiden Todesfällen spielte der Synchronizitätsanteil, der sich mit dem Thema Schiff umschreiben lässt, womöglich also eine symbolisch verbindende Rolle in verborgenen Ereignisbeziehungen.

Was ist daraus zu schließen? Natürlich können wir nicht immer ahnen, was sich alles mit Orten, Namen, Personen und ihren Biografien verbindet. Aber es gibt auch bei Resonanzmustern dann und wann so etwas wie das »Kleingedruckte«, das wir geflissentlich übersehen, wenn ein Gedanke uns gerade ansteckt, eine scheinbar magische Verbindung zu einer bestimmten Gegend für uns vorhanden ist oder was es sonst sein mag. Vielleicht besteht dieses »Kleingedruckte« in einer toten Ratte, die wir bei Besichtigung einer Immobilie vor der Eingangstür haben liegen sehen, oder in Graffiti am Putz eines Hauses, die uns vom Schicksal her an irgendeine negative Symbolik erinnern sollten.

Linkshirnig organisierte Menschen finden ein totes Tier bei dem Begehungstermin vielleicht eklig, würden sich aber sofort ausreden, dass damit auch etwas Belastendes mit dem besichtigten Objekt zusammenhängen könnte. Und selbst jemand, der etwas mit »Zeichen« anfangen kann, hat es vielleicht eben wegen des Ekelgehalts aus dem bewussten Blickfeld ausgeblendet. Unter metaphysischen Aspekten genau hinzusehen kann sich also manchmal lohnen. An dieser Stelle sei aber auch gesagt, dass sklavisches Zurückschrecken vor allem, was nur ein wenig bedrohlich wirken könnte, letztlich zu der Angst vor der »schwarzen Katze« wird – ein Aberglaube, der irgendwann mit uns geradezu »Katz und Maus« spielen kann. Wer also auch einmal eine tote Maus oder Ratte vor seiner Haustür sieht, braucht natürlich nicht gleich die Krise zu kriegen. Magische Praktiken aller Zeiten lehren ja, dass man ungünstige Resonanzen auch unterbrechen kann. Allerdings wäre der Tierkadaver vielleicht ein Hinweis, dass etwas entweder bei einem selbst nicht in Balance ist oder bei Personen, mit denen man zusammenlebt. Eventuell fragt man sich sinnvollerweise, ob es irgendetwas geben könnte, vor dem man sich zu schützen hätte. Vielleicht hat aber auch der Nachbar ein Problem. Es kann vieles sein. Manchmal ist es eine Folge von Eindrücken, die uns näher Aufschluss gibt. Unter Umständen genügt nur ein kleiner zusätzlicher Zufall, und man hat schon eine einigermaßen stimmige Vermutung.

Im Übrigen kann man manchmal auch aus geschichtlichen Faktoren resonanzbildende Frequenzen herauslesen. So wird Hart Crane wahrscheinlich nicht entgangen sein, dass es kurz nach der Eröffnung der Brücke bereits einen tragischen Unfall gab, der auf recht seltsame Weise zustande kam. Das Ereignis hat damit zu tun gehabt, dass eine solche Brückenkonstruktion den Menschen anfangs noch ein Stück unheimlich gewesen sein mag. Und so reichte ein ganz harmloser Vorfall für eine Massenpanik aus.

Bei Wikipedia lesen wir: *»Eine Dame knickte beim Gehen leicht um, ihre Begleiterin schrie laut auf, in der Umgebung entstand in Sekundenschnelle daraus die Angstvision, die Brücke stürze ein.«*[3] Eine völlig hysterische Reaktion breitete sich aus, durch die zwölf Menschen starben und 35 verletzt wurden.

Ein Omen für Crane, das er nicht beachtete? Vielleicht! Auf der anderen Seite kann auch dieser Tatbestand nicht heißen, dass es etwa unbedingt Unglück bringen müsse, sich mit Dingen auseinanderzusetzen, die eine negative Geschichte oder einen tragischen Zusammenhang aufweisen. Dann müsste jeder Kriminalbeamte oder Gerichtsmediziner unglücklich sein, sogar jeder Kriminalschriftsteller, der seinen Fällen zum Teil recht brutale Tatsachen zugrunde legt. Immerhin kann ein negatives Thema aber auch einen Sog ausüben, wenn man sich etwa als Autor darin vertieft. Bei Crane mag eine schicksalhafte Resonanz mit besonderen biografischen Überschneidungen zu tun gehabt haben. Aufgrund von öffentlichen Einstellungen in der damaligen Zeit sah er sich als Homosexueller einer oft feindseligen Umgebung gegenüber. Genau hierin liegt wohl die energiestarke Schnittstelle mit einem kollektiven tragischen Zusammenhang. Man denke an die Massenpanik auf der Brücke, die seinem späteren Sprung von Bord des Schiffes energetisch entsprochen haben dürfte.

Ein Element aus einem dramatischen Hintergrund, mit dem man sich längere Zeit beschäftigt, könnte also offenbar in ganz bestimmten Fällen Symmetriebeziehungen zu einem persönlichen Problem herstellen (bei Crane eine tendenziell intolerante Mentalität seiner Zeit). Hieraus mögen dann im einen oder anderen Fall durchaus unkalkulierbare Eigendynamiken entstehen. Wie man am besten mit solch einem Potenzial von Schicksalsverflechtung umgeht, sagt einem oft schon das Bauchgefühl. Etwa dann, wenn man sich privat beispielsweise mit irgendwelchen dunklen Geschichten von Vorfahren oder mit merkwürdigen Geschehnissen in der Nachbarschaft beschäftigt.

Vergleichen wir es einmal mit Folgendem: Sie kennen es vielleicht, wenn man aus einem geöffneten Fenster in die Tiefe schaut. Normalerweise kann hierbei nichts geschehen. Manchmal kommt es aber auch vor, dass die Tiefe etwas geradezu Anziehendes gewinnt. Man spielt vielleicht mit den Fantasien, die der Anblick hervorruft – vom Traum des Fliegenkönnens bis zum Hinunterstürzen. Sofern man sich nicht in einer großen Lebenskrise befindet, wird man spätestens bei einem gewissen Kitzel in der Magengegend zurückzucken.

Unsere Körpergefühle bilden in vielerlei Hinsicht so etwas wie ein Sensorium für positive oder negative Frequenzen, die uns erwarten, wenn wir uns Orten und Zeitfrequenzen zuwenden. Das heißt, zum einen äußern sich die Energien in Zeichen, die wir visuell wahrnehmen (etwa eine tote Ratte oder im Gegenteil: eine weiße Taube fliegt auf mich zu). Einen weiteren Wegweiser, um die richtigen Frequenzen auszumachen, erhalten wir aus der Reaktion unserer Körpergefühle (plötzlich wird mir schlecht bei einem Gedanken oder stattdessen angenehmes Kribbeln im Bauch). Letztlich können sämtliche Sinneskanäle eine feinere, höhere Form der Wahrnehmung unterstützen.

Stellen Sie sich vor, Sie beschäftigen sich gerade mit einer Thematik, bei der Sie sich im Zweifel sind, ob das Lesen oder Nachforschen dazu (etwa im Internet) auf Sie letztlich nur belastend wirken würde. In dem Moment, in dem Sie sich diese Frage stellen, weht ein übler Geruch durchs Fenster – wodurch auch immer ausgelöst. Es könnte aber auch sein, dass Sie, ohne nachzudenken, in dem Moment Ihr Parfum zur Hand nehmen. Vielleicht hat es eine frische, zitronige Note. Und während Sie den Duft riechen, wird etwas in Ihnen eventuell rein unbewusst dem Gestaltimpuls folgen wollen, Dinge zu klären (Entsprechung zum Dufteindruck »Frische«).

Ebenso kann Klang eine Rolle spielen. Denken wir an angenehme oder unangenehme Geräusche als Kommentar zu Gedanken oder Gesprächen. Beispiel: Man denkt an etwas Bedeutungsvolles und just in diesem Moment fängt im Haus jemand an, seine Bohrmaschine zu betätigen. Vielleicht fällt uns auch an der Stimme einer Person etwas auf, wenn die Sprache auf ganz bestimmte Dinge kommt – all diese Dinge, die mit Klangeindrücken zu tun haben.

Nehmen wir schließlich das Schlagwort »Liebe geht durch den Magen«. Man könnte ebenso sagen, »Freundschaft geht durch den Magen«. Ich habe persönlich festgestellt, dass mir Essen, zubereitet von Menschen, zu denen ich eine intensive Nähe habe, stets vom ersten Moment an geschmeckt hat, und wenn es noch so einfach angerichtet war. Andererseits erlebte ich gelegentlich, wenn mir Essen in Gegenwart anderer Personen nicht schmeckte, dass sich darin auch eine persönliche Seite spiegelte.

Dies muss nicht beinhalten, dass man sein Gegenüber ablehnen wird, aber es kann einen Aspekt geben, der einem zunächst nicht schmeckt, etwas, woran man gedanklich noch herumzukauen hat. Etwa bis zu dem Moment, in dem durch andere Zusammenhänge bewusst wird, worum es konkret gehen könnte.

Nicht gemeint ist an dieser Stelle der Hintergrund, dass jemand (ob Mann oder Frau) einfach kein Meister darin ist, den Kochlöffel zu schwingen. Es geht mehr darum, dass vielleicht durchaus ein gewisses Küchentalent vorhanden ist, aber trotzdem schmeckt es einem nicht. So etwas muss andererseits auch nicht notwendig mit der Person selbst zu tun haben. Daher überlege man: Woran habe ich bei dem Bissen gerade gedacht? Was für eine Stimmung liegt während des gemeinsamen Speisens im Raum? Was bewegt uns eventuell gemeinsam? Das Prinzip lässt sich unter anderem übrigens auch auf Situationen im Restaurant übertragen.

Auf mancherlei Weise lässt sich also erkennen, dass Gestaltfrequenzen nicht unbedingt etwas Abstraktes sind, zu dem wir keinen bewussten Zugang hätten. Sie lassen sich grundsätzlich in sinneskodierte Erfahrungen übersetzen. Diese sind Signale für Frequenzen, die sich abzeichnen, und diese Frequenzeinflüsse wiederum verweisen auf das, was für uns im Werden ist. So bietet sich die Chance, im Einzelfall sensibel darauf zu reagieren, was bei persönlichen Wegrichtungen, die sich vielleicht schicksalhaft gabeln, jeweils an sich weiterentwickelnden Tendenzen in die eine oder in die andere Richtung zu erwarten sein kann.

XIIII

WEGE DER FELDINFORMATION

Vertiefen wir an dieser Stelle das Thema von Spiegelungen über sämtliche unserer fünf Sinne. Man könnte damit auf einer rein technischen Ebene arbeiten. Dann würde man sehr linkshirnig orientiert damit umgehen. Die Erfahrung zeigt, dass so etwas vielleicht für Managementseminare hilfreich ist. Aber wenn es etwa darum geht, was mir privat energetisch guttut oder welcher Zukunftsweg für mich persönlich eher der richtige ist, sollte auch ein gewisser Anteil Spirit dabei sein. Man kann das zwar nicht willentlich erzeugen. Aber ein paar Überlegungen, wie sich die Zusammenhänge darstellen, mögen hierfür als Wegweiser dienen.

Dazu eine These: Karmische Beziehungen funktionieren so lange intensiv, wie seelisch frequenzaktive Übereinstimmungen oder Ähnlichkeiten gegeben sind. Wenn sich allerdings die Ladungszustände von Menschen verändern, gibt es auch Änderungen in der karmischen Matrix, dem Beziehungsgeflecht, in dem Einzelne oder Gruppen miteinander verwoben sind.

Nun kann man sich durchaus vorstellen, dass Sehen, Hören, Fühlen, Riechen und Schmecken auch ihre psychomagnetischen Entsprechungen haben. Zieht man diesen Hintergrund der Sinneseindrücke von Zeit zu Zeit mit in Betracht, kann dadurch ein besonderer sinnlicher Zugang zu den Dingen um uns herum gefördert werden.

Fragen wie diese wecken vielleicht Verständnis dafür: Was zieht meinen Blick regelrecht an? Kann es sein, dass ich mit meinen Augen Objekte in der Umgebung mit Aufmerksamkeit auflade? Bei welchen Gegenständen könnte das schon einmal gewesen sein, zu welchen habe ich eine besondere Beziehung?

Oder welche besonderen Gefühle werden durch meinen visuellen Fokus momentan ausgelöst? Wo findet der Blick zum Beispiel Ruhe, woran bleibt er öfter haften? Wie werde ich dadurch innerlich aufgeladen? Genauso auch: Was für Feldkräfte spüre ich durch meine Hände? Gibt es möglicherweise eine höhere Form von Geruchsempfinden, in die sich atmosphärische Schwingungen übersetzen?

Allgemein kann es auch recht aufschlussreich sein, welcher Sinnenkanal gegenüber einem anderen mir persönlich mehr oder besser zur Verfügung steht. So gibt es etwa Menschen, die schlecht hören, aber ausgesprochen intensiv Geruchseindrücke wahrnehmen. Dabei ist Riechen ein Sinnesvorgang, der viel mit Instinkt zu tun hat, weil er uns besonders feine Information verschafft.

Durch gesellschaftliche Prägung sind wir vor allem ein Augen- und Ohrenwesen. Der visuelle Eindruck wie auch das Gehör vermitteln uns unsere Überzeugungen der Realität. Gerüche können uns aber auf Dinge aufmerksam machen, die man nicht sehen oder hören kann. Hier liegen vielleicht die versteckten Informationen, in welche Art von Schicksalsmagnetismus uns die Gegenwart eines Menschen oder eine Umgebung führen kann. Nicht umsonst haben Pheromone als sexuelle Botenstoffe für die Nase eine so große Bedeutung im Hinblick auf erotische Anziehung. Dabei sind sie bewusst so gut wie nicht wahrnehmbar. Trotzdem werden sie von unserem Geruchsempfinden identifiziert, und es gibt einen im höchsten Maße individuellen Pheromonschlüssel, worauf wir reagieren. Dies haben Studien immer wieder belegt.

Bei alledem ist es natürlich nach wie vor bedeutsam, welche ganz profanen Eindrücke uns die Sinne verschaffen, weil auch sie die Feldenergien dahinter übersetzen. Sich aber gelegentlich zu vergegenwärtigen, dass es auch so etwas wie eine höhere Form der Sinneswahrnehmung gibt, hilft, ein rein rezepthaftes oder technisches Handhaben der Zusammenhänge zu vermeiden. Auf diese Weise kommen wir mit der Zeit dann auch mehr in magnetische Resonanz zu den Dingen im Leben.

Wie kann so etwas praktisch geschehen? Etwa wenn man ganz einfach daran glaubt, dass die Hände uns energetische Botschaften vermitteln können. Dann bekommt man auf einmal auch auf besondere Weise Kontakt mit der Ausstrahlung von einem Lebensmittel, einem Buch, einer Skulptur oder einem Schmuckstück. Es ist so etwas Ähnliches wie ein Einlassen mit dem Objekt, woraus bei einer sich gut anfühlenden Gegenstandsresonanz geradezu eine Form liebevoller Berührung werden kann. Ähnliches gilt auch für die anderen Sinne.

Daisetz Taitaro Suzuki, der dazu beigetragen hat, dass die Zen-Philosophie einiges Verständnis im Westen gefunden hat, zitiert in einem Essay den japanischen Dichter Basho mit einem Haiku (einer klassischen Gedichtform). Darin heißt es:

»Wenn ich aufmerksam schaue,
Seh' ich die Nazuna
an der Hecke blühen.«

(auf Japanisch)
»Yoku mireba
Nazuna hana saku
Kakine kana.«[1]

Suzuki erklärt, dass es sich bei der Nazuna um eine eigentlich unscheinbare Pflanze handelt, deren Schönheit hier aber im Auge des Betrachters liegt. Die Silbenverbindung »kana« (aus dem klassischen Japanisch, dort mit einer Bedeutung wie »nicht wahr«) sei obendrein wie ein gedankliches Ausrufezeichen aufzufassen. Es beinhalte, man könne beim Betrachten der Nazuna gleichsam mit ihrer schlichten Schönheit eins werden. Die Trennung von Subjekt (Betrachter) und Objekt (Pflanze) wird hier vom Konzept her ganz im Sinne des Zen transzendiert, aufgelöst, überbrückt.

Die eine oder andere Person unter uns hat vielleicht schon einmal eine annähernde Erfahrung gemacht. Nämlich dass man irgendwo etwas zunächst ganz Einfaches findet, das in besonderer Weise beglücken kann, etwas, das wir mit anderen Augen als gewöhnlich zu betrachten in der Lage sind – und sei es nur für einen Moment. Auch dies bringt uns der Zufall. Einigermaßen unverhofft treffen wir darauf – etwa so wie Basho die Nazuna am Wegrand aufgefallen sein mag, die ihn zu einem kleinen Wortgemälde inspirierte.

Ähnlich äußern sich auch James Redfield und Carol Adrienne über eine gleichsam *höhere Form* des Sehens, wenn beide im Arbeitsbuch zu den »Erkenntnissen von Celestine« vorschlagen, sich einmal am Tag mit etwas Schönem in der Natur zu verbinden. So heißt es etwa, man möge eine Blume aus unmittelbarer Nähe betrachten und das Kraftfeld ihrer Schönheit erleben.[2] Hierin bestehe eine Möglichkeit, sich geradezu mit dieser Energie aufzuladen. Wobei zu ergänzen wäre, dass wir mit unserer freundlichen oder geradezu liebevollen Wahrnehmung einer Pflanze oder eines Teiches – vielleicht auch eines Steins – ebenso Energie an die Natur zurückgeben. Denn sich mit Eindrücken natürlicher Schönheit zu verbinden gibt darüber hinaus bestimmt auch noch eine gute Energie in die Atmosphäre hinein, bringt uns in Verbindung mit positiven Gestaltfeldern.

Genauso kann ich mich auch vom Duft einer Rose verzaubern lassen, und wir sprechen obendrein davon, ein Duft sei betörend. Nicht umsonst haben Duftstoffe jahrhunderte-, wenn nicht jahrtausendelang eine sakrale Bedeutung gehabt (siehe bis heute der Weihrauch in der katholischen Kirche oder das kultische Räuchern bei indianischen Stämmen). Oder nehmen wir die besonderen Zugangsformen zum Klangerleben. So gibt es etwa Musikliebhaber, die bei den Klängen, die sie bevorzugen – sei es Jazz, Klassik oder etwas anderes –, den Eindruck gewinnen, gleichsam in ein anderes Raum-Zeit-Gefühl hineinzugeraten.

Unsere Sinne sind also mehr als Nervenschaltungen, die für uns die Realität in der Großhirnrinde zusammensetzen. Immer dann, wenn wir sie nicht zuletzt als eine geistige Brücke verstehen lernen, können wir auch eine Verbindung zu Gestaltfeldern darüber gewinnen oder solche ahnen ebenso wie wir vielleicht auf den einen oder anderen seltsamen Zusammenhang stoßen.

PRAXIS – SIGNALE VON MUSTERFREQUENZEN

➤ Interessante Feedbacks erhält man viel über alle möglichen visuellen Eindrücke. Das bietet sich nicht nur in der häuslichen Umgebung an, sondern kann auch unterwegs geschehen. Sogar Köpfe auf Wahlplakaten sind in der Lage, einen ermunternd, fragend oder eher teilnahmslos anzusehen, wenn man gerade irgendwelchen Gedanken nachgeht. Übrigens auch dann, wenn Persönlichkeiten einer Partei abgebildet sind, die Sie eher nicht wählen würden. Gleichwohl kann Ihnen der Blick oder ein Lächeln etwas über Ihre eigene Gedankenrichtung sagen, wenn Sie gerade zufällig bei einer bedeutungsschweren Überlegung – die übrigens gar nichts mit Politik zu tun haben muss – auf das Plakat schauen. Es geht vielmehr um eine Energiespiegelung. Haben Sie nicht auch schon einmal bei beliebigen Personenabbildungen auf Plakatflächen das Gefühl gehabt, da ist eine völlig fremde Person abgebildet, die Sie genau so anschaut, als hätte sie eben Ihre intimsten Gedanken vernommen? Geschieht dies allerdings vermehrt bei der Partei, bei der Sie bisher nicht Ihr Kreuz gemacht haben, kann darin auch schon eine Synchronizität für einen Einstellungswandel liegen. Das muss sich allerdings nicht notwendig aufs Politische beziehen. Aber eine größere Änderung weltanschaulicher Ausrichtung könnte sich auf diese Weise andeuten.

➤ Ferner sind Bilder manchmal geeignet, Beziehungen zu fremden Gestaltfeldern herzustellen. In diesen Fällen halten sie uns keinen direkten Spiegel vor, sondern sie haben für uns dann mit der emotionalen und mentalen Situation des Abgebildeten zu tun. Daher überlege man sich gut, welches Konterfei von welcher Persönlichkeit man sich ins Haus hängt. Das Bild könnte seine Schwingung transportieren.

➤ Gerade beim Kauf antiquarischer Bildnisse frage man sich vorher, wie hat die betreffende Person wohl gelebt, was für eine Gestaltfrequenz erreicht mich, wenn ich hinblicke? Vieles lässt sich aus einem Blick, einer Körperhaltung, Farben, dargestellten Mundwinkeln usw. ablesen. Das kann übrigens auch für Darstellungen fiktiver Personen gelten, wie man sie häufig in großen Möbelhäusern findet. Auch hierin lebt ein Gestaltfeld, nämlich das eines Künstlers und all der Dinge, mit denen er bei der Bilderstellung verbunden war.

➤ Auch abstrakte Kunst hat eine Schwingung, die innerlich oft verdrängt wird nach dem Motto »Ist ja nicht gegenständlich«. Schauen Sie aber genau hin und fühlen Sie bei verschiedenen Motiven gegebenenfalls in sich hinein. Prüfen Sie, was Sie da innerlich erreicht, falls Sie sich für abstrakte Kunst interessieren.

➤ Stärken wir also nicht nur unsere visuelle Wahrnehmung für Gestaltsignale, sondern demnächst unser gesamtes Frequenzempfinden. Dies geschieht, indem wir beachten, was auch die übrigen vier Sinne uns über subtile Wahrnehmungsformen bei einer Angelegenheit, bei Entscheidungen oder zu Fragestellungen mitteilen.

➤ Wie reagieren Ihre Sinne etwa auf das, was gerade zu irgendeinem Moment im Raum an atmosphärischer Energie schwebt? Was empfinden Sie, wenn Sie sich vielleicht einmal im Schreibtischsessel herumdrehen, wenn Sie aufstehen und umhergehen? Spüren Sie Enge oder Weite? Wie fließt Ihr Atem, was macht Ihr Bauchgefühl? Ist womöglich etwas Stagnierendes in der Atmosphäre, lässt sich aber irgendwo schon eine leichte Strömung erahnen, die Bewegung im Leben andeutet?

➤ Falls Sie eine Störenergie im Raum identifizieren, unternehmen Sie etwas, das für Sie stimmig ist, vom einfachen Lüften über Räucherrituale bis zu Anrufungen von Erzengeln, Feen oder anderen Naturgeistern, wenn Sie daran glauben. Korrespondieren Sie mit dem, was für Sie eine höhere Energie symbolisiert und Ihnen das Gefühl gibt, Sie entweder bei der Reinigung einer Raum- oder Hausenergie zu unterstützen bzw. beim energetischen Klären einzelner Gegenstände und ihrer Ausstrahlung.

➤ Eine Möglichkeit besteht auch darin, sich vorzustellen, dass Sie in der Lage sind, mental eigenständig Ihre Raumenergie anzuheben. Prüfen Sie, ob Edelsteine in der Hand Ihnen dabei helfen oder ob es auch einfach so geht. Es kommt dabei auf den Versuch an, wie es innerlich am besten funktioniert – eine leichte Form der Konzentration, das Visualisieren von Licht oder das Arbeiten mit positiv besetzten Worten, die Sie rezitieren. Etwa: »Reinigung, Reinigung, Reinigung – gute Energie, gute Energie, gute Energie.« Vielleicht wirken Ihre Räume anschließend heller oder klarer.

➤ Falls Sie einen Sinn dafür haben, können Sie ja auch die Atmosphäre in fremden Räumen oder im Freien erspüren. Wo fühlen Sie sich von der Vibration her aufgeladen? Welche Richtung zieht Sie etwa bei einem Spaziergang an? Folgen Sie innerlich buchstäblich Ihrer Nase.

➤ Was halten Sie von folgendem Experiment? Meinen Sie, unter Umständen auch eine Zeitströmung gleichsam »riechen« zu können, etwa das, was momentan in der Luft liegt? Gehen wir über diese metaphorische Annahme einen Schritt hinaus. Auch wenn es Ihnen ein wenig befremdlich vorkommen mag, schnüffeln Sie doch ganz leicht vor sich hin (am besten, wenn Sie allein sind). Also, einfach etwas intensiver die Atemluft durch die Nase einsaugen. Immerhin: Selbst wenn da physisch nichts ist, das man riechen könnte, mag die Vorstellung ein Empfinden dafür vermitteln, gewünschten Dingen auf der Fährte zu sein und ungünstige Tendenzen eher zu vermeiden. Es kann womöglich zu einer gewissen Instinktschärfung beitragen.

➤ Kleiner Hinweis: Was für eine Körperdynamik ergibt sich spontan nach solch einem symbolischen Schnüffeln bei Ihnen – eine kraftvolle Geste oder ein verhaltener Ausdruck? Was für ein inneres Körpergefühl stellt sich möglicherweise ein und von welchen inneren Bildern wird es begleitet? Was sagt Ihnen Ihre innere Stimme – kurz: Was geht Ihnen durch den Kopf? Hierin können Indikatoren einer Art Schwingung liegen, Zugangshinweise auf eine per weiterer Sinneseindruck übermittelten Gestaltfrequenz. Jeweils also Sinnesreize, die sich an das kurze symbolische »Situationserriechen« anschließen. Oder Sie leiten eine atmosphärische Wahrnehmung nicht hinterfragend aus solchen zusätzlichen Sinnessignalen ab, sondern lassen sich unbewusst von Ihrer Inspiration nach zwei, drei Atemzügen symbolischen Riechens führen, gehen danach rein intuitiv weiter durch den Tag. Rein zufällig mögen Ihnen dabei auf einmal auch reale Geruchspartikel in die Nase gelangen. Was sagen Ihnen diese dann? Solche haben oft einen unabhängigen Symbolgehalt.

➤ Sie wissen doch: Wenn man auf der Autobahn oder Landstraße unterwegs ist, kann selbst bei geschlossenem Fenster manchmal ein sehr eigenwilliger Landgeruch zu spüren sein. Worüber haben Sie sich dann gerade unterhalten oder was hörten Sie im Autoradio, falls Sie allein unterwegs waren? Wirkt das momentan eher erheiternd oder kann es sein, dass Ihnen ein bestimmtes Thema allmählich »stinkt«? Vielleicht repräsentiert es ja auch schon wieder eine äußere Störfrequenz bei einem eigentlich angenehmen Thema.

➤ Weitere Frage: Welche Menschen können Sie riechen oder nicht riechen? Wie wirken identische Parfums bei unterschiedlichen Menschen auf Sie? Welche Frequenzform mag eine bestimmte Duftnote bei Ihnen selbst fördern? Gehen Sie im Bad einmal Ihre Duftsammlung unter energetischen Gesichtspunkten durch.

➤ Achten Sie auch auf Klangwelten, Musik, Geräusche oder die Stimme von Menschen zu unterschiedlichen Zeiten und in verschiedenen Situationen. Was für eine Stimmung wird transportiert, wie schwingt eine Stimme? Was für ein Temperament kommt rüber oder was *verkörpere* ich stimmlich gerade selbst?

➤ In Bezug auf Gestaltfeldbildung kann man sich auch fragen: Welches Türquietschen, das man nicht beseitigt hat, oder welches Knarren von Bodendielen gibt in die Umgebung eine Frequenz hinein, die unbewusste Assoziationen wecken könnte? Woran erinnert mich das? Warum habe ich noch nicht dafür gesorgt, dass es abgestellt wird? Aber auch: Welches Hämmern von der Straße oder vom Stock über mir stört gerade mich wieder bei eigenen Aktivitäten – und zwar bei welchen? Kann ich darin einen Zusammenhang oder eine Art Muster erkennen?

➤ Falls Sie in besonders hellhörigen Räumen wohnen, könnte sich die Frage stellen, ob Sie sich gegen Schwingungen, Frequenzen innerlich nicht optimal abschirmen? Und weiter: Wie sollten Sie sich künftig auf einer energetischen Ebene stärker abgrenzen? Wie und in welchen Situationen wäre zum Beispiel eigenes Mitteilungsbedürfnis oder eigene Neugier zu regulieren? Die hellhörige Wohnung kann dafür doch ein ganz bemerkenswerter Spiegel sein. Andererseits: Wie verändert sich Ihre seelische Abgrenzung, wenn Sie für schallschluckende Maßnahmen in der Wohnung sorgen?

➤ Was die Einbeziehung des Geschmackssinns in subtilere Wahrnehmungsformen betrifft, wurde weiter oben schon einiges angedeutet. Also noch einmal: Wie schmeckt mir Essen in Gegenwart verschiedener Menschen? Unser Geschmackssinn zeigt sich nicht nur in Situationen, in denen man gemeinsam etwas isst oder trinkt. Manchmal hat man auch einfach so einen Geschmack im Mund, als könne man geradezu eine Art Frequenz des Augenblicks schmecken. Gelegentlich bekommen Menschen in besonderen Situationen sogar einen Würgereiz angesichts von Umständen, die als unangenehm empfunden werden. Andererseits lassen wir uns Erlebnisse auch regelrecht auf der Zunge zergehen. Im Übrigen heißt es nicht umsonst: Was du isst, das bist du.

➤ Von unseren Nahrungsmitteln geht ein eigener Einfluss auf unsere Aura aus. Indes weiß der Körper oft auch, welches Lebensmittel man gerade braucht. Instinktiv hatte man sich im Laden gerade entschieden, blieb vor einem Warenständer stehen und musste zugreifen, vielleicht gerade bei Clementinen. Und während ich mir anschließend dessen bewusst werde, welche Bedeutung die Frucht heute für mich hat, kann ich später in diesem Bewusstsein schon die Schale berühren, Kontakt mit ihrer Aura aufnehmen. Ich werde vielleicht darüber streichen, langsam und genüsslich – und plötzlich eine Energie von der Frucht spüren, die sich mir so noch nie zuvor mitgeteilt hat. Auf einmal erfahre ich beim langsamen Abpellen auch, wie der Duft eine besondere Art von Schwingung zu beinhalten scheint. Stück für Stück esse ich dann die Clementine und habe bei jedem Bissen den Eindruck, dass sich mir so etwas wie die *höhere*

Frequenz der Frucht erschließt. Hinterher denke ich eventuell: Es ist etwas ganz Merkwürdiges geschehen. Man könnte es eine neue Art zu essen nennen. Allerdings werden sich solche Eindrücke nicht permanent einstellen, jedoch fallen sie uns von Zeit zu Zeit zu, wenn wir Bewusstsein dafür entwickeln.

XV

RÜCKKOPPELUNG UND SYNCHRONISATION

Mittels unserer Sinne Aufschluss über Frequenzen zu bekommen, die unter Umständen auch Ereignisqualitäten anziehen können, ist das eine. Machen wir hierbei aber nicht halt, sondern denken die Sache noch weiter – in ihren komplexeren Dimensionen. Denn zusätzlich spielt noch etwas eine wichtige Rolle, was als die persönliche Ausrichtung auf übergeordnete Gestaltfelder zu bezeichnen ist. Diese Form innerer Synchronisierung ist das andere, was sich als sinnvolles Ziel formulieren lässt. Es gibt Auffassungen, die so etwas mit Systemtheorie erklären, und ich finde diese Ideen zum Teil recht gelungen.

Danach könne man zunächst einmal alles, was existiert, als Ansammlung von Systemen in Systemen verstehen, die jeweils in größere Systeme eingebettet sind. Hierauf bezieht sich auch der in den 80er-Jahren bekannt gewordene Physiker Fritjof Capra. Er erwähnt, dass etwa Moleküle, Zellen und Organe für sich Systeme sind, die zusammen den erwachsenen Mann oder die erwachsene Frau bilden. Capra: »*Damit endet diese geschichtete Ordnung jedoch nicht. Menschen bilden Familien, Stämme, Nationen.*«[1] Weitere Ebenen führen hinauf bis hin zu Erde, Sonnensystem, Galaxie und Universum. Capra schreibt an anderer Stelle: »*So wie in der subatomaren Physik die Vorstellung von einer unabhängigen physikalischen Einheit problematisch geworden ist, so ist dies in der Biologie die Vorstellung eines unabhängigen Organismus.*«[2]

Als offene Systeme halten Organismen sich durch Austauschbeziehungen mit ihrer Umwelt in Funktion. Capra: »*... wobei diese Umwelt ihrerseits teilweise aus Organismen besteht.*« Die gesamte Biosphäre – unser ganzes globales Ökosystem – sei ein dynamisches und in höchstem Maße verflochtenes Gewebe von lebenden und nicht lebenden Formen. Für ein gutes Funktionieren – so Capra – sind jeweils gut abgestimmte Beziehungen zwischen den kleinen und kleinsten ebenso wie zwischen den großen und größten Systemebenen von Bedeutung. Grenzen dazwischen seien nicht starr, sondern eher fließende Übergänge.

Interessant finde ich vor diesem Hintergrund vor allem folgende Aussage von einigen Systemtheoretikern: Immer dann, wenn unser Handeln und unsere Absichten jeweils höhere Systemebenen unterstützen, bekämen wir gleichfalls Unterstützung vom dort her. Je nachdem, wie nützlich wir dabei werden, desto mehr Energie käme irgendwann zu uns zurück.

Wenn wir dies auf die Sprache des Zufalls und die Beteiligung an Feldern beziehen, in denen etwas Gestalt annimmt, ist diese Aussage allerdings zu ergänzen. Und zwar können wir durchaus etwas zur Unterstützung eines positiven Gestaltfeldes – vielleicht etwas Sinnvolles für die Gesellschaft – tun und werden mit aller Wahrscheinlichkeit auch eine Art Lohn dafür bekommen. Allerdings können manche Menschen noch so sehr Gutes tun und werden eventuell dennoch eine scheinbar ungerechte Situation erleben. Vielleicht hat man im konkreten Fall aber auch nicht unbedingt höhere Systemebenen in ihrer Funktion unterstützt, sondern sich beispielsweise ausnutzen lassen. Dies wäre dann kein positiver Beitrag zum kollektiven Gedächtnis gewesen.

In vielen Fällen kann daher etwas anderes bedeutsamer sein, als vordergründig Gutes zu tun, um womöglich Positives zurückzuerlangen. Denn dann könnte manchmal allein schon eine Erwartungshaltung psychoelektrisch ungünstig wirken. Die Alternative bestünde dann mehr darin, rein neutral die innere Parallelschaltung mit spürbaren Entwicklungstendenzen herzustellen.

Anders ausgedrückt: Je mehr wir uns mit allem synchronisieren, was sich an Evolution um uns herum vollzieht, desto mehr werden wir unter Umständen durch hilfreiche Zufälle Unterstützung finden können. So will uns ja auch das chinesische Orakel I Ging dazu verhelfen, möglichst immer auf der Höhe der Zeit zu handeln, Wege und Augenblicksstrategien finden lassen, um in Einklang mit den

Entwicklungslinien von Mensch und Kosmos zu gelangen. Gleichzeitig verhält es sich so, dass unabhängig von einer ausgearbeiteten Orakelform wie dem I Ging viele Zwischensignale des ganz alltäglichen Lebens ein fortwährendes Feedback bilden, das uns in die Lage versetzt, uns mit übergeordneten Systemebenen des Lebens abzustimmen, sprich zu synchronisieren. Dafür mögen im Alltag manchmal ganz kleine Signale stehen.

So halten Sie sich vielleicht in einem Bahnhofsgebäude auf und warten auf einen Hochbahn- oder Stadtbahnzug. Dabei hören Sie Stimmen von Personen in Ihrer Nähe. Eine sagt zur anderen: »Lass uns doch weiter nach vorne gehen«, und im selben Moment denken Sie daran, dass es für Sie selbst nützlich sein kann, sich zum anderen Ende des Bahnsteigs zu begeben. Vielleicht weil Sie wissen, dass Sie nachher beim Verlassen Ihres Zuges näher beim Stationsausgang sein werden und es so eher schaffen, noch pünktlich im Büro oder bei Ihrer Verabredung in einem Lokal zu sein.

Zufällig hat man in dem Stimmengewirr diese Worte vernommen, die dazu führten, dass man selbst schnell geschaltet hat. Dies könnte nicht nur ein freundlicher Hinweis des Schicksals zum cleveren Handeln in der Situation gewesen sein, sondern auch ein sympathisches Signal, dass man sich gerade wieder ein Stück mehr in Synchronschaltung mit dem Leben allgemein befindet.

Umgekehrt wird es in anderen Situationen Hinweise geben, Geduld zu haben, mit Dingen eher federnd umzugehen, von einem Vorhaben abzulassen, den Sinn einer Sache zu hinterfragen usw. Das Training im Kleinen, um das Ohr im rechten Moment offen zu haben oder den Blick auch mal auf interessante Kleinigkeiten zu richten, kann in der Summe für viele größere Dinge Bedeutung erlangen. Denn gelegentlich hierauf einzugehen, kann eigentlich schon »die halbe Miete« bedeuten, um zu jenen Weichenstellungen zu gelangen, die uns im Zweifelsfall voranbringen, in sensiblen Situationen schützen oder einfach Erleichterung in einer Angelegenheit zukommen lassen. Mit anderen Worten: Das Beachten feiner, kleiner Zeichen hilft uns oftmals in der Ausrichtung zu dem, wo die Zeitqualität mit uns gerade hinwill.

Um diesem Kerngedanken von mentaler Ausrichtung und Abstimmung mit übergeordneten Systemebenen des Schicksals näherzukommen, lassen Sie uns noch einmal zu der Frage zurückkehren, wie man es anstellen könnte, möglichst zur rechten Zeit am rechten Ort zu sein und dort auch noch auf die »richtigen Leute« zu treffen. Was es mit zeitlichen wie örtlichen Gegebenheiten auf sich haben kann, zeigt wieder ein Beispiel von einem Autor.

Als Norman Mailer seinen Roman »Barbary Shore« (deutscher Titel: »Am Rande der Barbarei«) begann, enthielt dieser zunächst kein Handlungselement mit einem sowjetischen Spion. Während der Weiterentwicklung der Geschichte soll Mailer einen solchen jedoch bereits als Nebenfigur eingefügt haben. Und je mehr der Schriftsteller mit seinem Stoff vorankam, desto stärker wurde der Spion zur Hauptfigur.

Total überraschend: Nachdem Mailer den Roman schließlich beendet hatte, verhaftete die staatliche Ordnungsmacht in der Realität einen Mann, der eine Etage unter ihm wohnte. Der Betreffende galt zu dem Zeitpunkt als sowjetischer Topagent. Es soll sich um Rodolf Iwanowitsch Abel gehandelt haben, der mit dem Verrat von Atomgeheimnissen an die Sowjetunion in Verbindung gebracht wird. Besondere Berühmtheit erlangte der Agent später durch einen Gefangenenaustausch zwischen den USA und der UdSSR. Abel wurde am 10. Februar 1962 an der Glienicker Brücke – der Verbindung zwischen Westberlin und der damaligen DDR – freigelassen. Im Gegenzug wurde der U2-Pilot und CIA-Spion Francis Powers an die Amerikaner übergeben.

Zunächst die Frage nach der »rechten« oder in diesem Fall »besonderen Zeit« bei der Manuskripterstellung von Mailers Roman: Wir erkennen hier eine chronologische Aufschichtung von Frequenzen, welche in das Romanwerk nach und nach inhaltlich eingeflossen sind. Darin lagen für Mailer zwar keine bewusst wahrnehmbaren Signale, aber er hat unbewusst offenbar auf einer recht tiefen Ebene ein Thema registriert und in der Umsetzung als Schriftsteller darauf geantwortet. Sein Werk »Am Rande der Barbarei« hatte nicht so viel Erfolg wie vorher »Die Nackten und die Toten«, aber immerhin hatte Norman Mailer doch wieder einen interessanten Stoff gefunden, der sein Schaffen in gewisser Weise gar mit kollektiven Vorgängen vernetzte. Wir können den Vorgang an dieser Stelle auch ruhig von der Frage lösen, wie glücklich oder unglücklich das für den Schriftsteller später gewesen sein mag. Es geht ganz einfach um ein Raum-Zeit-Muster, aus dem sich einiges folgern lässt.

Denken wir zum Beispiel einmal daran, wie es bei uns selbst ist. Erfahren wir nicht auch, dass uns Ideen einmal weniger und einmal mehr anticken? Wir werden, wie es auch bei Norman Mailer der Fall war, nicht in jedem Fall bewusst wissen, jetzt ist für uns ein irgendwie wichtiger Moment. Aber es kann schon sein, dass wir einer Vision folgen, die gerade richtig in einer Zeitströmung liegt oder irgendeine bedeutsame Entwicklung anstößt. Wir erfüllen dann unter Umständen ebenfalls bestimmte Vernetzungseigenschaften.

Obendrein auch noch gezielt Empfinden dafür zu entwickeln, was gerade in solchen Momenten angesagt ist, bringt uns dann einmal mehr in ein günstiges Resonanzverhältnis zu der Zeit. Wir sind bestimmt gut beraten, innerlich darauf zu achten, was uns zufällt, und natürlich auch bereit zu sein, genau darauf einzugehen. Nach und nach werden wir vielleicht einer unbewussten Spur zu einer interessanten Angelegenheit folgen oder aber neuralgische Situationen eher meiden.

In welcher konkreten Form kann das geschehen? Die wenigsten von uns werden sich in Synchronizität zu Ereignissen befinden, die unmittelbar die Welt bewegen. Zeitsensible Botschaften können aber – ganz alltäglich – zum Beispiel in kurzzeitigen Ausfällen von technischen Geräten, Anlagen oder Verbindungssystemen liegen. Falls etwa gerade dann eine Netzstörung beim Handy oder Telefon eintritt, wenn wir jemanden sprechen wollen, den wir aus anderen Gründen zuvor auch schon nicht erreichen konnten, mag es ein Hinweis mehr sein, dass jetzt nicht der günstige Moment für ein Gespräch gegeben ist. Es stellt sich als Widerholungssituation mit einer besonderen Betonung dar (hier: Geräte- oder Netzstörung).

Unsere Reaktion hierauf, wann wir uns dann erneut melden sollten, wäre im Einzelfall noch mit einem weiteren Schicksalswink oder aber mit rein sachbezogenen Überlegungen abzuwägen. Vergleichbare Entsprechungen zu einem tiefer liegenden Zeitmuster werden eventuell auch dadurch signalisiert, dass bei zwei Menschen ein angestrebtes Treffen partout immer wieder nicht in den Terminkalender passt. Dann ist die Zeit etwa für ein gemeinsames Essen noch nicht gekommen.

Es mag bedeuten: Vielleicht etwas persönlich Wichtiges, das wir aber noch nicht als solches erkennen, will offenbar noch vorher bei uns Gestaltenergie und Dimensionen ausbilden. Man könnte auch sagen: Da soll sich noch etwas entwickeln, damit die Zusammenkunft harmonisch, klärend oder produktiv wird. Manchmal hat es sich mit dem Treffen später allerdings erledigt, selbst dann, wenn inzwischen beide Seiten Zeit haben. Dann sollte es eben einfach nicht sein und die Begegnung wäre möglicherweise in irgendeiner Weise seelisch blockierend gewesen – sei es, dass sie nur unnötig Aufmerksamkeit und Energie gekostet oder uns in irgendwelchen energetischen Rückkoppelungsschleifen festgehalten hätte.

Positive Zeitsignale liegen dagegen insbesondere in sympathischen Anrufen, mit denen man gar nicht gerechnet hat, zufälligen Begegnungen mit Menschen, welche direkt oder indirekt etwas mit einem Vorhaben zu tun haben, und dergleichen. Oder spezieller: Vielleicht brüten wir tagelang, ob sich Pläne bereits mit Schritten umsetzen lassen, die wir uns überlegt haben. Und immer wieder nehmen wir parallel Pressemeldungen zu einem gesellschaftlichen Thema wahr, in denen es etwa heißt: »Es ist an der Zeit«, oder: »Wie lange wollen unsere Politiker noch warten?«

Sie kennen das vielleicht: Da wird auf einmal so ein seltsames Gefühl in einem angeregt, als hätte eine Überschrift auch etwas mit einem ganz persönlich zu tun. Will heißen: In unseren privaten oder beruflichen Angelegenheiten wären wir auf einer Entsprechungsebene dann für unsere Belange selbst solche »Politiker«. Oder es kann sein, dass eine Freundin/ein Freund Ihnen ein Buch gibt, das gleichsam einen zeitlichen Aufforderungscharakter hat. Vielleicht kann Ihnen auch jemand eine Verbindung herstellen, die Unterstützung bringt. Oft zeigen positive Zeitsignale, dass etwas in einer gewünschten Richtung in Bewegung ist, auch dass man nicht länger warten sollte oder sich plötzlich neue Möglichkeiten auftun.

Was den Spionageroman betrifft, spielten aber nicht nur zeitliche Bedingungen eine Rolle. Wie war das noch einmal? Ausgesprochen auffallend war bei Mailers Roman eine dichte Beziehung zum »Faktor Ort«. Sie war im geschilderten Fall offenkundig, wenn sie auch auf unbewusster Ebene stattfand – eben der Spion, dessen Anwesenheit sich erst später offenbarte. Und wie ist es bei uns? Was glauben Sie, wenn in Ihrem Haus ein freundlicher Banker wohnt, den eine Aura von seriöser Geschäftsmäßigkeit umgibt, vielleicht auch noch ein anderer Nachbar, der etwa Prokurist in einem kleinen, soliden Familienunternehmen ist – was für Frequenzen gehen wohl von diesen Personen aus? In vielen Fällen wird es ein relativ positives Omen sein, ohne dass man die Betreffenden überhaupt näher kennt. Aber hier ist sehr wahrscheinlich eine Hintergrundschwingung vorhanden, die für vieles, was mit Geld zusammenhängt, schon einmal ganz wohltuend sein kann.

Vor solch einem Hintergrund würde es sich zusätzlich lohnen, auf markante Zeitsignale zu achten. Wenn Sie zum Beispiel bei Gelegenheit Ihre Hausbank besuchen und es findet in der Filiale gerade eine offizielle Feierlichkeit statt, aus deren Anlass die Geschäftsleitung ihren Kunden ein Glas Sekt serviert, wäre das solch ein Fall, hellhörig zu werden. Eventuell wäre hiermit in Verbindung zur energetisch starken Wohnumgebung ein positives Zeitfeld angesprochen.

Es muss nicht bedeuten, dass man an dem Tag unbedingt mit Aktien großes Geld verdient. Aber es ist eine zeitliche Tendenz zu erkennen, die ganz günstig sein kann. »Sekt in der Sparkasse bedeutet Geld«, sagte mir jemand einmal spontan, als mir genau das widerfahren ist. Es dauerte dann noch etwa drei Monate, bis ein recht lukratives Geschäft zustande kam. Mag das Anstoßen mit Sekt in solch einem Fall ein kleines Zeichen sein, so gesellt sich ein weiteres dadurch hinzu, dass eine Person aus der persönlichen Umgebung dies auch noch direkt anspricht. Genau dies hat – wenn man so will – zusätzlich seine eigene Zeichenqualität. Werden wir in solchen oder ähnlichen Momenten also aufmerksam. Oft gibt es ganz besondere Anhaltspunkte, sozusagen »Zeitfährten«, die uns ein werdendes Gestaltfeld legt, wenn wir uns nach und nach in einer Zielgeraden befinden.

Aus den verschiedenen Fallbeispielen, Eindrücken und Überlegungen ergibt sich folgendes Fazit: Wenn man sagt, dass es bei vielen Dingen im Leben darauf ankomme, zur rechten Zeit am rechten Ort zu sein, so gibt es dafür wahrscheinlich keine Technik oder gar ein Patentrezept. Vielmehr baut sich für örtliche Bedingungen und Zeitfrequenzen nach und nach ein vernetztes Gestaltfeld auf. Irgendwann, nachdem wir uns teils bewusst, teils unbewusst darauf kalibriert haben, ist es dann so weit. Wir haben uns entweder rein intuitiv an übergeordnete Gestaltentwicklungen angekoppelt oder das eine oder andere Mal kleine Zeichen beachtet und uns dadurch in eine bestimmte Richtung bestärken lassen.

Eventuell sind wir bei einer Angelegenheit, die gar nichts mit unseren Zielen, Plänen und Ambitionen zu tun haben muss, per Zufall zu einem bestimmten Ort hingeführt worden, an dem es ganz einfach positive Erlebnisse gab. Und das nächste Mal werden wir vielleicht zu einer ähnlichen Umgebung geführt und dort stellt sich ein vergleichbar freundlicher oder angenehmer Erlebnisgehalt ein, wodurch sich das Muster verstärkt. Eine solche seelische Aufladung kann durchaus in Dinge einmünden, die nachher mit Erfolg in einem gewünschten Bereich zu tun haben. Doch was wichtig ist: Eine gewisse Absichtslosigkeit ist förderlich, wenn man intensiver Freundschaft mit dem Zufall schließen will. Was nach dem bisher Gesagten andererseits nicht ausschließt, auf Zeitsignale und subtile Botschaften örtlicher Gegebenheiten einzugehen. Im Gegenteil: Das Leben wird es uns in irgendeiner Weise danken, wenn wir auf diese Weise mit ihm in Dialog treten.

XVI

Das Netz der Realität

Manchmal mischen sich individuelle Zusammenhänge auf ganz besondere Weise mit hilfreichen Einflüssen übergeordneter Natur. Gerade das, was nicht nur in unser unmittelbar nächstes Umfeld hineinreicht, sondern weitere Kreise zieht, ist zwar nicht immer, aber oftmals Indiz dafür, dass wir einen bestimmten Synchronisierungsgrad erreicht haben. Auch können wir davon ausgehen, dass in solchen Fällen eine besondere Energie gleichsam von höheren Systemebenen her in unser Schicksal einströmt. Das kann unter anderem auch geschehen, wenn wir in einem bestimmten Moment ganz dringend Hilfe benötigen.

Aufgrund einiger Anhaltspunkte lässt sich dies recht gut an einem spektakulären Beispiel erörtern, in dem es zunächst scheinbar um ein mehr individuelles Zufallsgeschehen zu gehen schien. Wenn man jedoch die Hintergründe beachtet und auch nach Feldeinflüssen von außen fragt, wird deutlich, dass wahrscheinlich zusätzlich eine Schnittstelle mit dem Kollektiven vorhanden war. In der Analyse werden wir dafür ein Annäherungsmodell infrage kommender Möglichkeiten zeichnen.

Es geht um die seinerzeit 67-jährige Dorothy Fletcher aus Liverpool (Großbritannien). Über ihren Fall haben unter anderem der britische »Daily Mirror« in Großbritannien[1] und in Deutschland das Nachrichtenmagazin »Focus«[2] berichtet. Was war geschehen?

Während eines Ferienflugs nach Florida erleidet die Frau an Bord ihrer Maschine Anzeichen eines Herzanfalls. Auf die Frage der Stewardess, ob sich im Flugzeug ein Arzt befinde, melden sich verblüffenderweise sofort 15 Kardiologen, die alle zu einem Fachkongress in den Vereinigten Staaten unterwegs sind. Eine Notfallausrüstung ist auch vorhanden und so kann der Patientin noch während des Fluges über die schwerste Krise hinweggeholfen werden. Später erinnert sie sich an die Stimmen der Ärzte. Einer sagte eben gerade bedauernd: »Wir haben sie nicht mehr.« Dann ein anderer: »Nein, ich habe wieder einen Puls.« Einige Zeit später kam es zur Notlandung im US-Bundesstaat North Carolina, wo die Patientin sofort in eine Klinik gebracht wurde. Sie war inzwischen »über den Berg«.

Was könnte im Hintergrund eine Rolle gespielt haben? Vielleicht der Umstand, dass Dorothy Fletcher nicht nur einfach reisen wollte. Zum besagten Zeitpunkt hatte sie das Ziel, zur Hochzeit ihrer damals 32 Jahre alten Tochter Christine zu erscheinen, die am Lake Berkeley in Kissimee, Florida, lebte. Etwas ganz tief in der Seele der Mutter spielte hier womöglich eine Rolle. Sie musste ihrer Tochter unbedingt erhalten bleiben. So buchte sie letzten Endes genau die richtige Maschine, bei der sich ein psychisches Ziel mit einem geografischen verband. Immerhin war sie nach Abschluss aller Behandlungen genau drei Tage vor dem Hochzeitstermin wieder wohlauf und die behandelnden Ärzte sahen sich so in der Lage, die Frau auch noch rechtzeitig aus der Klinik zu entlassen.

Obendrein könnte – ob es ihr bewusst war oder nicht – der Abflugtag eine Rolle gespielt haben, weil es eventuell Datumsähnlichkeiten mit früheren Ereignissen im Leben von Dorothy Fletcher gegeben hat. Vielleicht haben auch die Vereinigten Staaten in ihrem Leben oder in dem ihrer Familie schon einmal eine wichtige Rolle gespielt. Und es besteht noch ein geradezu verrückter Parallelzufall zu der Rettungsgeschichte. In Florida, etwa 270 Kilometer von Kissimee entfernt, lebt seit ihrem siebten Lebensjahr eine Buchautorin namens Dorothy K. Fletcher. Sie hat über Zen beim Angeln und inneren Frieden geschrieben, auch praktiziert sie selbst Zen-Meditation ebenso wie andere Techniken (eine sicherlich feldaktive Energie mit positiver Induktion zur Namensenergie der anderen Dorothy Fletcher).

Spontan hatte ich überlegt, ob die schriftstellernde Dorothy vielleicht ebenfalls etwas mit dem Herzen gehabt haben könnte, oder jemand aus ihrer Familie. Aber das würde doch wohl zu sehr einem Klischee von Synchronizität entsprechen, oder? Also rufe ich in Florida an und erkundige mich. Und was ist zu erfahren? Die Autorin berichtet freimütig, sie habe, als sie um die 30 war, an leichten, stressbedingten Herzproblemen gelitten. Ihr Großvater war hingegen mit 63 an einer Herzattacke gestorben. Dorothy selbst hatte offenbar die Signale ihres Körpers richtig verstanden. Die frühere Lehrerin entschied sich für einen Lebensstil, der mit Stressabbau einherging. Wenn man so will, ist hier die Namensschwester und Autorin eine Art »Resonanzschutzengel« für die andere Dorothy gewesen, und es lag ganz eindeutig eine Symmetriesituation wie aus dem Bilderbuch vor.

Hierin erschöpfen sich aber die möglichen Einflüsse noch nicht. Obendrein gab es hochmotivierte Ärzte, die zu einem Kongress wollten. Bei solchen Veranstaltungen geht es bekanntlich immer ein wenig darum, die Triumphe der modernen Medizin zu präsentieren (Einfluss aus dem Kollektiven). Und wie könnte dies vom Muster her besser passen, als wenn die Erinnerung an ein emotional nachhaltiges Erlebnis die Teilnehmer noch auf ihrem Kongress begleiten wird. Sozusagen wollte ihr Gruppenbewusstsein sich selbst und aller Welt auf besondere Weise zeigen, was der persönliche Einsatz von Heilkundigen selbst in einer Extremsituation zu leisten vermag. Hier seien noch einmal Nelsons Untersuchungen zur Gruppenkohärenz aus den 90er-Jahren erwähnt, die zeigen, dass quantenphysikalische Messvorrichtungen auf eine Mehrzahl von Personen reagieren, wenn ein starker emotionaler Faktor eine Rolle spielt. Besonders deutlich waren die Impulse übrigens bei gleichgerichteten Absichten von Gruppenangehörigen.

Gerade unter einem ansonsten eher fragwürdigen Vorzeichen würde die Annahme einer entsprechenden Feldenergie bei den Herzspezialisten an Bord der Maschine passen, nämlich dass sich Ärzte häufig bei akuten Krankheitsfällen auf Fluglinien nicht melden. Das geht aus Studien und Presseberichten hervor.

Der Grund liegt den Untersuchungen zufolge darin, dass Mediziner Angst haben, etwas falsch zu machen und anschließend in Regress genommen zu werden. Aber hier waren ja ausgesprochene Fachleute an Bord und so konnte dem hippokratischen Eid einmal in besonders eindrucksvoller Weise entsprochen werden. Was eine interessante zusätzliche Annahme nahelegt: Auf diese Weise würden auch die Ärzte ein psychisches – wiederum unbewusstes – Ziel gehabt haben, das sich mit einem geografischen verband. Mindestens liegt darin einige Plausibilität, und wir hätten von der tiefenpsychologischen Motivation her einen klassischen Ansatz für Musterbildung, nämlich eine parallel laufende seelische Dynamik, die von beteiligten Akteuren in einer Situation ausgeht.

Man könnte sogar noch weitergehen: Liegt die Annahme nicht nahe, dass ein Gestaltfeld, von Angehörigen einer Berufsgruppe ein Zeichen zu setzen, vorhanden war – vielleicht um eine Art Vorbildcharakter zu schaffen? Die Ärzte wären dann die aktiven Teilnehmer am Geschehen. Auf der anderen Seite gab es Gestalttendenzen bei der Patientin an Bord, die dafür sorgten, dass sie sich gleichsam in einem dramatischen Geschehen »zur Verfügung« stellte, um gerettet zu werden.

Das klingt geradezu wie eine Herausforderung an unser konventionelles Schicksalsverständnis. Lynn Mc Taggart formuliert dazu aber etwas ganz Passendes in ihrem Buch »Das Nullpunkt-Feld«. Sie bezieht sich hier auf William Braud, für Taggart ein Querdenker, der eigentlich als Wissenschaftler der alten Schule begonnen habe.[3] Die Spezialgebiete des Forschers waren die Psychologie und Biochemie von Erinnerung und Lernprozessen. In seinen späteren Arbeiten konzentrierte er sich vor allem auf »wahrscheinliche Wirklichkeiten« und die »Grenze des Persönlichen«. Zu seinen Thesen gehört die Annahme, dass jeder von uns im Austausch mit anderen Menschen in der Lage sei, innere Wunschkonstellationen in eine sich verdichtende Wirklichkeitsdimension hineinzuführen.

Mittels quantenphysikalischer Prozesse würden wir auf gewisse Weise in die Lage versetzt, Realitätsbestandteile fortwährend zu kreieren. Darauf brachten ihn unter anderem Experimente mit sinnlichem Reizentzug, der veränderte Bewusstseinszustände wie in der Meditation zur Folge haben kann. In diesen Versuchen konnte gezeigt werden, dass Personen in einem guten nervlichen Zustand Eindrücke auf andere übertragen konnten, die mental weniger gut organisiert waren. Außerdem gab es offenbar die Tendenz, aus Entspannungszuständen heraus Ereignismöglichkeiten anzuziehen. So hatte Braud eine Reihe von Selbstexperimenten durchgeführt, die zum Gegenstand hatten, unter welchen Bedingungen Wünsche größere Wahrscheinlichkeit gewannen, Realität zu werden. Die

Ergebnisse zeigten, dass hierbei die innerlich richtig dosierte Intensität an Wunschenergie wichtig ist – eine Art spielerischer Verbindung zu unbewussten Feldenergien.[4]

Taggart ergänzt: »*Wenn alles, was geschieht, eine Wechselwirkung ist und Gedanken ein gemeinschaftlicher Prozess sind, brauchen wir vielleicht eine starke Gemeinschaft guter Absichten, um in der Welt gut zu funktionieren.*«[5]

Viele andere Forschungen hätten in diesem Sinn die Annahme unterstützt, dass die starke soziale Einbindung eines Menschen ein enorm wichtiger Gesundheitsfaktor ist. Zudem lässt sich im Fall der Patientin Dorothy Fletcher eine These weiter ausformulieren: Es ist anzunehmen, dass unser Unbewusstes in bestimmten Fällen Möglichkeiten hat, Verbindung mit Einflüssen aufzunehmen, die entweder fördernde oder sogar schützende Eigenschaften besitzen, ebenso wie es – unter anderen Vorzeichen – leider auch in eine ganz andere Richtung laufen kann. Untergründige Motivationen und innere Entwicklungsrichtungen bei den jeweils am Geschehen beteiligten Personen mögen dabei ihren Beitrag zu der Musterentstehung beisteuern. Meist wird sich solch ein Muster schon längst vor dem eigentlichen Ereignis herausbilden und die »passiven« und »aktiven Helden« des Lebensdramas ziehen sich dabei über das zunehmende Gestaltfeld an.

Ein Stück weit ist damit auch die Frage geklärt, warum in einigen Fällen gleichsam »rettende Engel« in Gestalt von Medizinern zur Stelle sind, in einem vergleichbaren Fall die Tochter aber eine traurige Nachricht erhalten würde. Das »Warum«, der Unterschied wird aus der Tendenz von miteinander verwobenen Mustern und Ladungszuständen deutlich. Anzunehmen sind im besprochenen Rettungsfall übereinstimmende Frequenzmerkmale, die für ein Anziehungsmuster zwischen der Patientin und den Ärzten sorgten. Folgen wir dieser Hypothese, kann eine besondere Anziehung – etwa aufgrund biografischer Übereinstimmungen – auch zu einem der Ärzte speziell bestanden haben, der die Kollegen im Gefolge hatte.

Zu den angedeuteten Verständnismodellen des Noteinsatzes über den Wolken gehört letztlich eine Grundannahme, nämlich dass die Erzeugung von Realität ununterbrochen ein gemeinschaftlicher Prozess ist, der an vorhandene Feldenergien anknüpft, sie sozusagen als energetisches Leitsystem nutzt. Und weiter: Zufälle kämen demnach zustande, weil wir Wahrscheinlichkeiten im Austausch mit unserer Umgebung selbst energetisieren. Auf diese Weise bringen Menschen einfach nur alltägliche ebenso wie die tragischen oder frustrierenden Begebenheiten zusammen hervor, sowie unterstützende und beglückende Zufallsereignisse bis hin zu wunderbaren Rettungsgeschichten oder dem schier unbegreiflichen Überleben eines Unfalls.

Dabei steht dies keineswegs in Widerspruch zur Vorstellung von etwas Göttlichem. Die Sichtweise wäre hier nur die, dass wir mit diesem göttlichen Geschehen in gemeinschaftlicher Partizipation verbunden wären – in gewisser Weise als ein umschlossener Teil davon. Das Knüpfen von Schicksalsfäden aus Tiefenschichten der Seele heraus deckt sich im Übrigen mit Vorstellungsbildern aus der abendländischen Mythologie. Bei den Germanen etwa waren es die drei Nornen, die das Gewebe des Schicksals flochten. Sie hießen »Urd« (das Gewordene), »Verdandi« (das Werdende) und »Skuld« (das noch Werdende). Vergleichbare Schicksalsgöttinnen waren die griechischen Moiren, die römischen Parzen oder die slawischen Zorya.

In verschiedenen Kulturen bestand also dieses Motiv im Kollektivbewusstsein, dass eine weibliche Schicksalsenergie das »Gewebe der Welt« wirkt. Auch auf dem amerikanischen Kontinent gibt es eine urbildhafte Entsprechung. Es ist die indianische Figur, die auf Englisch »Spider Woman« (Spinnenfrau) genannt wird. Sie ist nach Schöpfungsmythen der Hopi eine weise Frau, die mit einem großen spinnennetzartigen Labyrinth in Verbindung gebracht wird.

Rachel Pollack, die ein hiervon inspiriertes Tarot-Motiv textlich begleitet hat, schreibt: »Viele Indianerstämme unterscheiden zwischen einer göttlichen ›Mutter‹ und einer ›Großmutter‹. Die Großmutter (die Frau mit der Spinne) ist die letzte Quelle, das Potenzial aller Dinge.«[6] Genau hierin liegt eine besondere archetypische Assoziation für unser Thema. Spider Woman entspräche als Personifizierung einem Urfeld an Quantenprozessen, dem alle weiteren gestaltbildenden Muster und Feldenergien innewohnen.

Physiker wie der Amerikaner Harold Putthoff, der für das renommierte Stanford Research Institute arbeitete, sprechen von dem sogenannten »Nullpunkt-Feld«, das man sich als Sphäre mit Vakuumeigenschaften unter anderem zwischen den Elementarteilchen unserer Materie vorstellen kann.[7] Gleichsam im Spannungsgegensatz hierzu würden eben diese uns bekannten Elementarteilchen der Atomkerne in einem fortwährenden Prozess Energie entwickeln.

Das Nullpunkt-Feld, dem Lynn Mc Taggart ihren Buchtitel widmete, wäre gleichnishaft sozusagen die »Urmutter« aller Energiefelder. Daher passt die Assoziation zum Symbol der Großmutter bei den Hopi so perfekt. Bedenken wir, dass auch ein Spinnennetz ein ideales Muster darstellt. Der springende Punkt ist sicher: Die Spinne erschafft ihr Netz selbst nach einem morphogenetischen Muster – in mancher Hinsicht vergleichbar damit, wie wir aus den Tiefenschichten unserer Seele heraus selbst Anteil am Entstehen unserer Schicksalsfäden haben.

In der Parallele zum Archetypus von Spider Woman ist es unsere eher weibliche rechtshirnige Seite, die Ereignisse kommen lässt (nicht so sehr der linkshirnige »Macher« in uns). Das legen die Selbstversuche von William Braud nahe, der bei seinen Experimenten mit Entspannungszuständen herausfand, dass zumindest angestrengtes Wollen eher kontraproduktiv ist, wenn man Ereignistendenzen in einen quantenphysikalischen Ordnungszustand bringen will, in dem sie wahrscheinlich(er) werden.

Eine absichtsvolle Haltung ist demnach vergleichbar ungeeignet dafür, als wolle man sich aufs Einschlafen willentlich konzentrieren, was einfach nicht klappt. Entspannungszustände mit entsprechenden Gehirnwellenmustern begünstigen es dagegen offenbar, gewünschte Ereignisqualitäten anzuziehen. Wahrscheinlich deswegen, weil wir dann in einen Frequenzbereich hineinkommen, in dem wir uns in größerer Kohärenz (Gleichrichtung) mit anderen Menschen oder mit Anteilen aus dem kollektiven Unbewussten befinden (mit den übergeordneten Systemebenen).

Erfahrungen auf dem Wellenkamm

Generell haben Fügungen immer etwas mit jenen Frequenzbeziehungen zu tun, mit denen wir unsere Lebensmuster hervorbringen. Hierbei spielen persönliche Frequenzen der Beteiligten eine Rolle, eventuell Orts- und charakteristische Zeitfrequenzen. Letztere haben mit den Ladungszuständen und emotionalen Qualitäten von Augenblicken zu tun. Zur Unterscheidung: Von Zeitsignalen war bereits die Rede, als über kleine Zufälle gesprochen wurde, die Hinweischarakter haben, ob ein Augenblick gerade passend oder eher ungünstig für etwas ist. Darüber hinaus können wir wahrscheinlich aber auch regelrecht von Zeitfrequenzen sprechen. Allerdings ist dieser Begriff bisher in der Physik nicht geläufig, wenn von Wissenschaftlern auch bereits über sogenannte »Chronons« als gleichsam kleinste Zeitpakete in Entsprechung zu den »Quanten« als kleinsten Energiepaketen in der Kernphysik nachgedacht wurde. Andererseits scheint es naheliegend, auch für Zeitmuster einen Frequenzcharakter anzunehmen.

Nachvollziehbar dürfte sein, dass schicksalhafte Zeitomen, die uns im Bewusstsein erreichen, aus Zeitfrequenzen gespeist werden. Letztere entsprächen auf individueller Ebene etwa dem, was man kollektiv mit dem Schlagwort »Zeitgeist« umschreibt. Es ist wahrscheinlich aber noch mehr als der in Medien gern gebrauchte Begriff für kulturelle Strömungen, nämlich ein tatsächlicher »Spirit« – etwas, womit die Atmosphäre momentan geradezu aufgeladen scheint. Ich glaube, dass es das gibt und künftig in theoretischen Modellen der Naturwissenschaft diskutiert werden könnte. Insofern seien sie im weiteren Verlauf des Buches als vorhanden vorausgesetzt.

Eine solche Qualität, die sich Zeitfrequenz nennen lässt, kann man sich beispielsweise bewusst machen, indem man seelisch eine Art »Schnappschuss« von einem Augenblick macht, seine Besonderheiten verinnerlicht und dabei so etwas wie den besonderen »Geruch der Zeit« empfindet, »ihren Duft« oder »ihre Vibration«. Ich habe das einmal an einem warmen, angenehmen Tag erlebt, als ich eine charakteristische Anregung in der Luft spürte. In dem Augenblick verdichtete sich in meiner Vorstellung das gesamte

Zeitempfinden für alles um mich herum und wenig später kam ich mit recht interessanten Leuten zusammen, die etwas ausgesprochen Modernes und Inspirierendes an sich hatten. Gleichzeitig hatte ich eine Reihe neuer Ideen gewinnen können, die mir irgendwie passend zu dem schienen, was ich auf subtiler Ebene meinte wahrgenommen zu haben.

Wenn eine solche Erfahrung nachhaltig wirkt, kommt sie meist einigermaßen zufällig zu einem. Man wird davon angesprochen, geradezu angerührt. Daher bringt es meist auch nicht viel, sich das gezielt vorzunehmen. So, jetzt atme ich mal tief durch, mache »a« und »b« und dann geschieht dieses und jenes. Wer aber erst einmal ganz ohne Absicht Verbindung mit einer jeweiligen Zeitfrequenz aufnimmt, dessen innerer Muskel wird dafür gleichsam trainiert und das Leben aktiviert unter Umständen besondere Situationen. Irgendwann, wenn man gar nicht damit gerechnet hat, spürt man es: Hallo – das ist ja jetzt ein sehr interessanter Augenblick. Wir korrespondieren dabei wohl in gewisser Weise mit den physikalischen Welleneigenschaften des Daseins. Es fühlt sich irgendwie ungewöhnlich an – ein Erlebnis auf dem *Wellenkamm des Lebens*.

Die »Schnappschussmethode« lässt sich auch in Bezug auf manche andere Dinge anwenden, zum Beispiel wenn es darum geht, die Frequenz von Gegenständen zu erfassen. Haben Sie in manchen Momenten nicht auch schon erlebt, dass ein Buch, ein Computer, das Faxgerät oder Telefon, mit dem Sie ständig hantieren, selbst Ihre Kleidung in einem Moment eine vielleicht eher matte Energie ausstrahlt, in anderen Augenblicken eine Art von charismatischem Glanz?

Unsere ganz alltägliche Umgebung lebt also auf besondere Weise und teilt Ihnen oft in schnappschussartigen Mikroeindrücken etwas davon mit, was entweder Ihre Psyche spiegelt oder was für Feldenergien vorhanden sein könnten, die Sie umgeben. So deuten diese Eindrücke in der einen oder anderen Richtung an, was an Energieniveau gerade für Sie im Werden begriffen ist. Es sind meist Momente wie im Vorbeigehen, in denen Sie entweder Energiemangel oder einen ressourcenvollen Zustand in Ihre Objektumgebung hineingespiegelt sehen. Dabei kann es manchmal auch sein, dass sich Ihre Kleidung oder Gebrauchsgegenstände bereits in einer Art

Quantenzustand der Zukunft zu befinden scheinen (oder von dort zum Jetzt hin und her oszillieren). Das wäre etwa der Fall, wenn Sie sich in einer bestimmten Entwicklungsphase befinden, in der Ihr Bewusstsein noch in vielleicht seit Langem gewohnten Begrenzungen verharrt, Sie aber bereits Berührung mit zukünftigen Gestalttendenzen haben. Solche, die zulassen, dass sich ganz bestimmte Einschränkungen aufheben werden.

Etwas in Ihnen projiziert dann unter Umständen dieses Empfinden von Zukünftigem auf ein paar Schuhe oder auf irgendetwas Textiles, das Sie hingelegt haben, um es anzuziehen. Diese persönlichen Dinge mögen Ihnen dann beispielsweise auf positive Weise fremd vorkommen. Ihnen wird vielleicht für kurze Mikroaugenblicke etwas von der Zukunft in die Gegenwart hineingespiegelt, das Ihnen die Objektausstrahlung von Ihrem künftig entwickelteren Selbst vergegenwärtigt. Eventuell ein Persönlichkeitsteil, der bereits genau das repräsentiert, was Sie in gewisser Weise auf einem bestimmten Gebiet schon lange sein wollen.

Ich habe das ab und zu erlebt, und zwar vor jeweils recht bedeutsamen Zeitpunkten. Und da das Leben einfallsreich ist, wenn es um Zufälle geht, sozusagen auch immer Variationen auf Lager hat, damit man nicht abstumpft, durfte ich auch schon eine Modifikation dazu in einer Zeit voller Stress kennenlernen. Ich war in der Vorschau auf Künftiges in der Lage, mich so zu bewegen und zu erleben, dass eine Anspannungsphase sich bereits vollständig als erledigt anfühlte, so als hätte die Zukunft mich kurzzeitig besucht. Oder ich saß in einer beruflich schwierigen Zeit am Schreibtisch, griff zum Hörer und argumentierte von einem künftigen Quantenzustand aus, in dem irgendwelche Dinge schon gelöst waren.

Ich möchte für diese Art Wahrnehmung den Begriff »Metaschnappschuss« wählen – als wenn wir sozusagen Energiebeziehungen wie aus einer Art Vogelperspektive (»meta« = »von oben« – »übergeordnet«) erleben. Zwar schwingt in dem Wort »Schnappschuss« manchmal auch etwas Auflauerndes mit, aber wir werden ja keine mentalen Paparazzi sein, sondern eher etwas Künstlerisches im Erkennen von Frequenzen anwenden.

In einigen Fällen ist »Schnappschuss« dabei durchaus richtig, weil es auf das sehr entschlossene Wahrnehmen von Eindrücken aus einem ganz kurzen Augenblick heraus ankommt. In anderen Momenten passt mehr das gelassenere Wort »Momentaufnahme«.

Es geht mit diesen energetischen Erkennungsmöglichkeiten auch noch weiter. Ein einigermaßen ungewöhnliches Beispiel, das ich schon vor langer Zeit einmal erlebt habe, steht mit chinesischen Restaurants im Zusammenhang. Bis heute mag ich gerne asiatische Küche, und ich hatte seinerzeit immer Leute bewundert, die geschickt mit Stäbchen noch das letzte Reiskorn im Porzellanschälchen aufzupicken imstande waren. Doch zumeist hantierte ich mit dem fremdländischen Essbesteck eher unbeholfen, obwohl man mir die Handhabung zigmal ausführlich direkt vor meinen Augen demonstriert hatte.

Eines Tages ging ich dann in einem Restaurant an einem Raum vorbei, in dem einige der chinesischen Angestellten ebenso wie die Inhaber an einem Tisch saßen und ihr abendliches Essen mit Stäbchen zu sich nahmen. Diesmal war es für mich eine mentale Momentaufnahme aus einiger Entfernung und ich nahm einfach die private Stimmung der Personen auf, die dort in trauter Runde zusammensaßen.

Von dem Moment an wusste ich innerlich, wie man mit Stäbchen isst, und konnte es ohne Weiteres am Tisch reproduzieren, und zwar bald genauso, wie Asiaten das machen. Ich glaube aus heutiger Sicht, dass ich für einen kurzen Moment mit dem morphogenetischen Feld entsprechender Speisegewohnheiten von der Frequenz her verbunden war. Auch diesen Moment hatte ich nicht bewusst gesucht, sondern er war zu mir gekommen.

Dies ist zwar kein weltbewegendes Beispiel. Aber es zeigt doch, wie wir uns in eine Frequenz eintunen können. Das Prinzip ist auf manche Situationen übertragbar – auch solche, bei denen es um mehr geht, als etwa mit Stäbchen zu essen. Aber wie gesagt, die Ergebnisse sind nicht planbar oder anvisierbar. Man hat abzuwarten, bis eine entsprechende Situation kommt, und weiß dann: Okay, das ist jetzt solch ein Augenblick.

Daher passt gelegentlich auch der Begriff »Schnappschuss« für das Aufnehmen einer atmosphärischen Stimmung recht gut, die oft viel von einer Frequenz transportiert. Denn eine mögliche Haltung dabei wäre im übertragenen Sinne die von einem bildbegeisterten

Menschen, der stets bereit ist, irgendwann eine besonders interessante Situation fotografisch festzuhalten.

Etwas Ähnliches ergibt sich von einem anderen Sinneskanal her, wenn wir zufällig von der Stimmung in einem Augenblick berührt werden, wenn zwei Menschen Dialekt miteinander sprechen. Wir nehmen auf einer tieferen Empfindungsebene das mentale Kolorit auf, das in der Mundart enthalten ist, verstehen seine Frequenz und können später vielleicht den Dialekt besonders gut nachahmen. Ich glaube auch, die akzentfreie Beherrschung einer Fremdsprache hat zu einem bestimmten Grad damit zu tun, die mentale Frequenz des fremden Idioms erfasst zu haben. Auch hiervon sind sozusagen »mentale Schnappschüsse« möglich.

Der rein psychologische Gehalt dieser Überlegung kann unter anderem auch für Verkäufer von Bedeutung sein, die ihre Zielgruppe in einem fremden Gebiet betreuen. Wer vielleicht schon einmal privat in einer Gegend mit einer anderen Mundart und eventuell auch besonderen Denke zu tun gehabt hat, kann sich besser in die Frequenz einklinken. Ähnliches gilt wahrscheinlich, wenn man Verhandlungen mit Behördenvertretern einer fremden Region zu führen hat usw.

Eine junge Frau sagte mir einmal, sie hätte den Eindruck, es käme beim Verkauf nicht unbedingt auf den Text an oder auf irgendwelche Finessen, sondern vielmehr würde man eine Energie senden und darauf würden die Menschen als potenzielle Käufer, Abnehmer usw. reagieren. Offenbar sollte diese Energie auf das Gegenüber abgestimmt sein, mit dessen mentalem Gefüge korrespondieren.

Es gibt noch weitere Bereiche, in denen wir recht sensitiv sein sollten. Zum Beispiel wenn es um die Frequenz von Orten geht, zu der sich ebenfalls eine mentale Verbindung herstellen lässt, die uns bewusst berühren kann. Es hat von der Grundeinstellung her damit zu tun, eine Gegend, Räume oder einen Platz auf sich wirken zu lassen.

Für den Fall, dass es mir etwa liegt, Schwingungen davon als Momentaufnahme wahrzunehmen, wird der Ort gleichsam von selbst mit mir zu sprechen beginnen, mir sein kleines Geheimnis anvertrauen oder mich etwas von seiner Geschichte ahnen lassen. Ebenso können wir die Vibration eines Menschen in einigen Augenblicken unmittelbar spüren. Sie haben das wahrscheinlich auch schon erlebt: Plötzlich erlebt man die Präsenz von jemandem wie noch nie zuvor. Man entdeckt plötzlich Seiten am anderen, die etwas sehr Persönliches erkennen lassen. Es können wunderbare oder auch unheimliche Seiten sein.

Selbstverständlich regen Begegnungen mit Menschen oder Orten auch Impressionen an, die uns im Nachhinein überlegen lassen, wie diese Einflüsse unser momentanes Lebensmuster in irgendeiner Weise prägen könnten. So wirkt eine Ortsenergie häufig nach, vielleicht wenn Sie ein Schloss oder eine Burg besichtigt haben, zu einem festlichen Empfang eingeladen waren oder eine denkwürdige historische Stätte besuchten. Mit anderen Worten: Sie haben gleichsam etwas von der dort herrschenden Energie mitgenommen.

Oder die Begegnung mit einer Person hat etwas in Ihnen angerührt, das mit Anziehung oder Abstoßung zu tun hat. In vielen Fällen haben diese gespürten Wellenlängen auch Einfluss auf kleinere oder größere Gestaltkräfte in unserem Leben. Manche Menschen fühlen sich durch die Frequenzen von Orten, Restaurants oder Vortragsstätten geradezu aufgeladen, ebenso durch die persönliche Begegnung mit Leuten, die etwas Außergewöhnliches an sich haben.

Eine nicht unerhebliche Erfahrung, die man machen kann, besteht auch darin, dass Menschen aus einer gegenseitigen Frequenzbeziehung heraustreten können. So lernt man sich zum Beispiel mit einem ganz persönlichen Gestaltprofil kennen, das jeder zu einem bestimmten Zeitpunkt hat. Dieses ist durch Dinge, die man gerade macht oder unterlässt, Neigungen, Überzeugungen, momentane Einstellungen usw. geprägt. All diese Dinge speisen jeweils die eigene Frequenz.

Wenn ich daran etwas ändere, zum Beispiel irgendwelche Dinge, die ich vorübergehend unterlassen habe, wieder aufnehme, dann entsteht daraus auch eine Veränderung in der Frequenz dem anderen gegenüber. Sei es, dass man mit irgendwelchen Personen wieder intensiv Kontakt aufnimmt, zu denen eine Zeit lang Abstand bestand, oder dass man wieder vermehrt bestimmte Tätigkeiten ausübt – etwa Computerspiele spielt –, die ihrerseits oft eine ganz bestimmte emotionale Färbung oder Frequenz beinhalten.

Solche Einflüsse können recht subtil sein. Intuitiv ahnt man im ersten Moment vielleicht, dass damit etwas geschieht, das die Frequenz zum anderen tendenziell zu verändern in der Lage ist, und zwar ohne dass diese Dinge notwendig gemeinsam thematisiert würden. Meist wird das von einem selbst innerlich auch schnell verdrängt.

Die Folge kann allerdings sein, dass man den anderen seltsamerweise das eine oder andere Mal auf dem falschen Fuß erwischt oder dass plötzlich irgendwelche Anlässe von außen herangetragen werden, die störend wirken können. Obendrein heißt es auf einmal: »Du hast dich so verändert.« Und der Angesprochene entgegnet irritiert: »Wieso, ich bin doch wie immer.« Das sagt der Verstand, aber das Gefühl verrät beiden im Grunde, dass eine Schwingung einfach anders geworden ist. Weil sich Gründe oft aber nicht so genau identifizieren lassen, treten Platzhalterdebatten an die Stelle. Das bedeutet, die falsch ausgedrückte Zahnpastatube tritt womöglich einigermaßen irrational an den Platz des eigentlichen Frequenzproblems, das es gegebenenfalls zu untersuchen gelte.

Natürlich lassen sich solche Einflüsse einigermaßen bewusst nutzen, etwa dann, wenn eine Verbindung als unangenehm oder unglücklich wahrgenommen wird und man sich daraus lösen möchte. In dem Fall ginge es darum, mit eigenen Gewohnheiten zu experimentieren, bis eine echte Frequenzverschiebung erkennbar wird, die es einem erlaubt, sich abzunabeln, energetisch Abstand zu nehmen oder neue Orientierungen zu gewinnen.

Umgekehrt gibt es auch die Situation, dass ein Mensch durch Veränderung von Gewohnheiten plötzlich in seiner Partnerschaft oder mit Freunden eine ganz besondere Qualität von Gesprächen erfährt, und oft geht das in der Tat mit Frequenzveränderungen persönlicher Feldenergien einher. Auf einmal ist viel mehr als früher eine gemeinsame Wellenlänge vorhanden. Man hat sich mehr zu sagen und Berührungspunkte bekommen eine neue Tiefe. Falls hierbei parallele persönliche Gewohnheiten auf ganz anderen Gebieten eine Rolle als Hintergrundfaktor gespielt haben sollten, werden Sie sich manche dieser Zusammenhänge in Zukunft ein Stück mehr erklären können.

PRAXIS – ENERGETISCHE MOMENTAUFNAHMEN

➤ Wenn man sich für verschiedene Frequenztypen sensibilisieren will, eine Voraussetzung, um vielleicht auch so etwas wie mentale Schnappschüsse zu erleben, bieten sich einige Möglichkeiten zur längerfristigen Einstimmung an. Eine besteht etwa darin, aus Illustrierten, Reisekatalogen, Broschüren oder ähnlichen Druckerzeugnissen themenorientierte Motive herauszusuchen. Vielleicht gerade immer dann, wenn man sowieso darin blättert. Auch das Internet mit Posterkatalogen oder Fotowebsites bietet sich an.

Sie können hier wie dort nach Stimmungen suchen, denen Sie gedanklich Überschriften geben würden wie »Frieden«, »Frühlingserwachen«, »Winterzauber« oder »Stille«, ebenso Eigenschaften wie »handwerkliche Fähigkeit«, »Teamgeist« oder »Entschlossenheit« – was auch immer Sie entdecken. Lassen Sie dann die Eindrücke positiver Sujets auf sich wirken und Assoziationen dazukommen, bis Sie denken, dass Sie auch die entsprechende Frequenz verstanden haben. Dabei betreiben wir im Moment einen reinen Frequenzcheck, nicht mehr.

➤ Wenn Sie sich in einem Lokal befinden, in einem Büro, einer Werkstatt oder einem öffentlichen Gebäude, überlegen Sie sich Überschriften für die aktuelle Stimmung dort, zum Beispiel »Geselligkeit«, »Konzentration«, »Überlastung« oder »Motivation«.

Spüren Sie dabei, inwieweit Sie die seelische Elektrizität im Raum an sich herankommen lassen wollen. Wo sind vielleicht innere Widerstände bei Ihnen? Unter was für einer geistigen Glocke arbeiten die Menschen hier? Gibt es etwas, das auf Sie anregend wirkt usw.? Es geht im Moment wieder nur darum, Gestaltmuster zu identifizieren und herauszufinden, welche begleitenden Frequenzen von Raum und Menschen Sie ausmachen. Das innere Finden von einer jeweils passenden Überschrift dazu kann zunächst helfen, muss später aber nicht mehr unbedingt sein. Es erleichtert aber erst einmal, Umgebungsfrequenzen einzuordnen.

➤ Wenn Sie in einer Umgebung sind, in der etwas Sie wie von selbst besonders positiv berührt, versuchen Sie nun, die Energie in einer für Sie stimmigen Weise seelisch gleichsam zu »fotografieren« – also ein mentaler Vorgang, für den wir den bildhaften Vergleich mit einer Art von Fotografie wählen. Es genügt, irgendwie spontan zu erfassen, ob es eine aktuelle Zeitfrequenz ist, ein Prinzip wie Weisheit, Jugend oder Harmonie. Oder vielleicht erkenne ich gefühlsmäßig Stille in ganz besonderer Form, Verbundenheit oder Lebensfreude.

Dabei kommt es darauf an, aus dem Impuls heraus einen Moment zu finden, in dem ich fast automatisch weiß, gerade jetzt hat sich der Eindruck von Stimmungsmerkmalen in meiner Wahrnehmung verdichtet. Genau dann könnte sich von selbst eine Energiepforte öffnen, die es Ihnen erlaubt, die Feldenergie innerlich aufzunehmen und irgendeine Kleinigkeit davon mit nach Hause zu nehmen. Sie können dazu kurz die Augen schließen – etwa so, als wollten Sie zu sich »Jetzt« sagen. Sie können sie aber auch geöffnet lassen und die Gewissheit einfach so entwickeln. Warten Sie entspannt ab, ob sich daraus in den nächsten Tagen oder Wochen kleinere oder größere Rückkoppelungen in Ihrem Alltag ergeben.

➤ Der eben genannte Schritt lässt sich auch auf die Gestaltwahrnehmung einer Fähigkeit übertragen. Auch hier kommt es darauf an, dass Sie mehr oder weniger per Zufall zu einer Situation hingeführt werden. Diesmal eine, bei der ein Können sich in der Ausübung durch andere Menschen darstellt. Sie werden in dem Moment ganz automatisch eine Stimmung wahrnehmen, die in sich viele Merkmale vereinigt, welche drum herum dazugehören. Wenn sich dann ein inneres »Aha« einstellt, haben Sie eigentlich schon die Frequenz davon aufgenommen, und Sie werden mental etwas davon behalten. Je nachdem, wie dicht Sie an die zugehörige Feldenergie herangekommen sind, wird eine Energie Sie im Anschluss bei der eigenen Ausübung der Tätigkeit entweder leicht oder stärker unterstützen – sei es erst einmal in der Basisbefähigung oder bei bereits vorhandenen Voraussetzungen eventuell in einem Mehr an Eleganz bzw. Geschicklichkeit.

➤ Vielleicht haben Sie inzwischen auch einmal Lust, den Energiestatus Ihrer Umgebung festzustellen. Achten Sie darauf, ob Kleidung, Schuhe, Alltagsgegenstände in Ihrem Umfeld gelegentlich eine andere Aura haben als sonst. Scheinen sie eher positiv oder negativ aufgeladen, deuten die Dinge auf entweder mehr oder aber weniger Energie hin? Wie ist die Ausstrahlung Ihrer Einrichtung, wenn Sie ausgeruht oder sportlich gut drauf sind? Welcher energetische Ausdruck spiegelt sich Ihnen dann in der Aura von Gegenständen? Umgekehrt auch: Wie ist der Fall, wenn Sie sich oder auch Angehörige in Ihrem Haushalt ausgelaugt fühlen? Stellen Sie fest, wie konstant sich die jeweiligen Eindrücke vermitteln, die Ihre Kleidung oder Ihr Hausrat deutlich werden lassen. Insbesondere die Optik spielt dabei eine Rolle. Mal erscheint einem vieles einfach schöner, bedeutender, gleichsam mit mehr Energie aufgeladen, mal ist es anders herum.

➤ Recht interessant ist es, wenn solch eine Objektaura Ihnen gleichsam aus der Zukunft zuwinkt und die Tendenz für einen zukünftigen Energiestatus schon im Heute erkennen lässt. Freuen Sie sich über positive Dinge, die Sie da manchmal nur für Sekunden aufscheinen sehen. Gehen Sie dann in das gute und angenehme Gefühl hinein, das sehr wahrscheinlich damit einhergeht. Ankern Sie das in sich selbst, indem Sie es genießen und vielleicht einem gewissen Stolz, einer Genugtuung oder Freude nachspüren.

➤ Falls Ihnen negative Impressionen kommen, machen Sie zur Entlastung erst einmal eine kraftvolle Bewegung oder eine Powergeste, um ein gutes Körpergefühl zu erlangen – beide Arme ausstrecken, sich räkeln oder so etwas. Überlegen Sie dann, wie Sie eventuell energetisch bei dem gegensteuern wollen, was Ihnen die vergleichsweise ungünstige Impression als mögliche Zukunftstendenz gespiegelt hat. Natürlich macht man von solchen Eindrücken keinen Frequenzschnappschuss, der etwas verinnerlichen könnte.

➤ Probieren Sie eventuell die Korrektur von Dingen, die Sie selbst anders machen können. Mit anderen Worten also: Welche Verhaltensweisen gibt es im Alltag, die Sie mit der möglichen Spiegelung einer Zukunftstendenz aus Ihrer Umgebung in Verbindung bringen? Wie kann man da vielleicht neue Wege gehen? Verändert sich diese Aura von persönlichen Objekten, wenn Sie sich für einen

Richtungswechsel in Alltagsausschnitten entscheiden, etwa in einem Konflikt nachzugeben oder sich durchzusetzen? Mit was für Feldenergien haben Sie aufgrund solcher Veränderungen wohl Berührung, die sich möglicherweise in Objekten Ihrer Umgebung spiegeln? Vielleicht fallen Ihnen dafür Stichworte ein oder es kommen Assoziationen.

➤ Warten wir also nach seelisch bedeutsamen Schritten, wie sich die Umgebung in dem einen oder anderen Moment später präsentiert. Am eindrucksvollsten ist es auch bei der Schwingungswahrnehmung, Impressionen mehr kommen zu lassen, nicht angestrengt umherzublicken nach dem Motto »Wie wirkt denn etwa meine Wohnung heute auf mich?«. Vieles an Frequenzen, die sich über einzelne Gegenstände oder eine Gruppe von Objekten ausdrücken, vermittelt sich oft wie im Vorbeigehen. Natürlich kann es auch sein, dass sich einem hier gar nichts spiegelt. Dann soll es so sein.

Frequenzmodulation

Zu den Grundmechanismen von Anziehung gehören Muster, die Ladungszustände hervorbringen. Das heißt, manche uns unerklärlich scheinenden Verbindungen zu Menschen, Orten oder Umständen werden aus der Tiefe unbewusster Entsprechungen sowie Assoziationsmerkmale und energetischer Quellen gespeist.

Diese Mustermerkmale und Intensitäten begegnen uns in einem bestimmten Frequenzschlüssel, der in Beziehung zu unserem eigenen steht. Es ist eine Wechselwirkung, die sich in mancher Hinsicht mit Magnetismus vergleichen lässt. Mit positiven Frequenzformen im Umfeld zu tun zu haben wird auch tendenziell positive Ereignisformate unterstützen. Aber auch die ganz persönliche Eigenfrequenz spielt eine Rolle. Was also tun?

Man kann zum Beispiel psychologisch seine persönliche Frequenz auf manche Weise anheben. Dies kann geschehen, etwa indem man sich bildlich mit einem »Einfach«-Effekt vorstellt, wie sie sich auf ein höheres Niveau entwickelt. Wichtig ist hierbei der Vorgang einer persönlichen Frequenzanhebung in der inneren Vorstellung. Am besten ist es dabei, ein Empfinden zu entwickeln, dass auch der Körper eine gesündere, höhere Schwingung entwickelt. Vielleicht wird er sich etwa leichter oder entspannter anfühlen. Oder umgekehrt, falls man zu den eher abgehobenen Menschen gehört, denen eigentlich ein Stück Bodenhaftung guttut, könnte eine verbesserte Frequenzrate daraus resultieren, dass der Körper in der Fantasie mehr Präsenz im Raum entwickelt, sich kraftvoller anfühlt usw.

Zur Frequenzanhebung bestehen zudem weitere Möglichkeiten, etwa mit einem Mantra zu arbeiten, oder man schaltet sich durch meditative Musik in einen höheren Frequenzbereich hinein. Das Aura-Soma-Konzept mit seinen Essenzen bietet außerdem über Farbe und Duftbotschaften Möglichkeiten der Frequenzanhebung an. Zu beachten: Viele Objekte, die im Wohn- oder Arbeitsumfeld stehen, haben Einfluss auf das eigene Frequenzniveau. Pflanzen als Lebewesen haben einen recht intensiven Energieausdruck, aber auch all unsere unbelebten Gegenstände können doch auf eine ganz bestimmte Weise Leben zeigen. Das ist qualitativ noch etwas anderes, als wenn sie uns nur etwas von unserer persönlichen Energie spiegeln (siehe Abschnitt über energetische Momentaufnahmen). Vor allem Bücher sind hoch *eigen*energetisch, da sie mit den Energiefeldern des Autors und der gesamten Leserschaft korrespondieren. Hinzu kommt die Ausstrahlung der Inhalte, der Gestaltung von Einband, Typografie und der Bildauswahl.

Ebenso haben Antiquitäten eine starke Eigenfrequenz, denn sie beinhalten Geschichte. Es steckt eine Energie in den Möbeln, die mit etwas Ehrwürdigem ebenso wie mit etwas mental Herunterziehendem zu tun haben kann, je nach den biografischen Mustern der ehemaligen Besitzer. Aber selbst modernes Mobiliar, das man sich auf der Ausstellungsfläche eines großen Möbelhauses aussucht, hat seine eigene Aura, die über den Ausdruck eines gedanklich mit dem Schrank, Tisch oder der Sitzgelegenheit assoziierten Lebensstils verbunden wird.

Nicht nur Objekte sind mit Frequenzeigenschaften behaftet. Auch die flüchtige Begegnung mit einem Menschen kann eine ganz bestimmte Frequenz beinhalten. Manchmal kann es daher wichtig sein, sich im Anschluss daran aus einem energetischen Sog zu entfernen. Etwa dann, wenn man merkt, dass es zu unerwünschten Überschneidungen mit Energiefeldern von jemand gekommen ist. So etwas wird einem vielfach durch irgendeinen seltsamen Eindruck bewusst. Auf einmal merke ich: Hoppla, da sind wir uns auf unbewusster oder energetischer Ebene viel zu nahegekommen. Was war das denn?

Zum Beispiel gibt es ja solche Momente, in denen man merkt, dass Gedanken zu einer Person hinwandern, die eine Art unerwünschten mentalen Einfluss zu nehmen scheint. Oder man möchte sich von jemandem aus der Nachbarschaft abgrenzen, dessen Energie man – aus welchen Gründen auch immer – nicht in seinem unmittelbaren Energieumfeld dulden möchte.

Das in dem Fall hilfreiche Ausrichten auf eine »andere Frequenz« kann etwa so geschehen, dass man mit bewusst gewählten Handlungen gegen eine möglicherweise für beide Seiten unproduktive Frequenzüberlappung steuert. Also den Fokus der eigenen Aktivität vielleicht ein Stück weit verändern, Dinge tun, die Zeit, Raum usw. einnehmen und so Energie neu binden und umlenken. Oder auch dadurch, dass man eine Zeit lang mal bewusst Dinge mit der Qualität von Gedankenbrücken unterlässt und hierüber die mentalen Frequenzen entkoppelt. Damit ist all das gemeint, was in Form von Gegenständen oder Handlungen assoziativ in irgendeiner Weise mit der betreffenden Person gedanklich verbunden wäre.

Oftmals ist es gar nicht so, dass wir wie wild die Energie eines anderen Menschen abblocken müssten. Jemand ist ja eventuell nicht einmal unsympathisch. Aber man muss auch nicht jeden energetisch so unbedingt dicht an sich heranlassen. Die einfachste Methode, eine energetische Verbindung augenblicklich zu unterbrechen, liegt indes darin, den visuellen Fokus zu verändern.

So gibt es ganz bestimmte Objekte im Raum, die durch ihre Feldenergie nervliche Energien positiv bündeln. Es kann das Telefon sein, das mich mit meinen Freunden oder mit meiner beruflichen Welt verbindet, der Monitor vom Computer, mit dem ich täglich arbeite, usw.

Weniger sinnvoll ist es hingegen, auf Bilder von geschätzten oder geliebten Menschen zu schauen, wenn man sich von einem störenden mentalen Einfluss welcher Art auch immer ablenken möchte.

Immerhin könnte man auf diese Weise sonst auch den Weg für einen unerwünschten Energietransfer von der gedanklichen Störquelle zu dem nahestehenden Menschen bereiten. Wie bei all den Mentalschlüsseln, mit denen wir rund um das Prinzip der Gestalteinflüsse und ihren Frequenzen arbeiten, kommt es im Übrigen immer wieder darauf an, einfach auszuprobieren, was am besten funktioniert.

PRAXIS – UMGEBUNGSFREQUENZEN

➤ Beachten Sie die Ausstrahlung von Büchern, die Sie sich in den Schrank oder ins Regal stellen, nach Inhalt und dem Gefühl, das Sie bei der Berührung in den Fingern haben. Stellen Sie sich generell die Frage: Welche Gestaltvorgänge könnten von der Aura eines Buches her unterstützt oder geblockt werden? Wie wirkt die Sprache auf Sie – positiv oder nicht so sehr? Vielleicht ankert etwa ein leicht nostalgischer Bucheinband in der Sie umgebenden Atmosphäre die Verbindung zu einem sehr angenehmen Kraftfeld aus der Vergangenheit. Oder schafft es eher eine Brücke zu unliebsamen Ereignissen? Fragen wir uns ferner: Sind viele Begrifflichkeiten enthalten, die Sie eher als negativ bezeichnen würden?

➤ Es ist immerhin ein Unterschied, wenn Literatur Missstände bezeichnet, analysiert und hinterfragt, dabei aber eine sachlich distanzierte Sprache wählt, oder wenn von den Wortbildern her ständig schwarze Wolken gemalt werden. Häufig lassen wir es zu, wenn geballte sprachliche Negativenergien im Bücherregal stehen. Auf der anderen Seite können Bücher mit einer lebhaften, hellen und optimistischen Sprache gleichsam Engel herbeiholen.

➤ Während Bücher subtile Information in eine räumliche Atmosphäre hineingeben mögen, stellen Möbel, Wände, Vorhänge, Farben die intensiven emotionalen Parameter für die Atmosphäre in Privat- oder Arbeitsräumen bereit. Daher frage man sich sofort: Welche Stimmung transportiert ein Möbelstück? Wie ist wohl seine Geschichte oder mit welchem Lebensstil bringe ich es in Verbindung? Welche psychomagnetische Energie liegt in der Linienführung vom Design?

➤ Nun zur Ausstrahlung der »grünen Faktoren« um uns herum: Wie wirken Pflanzen auf Sie, besonders wenn Sie ihnen verschiedene Pflege angedeihen lassen? Die bioelektrische Ausstrahlung von Bäumen, Sträuchern oder Blumen ist wissenschaftlich inzwischen hinreichend nachgewiesen. Es gibt sogar Untersuchungen, welche die Vermutung nahelegen, dass Pflanzen emotionale Qualitäten speichern können, die von Menschen ausgehen. Deshalb heißt es ja auch, wer einen »grünen Daumen« hat, spricht gelegentlich mit seinen Zimmer- oder Gartenpflanzen. Ob man das nun unbedingt aussprechen muss oder ob es auch rein mental geschehen kann, bleibe dahingestellt. Vielleicht liegt es Ihnen ja mehr, einfach so Kontakt zu Ihrer floralen Umgebung aufrechtzuerhalten. Aber bitte, wenn Sie mögen, warum nicht auch Worte bilden, die bei den Pflanzen ankommen?

➤ Eine gute Möglichkeit, positive Frequenzen zu übertragen, besteht darin, sich beim Begießen, Umtopfen oder Düngen innerlich mit positiven Dingen zu beschäftigen, selbst eine gute Aura zu erzeugen. All das kann auch einen Rückfluss auf Energiefelder zu Ihnen selbst haben. Daher lieber nicht gießen, wenn man gerade in Rage ist, einen schlechten Film gesehen hat oder sich momentan besonders matt fühlt. Für einen Moment sollte man sich erst einmal in einen guten Zustand bringen. Achten Sie im Übrigen auf welke Blätter oder Pflanzen, die nicht gedeihen wollen. Hierin kann eine Botschaft zu Feldenergien in Ihrem Umkreis oder bei Ihnen selbst liegen. Prächtig gedeihende Pflanzen zeugen auf der anderen Seite häufig von recht vitalen Energien in ihrem Umfeld. Außerdem ist davon auszugehen, dass Pflanzen, denen es gut geht, mit ihren Gestalteinflüssen auch positive Ereignisprozesse in unserem Leben unterstützen.

XVII

HOLOGRAFISCHE WELT

Der 1992 verstorbene Physiker David Bohm (1946–1951 Professor an der amerikanischen Princeton University, später auch Lehrtätigkeit im israelischen Haifa und im britischen Bristol) hat theoretische Ansätze entwickelt, nach denen wir uns das gesamte Universum wie ein gigantisches Spiegelsystem vorzustellen hätten. Mit anderen Worten: Alles spiegele sich dabei in allem wider. Das Universum, in dem wir leben, hätte eine annähernd vergleichbare Beschaffenheit wie ein Hologramm (also eine dreidimensionale Aufnahme eines Objekts).

Vielleicht denken wir bei einem Hologramm an eine jener Laserfotografien, die einen schwachen Eindruck räumlicher Tiefe vermitteln, wenn man sie hin- und herbewegt. Abhängig vom Einfallswinkel des Lichtes entsteht hier ein dreidimensionaler optischer Effekt. Die Verteilung der fotografierten Objektmerkmale auf der gesamten Bildoberfläche sorgt dafür, dass jedes Teil des Bildes immer die gesamte Fotoinformation enthält. Würde man das Foto zerschneiden, wäre auf jedem Teil des ursprünglichen Bildes wieder das gesamte Hologramm-Motiv erkennbar, nur nähme die Deutlichkeit ab, in je kleinere Teile das Bild zerlegt wird.

Sehr schnell kommt einem bei der Beschäftigung mit dem Thema Hologramm die Assoziation an Prinzessin Leya in der Star-Wars-Saga. Auch Lynn Mc Taggart und Gregg Braden sind darauf als Erklärungsmodell gekommen. Es ist offenbar bereits so etwas wie ein Archetyp der Neuzeit. Viele von uns haben das mehrteilige Filmepos von Steven Spielberg gesehen. Die Prinzessin wird dem jungen Helden Luke Skywalker im ersten Teil der Weltraumsaga per Hologramm gezeigt. Ihr durchscheinendes Bildnis taucht in der Projek-

tion dreidimensional vor ihm auf. Der Regisseur hatte dabei die
Idee, geradezu ein durchscheinendes »Energiefeld« mitten im Raum
vor dem Betrachter (im Film Luke Skywalker) erscheinen zu lassen.
Immerhin liegt in dieser Fiction eine Analogie dazu, wie wir uns im
weitesten Sinne beteiligte Feldeigenschaften in der Hologramm-
Natur des Universums vorstellen können. Aber, wie gesagt: Es ist
nicht mehr als ein sinnbildhafter Vergleich, der das Prinzip nur
anschaulich machen soll.

Der entscheidende Unterschied zur Realität, wie David Bohm sie
verstand, dürfte darin liegen, dass er hierzu grundsätzlich eine rein
abstrakte Theorie entwickelt hat. Daher ist sein Hologramm-
Konzept auch entsprechend abstrakt aufzufassen. Außerdem meinte
er nicht so sehr Bildnisse von Einzelobjekten, sondern die gesamte
Realität in sich sei ein Hologramm, bei dem sich alles in allem wider-
spiegelt. Im gewöhnlichen Leben werden wir – folgt man Bohm
weiter – von der holografischen Charakteristik kaum etwas merken.
Diese Alltagsrealität mit ihren fundamentalen naturgesetzlichen
Gegebenheiten bezeichnete der Physiker als die »explizite« (äußere)
Ordnung der Dinge. Dahinter liege eine verborgene oder »implizite«
Ordnung. Bohm hat sie auch als in das Einstein-Universum von
Raum und Zeit »eingefaltet« bezeichnet.

Der Physiker und Synchronizitätsexperte David E. Peat weist
noch in einem anderen Zusammenhang auf den äußerst subtilen
Charakter der Dinge hin, die sozusagen »hinter« unserer gewöhnlichen Alltagswelt liegen. Während Forscher in Anlagen mit enor-
mem technologischem Aufwand nach immer kleineren Teilchen der
Materie suchen – so Peat –, würden viele Physiker heute die Vorstellung von den kleinsten »Teilchen« verlassen und eher von miteinander verwobenen oder vernetzten Symmetrien ausgehen, die
allem zugrunde liegen.[1]

Man kann demnach annehmen, dass der Feldcharakter äußerst
abstrakter Beziehungseigenschaften jedes »Ding« und jeden Vorgang in allem anderen, was existiert, gewissermaßen »einwebt« oder
»verknüpft«. Alles in der Welt bestünde danach in seinen feinsten
Eigenschaften kaum für sich, sondern immer nur in vielfältigen
Beziehungen zu allem anderen. Die Symmetrie der Dinge zueinander, wie sie zusammenpassen, ist dabei entscheidend. Von daher

haben Zufälle auch so oft mit ähnlichen, vergleichbaren oder einander sehr stark entsprechenden Merkmalen zu tun.

Fazit: Immer wenn etwas besonders Merkwürdiges passiert, würde uns nach den Vorstellungen von Bohm und Peat ein Teil der geschilderten Symmetrien jeweils als Verbindung zu allem, was uns umgibt, bewusst. Und zwar in einer haargenau auf unseren Lebenskontext abgestimmten Hologramm-Logik, die uns in ihrer symbolischen Bedeutung deshalb »zufiele«, weil sie ein Ausschnitt vom gesamten Universum ist, von dem wir wiederum ein holografischer Teil wären. So bekommen wir wahrscheinlich sogar häufiger, als wir allgemein wahrhaben wollen, Vorbedeutungen aus logisch verknüpften Situationen heraus geliefert. Oder wir werden etwa durch sinnvolle Zufälle in eine künftige Entwicklung geführt, welche sich logisch aus bisherigen Hologramm-Phasen und zukünftigen Wahrscheinlichkeiten ergibt. Danach wären beteiligte Frequenzen und Gestaltfelder wechselseitige Spiegelungen einer übergeordneten großen Hologramm-Wirklichkeit.

Gregg Braden hat hierfür den Begriff »Göttliche Matrix« gefunden und Lynn Mc Taggart beschreibt das von Harold Putthoff und anderen angenommene Nullpunkt-Feld gleichsam als energetischen Urgrund unserer holografischen Wirklichkeit. Aus dieser eingefalteten Ordnung hinter der quantenphysikalisch noch darstellbaren Welt bezieht unsere mehrdimensionale Matrix des Lebens gleichsam ihre Energie.

XVIII

SCHICKSALSENTSPRECHUNGEN: WIE SCHLOSS UND SCHLÜSSEL

Im Verarbeiten von Informationen, die uns Zeichen für Kommendes vermitteln, sind wir Empfänger. Auf der anderen Seite sind wir auch selbst permanent »auf Sendung« durch alles, was wir tun und denken. Auch die Dinge, mit denen wir uns umgeben, können dabei eine Rolle spielen. Indes sind Sendung und Empfang wechselseitig in Beziehung stehende Impulse, die uns mit schicksalhaften Schaltkreisen (Steuerungsmechanismen des Lebens) um uns herum verbinden. Beim »Senden« läuft es eigentlich so ab, als würden unsichtbare Großrechner unsere inneren Bilder, Erfahrungen und die seelisch-geistige Energie von uns aufnehmen und verarbeiten.

Nehmen wir das als Sinnbild, um das Informationsprinzip hinter vielen Lebensvorgängen bewusst zu machen. Nichts anderes bedeutet Vernetzung ja. Wenn alles mit allem verbunden ist, gibt es unzählige wechselseitige Impulse, die fortwährend zu Rückkoppelungen führen. Dadurch entsteht ein ständiges Senden und Empfangen von gleichsam »karmischer Information«.

Kommissar Zufall

Welche schicksalhaften Steuerungsmechanismen wir in jedem Augenblick aktivieren, hat unter anderem damit zu tun, welche Aufmerksamkeit wir einem Thema schenken. Die emotionale Verbindung zu einer Angelegenheit spielt eine Rolle, die mentale Ausrichtung und die Intensität, mit der wir Dinge erleben. Dabei sind nicht nur aktuelle Angelegenheiten ladungsaktiv. Manchmal hat auch die unbewusste Verbindung mit den Themen unserer Vergangenheit einen bis heute wirksamen Einfluss.

Vor dem Hintergrund vernetzter schicksalhafter Regelkreise lässt sich auch ein Kriminalfall der letzten Jahre analysieren, der wegen seiner Zufallsqualität für kurze Zeit Medienaufmerksamkeit erreicht hat. Und so haben sich die Dinge abgespielt: Am 16. März 2004 betritt in der dicht bei Hamburg gelegenen Ortschaft Halstenbek eine männliche Person gegen 17.00 Uhr einen Drogeriemarkt. Der hell gekleidete Mann geht ohne zu zögern auf eine Kassiererin zu, bedroht sie mit einem silberfarbenen Revolver und fordert Geld. Der Kasseninhalt in Höhe von 750 Euro wird ihm von der verängstigten Frau ausgehändigt. Daraufhin kann der Täter flüchten, und es ist nicht möglich, ihn zu verfolgen.

Nachdem die Kassiererin sich einigermaßen von ihrem Schock erholt hat, kann sie zwei Tage später dem Beamten von der Ermittlungsgruppe Raub etwas Ungewöhnliches mitteilen. Von Anfang an war ihr der Täter bekannt vorgekommen. Nach und nach kam ihr dann ein Bild in den Kopf, das sie nicht mehr loswird. Sie glaubt nämlich, vor genau 15 Jahren mit dem Täter zusammen in Hamburg den Kindergarten besucht zu haben. Hat ausgerechnet dieser Mensch sie überfallen? Als sie für die weitere Zeugenaussage zu Hause alte Fotos hervorholt, ist auf einem der Erinnerungsmotive ein Junge zu erkennen, mit dessen Identifizierung sich die Polizei nun beschäftigen wird.

Da es in dem genannten Kindergarten keine Aufzeichnungen aus der Zeit vor 15 Jahren mehr gibt und die Erzieherinnen sich nicht an den Namen des betreffenden Kindes erinnern können, klappert der Kripobeamte sämtliche Grundschulen in der Umgebung ab. In einer von ihnen lässt sich schließlich die Identität des fraglichen Kindes ermitteln. Daraus ergibt sich die Spur zu einem jetzt 20-Jährigen, der in Halstenbek gemeldet ist. Im Müllcontainer seines Wohnhauses wird die Quittung für einen silberfarbenen Schreckschussrevolver entdeckt. Zwei Tage vergehen, in denen das Wohnhaus von Beamten observiert wird. Am 25. März ist ihnen schließlich der Zugriff möglich, da sich der Täter jetzt in seiner Wohnung befindet. Es folgt die Vernehmung, und noch in der Nacht führt der Täter die

Beamten zu einem Friedhof in Hamburg, wo sich das Versteck der Waffe befindet. Laut Auskunft des seinerzeit ermittelnden Beamten befand sich besagter Friedhof übrigens nur 3,5 Kilometer von dem Kindergarten entfernt, den Täter und Zeugin vor Jahren gemeinsam besucht hatten. Der Mitarbeiter der Kriminalpolizei meint dazu, das passe ganz gut zum Thema Zufall. Es sei ihm auch erst im Verlauf der Recherchen zum Buch bewusst geworden, dass hier eine so enge räumliche Beziehung bestand – der Kindergarten von früher und das spätere Versteck für die Tatwaffe.

Was auffällt: Da gibt es einen Täter, der einen Drogeriemarkt aufsucht und genau jener Mitarbeiterin die Waffe vors Gesicht hält, mit der er vor langer Zeit den Kindergarten besucht hat. Inzwischen ist er ein erwachsener Mann, dessen Gesichtszüge sich im Laufe der Zeit verändert haben werden. Doch die Erinnerungsspur reicht der bedrohten Frau später aus, um der Polizei den entscheidenden Hinweis zu geben.

Das Ganze wäre vielleicht noch nicht einmal sonderlich zufällig, hätte der Kindergarten direkt in der Ortschaft Halstenbek gelegen und hätten beide die ganze Zeit bis zum Ereignis dort kontinuierlich – gewissermaßen in Nachbarschaft – gewohnt. Doch der Kindergarten befand sich im circa 20 Kilometer entfernten Hamburg, und etwas im Schicksal hat beide später wieder zusammengeführt.

In Halstenbek hätte sich der Täter auch ein anderes Geschäftslokal aussuchen können, um den Raub zu begehen. Doch er entschied sich gerade für diesen Drogeriemarkt. Jenen Laden, der für ihn eine ungewöhnliche Verflechtung von Umständen bedeutete. Erst als die Polizei ihn mit dem Foto aus der Kindergartenzeit konfrontiert, wird ihm bewusst, dass er mit der Kassiererin gemeinsam den Kindergarten besucht hatte. Das Deponieren der Waffe auf dem nahe beim Kindergarten gelegenen Friedhof unterstreicht andererseits, dass eine unbewusste Verbindung für den Täter bestanden haben muss.

Was steckt alles dahinter? Immer wieder wird von Kriminalpsychologen festgestellt, dass es zwar nicht unbedingt so etwas wie eine typische, aber doch eine häufig anzutreffende Opfermentalität gäbe. Im Fall der Tat in Halstenbek kommt der von uns gesuchte Zufallsfaktor hinzu. Es handelt sich gewissermaßen um »Schicksalsmörtel« von Synchronizität.

Entscheidendes Merkmal: Dabei spielen subtile symbolische Verbindungen zwischen Menschen und Ereignissen eine Rolle. Es bestehen auch immer wieder Ähnlichkeitsbeziehungen oder Parallelen, aus denen sich Stück um Stück ein Ereignisgemäuer aufbaut. Manchmal werden Gedanken, Fantasien oder Träume der Beteiligten vorausgegangen sein. In anderen Fällen reichen nur ganz wenige Entsprechungsmerkmale aus, um ein Auslösemuster aufzubauen – zum Beispiel eine gemeinsame Kindheitsumgebung in der Vergangenheit sowie ein übereinstimmender lokaler Bezugspunkt in der Gegenwart. Für die eine Person ist es der Ort etwa, an dem sie ihren Arbeitsplatz gefunden hat, für die andere der aktuelle Wohnsitz.

Es sind schicksalhafte Verschränkungen, die offenbar nach dem Schlüssel-Schloss-Prinzip funktionieren. Person A hat eine Tatwaffe erworben, befindet sich in Bereitschaftshaltung für eine Aktion, Person B hat Zugriff auf eine Kasse, damit auf Geld und potenzielle Beute. Jetzt braucht nur noch hinzuzukommen, dass die Person in der vordergründigen Opferrolle auf einem ganz anderen Lebensgebiet etwas »loswerden« möchte – eine Beziehung, eine alte Wohnungseinrichtung, die man schon lange »satthat«, vielleicht einen aufgestauten Frust. Oder ihre tiefenpsychologischen Strukturen sind darauf angelegt, dass sie unbedingt etwas klären muss. Eventuell sucht sie auch nach einer Befreiung von Spannungen. All das sind Spiegelungen, die sich unbewusst übertragen können.

Wahrscheinlich wird es bei dem Täter ebenfalls eine innere Dynamik geben, die ihn zu dem fatalen Zusammentreffen hinführt. Im Fall von Halstenbek mag etwa verdrängte Unzufriedenheit eine Rolle gespielt haben, was der noch junge Mann bisher aus seinem Leben gemacht hat, gar uneingestandene Schuldgefühle, jetzt eine Straftat zu begehen. Das wären also unbewusste Tendenzen, die so etwas wie einen inneren Selbstbestrafungsmechanismus ausgelöst haben könnten. Womöglich werden sie ihn sogar davor geschützt haben, später ein Gewohnheitskrimineller zu werden. Dazu passte auch, dass er zur Tatzeit eine Schreckschusspistole und keine scharfe Waffe benutzt hatte.

Wir brauchen an dieser Stelle übrigens nicht zu sehr zu spekulieren. Immerhin war der Mann nicht vorbestraft, wenn er auch durch kleinkriminelle Handlungen bereits aufgefallen war. Es handelte

sich bei dem Vorfall im Drogeriemarkt letztlich um eine Spontan-
handlung, die sich als Kurzschlussreaktion infolge einer Kürzung
von Sozialleistungen ergeben hatte. Etwas gab es dann offenbar in
dieser Situation, das ihn davor bewahrte, kriminell richtig erfolgreich zu sein.

Auch hier bestand eine psychologische Hintergrundstruktur, die
mit dem schicksalhaften Steuerungsnetzwerk um uns herum zu tun
hat – genau wie es auch bei der Kassiererin anzunehmen ist. Daraus
folgt: Wenn erst die emotionale Ladung im Hintergrund eines solchen Beziehungsgefüges genügend angereichert oder aufgeladen ist,
kann schnell eine – wie auch immer geartete – Tendenz mit Aus-
lösecharakter entstehen. Sie wird zu einer Dynamik, durch die sich
bislang leicht verschränkte Erlebnismuster zweier Menschen für
einen entscheidenden Moment ganz nahe kommen.

Manche Leute werden einer kritischen Situation, wie sie die Dro-
geriemarkt-Mitarbeiterin erlebte, nicht ausgesetzt, weil sie gerade
an dem Tag, an dem ein Überfall, Verkehrsunfall oder was auch
immer stattfinden wird, zu Hause verschlafen.

Nicht selten spüren Menschen vor kritischen Situationen auch
eine Unruhe, die dazu führt, dass sie irgendein Treffen zu einem
bestimmten Zeitpunkt absagen oder einen wichtigen Grund finden,
um im Job mal eben für einen Tag freizunehmen. Das Ereignismuster und eine unbewusste Bereitschaftshaltung passen in solchen
Fällen ebenso wie Schloss und Schlüssel zusammen.

Das Signal zur rechten Zeit

Häufig können auch im gewöhnlichen Leben seltsame Alltagszu-
fälle dafür sorgen, dass die seelische Ampel gerade noch rechtzeitig
auf Gelb oder Rot springt. Einen Sinn dafür zu bekommen, was vielleicht der ganz normale Zufall im Alltag uns sagen will, schafft nicht
selten ein Früherkennungssystem für Kommendes. Sie wissen doch:
die vielen kleinen Warnlämpchen!

Da berichtet jemand von der Geschäftsidee eines Bekannten, der
noch Leute zum Mitmachen sucht. Eigentlich ist man ganz angetan

von dem vorgetragenen Projekt mit den scheinbar unschlagbaren Vorteilen. Doch auf einmal geht unerwartet der Probealarm einer Sirene auf dem benachbarten Gewerbegrundstück los. Wird man da nicht seltsam berührt? So als wolle etwas einen selbst alarmieren?

Wenige Tage später ist von anderer Seite zu erfahren, dass der Geschäftsmann, über dessen Pläne man sich unterhielt, schon einmal eine große Summe fremden Geldes in den Sand gesetzt hat. Wer so etwas als »dummen Zufall« abtut, kann schnell selbst der Dumme werden. Der entscheidende Punkt ist immer: Wie fühlt man sich von einer Begebenheit berührt, die einen rechtzeitig warnen könnte. Diese Offenheit im rechten Moment hat auch etwas mit passgenau sich fügenden Schlüsselmechanismen für unsere Schicksalsabläufe zu tun. Dieser Schlüssel im inneren Zugang wurde früher einfach Instinkt genannt.

Als wenn Türen aufgehen

Zufälle sind im beschriebenen Sinne auch Hinweise auf den Grad an Vernetzung von persönlichen Gestaltbeziehungen. Je mehr Dinge ineinandergreifen, desto höher ist das Maß an Verbundenheit. In mancher Hinsicht dürften wir auch gegenseitig Spiegelungen innerer, seelischer Zustände und Entwicklungen bilden. Der andere und sein Handeln werden dann zum Symbol von etwas ganz Eigenem tief in uns selbst. Daraus erklärt sich auch, warum mir bestimmte Menschen gerade zu einem bestimmten Zeitpunkt begegnen. Das heißt, in der Situation liegt wiederum eine Schlüsselentsprechung.

Noch etwas kommt hinzu: Die transpersonale Einheit von Ereignissen in Leben, Geist und Bewusstsein hat auch ihre sehr praktischen Seiten. Beispielsweise kann es geschehen, dass persönliche Wachstumsschritte, die man selbst erlebt, in einem Freundes- oder Verwandtenkreis, in einer Firma bzw. Organisation Entsprechungen finden. So zeigt eigenes persönliches Wachstum gelegentlich Parallelität bei anderen – bis hin zu manchem Gruppenprozess.

Es ist dann eine Art Schlüsselfunktion zu einem morphogenetischen Vorgang. Dieser kann in Etappen, sprunghaft oder allmählich

geschehen. Erst einmal sind es einzelne Personen, die auf uns abfärben oder wir auf sie, und zwar auf einer tiefen, oft nicht wahrnehmbaren Bewusstseinsebene. Sie spielt auch bei Anziehungen eine
Rolle, durch die wir Menschen oder Einflüsse in unseren Umkreis
bringen.

Ob es aber jeweils dazu kommt, hängt unter anderem davon ab,
wie sehr unser eigenes unbewusstes Profil mit entsprechenden
Merkmalen bei Menschen oder Gestalteinflüssen unserer Umgebung korrespondiert. Die Resultate können positiv oder negativ
sein, und dies hängt nicht immer nur davon ab, ob wir uns um eine
sinnvolle Lebensausrichtung bemühen oder nicht. Wenn es gut
läuft, ist es geradezu so, als habe sich eine Pforte energetisch für uns
geöffnet. Es ist dann eine Feldenergie, zu der wir vorher vielleicht
noch keinen Zugang hatten. Und wenn sich solche Erfahrungen
wiederholen, kann es auch auf das eigene Umfeld abfärben. Dann
öffnen sich Türen für eine Energie gleich im Gruppenfeld.

Der Augenblick zeigt, woran wir glauben

Leider gibt es gelegentlich auch die Erfahrung, dass wir die falsche
Tür aufgeschlossen haben. So stoßen wir im Leben auch auf eher
unliebsame Überraschungen bei dem, was sich gerade schicksalhaft
anzudeuten scheint. Woran könnte es beispielsweise liegen, dass
sich negative Erfahrungen wiederholen? Gibt es Erklärungen dafür?

Eine entscheidende Überlegung liegt darin, dass sich auch negative Gestaltfelder aufbauen. Ihre morphogenetische Energie wird
zum Beispiel durch negative Gedanken und Gefühle angeregt.

Der Amerikaner Gregg Braden ist immerhin auf eine interessante
Spur gestoßen, warum einem Menschen mit einem durchaus sozia-
len Verhalten doch häufig auch negative Dinge widerfahren können.
Gerade dies lässt einen ja oft an der Sinnhaftigkeit des Lebens zwei-
feln. Braden meint, nach allem, was bestimmte urchristliche Texte
(Nag-Hammadi-Schriften) uns überliefern, sind unsere Gefühle die
Sprache, über die wir mit dem Universum kommunizieren. Das ist
auch nachvollziehbar, werden Gefühle doch aus nervlicher Energie

gespeist, die Schwingung, Frequenz und Information beinhaltet. Braden nennt das zugrunde liegende Quantenfeld, aus dem alle Ereignisse kommen, die Göttliche Matrix. Unsere Zwiesprache mit ihr (wenn man so will, mit dem Nullpunkt-Feld) habe ihren Widerhall in Geschehnissen, die wir hervorbringen, da wir über eine erhebliche schöpferische Potenz verfügen würden.

Unsere teils uneingestandenen Ängste oder Zweifel erzeugen beispielsweise auf subtile Weise entsprechend die Schattenthemen, die uns im Dasein (an Unerwünschtem) begegnen. Ob positiv oder negativ: Wir würden immer genau das gespiegelt bekommen, was an Potenzial in uns ist.

Anders ausgedrückt: Der Ereignisspiegel, in den wir blicken, hat energetisch den passgenauen Schlüssel zu Gestaltfeldern, zu denen wir uns meist unbewusst in Beziehung setzen. So erhalten wir in der Spiegelung eines besonderen Augenblicks eigene versteckte Überzeugungen auf indirekte Weise mitgeteilt.[1] Hier sind also unsere unterschwelligen Glaubenssätze angesprochen, die einschränkenden ebenso wie die ressourcenvollen. Irgendein bemerkenswerter Zufall hält uns dann genau das vor die Nase.

Es kann etwa sein, dass wir auf seltsame Weise davon überzeugt sind, etwas könnte heute vielleicht geschehen, das es erlaubt, abends einmal früher von der Arbeit nach Hause zu gehen. Es würde so prima passen, weil vielleicht eines der Kinder oder der Partner Geburtstag hat. Tatsächlich wird auch wie durch ein Wunder eine Abteilungsbesprechung abgesagt, die noch für den Spätnachmittag anberaumt war.

Es kann aber auch eine latente Erwartungshaltung vorliegen, dass man wieder nicht rechtzeitig zum Konzert oder zu seinem Clubtreffen erscheinen kann. Bis kurz vor Feierabend rechnet man allerdings nicht direkt damit, dass etwas dazwischenkommt. Und weil auf einmal doch noch ein wichtiger Vorgang auf den Schreibtisch gelegt wird oder noch eben ein Meeting stattfinden soll, schießt einem auch gleich der Adrenalinspiegel hoch.

Wenn man ehrlich zu sich selbst ist: Eigentlich wusste man es aber doch schon, in irgendeinem Winkel seiner Seele. War es nicht eigentlich geradezu vertraut, wie all die anderen Male in letzter Zeit auch?

Hier spielt so etwas wie eine unterschwellige Grundüberzeugung hinein: Ich habe keinen Einfluss auf mein Leben. Es kommt, wie es kommt. Viele Zufälle des Augenblicks beruhen auf solchen versteckten Überzeugungsschlüsseln. Im Wiederholungsfall käme es also darauf an, sich zu hinterfragen: Woran glaube ich tatsächlich? Was sind meine tieferen Überzeugungsmuster? In welchen typischen Körpereindrücken wie Schwere oder Hektik, Antriebslosigkeit oder Konzentrationsmangel äußern sie sich?

Wenn man genau darauf achtet, gibt es viele kleine Hinweise im Alltag, die einen darauf bringen, was dahinter steht, eventuell ebenso darauf, wie man durch irgendeine sinnvolle Maßnahme gegensteuert, wie man also ein eingrenzendes Überzeugungsmuster am besten verändert. Irgendetwas in der Richtung kommt dann, weil die Lösung vielleicht selbst eine Spiegelung ist, die irgendwann aus der Logik des Zusammenhangs heraus geboren wird.

Die paradoxe Anziehung

Ein weiterer Schicksalsspiegel, den Gregg Braden erwähnt, bringt gelegentlich genau das, was wir am stärksten verurteilen.[2] Hierauf haben im Grunde auch schon viele Philosophen und Psychologen aufmerksam gemacht. Offenbar spielt hierbei emotionale Wertigkeit eine Rolle. Beispielsweise ist »Verachten« ein gefühlsmäßiger Vorgang, der Energie und Aufmerksamkeit bindet, selbst dann, wenn dies unterhalb der bewussten Wahrnehmungsschwelle geschieht.

Es sind dann Einstellungsreflexe, die zum Teil etwa indirekt dafür sorgen, dass unsere Verachtung (oder Ablehnung) in unserem Denken und Handeln Raum einnimmt. Wir hätten uns dann unbewusst damit beschäftigt, was wir unter Umständen am stärksten verurteilen, und es somit auch angezogen.

So kann man Habgier verachten und erfährt auf einmal, wie man der Habgier von Konzernen ausgesetzt ist. Es gibt ja auch ein bekanntes Wort, dass man beispielsweise durch Hass mit einem bestimmten Menschen verbunden sein kann. Das wäre etwas Vergleichbares. Man kann wahrscheinlich in manchen Fällen durch

Verachtung oder emotional aufgeladene Ablehnung auch mit einer gesellschaftlichen oder wirtschaftlichen Gegenseite verbunden sein.

Zufällig trifft man dann ausgerechnet auch immer auf die Leute im Fahrstuhl, die im Unternehmen die Linie der Konzernleitung durchsetzen, oder man sieht sie auch noch bei der Essensbestellung in der Kantine, wird mit den betreffenden Personen vielleicht sogar im Arbeitsablauf unangenehm konfrontiert.

Genauso kann jemand, der professionell im Vertrieb tätig ist – sagen wir ein Außendienstangehöriger mit qualifizierter Beratungsfunktion –, bestimmte Hardselling-Methoden im Verkauf verachten. Doch dann kommen betriebsbedingte Entlassungen und der Betreffende mag vorübergehend dazu gezwungen sein, einen Job anzunehmen, der seiner Mentalität völlig zuwider ist, in dem er nach dem Motto, dem Blinden noch einen Farbfernseher aufzuschwatzen, verfahren soll.

Als Gegenmittel erwähnt Braden zu diversen solcher Anziehungen, was man am stärksten verurteilt, die Kraft des Segnens. Darüber, wie sie vonstatten gehen kann, herrschen verschiedene Vorstellungen. Es wurden bereits ganze Bücher über jenes Prinzip geschrieben, das wir mit dem Begriff »segnen« umschreiben. Indes muss man sich einen Vorgang mit der entsprechenden Qualität nicht unbedingt wie bei einem Priester denken, der seine Hände ausbreitet.

Vielleicht lässt uns auch ein anderer Begriff noch besser verstehen, was gemeint sein dürfte. Mentalausgleich ist, denke ich, ein ganz treffendes Wort dafür, das gut beschreibt, worum es letztlich geht. Und was sagt das praktisch? Wie ist ein solcher »Mentalausgleich« herzustellen?

Im Alltag könnte es beispielsweise für den Vertriebsexperten in einer Firma, in der er nun notgedrungen eine Zeit lang arbeiten muss, darum gehen, bestimmte menschliche Seiten an Kollegen zu erkennen. Was hat andere gerade hierher verschlagen? Gibt es mindestens Sekundärtugenden wie Pünktlichkeit oder Disziplin, aus denen sich auch ein Fünkchen Positives in der Firma ergibt?

In solch einer Anerkenntnis könnte fast schon ein innerer Abschied liegen, bei dem man etwas tendenziell Segnendes ausübt. Und dies würde einen auch schon ein Stück einem anderen Ereignishorizont – sprich Wirkungskreis – wieder näherbringen: Du bist eine Zeit an diesen Einsatzort im Leben versetzt worden, um über Menschen in schwierigen Situationen etwas zu lernen. Segne sie, so wie sie in ihrer Art sind, halte für möglich, dass sich ihnen irgendwann bessere Wahlmöglichkeiten bieten, und wünsche ihnen auf irgendeine Weise Gutes.

Entsprechend mag man mental mit der Organisation oder Firmenleitung umgehen, die man innerlich völlig ablehnt. Beispielsweise kann ich innerlich einfach ein Bild oder einen Film vor Augen haben. Darin bedenke ich die meiner Meinung nach gewissenlose Führung eines Konzerns mit einer paradox freundlichen, sich gut anfühlenden Energie, die ich innerlich abbilde.

Vielleicht wünsche ich den Betreffenden familiär oder sonstwie privat eine positive Entwicklung. Dem anderen auch gesundheitlich Gutes zu wünschen oder dass er einfach mehr in Dialog kommen kann, hilfreiche Lernerfahrungen macht, geht wohl alles in solch eine Richtung.

Ich glaube übrigens persönlich, dass ich inhaltlich ein bestimmtes Verhalten durchaus weiterhin ablehnen kann. Doch wird sich die emotionale Wertigkeit bei einem Mentalausgleich verschieben. Es mag uns als besondere Herausforderung erscheinen, gedanklich positive Energie an die Gegenseite zu schicken. Doch es ist eine Art mentaler Heilungsvorgang, der eventuell gerade deshalb auch eine paradox positive Wirkung aufweisen wird. Etwa eine, welche diesen oder jenen Kontrahenten vielleicht sogar ein Stück weit darin unterstützt, in irgendeinem Moment konstruktiver zu reagieren.

Wahrscheinlich kann man das Prinzip auch auf den politischen Gegner anwenden, auf das andere Lager usw. Damit wird man zwar nicht die Menschheit verändern, aber doch hier und da eine recht ungewöhnliche Entwicklung unterstützen können. Es bedeutet wahrscheinlich nicht, dass sich die andere Seite wie durch ein Wunder grundsätzlich ändern muss. Aber man kommt eventuell mit sich selbst dadurch mehr ins Reine.

Dadurch wird einem vielleicht die Konfrontation mit weiteren Negativerlebnissen erspart, wenn die Form eines solchen Mentalausgleichs nicht nur oberflächlich gewesen ist. Oder man bekommt von einer ganz anderen Seite im Leben irgendeine freundliche

Reaktion, eine Art Erleichterung, weil man kollektive Schaltkreise positiv angeregt hat.

Ein weiterer Schlüssel zur Anziehung von Dingen, die man ablehnt, ergibt sich aus fernöstlichen Denkansätzen und modernen Strategien für den Umgang mit sich selbst. Danach würde in dem Ereignisspiegel dessen, was man am meisten ablehnt oder verachtet, vor allem ein energetisches Spannungsverhältnis an Polarität zu den eigenen Überzeugungen und Wertvorstellungen zu sehen sein – so wie Qualitäten von »Yin« und »Yang«. Hier könnte es zweckdienlich werden, den eigenen Polaritätsfilter im Kopf auszubalancieren.

Machen wir uns das etwas näher klar: Scheinbar zufällig immer zuerst auf alles in einer Situation zu achten, was unterschiedlich zu uns selbst ist oder wie Dinge und Menschen sich unterscheiden, ist das eine Extrem. Es macht sich etwa darin bemerkbar, dass uns beim Kennenlernen einer Person oder beim Betreten eines Raums zuerst die Unterschiede auffallen: Was ist anders als bei mir? Das andere Extrem läge darin, Unterschiede innerlich gern kleinzureden und schon in der ersten Wahrnehmung sofort mehr auf Gemeinsamkeiten und Übereinstimmungen von irgendwelchen Aspekten zu achten.

Im einen wie im anderen Fall in unserer alltäglichen Wahrnehmung mehr ein bewusstes Balanceverhältnis anzustreben ist ein ganz interessantes Experiment. Mit einiger Wahrscheinlichkeit führt eine Grundhaltung von zunehmender Balance im mentalen Unterscheidungsfilter mich dann auch öfter zu Situationen, die mit mehr Ausgewogenheit an folgenden Entwicklungen zu tun haben.

Schaltmechanismus fehlender Ich-Bausteine

Sehen wir weiter, welche Spiegel uns vom Leben gelegentlich noch vorgehalten werden, was wie Schloss und Schlüssel zusammenpasst. Laut Braden ergeben sich oft punktgenaue Beziehungen aus dem, was uns fehlt oder was wir verloren haben. Der Autor meint hierbei bestimmte schicksalhafte Komplementärbeziehungen, die sich aus unseren persönlichen Defiziten entwickeln. Beispielhaft macht er dies an einem besonderen Verhalten deutlich. Braden nimmt zur

Erklärung den Drang, sich laufend neu zu verlieben. Vielleicht ist dieses Verhalten nicht allzu verbreitet. Immerhin kann es aber doch etwas illustrieren.

Als Ursache macht Braden für eine solche Dynamik die Gesetze unseres gesellschaftlichen Überlebens verantwortlich, die von unserer Kindheit an oft knallhart erfordern, Kompromisse im Dasein einzugehen, darunter auch solche, die uns gegen den Strich gehen.

Auf jeden Fall würden wir dabei stets etwas von uns selbst aufgeben. Hier entstünde eine Art Lücke, die gefüllt werden will, ein energetischer Zug, um auf eine gewisse Weise (durch einen anderen Menschen) wieder ganz zu werden. Sozusagen sollen dessen Eigenschaften, Ressourcen und Energiepotenziale uns etwas geben, was wir auf unserem Lebensweg verloren haben. Man kann hier eigentlich sagen, dass aus dem Gebäude der Persönlichkeit Steine herausgenommen wurden. Dazu Braden: »Jedes Mal, wenn wir etwas von uns aufgegeben haben, um dorthin zu gelangen, wo wir heute sind, ist eine Leere entstanden, die darauf wartet, gefüllt zu werden. Wir suchen ständig nach etwas, das diese Leere füllen könnte. Wenn wir dann jemandem begegnen, der das zu haben scheint, was wir aufgegeben haben, fühlen wir uns in seiner Nähe wohl. Die komplementäre Essenz dieses Menschen erfüllt uns und gibt uns das Gefühl der Vollständigkeit ...«[3]

Sobald jemand also unsere inneren Defizite nicht vollständig abdecken kann, wären wir bei entsprechender Disposition schnell wieder durch Reize eines anderen Menschen beeindruckbar.

Braden erwähnt einen früheren Arbeitskollegen, der selbst fassungslos vor der Tatsache stand, dass er – obwohl mit einer Frau verheiratet, die ihm viel bedeutete – sich fast täglich neu verliebte. Übertragen lässt sich dieser Extraspiegel des Schicksals aber auch auf Hörigkeiten und Abhängigkeiten, das unentwegte Aufsuchen quälender Beziehungen usw.

In solchen Fällen können natürlich auch seltsame Zufälle immer wieder für Begegnungssituationen sorgen oder dafür, dass man einfach nicht loskommt. Der innere Schalter mag darin liegen, dass der Partner etwas ganz Bestimmtes repräsentiert, worin die eigenen unbewussten Strukturen bei uns einen Mangel wahrnehmen.

Man kann Gregg Bradens Erklärung noch erweitern und daran denken, dass wir nicht nur durch gesellschaftliche Kompromisse etwas verlieren, was uns später an der eigenen Ganzheit fehlt. Auch Frustrationen, Niederlagen, unerfüllte Träume und die grundsätzliche Polarität des Lebens erzeugen tendenziell Bereiche persönlicher Leere, die energetisch gefüllt werden wollen – Baulücken im Gebäude. Wenn wir jung sind, fehlt uns in vielen Bereichen Erfahrung. Im Alter ist uns ein Gutteil Unbeschwertheit und Impulsivität verloren gegangen. Wer besonders »typisch männlich« oder »typisch weiblich« lebt, hat vom Rollenverhalten her eine Tendenz, die nach Ausgleich im Gegenüber sucht.

Menschen, die bildschön sind, wollen von irgendeinem Punkt im Leben an oft nicht mehr nur wegen ihres Aussehens geliebt, geschätzt, geachtet werden. Andere haben einen Komplex, weil sie sich nicht anziehend fühlen, und suchen ständig nach jemandem, der entweder durch seine Attraktivität einen Ausgleich schafft oder ihnen das Gefühl vermittelt, schön oder klug zu sein.

Das muss sich im Übrigen nicht nur auf das Thema Liebe beziehen. Auch Bekanntschaften, Freundschaften, sogar berufliche Beziehungen können sicher davon betroffen sein, dass wir vielfach einen Komplementärausgleich suchen, um fehlende Seelenbausteine zu ergänzen. Hieraus können sich nicht selten Ungleichgewichte ergeben oder wir werden im wahrsten Sinne des Wortes ent*täuscht*, weil die andere Seite nicht dauerhaft in der Lage ist, die energetische Information abzudecken, die in unserer Lücke enthalten ist.

Braden schlägt vor, wenn wir jemand kennenlernen, der ein Gefühl der Vertrautheit auslöst, sollten wir uns einfach – wenn es sich ergibt und passend ist – auf ein Gespräch einlassen. Häufig sei das Pendent jemand, der auf irgendeine Weise etwas darstellt, was einem selbst fehlt. Bei dem Gespräch sollten wir dem anderen in die Augen sehen und uns innerlich fragen, welche Seite genau die Person in uns abdeckt, die wir nicht haben.[4]

Es könne auch ein bestimmtes Selbstvertrauen, eine beeindruckende Vitalität, Schönheit oder Klugheit sein. In solch einem Moment hätten wir die Chance, uns ein Stück selbst zu entdecken. Das, was wir aufgegeben haben oder derzeit nicht leben, sind oftmals ja einfach brachliegende Potenziale, die es zu aktivieren gilt. Braden: »*Zu verstehen, was uns unsere Gefühle für andere sagen, kann ein wertvolles Instrument zur Entdeckung unserer größten Kraft sein.*«[5]

Ich kann natürlich auch so versuchen, ein Stück mehr zu erkennen, worin bei mir die angesprochene Leere besteht – das, was mir fehlt. Eventuell wird es mir durch eine kleine Begebenheit gespiegelt, durch eine ungewöhnliche Situation oder durch die Frage, was ich bei manchen Menschen bewundere.

So vorzugehen ist wahrscheinlich der schnellste Weg, weil stets zugänglich. Als Nächstes hätte ich mich zu fragen, wie ich mir wenigstens einen Teil der bewunderten Qualität selbst geben kann, wenn nicht direkt, so doch indirekt.

Durch unsere »dunkle Nacht« hindurch

Sehen wir weiter. Die bislang geschilderten Entsprechungsmuster sollen laut Braden noch nicht alle Spiegelungen sein, denen wir oft schicksalhaft begegnen. Zwei weitere hätten ebenso besondere Bedeutung. Die eine davon nennt er den »Spiegel unserer dunklen Nacht«. Dabei ginge es um Ereignisse, Tendenzen oder Ereignisfolgen, in denen sich unsere größten Ängste spiegeln würden.

Als Beispiel nennt der Autor einen Menschen, der sich aufgrund beruflicher Belastungen der Familie entfremdet hatte, sich eines Tages in einer bereits überlebten Beziehung befand und dann wegen einer anderen Frau alles aufgab. Der Mann war schon bald von »der Neuen« verlassen worden, hatte schließlich auch den Job verloren und stand so vor dem Nichts.

Hier sei eine Situation vorausgegangen, in der der Mann zu lange an einer Beziehung festgehalten hatte, in der er nicht mehr glücklich gewesen ist. Bei anderen kann es das Festhalten an einer unbefriedigenden Aufgabe im Job sein oder an einen Lebensstil, der einem eigentlich nichts mehr gibt, der aber doch so etwas wie Sicherheit vorgaukelt. Problematisch wäre es vor allem, es unserer Umgebung längerfristig zu verschweigen, wenn wir innerlich auf Distanz sind. Es erzeuge, wenn jemand aufgrund unvorhergesehener Umstände dann beispielsweise geht oder etwas ganz Neues macht, eine völlig ungeklärte Situation und auch Negativität, die gleichsam ihr Schloss zu einem ungünstigen Ereignisfeld findet.

Die finale Krise, die daraus entstehen kann, würde aber auch eine Chance enthalten. Braden meint, sobald wir uns in einer vergleichbaren Situation befinden und uns bewusst machen würden, dass eine solche Entwicklung im Grunde unsere größten Lebensängste spiegelt, würde sich auch ein Weg finden, aus den Schwierigkeiten wieder herauszukommen.

Das Leben halte eine solche Situation überhaupt erst bereit, wenn wir reif dafür sind.[6] Es gelte gleichsam eine solche »dunkle Nacht des Lebens« zu durchschreiten, um so die größten Daseinsängste zu überwinden. Man könne danach in eine Phase kommen, in der das Selbstvertrauen unerschütterlich werde.

Worum es dabei geht, ist wohl bei jedem Menschen unterschiedlich – Angst, allein zu sein, Angst, mittellos zu werden, Angst, etwas nicht kontrollieren zu können. Unsere Beziehungen zu anderen werden vielleicht oft auch zu Spiegeln solcher Fundamentalängste.

Da bringt es eine Geschäftsverbindung etwa mit sich, enorme Schulden zu machen, weil das Eingehen von Risiken immer unsere unbewusst größte Angst gewesen sein mag, über die wir uns nie mit anderen ausgetauscht haben. Laut Braden liegt das Problem zunächst eigentlich darin, dass wir nicht darüber sprechen, es verdrängen und damit Situationen provozieren, die uns genau das präsentieren, was wir nicht wollten. Die Dinge schaukeln sich energetisch dann hoch und es kommt wiederum wie Schloss und Schlüssel zu menschlichen Begegnungen, die Auslöser für Steigerungen negativer Energie sind.

Zur Ergänzung von Bradens These sei allerdings angemerkt: Sich solcher tief sitzenden Angstschlüssel einigermaßen rechtzeitig bewusst zu werden, sich damit auseinanderzusetzen, Partner oder andere daran teilhaben zu lassen, dies kann wahrscheinlich auch dafür sorgen, dass sich Auswirkungen später in Grenzen halten oder gar minimiert werden. Wir haben die dunkle Nacht des Lebens dann mehr im Geiste durchschritten.

Im Kleinen mögen es auch die Albträume sein, die zufällig durch die Begegnung mit bestimmten Menschen oder durch die Konfrontation mit irgendwelchen Situationen ausgelöst wurden. Ebenso sind es vielleicht diffuse Panikattacken, die manchmal wie aus dem Nichts aufzutauchen scheinen.

Unter Umständen werden wir auch hiermit zu ganz bestimmten Zeitpunkten zu tun haben, wenn es ansteht, das Grundmuster dahinter zu erkennen oder energetisch aufzulösen. Geeignete Gesprächspartner zu suchen, eventuell auch die richtige professionelle Hilfe, kann hierbei sicher hilfreich sein. Manchmal stellen sich allerdings auch entlastende Zufälle ein. Zum Beispiel solche, die uns zeigen, dass andere oft von einer ganz ähnlichen oder doch vergleichbaren Problematik betroffen sind.

Musterfließband »zwanghaftes Vergleichen«

Wenn man im anderen einen Spiegel erfährt, dass wir im Leben irgendwann alle unsere Päckchen zu tragen haben, jeder auf andere Weise, ist dies eine hilfreiche Form, sich zu vergleichen. Einfach weil es entlastet. Und auch, wenn man hin und wieder abgleicht, wo stehe ich eigentlich, wo die anderen, kann dies sinnvoll sein, weil es etwa den Ehrgeiz beflügelt. Ein ungünstiger Ereignisspiegel ergibt sich allerdings aus dem Vergleich mit anderen Personen, der zur stillen Obsession wird.

Will heißen: Indem wir andere zum Maßstab nehmen, vergessen wir oft unsere eigene Entwicklung, das, was uns ganz persönlich guttut, unsere Ressourcen und eigentlichen Möglichkeiten. Wir erleben dann Dinge, die durch den Bewusstseinsfilter permanenter Unzufriedenheit mit uns selbst ausgelöst werden. Man vergleicht sich mit irgendwelchen Topmodels, mit Schulkameraden, die scheinbar viel mehr erreicht haben, oder mit Leuten, die irgendwelche Superlative zustande bringen. Der ständige Stress, der hierdurch erzeugt wird, zieht Situationen an, die wie Gift auf unser Energiesystem und unsere Seele wirken – oft auch auf den Körper. Zudem werden durch eine allgegenwärtige Konkurrenzhaltung auch die zwischenmenschlichen Beziehungen belastet.

Daher ist es wichtig, sich bewusst zu machen: Unabhängig von der Notwendigkeit, sich durch andere motivieren zu lassen, führen wir immer auch unser ganz eigenes Leben. Wenn wir daher ganz für uns den Fokus darauf richten, was wir der Welt mit unserer Existenz geben können, sozusagen den *verborgenen Diamanten*, werden wir uns ein Stück weit aus der Vergleichsspirale erlösen und unsere Potenziale mehr entfalten. Oft brauchen wir dazu eine besondere Situation, die haargenau passt, um eine Idee davon zu bekommen.

Es könnte somit ganz hilfreich sein, auch auf Zufälle zu achten, die eine bestimmte Anspielung auf unsere Talente enthalten, und zwar nicht nur auf unsere beruflichen, sondern auch auf die, welche für Freizeit, Freunde oder Familie Kraft und Schönheit zeigen. Es sind Augenblicke, die in uns etwas zum Klingen bringen, in denen wir unsere ganz persönliche Schwingung erkennen, die so vieles im Leben aktivieren kann.

Diese Eigenresonanz kann sich etwa darin ausdrücken, dass wir unsere eigene Präsenz im Raum neu erleben, vielleicht aber auch ein ganz bestimmtes Körpergefühl der Selbstidentität. Wir sprechen dann meist auch anders – etwa mit einer besonderen Resonanz im Körper oder in einem besonderen Rhythmus. Diese eigene Schwingung kann sich unter Umständen verändern, was mit persönlicher Entwicklung zu tun hat. Etwas an der individuellen Grundfrequenz wird aber konstant und gleich bleiben, zumindest wieder durchkommen, wenn sie streckenweise verschüttet sein sollte. Sind wir uns dieser Eigenfrequenz bewusst, haben wir stets die besten Möglichkeiten, aus dem Augenblick heraus einen optimalen Schlüssel zu finden, um mit ereignisaktiven Feldern um uns herum positiv in Kontakt zu sein.

Leider ist zwanghaftes Vergleichen mit anderen indes viel häufiger der Fall, als wir allgemein vermuten würden. Wir haben bei uns selbst deshalb so oft einen »blinden Fleck« dafür in der Wahrnehmung, weil unsere Wettbewerbsgesellschaft in der gegenwärtigen historischen Phase besonders auf den Vergleich mit anderen aufgebaut ist. Da wir darauf konditioniert sind, uns ständig mit anderen zu vergleichen, ist in uns eine ständige Fabrikation negativer Muster im Gange. Wir produzieren sie manchmal wie am Fließband.

Um »Aussteiger« zu sein, braucht man also nicht notwendig eine Insel aufzusuchen, um dort in der Wildnis zu leben. Wir können Aussteigertum im Grunde voll und ganz im Alltag unserer Zivilisation praktizieren. Vielleicht ist es etwas mühsam, den Schalter zu suchen, um das Fließband ständigen Vergleichens anzuhalten. Aber der Wille dazu wird dahin führen, in vielen kleinen Dingen – Gedanken oder Verhaltensweisen – doch noch die mentale Schaltvorrichtung zu entdecken.

Auch hierbei kann Unterstützung darin liegen, den inneren Kontrastfilter auszubalancieren, der an anderer Stelle bereits angesprochen wurde. Wenn ich jemanden kennenlerne und zunächst meist darauf achte, was alles unterschiedlich ist, kann es eine innere Bereitschaft zum permanenten Vergleich auf vielen Ebenen fördern. Insofern wird die gelegentliche Suche nach Gemeinsamkeiten, angefangen von kleinen Marotten bis zu ähnlichen Lebenserfahrungen, Geschmacksnuancen oder anderen Dingen, schon mal helfen, der Neigung zum übermäßigen Vergleich entgegenzuwirken.

Rein zum Training kann man dies sogar in der Nachbarschaft, auf einem Bahnsteig oder im Kaufhaus mit fremden Personen – etwa von optischen Merkmalen her – probieren. Und zwar vielleicht am besten einmal dann, wenn man sich dabei ertappt hat, gerade in negative Konkurrenz zu anderen getreten zu sein, sich anderen zu sehr über- oder unterlegen gefühlt zu haben.

Eine besonders effiziente Möglichkeit besteht darin, schließlich direkt nach Übereinstimmung mit Menschen zu suchen, mit denen man bewusst oder unterschwellig in einer Weise konkurriert, dass es sich gerade nicht gut anfühlt. Das kann auch rein gedanklich geschehen. Man braucht sich nicht gegenüberzusitzen. Wo gibt es also verbindende Merkmale, Ähnlichkeiten oder was ist einfach sympathisch, und sei es nur eine Kleinigkeit? In Sympathie liegt nämlich jeweils auf einer tieferen Ebene eine Frequenzübereinstimmung zwischen beteiligten Menschen.

Manchmal kann es sein, dass sich bei solchen gedanklichen Prozeduren ein recht entspannendes Gefühl einstellt und vielleicht auch eine Vorstellung, als würde sich für Momente eine gemeinsame Feldenergie aufbauen. Es sind Augenblicke, die wahrscheinlich für uns alle günstige morphogenetische Eigenschaften erzeugen.

Diese Möglichkeiten, von unnötigem Vergleichen Abstand zu nehmen und dagegen mehr Verständnis für sich und andere zu gewinnen, stehen letztlich wohl auch für das, was Braden als »fünften Spiegel« erwähnt, nämlich den unseres tiefsten Mitgefühls. Es geht um einen Umkehrmechanismus, um mehr Positives anzuziehen.

XVIIII

WISSENSCHAFT UND
SPIRITUELLE WELTMODELLE

S innvolle Zufälle lassen sich auf eine sehr grundlegende Weise erklären. Nach einer modernen Auffassung könnte es immerhin so
sein, dass Synchronizität letztlich einem intelligenten Ordnungsprinzip in der Natur unterliegt, das unter Umständen immer wieder
in unser Leben eingreift. Vertreter dieser Annahme befinden sich
in guter Gesellschaft. So hielt bereits der 2001 verstorbene Fred
Hoyle – ein in Fachkreisen berühmter Physiker – den rein schlichten Zufall bei der Entstehung allen Lebens für unmöglich. Folgt man
seinen Ausführungen, wird man an die Bibel erinnert, wo es in der
»Genesis« heißt: »*Am Anfang schuf Gott Himmel und Erde.*«

1954 formulierte Hoyle im amerikanischen Fachblatt »Astrophy-
sics Supplement«: Etwas, das letztlich nur mit einer Art von »Superintelligenz« vergleichbar sei, müsse »Physik, Chemie und Biologie«
regelrecht manipuliert haben. Anders sei das komplexe Zusammenwirken von Naturvorgängen nicht erklärbar. Aber worin kann dieses verantwortliche »Etwas« bestehen? Bis in die religiöse Diskussion der Gegenwart geht die Auseinandersetzung, ob ein Schöpfer
»von außen« alles in Gang gesetzt hat oder ob schöpferisch aktives
Potenzial in allem, was ist, enthalten sein könnte. Folgt man letz-
terer Auffassung, hätten sämtliche Moleküle der Chemie und die
Atome, mit denen die Physik sich beschäftigt, so etwas wie eine
schöpferische Potenz. Diese würde in jedem Stein oder in jedem
Blatt eines Baumes vorhanden sein, aber auch in der menschlichen
Körperzelle. Jeder Mensch sei in diesem Sinne – ob positiv oder
negativ – auch Mitschöpfer der eigenen Schicksalstendenzen,
ebenso wie manche Prozesse, welche die Welt im Großen bewegen.

Zu vermuten wäre danach eine Art Regelsystem, wie Schöpfungs-prozesse ablaufen, Strukturen, eine Art formaler Ordnung, nach der das Ganze letzten Endes funktioniert. Wegweisend könnte hierbei ein in jüngster Zeit leider recht missbräuchlich verwandter Begriff sein. Gemeint ist an dieser Stelle so etwas wie ein »Intelligent Design« oder Schöpfungsmuster.

Der kabbalistische »Baum des Lebens« (Abbildung 8) mit seinen Sephirot (Evolutionsstufen) und deren Querverbindungen erinnert zum Beispiel entfernt an eine technische Zeichnung oder ein Orga-nigramm, das wir gewöhnlich als Darstellung von Hierarchie und Entscheidungswegen etwa in einem Unternehmen oder einer Orga-nisation kennen. Auch Assoziationen zu einem Atommodell stellen sich beim Anblick leicht ein.

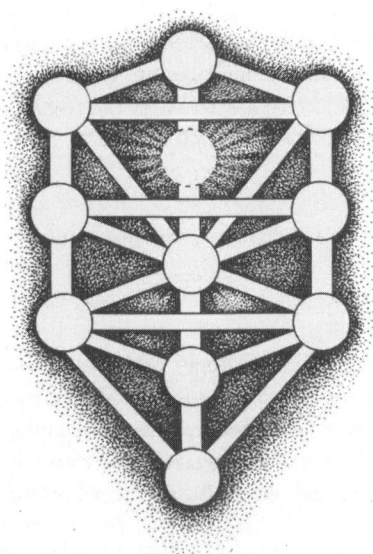

Abbildung 8: Der »Baum des Lebens« steht für einen Entwicklungsprozess von Energie. Er lässt sich unter anderem auf den menschlichen Körper über-tragen und seine Sephirot genannten Verbindungspunkte zwischen den Linien (Energiepfaden) gelten als göttliche Emanationen der Lebensenergie.

Ließe sich mit dem »Baum des Lebens« folgerichtig nicht so etwas wie eine Konfiguration für Energieprozesse in Verbindung bringen? Der Gedanke wirkt immerhin einladend, in dem aus der jüdischen Mystik geläufigen Strukturbild »Baum des Lebens« so etwas wie ein kosmisches Design zu erkennen. Ähnlich verhält es sich mit der »Blume des Lebens« (siehe Abbildung 9), einem geometrischen Muster, das schon im alten Ägypten eine Rolle gespielt haben soll und in dem manche Mystiker ebenfalls die kosmische Ordnung symbolisiert sehen.

Abbildung 9: Die »Blume des Lebens« symbolisiert nach Auffassung einer mystisch inspirierten Philosophie grundlegende Schöpfungsprinzipien. Das Muster gehört als zentraler Bestandteil zur sogenannten »heiligen Geometrie«. Seine Anordnung findet sich teilweise in Fenstern von Kathedralen wieder und es soll auch in ägyptischen Pyramiden entdeckt worden sein.

Verblüffenderweise scheinen sich einige dieser Vorstellungen sogar mit Überlegungen des ehemals atheistischen Philosophen Anthony Flew zu treffen, eines langjährigen Weggefährten von Bertrand Russell. Flew spricht inzwischen selbst von einem »schöpferischen Design«, das der Welt zugrunde liege. Wenn man so will, also eine

Art kosmischer »Schaltplan«, im übertragenen Sinne vielleicht eine Entsprechung für jene Art von Funktionsdiagramm, wie wir es entsprechend in der Gerätetechnik kennen. Allerdings dürfte dieser Schaltplan kosmischen Maßstabs eine so intelligente »Konstruktion« aufweisen, dass er sich selbst ständig fortentwickelt. Wir nennen diesen Vorgang heute Evolution.

Anthony Flew meint, insbesondere neuere Erkenntnisse der Biologie seien dazu angetan, ein Umdenken darüber zu veranlassen, was die Welt in ihrem Innersten zusammenhält. So würde allein schon die Existenz der DNA in ihrer komplexen Beschaffenheit eine Art intelligentes Prinzip im Hintergrund nahelegen. Zudem bringe die Big-Bang-Theorie von der explosionsartigen Entstehung des Universums vor circa 14 Milliarden Jahren atheistische Vorstellungen in eine unbehagliche Position. Man müsse offenbar eingestehen, dass es tatsächlich einen »Anfang« oder – mehr noch – eine Form intelligenter »erster Ursache« gäbe.

Dabei dürfte den Überlegungen des Philosophen nicht abträglich sein, dass sich neuerdings christliche Fundamentalisten ebenfalls einer Ausdrucksweise bedienen, in der Begriffe wie »schöpferisches« oder »intelligentes Design« zunehmend in Gebrauch kommen. Wie damit umgegangen wird, zeigt allerdings eine eher flachsinnige Verwendung dieser Idee, indem jedweder Evolutionsgedanke von spirituellen Hardlinern ausgeschlossen wird. Vielmehr habe ihrer wörtlich verstandenen Bibel-Lesart zufolge ein intelligenter Schöpfer die Welt haargenau in sieben Tagen (gemäß unserer Zeitauffassung) nach seinem göttlichen Design erschaffen.

Dessen unbeschadet hat der Gedanke, dass allem, was ist, eine Art von intelligentem Muster oder Design zugrunde liegen könnte, etwas Faszinierendes an sich. Einer der wissenschaftlich prominentesten Vertreter, die eine solche Idee nicht vom Tisch wischen wollen, ist Michael Behe, der als Professor an der Lehigh University in Pennsylvania (USA) lehrt. Im Mittelpunkt seiner wissenschaftlichen Arbeit steht die Entwicklung biochemischer Systeme. Behe ist der Auffassung, dass der Gedanke an ein intelligentes Weltdesign und der Evolutionsgedanke sich keineswegs ausschließen müssen. Allerdings sei das Erbe Darwins zu überarbeiten und stellenweise zu ergänzen.

Bei der Frage nach einer formalen Ordnung, in der Schöpfung strukturiert sein könnte, stoßen wir unter anderem auf die »platonischen Festkörper« (Abbildung 10), die sich von ihren geometrischen Dimensionen her alle aufeinander beziehen lassen und obendrein als eine Art Blaupause für Musterbildung gelten könnten. Es sind unter anderem der Tetraeder, aus Dreiecken bestehend, der Hexaeder, also ein Kubus oder Würfel (aus Vierecken zusammengesetzt), oder der Dodekaeder (Zwölfflächner, aus Fünfecken gebildet).

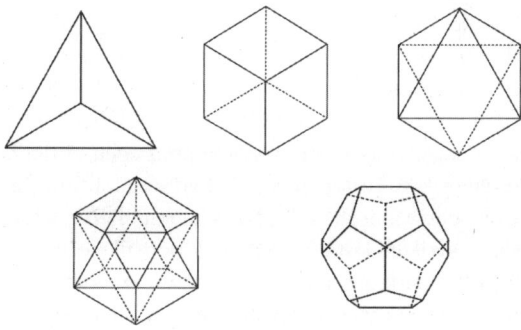

Abbildung 10: Die sogenannten platonischen Festkörper verbindet die Möglichkeit, sich gegenseitig aufeinander in ihren Proportionen beziehen zu lassen. In der Natur kommen sie ausgesprochen häufig vor. Sie finden sich in sämtlichen molekularen Verbindungen als Strukturmuster und sind in ähnlicher Weise bei der Geometrie von Kristallen beteiligt.

Die platonischen Körper kommen in der Natur recht häufig vor, zum Beispiel in der sphärischen Struktur aneinandergebundener Atome in Elementen oder bei Ionen, ebenso in sämtlichen molekularen Strukturen von chemischen Verbindungen. Dies bestätigt auf Nachfrage für dieses Buch Professor Walter Kaminsky vom Institut für Makromolekulare Chemie der Universität Hamburg.

Generell sind offenbar auf atomarer und molekularer Ebene hochsymmetrische Kristallisierungsvorgänge ein durchgängiges Prinzip, wobei konkrete Formprinzipien eine zentrale Rolle spielen, die sich mit besagten platonischen Festkörpern mannigfach in Verbindung bringen lassen. Bei der Gelegenheit erinnere man sich auch daran, dass C. G. Jung die Differenzierung von kollektiven Ursymbolen (Archetypen) in der Geschichte des einzelnen Menschen mit einem Kristallisationsprinzip vergleicht. Es hätte damit zu tun, wie diese Urbilder sich in der persönlichen Wahrnehmung entwickeln. Jung sprach davon, dies geschähe wie bei einem Kristall in der Mutterlauge. Anfangs mag dieses noch eine weitgehend ungeformte – eher in Charakteristika angedeutete – Struktur sein, die sich später immer weiter ausgestaltet. Übertragen auf die Biografie des Menschen: Eine persönliche Erfahrung nach der anderen wird sich an ein kollektives Menschheitsmuster anlegen und es individuell konkretisieren, zum Beispiel wie wir Urvorstellungen von »Jugend« oder »Alter« sowie Polaritäten wie »weiblich« oder »männlich« wahrnehmen und in unserem Handeln persönlich verkörpern.

Sieht man es so, vollzieht sich das gesamte Leben einschließlich seiner materiellen Strukturen sowie seiner sozialen und biografischen Prozesse beim Menschen nach einem annähernd kristallinen Schöpfungsprozess. Auf Gestaltfeldentwicklungen übertragen hieße das, ein Symmetriemerkmal nach dem anderen gruppiert sich zu einem zunächst unbewussten Entwicklungsprozess, der zu den schicksalhaften Abläufen führt, die wir im Alltag schließlich bewusst wahrnehmen. Feldentwicklungen würden danach holografisch in wechselseitiger Resonanz Musterkristallisierung auf unterschiedlichsten Ebenen des Lebens spiegeln. Sinnvolle Zufälle können uns in markanten Situationen auf diese unbewusst geschehende Musterstruktur im Hintergrund aufmerksam machen.

All das führt von verschiedenen Ansätzen und Seiten her auch zu der Frage: Ließe sich all dies als eine Art intelligentes Regelprinzip in der Natur verstehen, das unter anderem für sinnvolle Zufälle und Ereignisse im Sinne eines übergeordneten Masterplans sorgt? Dazu noch einmal: Wenn ein »Faktor Zufall« bei der Entstehung des Lebens von fortschrittlichen Wissenschaftlern intensiv infrage gestellt wird, so ist unausgesprochen eher der Zufall ohne Belang gemeint – genauer: das, was einfach ohne jede Bedeutung geschieht. Wie wir aber aus unserem Verständnis um Synchronizität ableiten können, gibt es eine ganze Reihe besonderer, nämlich sinnvoller Zufälle, die sogar in erheblichem Maße mit jener Funktion von

»Superintelligenz« im Universum zu tun haben könnte, die Fred Hoyle in seinem Fachaufsatz ansprach. Eben ein übergeordnetes Schaltprinzip, vergleichbar jenem »schöpferischen Weltdesign«, von dem Anthony Flew spricht und für dessen unvoreingenommene Diskussion sich etwa der Naturwissenschaftler Michael Behe so stark macht. Auch die Aussöhnung von Wissenschaft und dem Glauben an etwas Göttliches, Transzendentes liegt bei einer solchen Betrachtungsweise auf der Hand.

Ein Philosoph, der Anfang des 20. Jahrhunderts verstärkt über ein intelligentes Prinzip der Natur nachdachte, war Henri Bergson, Franzose polnischer Herkunft, der die Gegenwart eines allgegenwärtigen Élan vital annahm, einer Art Geist in aller Materie. In jedem Stein, im fließenden Wasser wie auch in den Partikeln der Luft sei demnach Information oder Intelligenz enthalten.

Dieser Élan vital der Natur könnte wiederum mit dem inzwischen von verschiedenen Seiten her diskutierten »intelligenten Weltdesign« und möglicherweise auch mit einem, wenn man so will, steuernden und übergeordneten Schöpferbewusstsein des Universums und möglicher Paralleluniversen in Verbindung stehen – vielleicht eine Gesamtheit an Information und übergeordneter Seinskraft von allem, was ist. Die verschiedensten Religionen sind gewohnt, in einem vergleichbaren Zusammenhang von Gott zu sprechen. Wahrscheinlich ist es allerdings so, dass hier Dimensionen angesprochen sind, die keiner Definition mehr so recht zugänglich sind, weil sie letztlich über alle Begrifflichkeit hinausgehen.

Bleibt anzumerken: Interessanterweise hat Philosoph Bergson die Evolutionstheorie Darwins in weiten Teilen als zu mechanistisch kritisiert und ihr ein geistiges Entwicklungsprinzip gegenübergestellt, das dem Universum gleichsam in seiner materiellen Existenz innewohnt. Von dieser Betrachtungsweise ist die Möglichkeit nicht weit entfernt, dass auch ein schöpferisches Evolutionsprinzip im ganz alltäglichen Leben existieren könnte. Die würde unter anderem auch eine schöpferische Potenz in aller Materie beinhalten, die über »sinnvolle Zufälle« und vielfältige Schicksalsfäden die Entwicklung jedes Einzelnen mit beeinflusst. Dabei hätte auch jeder Mensch selbst mit seiner schöpferischen Potenz in Resonanz zu der ihn umgebenden Mustermatrix an den Evolutionsprozessen teil.

XX

ASSOZIATION UND ENERGIEÜBERTRAGUNG

Zu vielen Erkenntnissen über Zufall und Schicksal werden wir hingeführt, wenn wir den Strom unserer gedanklichen Assoziationen beobachten, die man wie viele andere Musterbildungen wiederum mit einem Kristallisationsprinzip vergleichen kann. Unsere Assoziationen haben andererseits in ihren Wirkungen nach draußen oft damit zu tun, dass sich Energiepforten öffnen und schließen. Es liegt daran, dass Assoziationsfolgen unseren inneren Fokus verändern. Denke ich an Probleme in der Firma, kann ich schnell zu Problemen von Freunden oder Bekannten kommen und bin innerlich auf einmal bei dem eigenen Potenzial an Schwierigkeiten gelandet. Aus trüben Gedanken und Gefühlen resultieren wiederum schwache oder blockierte Handlungsweisen und schon liegt ein einengendes Gestaltmuster vor.

Wer dagegen seinen Gedankenstrom von Zeit zu Zeit bewusst nachvollzieht, entwickelt ein Gewahrsein für den geistigen Fluss und weiß, bei welchen geistigen Regungen er (oder sie) lieber eine gedankliche Unterbrechung setzen sollte. Das kann dann sogar noch über den eigenen Seelenhaushalt hinaus nützlich sein. So gibt es ganz spezielle Formen von Energieübertragung. Beispielsweise brauche ich nur eine unterschwellige Dumpfheit oder Mattheit zu spüren und denke in diesem Zustand leider allzu häufig – vielleicht in bester Absicht – an einen Menschen, dem es doch gut gehen soll. Dann kann etwas recht Seltsames geschehen. Indem ich nämlich aus einer eher niedergeschlagenen Stimmung zu oft den Gedankenfokus auf diese Person richte, betätige ich mich als Sender mit einer ungünstigen Frequenz.

Ebenso kann es aber genau umgekehrt ablaufen. Ich habe gerade ein kleines oder größeres Erfolgserlebnis gehabt, fühle mich richtig gut drauf und denke dann an Person »X«, und schon wird hier auf freudige Weise ein energetischer Transfer hergestellt. Das beinhaltet aber nicht, dass man sich ständig gedanklich kontrollieren sollte, etwa nur dann an andere zu denken, wenn es einem selbst super geht. Es geht hier vielmehr um die grundsätzliche innere Hygiene. Denn vielfach verdrängt man beispielsweise eigenes Schlechtdraufsein, wenn man sich gerade mit anderen beschäftigt. Und wenn man Mitmenschen bewusst etwas Gutes wünschen will, sollte man sich selbst nach Möglichkeit erst einmal für einen Augenblick in einen guten Zustand bringen.

Dazu ein kleines Experiment. Wenn Sie etwa wissen, dass ein Ihnen wichtiger Mensch momentan nicht so gut drauf ist, lächeln Sie doch einmal, wo auch immer Sie sich gerade befinden. Lassen Sie die Mundwinkel richtig nach oben gehen und denken Sie einen kurzen Moment an die betreffende Person. Bleiben Sie bei dem Lächeln und denken Sie dann noch an irgendetwas Angenehmes – egal was. Sie können sicher sein, dass es ganz anders wirkt, an den betreffenden Menschen so zu denken, als wenn Sie gerade angespannt sind oder Ihre Mundwinkel sich in Dauerstellung nach unten befinden.

Also, Sie haben das jetzt verinnerlicht und bei Ihren Gedanken an einen Ihnen nahestehenden Menschen bewusst gelächelt. Erzählen Sie dem anderen hinterher davon erst einmal nichts, sondern warten Sie ab, wie derjenige beim nächsten Telefonat oder Treffen drauf sein wird. Eventuell können erstaunliche Dinge passieren, vielleicht geschieht auch nur etwas ganz Gewöhnliches. Aber Sie haben hiermit ein mentales Werkzeug, das in einigen Fällen recht wirksam ist. Eventuell sind Sie innerlich sogar bereit, über räumliche Distanzen hinweg auch einmal einem Konfliktpartner zuzulächeln, jemandem, mit dem es vielleicht immer nur Probleme gibt. Mal sehen, ob das irgendwann Auswirkungen hat, wenn Sie es wiederholen, und sei es nur, dass Sie sich selbst besser fühlen und eine Veränderung an Ihrer Aura vor sich geht.

Wir können danach noch einen Schritt weitergehen. Bisher haben wir einer bestimmten Person über eine Entfernung hinweg zugelächelt. Gehen Sie jetzt noch eine Stufe weiter: Lächeln Sie Ihrer eigenen Zukunft zu, ebenso Ihrer Karriere, einem ganz bestimmten Projekt oder auch einem Wunsch, den Sie haben.

Arbeiten Sie ebenso mit dem Strom Ihrer Gedanken. Das heißt: Halten Sie von Zeit zu Zeit inne und fragen Sie sich: Wie bin ich eben eigentlich darauf gekommen – etwas, woran Sie gerade jetzt denken? Fragen Sie sich das besonders dann, wenn Sie feststellen, dass Sie schon wieder irgendwelche anstrengenden Gedanken oder trüben Fantasien haben. Aus welcher gedanklichen Ecke heraus kam das? Verfolgen Sie den Faden zurück. Stellen Sie fest, wo Assoziationsfolgen Sie innerlich hinführen, und ebenso, wie Sie störende Assoziationen am besten unterbrechen oder transformieren können.

Beispielsweise kann es geschehen, indem wir unsere Blickrichtung verändern, uns ein Foto vornehmen, eine kraftvolle Geste vollführen, tief durchatmen, auf Worte oder Klänge von außen achten oder uns innerlich selbst etwas sagen, was die Gedankenrichtung verändert. Genauso kann man an irgendeinen schönen Duft oder an sein Leibgericht denken. Hilfreich kann es sein, wenn man herausfindet, bei welchen Handlungsweisen – und seien es nur Kleinigkeiten im Alltag – eher positive Gedanken angeregt werden und bei welchen Verrichtungen, Entscheidungen usw. wir mehr zu Assoziationen gelangen, die uns Energie nehmen.

Füllen wir diesen Gesichtspunkt mal mit etwas Leben. Dazu ein konkretes Beispiel: Sie sind vielleicht mit einem Menschen sehr eng und überwiegend positiv verbunden. Allerdings gibt es bestimmte Themenfelder, bei denen der- oder diejenige gebetsmühlenartig – wie Sie meinen – Kritik wiederholt, ob Sie es gerade über sich ergehen lassen wollen oder nicht. Nun kreisen Ihre Gedanken aufgrund eines Telefonats darum, ob es wohl wieder eine in Ihren Augen völlig überflüssige »Ansprache« geben wird, wenn man sich nachher trifft. Nun wissen Sie vielleicht auch, dass es vor allem Ihre Angelegenheit ist, die gerade eben noch am Telefon besprochen wurde.

In solchen Fällen kreisen Gedanken allzu leicht um das Gestaltfeld in der Vergangenheit gemachter Erfahrungen. Meist energetisiert man dieses Gestaltfeld noch, indem man sich damit beschäftigt, wie wohl nachher wieder das Treffen im Café oder Restaurant verlaufen wird. Mindestens dann, wenn man es von sich kennt, wie genau so etwas eine sich selbst verstärkende Verlaufsrichtung haben könnte, kann es sich doch einfach einmal lohnen, anders an die Sache heranzugehen.

Und wenn einem eben diese Worte in den Sinn kommen, nämlich »anders heranzugehen«, ist es vielleicht gerade richtig, aufzustehen, einige Schritte auf und ab zu gehen, sich dabei gerade zu machen, etwas Schwung in die Bewegung zu bringen und der nachher wahrscheinlich stattfindenden Begegnung (sprich vor allem auch dem anderen Menschen) auf geistigem Weg zuzulächeln. Plötzlich macht man wie von selbst noch eine Powergeste, die sich auf einmal aus dem Körpergefühl heraus anbietet, und schon wird sich das Assoziationsspektrum verändern.

Sie wissen dann zwar noch nicht, wie sich das Treffen nachher gestalten wird, aber auf jeden Fall haben Sie die Erfahrung gewonnen, wie Sie schnell besser drauf sein können, und daraus resultiert wiederum eine nicht unerhebliche Wahrscheinlichkeit, dass auch das Treffen in seinen harmonischen Anteilen überwiegen wird. Vielleicht kommt es auch dazu, dass Sie einen Anruf erhalten, ob man sich nicht lieber morgen treffen sollte, weil bei Ihrer Freundin/Ihrem Freund plötzlich etwas dazwischengekommen ist. Und genau das könnte ein unsichtbarer Schicksalsschild sein, der Sie beide vor einer enttäuschenden Erfahrung an diesem Tag schützen will. Oder Sie treffen sich und die Problematik, die am Telefon Erwähnung fand, wird nur ganz kurz angetippt. Beziehungsweise haben Sie selbst womöglich dazu einen »erlösenden Einfall«, der neue Gedanken mit einer neuen Energie einbringt. Solche Überlegungen etwa, durch die Sie das vielleicht diesmal nur etwas überzogene Feedback der anderen Person neu zu würdigen und einzuschätzen wissen. Sie sind auf einmal in der Lage, einen ganz bestimmten Erkenntnisgehalt für sich herauszufiltern und dies Ihrem Gegenüber ohne große innere Verrenkung mitzuteilen.

Halten wir fest: Vorher gelaufen ist, dass Sie Ihrer eigenen Assoziationskette nur einen leichten Schubs in eine andere Richtung gegeben haben. Es kam dadurch, dass Sie bei dem Gedanken, »anders heranzugehen«, die konkrete, in eine Handlung mündende Assoziation hatten, aufzustehen, sich dabei aufzurichten und innerlich zu lächeln.

Dazu eine kleine grundsätzliche Bemerkung: Eventuell haben Sie auch schon Menschen mit einem geradezu »gefrorenen Lächeln« kennengelernt, etwa solche, die angestrengt im Kundendienst arbeiten. Es wurde ihnen von Vorgesetzten beigebracht, dass man nicht nur höflich sein sollte, sondern den Servicegedanken am besten mit einem Lächeln unterstreichen kann. Etwas Ähnliches erlebt man auch bei Politikern, die auf eine Frage oder Kritik sehr schnell mit einem Lächeln reagieren, dass nach einiger Zeit etwas Maskenhaftes herüberkommt.

Falls Ihnen bei dem Gedanken an Lächeln gleich ein solches Bild innerlich vor Augen kommt, dann empfiehlt es sich zu experimentieren. Vielleicht kennen Sie ein ganz sparsames Lächeln, das für Sie einen authentischen Charakter hat. Oder Sie ziehen einfach die Augenbrauen über der Nasenwurzel so hoch, dass sich das Gesicht etwas öffnet. Manchmal lässt sich ein anschließendes Lächeln dabei kaum noch vermeiden. Oder Sie denken an etwas, das Sie gelegentlich zum Lächeln oder Schmunzeln bringt. Noch eine Möglichkeit besteht darin, auf ein Blatt Papier einen Strichmännchenkopf mit nach oben zeigenden Mundwinkeln zu malen. In vielen Versuchsreihen mit dem kinesiologischen Muskeltest und anderen Verfahren konnte belegt werden, dass von einem solchen Bild eine positive Energie ausgeht. Oder Sie probieren aus, was passiert, wenn Sie beide Arme so hochheben, dass sie zusammen die Gestalt von lächelnden Lippen annehmen. Entscheidend ist, im Körper und in den Gedankenfolgen eine Veränderung festzustellen, die auf irgendeine Weise befreiend, lösend oder entspannend wirkt.

Eine wichtige Erfahrung, die wir ganz allgemein machen können: Gefühle und Gedanken hängen oft zusammen. Und wir erinnern uns daran, dass Gregg Braden aufgrund alter Texte feststellte, Gefühle seien so etwas wie die »Sprache des Universums«. So hat es einige Bedeutung, sich zu vergegenwärtigen: Wer seine mentalen Assoziationsströme beobachtet, kann darüber bald auch ein Stück Einfluss auf seine eigenen Gefühle und Stimmungen nehmen. Hieraus resultieren auf die eine oder andere Weise wiederum Dinge mit einem bestimmten Anziehungsgehalt.

Doch wie steuert man zunächst seine Gedanken aus, um darüber eine andere Gefühlsbalance zu erreichen? Vor allem dann, wenn man nun gerade wieder im Stress ist oder sich geärgert hat – was auch immer. Am besten ist dafür ein gewisses Training. Man kann beispielsweise ganz einfach testen, was geschieht, wenn man einmal bewusst an etwas anderes denkt als an jene Dinge, die einem gelegentlich so durch den Kopf schwirren. Das muss keineswegs zu dem alten Konzept vom »positiven Denken« führen. Aber immerhin kann man mit sich selbst Übereinkünfte treffen, wann es an der Zeit ist, sich mit Problemen oder eher schweren Dingen auseinanderzusetzen, und wann man lieber alternative, beruhigende oder wohltuende Themen innerlich anwählt.

Probieren wir am besten, in einer einigermaßen unbelasteten Situation den Gedankenfokus zu verändern, also – wie beschrieben – bewusst den Assoziationsstrom zu lenken. Trainiert man das, kann man auch besser abschalten, wenn man in einer Situation mit irgendwelchen Schwierigkeiten konfrontiert ist. Es müssen keineswegs immer betont positive Themen sein, die man gedanklich wie ein Fernseh- oder Radioprogramm wählt. Manchmal ist auch schon ein neutraler Sachverhalt oder eine ganz sachliche, rationale Fragestellung in der Lage, Gedankenenergie abzulenken, die sonst in Richtung Gefühlsstress laufen könnte.

Aber das Wesen der Assoziationen geht noch viel weiter. Der eine oder andere New-Age-Belesene erinnert sich vielleicht noch an Jane Roberts, die von sich als Medium sagte, die geistige Wesenheit »Seth« zu channeln. In diesen Materialien tauchte immerhin eine recht beeindruckende Hypothese auf. Sie legt nahe, dass Gedankeninhalte vielfach auch mit Ereignissen um uns herum verkoppelt sind. In dem Band »Die Natur der Psyche« liest sich das so:

»Ihr mögt beispielsweise an eure Tante Sarah denken, und in wenigen Augenblicken werden euch assoziative Bilder aus der Vergangenheit gegenwärtig: Bilder steigen auf von einem Besuch bei eurer Tante, von ihren Freunden und Nachbarn ...«[1]

An dieser Stelle folgt bei Seth eine Aufzählung von möglichen Impressionen, die wieder lebendig werden können, darunter auch Episoden und Gegenstände von damals. Anschließend heißt es:

»Zur gleichen Zeit mag Tante Sarah, ohne dass ihr davon wisst, eine blaue Vase in die Hand nehmen, eine, die ihr eben in eurem Geiste auf einem Regal im Wohnzimmer habt stehen sehen. Beim Berühren der Vase mag

*Tante Sarah an die Person denken, die ihr die Vase schenkte und die jetzt
auf der anderen Seite des Kontinents lebt. Jene Person, die vielleicht
gerade jemandem ein Geschenk kaufen will, mag sich, einer Eingebung
folgend, auf eine Vase festlegen oder plötzlich beginnen, ein Lied mit dem
Namen ›Sarah‹ im Titel zu summen ...«* [2]

Man kann das hier geschilderte Prinzip im Grunde noch weiter
fassen. Dann sind Assoziationsketten, die über den Einzelnen hinausgehen – nennen wir sie »transpersonal« –, auch derart vorstellbar: Jemand kauft ein rotes Auto an einem Donnerstag. Statistiker
mögen gerade an dem Datum Ergebnisse veröffentlichen, wonach
sich donnerstags Verkehrsunfälle häufen, und eine Bekannte des
neuen Besitzers vom roten Auto macht eine Statistik ihrer Haus-
haltsausgaben, wobei sie buchstäblich zum Rotstift greift. Sie beschließt, weniger mit ihrem Auto zu fahren und mehr öffentliche
Verkehrsmittel zu nutzen. Sie denkt auch darüber nach, dass es
irgendwie doch auch sicherer sei, mit Bahn und Bus unterwegs zu
sein. Sie ist aber schon im Stress, weil sie ihren Sohn gleich noch
von der Schule mit dem Wagen abholen muss. Denn heute soll das
Kind zum Arzt, weil es einen Sportunfall hatte. Tausende von Kilo-
metern entfernt bekommt ein bekannter Sportler parallel gerade
einen leichten Blechschaden mit seinem Auto. Weil er einen roten
Ball über die Straße rollen sieht und ein Kind hinterherrennt, bremst
der Sportler abrupt und das folgende Fahrzeug fährt ihm hinten
drauf. Ebenso abrupt wacht ein Schichtarbeiter einige Straßenzüge
weiter aus einem Traum auf, in dem er sich gerade ein neues Auto
hatte kaufen sehen. Und ganz plötzlich blickt der Abteilungsleiter in
einem Autoteilekonzern auf die Uhr, um eine Sitzung zu unterbrechen, und bittet daraufhin seine Sekretärin, ihm ein Taxi zu rufen.
Er will lieber doch einige Zeit früher bei seiner Frau in der Klinik
sein, um der Entbindung beizuwohnen. Mit dem eigenen Wagen zu
fahren wäre ihm jetzt nicht ganz geheuer, da er viel zu aufgeregt ist.

Mit anderen Worten, es handelt sich bei diesem Modell um Ereignisse oder Vorgänge, die durch Assoziationsmuster miteinander verbunden sind. Sehr wahrscheinlich ist, dass sich auch diese assoziati-
ven Ereignisketten ebenso wie reine Gedankenketten unterbrechen
oder in eine andere Richtung lenken lassen. In »Naturerklärung
und Psyche« heißt es dazu: *»Wenn allerdings irgendwo auf dieser Linie*

gegensätzliche Assoziationen ins Spiel kämen, könnte die Kette der Assoziationen brechen.«

Und im Beispiel mit dem Auto ließe sich das so denken: Jemand kauft zwar an einem Donnerstag ein rotes Auto, auch die Verkehrsstatistik kommt heraus. Aber die Bekannte des Autokäufers nimmt für ihre Haushaltsaufstellung einen grünen Filzstift. Damit unterstreicht sie alle Ausgaben, die unbedingt wichtig oder für die Zukunft vielversprechend sind. Allerdings könnte man sich für kurze Wege mal ein Fahrrad anschaffen, um nicht so viel für Benzin auszugeben, überlegt sie. Sie beschließt, Streichungen in ihrem gesamten Budget erst vorzunehmen, wenn es gar nicht mehr anders geht. Ganz entspannt geht sie dann zu ihrem Wagen, um den Sohn abzuholen. Der Arzt sagt, er habe selten erlebt, dass ein Kind nach einem Sportunfall so gute Heilungsfortschritte macht. Parallel fährt auch jetzt der Sportler auf der Straße, die ein Kind mit seinem Ball überqueren will. Doch es stoppt den Ball rechtzeitig, nimmt ihn in die Hand und wartet, bis der Wagen mit dem bekannten Sportler vorbeigefahren ist. Der Junge erkennt den Fahrer noch und denkt: Schade, dass ich von dem kein Autogramm kriegen kann. Währenddessen schläft der Schichtarbeiter ein paar Straßenzüge entfernt trotz des Baulärms weiter. Er träumt gerade von einer angebeteten Schauspielerin, die ihm ein Autogramm gibt und dabei bezaubernd lächelt. Im selben Augenblick sagt im Autoteilekonzern der Abteilungsleiter freudig: »Meine Damen und Herren, wir sollten uns die jüngsten Verkehrsstatistiken einmal genau ansehen, ob darin Hinweise enthalten sind, auf die wir bei unserer Produktentwicklung achten können. Wie Sie wissen, habe ich heute noch einen wichtigen privaten Termin. Sobald meine Frau unser Kind bekommen hat, komme ich zurück und wir trinken zum Abschluss des Tages noch ein Gläschen miteinander.« Dann setzt er sich ruhig ans Steuer seines Wagens, da er weiß, dass er noch genügend Zeit hat. Im Auto denkt er allerdings darüber nach, ob er künftig nicht auch einen Teil seiner täglichen Strecke von zu Hause zum Arbeitsplatz mit öffentlichen Verkehrsmitteln bewältigen kann. So oft, wie man im Stau steckt…

XXI

DIE »INNERE KODIERUNG« – ZUFALL UND BEWUSSTSEINSFORM

Äußere Ereignisse werden in nicht unerheblichem Maße durch die Bewusstseinsform angezogen, die wir zu einem bestimmten Zeitpunkt gerade erleben und ausdrücken. Sie hat unter anderem auch einiges damit zu tun, welche gedanklichen Assoziationen wir vorzugsweise hervorbringen. Genauer gesagt, sollten wir den Plural »Bewusstseinsformen« wählen. Denn für die verschiedensten Aspekte im Leben bilden wir auch unterschiedliche Bewusstseinsformen aus, die jeweils gerade »zuständig« sind.

Auch wenn man ein Projekt durchführt oder ein Buch schreibt, gibt es hierfür oft eine eigene Bewusstseinsform. So war ich zunächst dabei, dieses Kapitel vom Kopf her zu schreiben. Doch dann begann der sinnvolle Zufall nach und nach die Führung bei dem zu übernehmen, was ich gleichsam zu Papier zu bringen hatte. Dabei wurde mir auch klar, warum etwas mich drängte, Bewusstseinsformen mit sinnvollen Zufällen in Verbindung zu bringen, kurz: wofür dieses Kapitel gut sein sollte.

Offenbar geht es nicht einfach darum, hier und da Zufälle als Einzelepisoden verstehen und interpretieren zu können. Das hat zwar durchaus »seinen Nutzen« und kann uns oftmals im Leben auch weiterhelfen. Doch es geht im Grunde für jeden von uns um erheblich mehr, wenn wir uns auf die Sprache des Zufalls einlassen.

Lassen Sie es uns mit der höchst persönlichen Einladung des Universums zu einem Entwicklungsprozess vergleichen. Ich glaube, dieser manchmal übrigens recht aufregende Vorgang will uns vollständiger, hier und da weiser und dadurch letztlich in unserem Handeln effektiver und stärker werden lassen.

Meistens sind wir aufgrund des linearen Denkens in unserer an Zahlen und Zweckdenken orientierten Erlebniswelt so sehr auf das Erreichen von Zielen ausgerichtet, dass wir erst einmal wünschen werden, die Sprache des Zufalls vor allem zu nutzen, um schneller und besser im Leben voranzukommen. Dabei kann allerdings der Sinn für die Schönheit des Weges abhanden kommen, all dessen, was wir jenseits aller Nützlichkeit zu entdecken vermögen. Nämlich das Abenteuer, die Überraschungen, manchmal auch eine gewisse Art von Humor oder Doppelbödigkeit, wenn wir uns in den Dialog mit dem Zufall begeben. Andererseits ist es natürlich legitim, sich auch Nutzen vom Dialog mit dem Zufall zu versprechen.

Lassen Sie uns beim Thema Synchronizität und Bewusstseinsformen jetzt aber noch einen anderen Gedanken verfolgen. Etwas, womit wir uns im Alltag oft beschäftigen – nämlich so vieles, was uns vielleicht an uns selbst stört. Fatalerweise hat so etwas nicht eben selten mit Dingen zu tun, die viel von unserer Zeit und Energie in Besitz genommen haben.

Hierbei wird etwas Wichtiges gern vergessen: Selbst bestimmte lieb gewordene Verhaltensweisen entsprechen fast immer einer Bewusstseinsform. Wenn wir denken, dass wir uns beispielsweise von unserem Autotick, einem Sammlerwahn oder unserer einmal gewählten Wohnumgebung nie werden trennen können, hat dies mit der inneren Kodierung durch eine Bewusstseinsform zu tun. Das heißt, wir halten so lange an etwas fest, wie eine Bewusstseinsform hierfür vorhanden ist.

Es geht um eine mentale Prägung, die durch das Zusammenwirken von seelischen Energiefeldern unterstützt wird. Die Entwicklung hierher vollzieht sich meist längere Zeit über eine Art von *seelischer Karriere*, in der ein Verhalten Erfahrung um Erfahrung gelernt und angeeignet wird. Sei es der Hang zum Fremdgehen, den Außenseiter zu spielen oder zu intrigieren (was manche für eine Art von gesellschaftlichem Schachspiel halten). Bei all diesen Dingen baut sich im Zeitverlauf eine eigene Gestaltenergie auf. Sie kann sich auch für gesellschaftlich ausgesprochen problematische Phänomene entwickeln. In den Medien werden ja gelegentlich auch Begriffe wie »Drogenkarriere« oder »kriminelle Karriere« gebraucht.

Werdegang der Art, Dinge zu sehen

Eine sozialwissenschaftliche These lautet: Wer auf einem gewählten Weg ins kleine oder große Abseits voranschreitet, findet darin immer mehr Bestätigung und gleichzeitig immer weniger Zugang zu anderen Erlebnisbereichen. Das lässt sich gedanklich durchaus mit unserem gewohnten Karrierebegriff in Zusammenhang bringen, der mit der Arbeitswelt zu tun hat. Denken wir einmal an einen beruflichen Aufsteiger, der zunehmend von seinen beruflichen Verpflichtungen eingenommen wird.

In vielen Fällen müssen einfach andere Dinge im Leben vernachlässigt werden. Wir können den Mechanismus hierbei jedoch auch so beschreiben: Jegliches Handeln und das dazugehörige Bewusstsein bindet Energie. Sie nimmt buchstäblich in unserem Leben einen bestimmten Platz und Raum ein. Das ist durchaus vergleichbar mit einem physikalischen Prinzip. Wir erinnern uns an den bekannten Lehrsatz: Wo ein Körper ist, kann kein anderer sein.

Auf der mentalen Ebene ist die Entsprechung zwar flexibler. Da müssen sich auch Widersprüche nicht generell ausschließen. Allerdings unterliegt dies meist doch bestimmten Prozessmerkmalen, etwa zu welchen Zeitpunkten eine Seite der Polarität mehr in den Vordergrund tritt und wann sie wieder mehr im Hintergrund eine Rolle spielt beziehungsweise wann die eine Position mehr »zuständig« ist und wann die entgegengesetzte.

Dessen ungeachtet lässt sich sagen: Tatsächlich ist es energetisch so, dass Handlungsmuster und zugehörige Bewusstseinsformen eine Tendenz haben, die Schwerkraft anderer Erlebnisformen zu verdrängen. Das lässt sich auch auf die vielen kleinen Erlebnisbereiche im Alltag übertragen, gerade auch auf die uns manchmal störenden Gewohnheiten, die wir uns in einer Form von energetischer Karriere angeeignet haben. Sie haben ihre eigene Entwicklung, ihren besonderen Werdegang.

Wie entsteht so etwas? Der formale Vorgang lässt sich etwa wie folgt vermuten: Nach und nach gruppieren sich immer mehr Gestalteigenschaften um ein Schlüsselerlebnis oder seelisch aktives Assoziationsmerkmal herum und füllen die dazugehörige Bewusstseinsform facettenreich aus – letztlich ein mentaler Kristallisations-vorgang. Genau genommen kann man die so entstandene Bewusst-seinsform selbst als ein Gestaltfeld charakterisieren. Das heißt: Ein ganz bestimmtes Denken oder Empfinden hat über die Zeit hinweg Feldeigenschaften angenommen, die der Angelegenheit – bildlich gesprochen – eine Art von »Gravitation« und Beharrungsvermögen geben. Die Bewusstseinsform zieht einen parallelen und ähnlich gelagerten Gedanken nach dem anderen an und hat so eine Ten-denz, sich selbst zu verstärken. Und was noch frappierender ist: Es gesellt sich über Zufallsschlüssel, die aus den Gedanken und Ein-stellungen gespeist werden, oft auch ein Ereignis nach dem anderen hinzu, das ebenfalls die spezielle Bewusstseinsform unterstützt.

Ereignisnahrung für mentale Muster

Jede Bewusstseinsform beginnt erst einmal auf kleiner Stufe. Da schwärmt beispielsweise eine Person der anderen von einem kost-spieligen Gerät vor, das sie im Fernsehen gesehen hat, und wie durch Zauberhand kommt ein paar Tage später ein Katalog ins Haus, in dem genau dieses Produkt scheinbar günstig angeboten wird. Oben-drein geht ausgerechnet jetzt auch noch der alte Apparat kaputt, sodass man nun die vergleichsweise teure Sonderausführung unbe-dingt bestellen zu müssen glaubt – eine, die doch bestimmt den All-tag erleichtern wird. Was das Abzahlen betrifft: »Na ja, das ist doch kein Problem.«

Bald wiederholt sich solch ein Vorgang, weil es irgendwie enorm wichtig erscheint, auf ein vermeintlich einmaliges Angebot zu rea-gieren. Und ein, zwei Jahre später ist das Kaufen auf Kredit schon geradezu zwanghaft geworden. »Ich weiß nicht, wie ich davon los-kommen kann«, sagt sich jemand dann vielleicht. Und damit ist man nicht allein. In Deutschland gelten nach neuen Studien immerhin fünf Prozent als stark und zwanzig Prozent als deutlich kaufsucht-gefährdet. Oft passieren auch Dinge, die genau in das Muster hier-bei entstehender finanzieller Probleme passen: Der Prospekt über ein Bankangebot, der ins Haus flattert, ein vorübergehend besserer

Job, den man aber nicht halten kann. Oder der Unfall eines Menschen in der persönlichen Umgebung, der Geld braucht und dem man womöglich über die eigenen Möglichkeiten hinaus unter die Arme greift, nachdem vielleicht gerade wieder etwas mehr Geld geflossen ist. Und schon ist bald erneut eine starke Unterdeckung an Einnahmen vorhanden, die in sich wiederum eine eigene Form von Feldenergie entwickelt.

Wenn Sie sich mit dieser speziellen Situation nicht identifizieren können, dann gibt es in Ihrem Leben wahrscheinlich etwas anderes. Ein womöglich auch nur geringfügig störender Bereich, auf den Sie das Prinzip für ein spezifisches Verhalten und die zugehörige Bewusstseinsform mit all den kleinen und großen Ereignissen übertragen können, die plötzlich wie aus dem Nichts auftauchend immer wieder haargenau dazu passen.

So etwas passiert in ganz unterschiedlichen Zusammenhängen und es lassen sich wirklich die verschiedensten Beispiele dafür anführen. Die Erfahrung zeigt: Eine bestimmte Bewusstseinsform zieht jeweils auch Ereignisse an, die in der einen oder anderen Weise die Entsprechung bilden. Es hat mit dem Schloss- und Schlüsselprinzip zu tun, das bereits angesprochen wurde.

Das um sich selbst kreisende Gedankenuniversum

Was noch nicht erwähnt wurde: Einer speziellen *Bewusst*seinsform sind wir uns häufig gar nicht mal so bewusst, wie man meinen sollte. Man kann sie sich eher wie eine Art geistiger Glocke vorstellen, unter der wir leben. Am ehesten wäre sie in einigen Fällen mit einem unsichtbaren Energieschild aus einem Science-Fiction-Roman zu vergleichen, der sich etwa über einer Stadt wölbt. Unter diesem Energieschild erleben die Menschen ihre eigene Form von Wirklichkeit. Sie halten die Stadt vielleicht für ihren gesamten Kosmos und können sich all das, was außerhalb geschieht, nicht mehr vorstellen, weil sie eventuell schon seit Generationen unter diesem Energieschirm leben.

So ähnlich geht es uns manchmal mit einigen Ausschnitten, wie wir unsere persönliche Lebenswelt wahrnehmen. Dann nämlich, wenn eine besonders ausgeprägte Bewusstseinsform uns wie in einem magischen Bann festhält. In manchen Situationen deutet sich ihre Existenz uns zwar fragmenthaft an. Aber vieles daran bleibt erstaunlich unbewusst. Das, was am Ganzen nämlich in einer seelischen Tiefenschicht liegt und folglich unbewusst ist, besteht in dem vom Leben gewebten energetischen Muster, in dem alles in ganz spezifischer Weise miteinander verbunden ist und zusammenhängt.

Interessanterweise zimmern wir uns an der Oberfläche immer sehr schnell unsere »Philosophie«, die eine zu dem Verhaltensmuster passende Bewusstseinsform ebenfalls stützt. Man findet stets die passenden Argumente für ein System von tiefer liegenden Einstellungen, Motivationen und Gewohnheiten.

Auf diese Weise werden Schaltkreise für viele Facetten einer komplexen Bewusstseinsform stabilisiert, welche uns in mancher Weise prägt und auch immer wieder Ereigniskonstellationen unterstützt. Man entwickelt dazu auch noch einen bestimmten Habitus, der sich verfestigt und der mit typischen Gesten, Gepflogenheiten wie auch Reaktionen zu tun hat. All das bekommt in einem wechselseitigen Prozess immer wieder die passenden Gedanken, Einstellungen und Glaubenssätze dazu. Sie ergeben sich fast wie von selbst in einem fortschreitenden Gestaltprozess. Auf diese Weise bildet sich ein Konglomerat, das zu einer besonderen Erlebniswelt werden kann.

Innerhalb dieses gedanklichen Universums mit Verhaltensneigungen ist es irgendwann so gut wie nicht mehr vorstellbar, dass es »außerhalb« auch andere Möglichkeiten gibt, die etwa auf alternative Weise Befriedigung sicherstellen könnten. Sich geistig nur einmal versuchsweise auf so etwas wie eine mentale »Aussichtsplattform« außerhalb der gegenwärtigen Bewusstseinsform hinzubewegen ist jedoch ein erster Schritt, um zumindest das Zwanghafte etwa aus einer Obsession herauszunehmen.

Voraussetzung ist also, mir überhaupt einzugestehen, dass wenigstens theoretisch ein anderes Bezugssystem jenseits meiner inneren Koordinaten bestehen könnte. Am besten denkt man sich eine Art seelischen Balkon, Aussichtsturm oder was auch immer, von dem aus eine erweiterte Perspektive möglich wird. Gespräche mit Freunden haben oft eine ganz ähnliche Funktion. Dann nämlich, wenn sie uns eine andere Sichtweise vermitteln. Das Leidenschaftliche wird damit unter günstigen Umständen entspannter, kann mit anderen Energiemustern irgendwann doch einmal Kontakt aufnehmen und auf mancher noch unbewussten Ebene beginnt der eine oder andere seelische Anteil mehr zu kommunizieren. Oftmals kommt es also wahrscheinlich nicht so sehr darauf an, etwa die Bewusstseinsform von jemandem, der halbwegs schon ein »Messie« ist, gleich ganz verschwinden zu lassen. So als müsste es nur »Pling« machen und aller Krempel ist über Nacht verschwunden.

Vielmehr ist es schon ein bedeutsamer Fortschritt, wenn die Bewusstseinsform durchlässiger wird, Kontakt zur Außenwelt gewinnt und so ihre Qualität verändert. Die erste »Aussichtsplattform« für den Betroffenen wäre ein Vorgang in der Fantasie – ein innerer Schritt, der anerkennt, dass das eigene Treiben überhaupt mit einer spezifischen Bewusstseinsform zusammenhängt. Um noch einmal den Vergleich mit der Fiction zu gebrauchen: so als gäbe es ein Energietor, das zeitweise Informationen in die abgekapselte Stadt durchlässt.

Man kann besonders jede extreme Bewusstseinsform wie eine Energiebündelung verstehen, die auf hypnotische Weise keine andere Vorstellung mehr zulässt, oder wie ein »verwunschenes Schloss«, ein Labyrinth oder was auch immer für einen Vergleich man wählen möchte. Sobald man sich dieses System erst einmal als etwas Geschlossenes vorstellt, lässt sich im Geiste auch so etwas wie eine »Grenze« erahnen, die selbstverständlich unsichtbar ist. Deswegen nämlich, weil es sich um einen energetischen Vorgang handelt. Wenigstens eine schwache Ahnung hiervon beinhaltet als automatische Logik jedoch, dass es etwas jenseits dieser Bewusstseinsgrenze geben muss.

Es ist vielleicht für den Betreffenden noch nicht konkret, aber ein *Da draußen* wird als logische Konsequenz nach und nach immerhin schemenhaft Kontur gewinnen können. Mit einem bestimmten Grad an Wahrscheinlichkeit werden durch diese neu hinzugewonnene Grundannahme auch Ereignisqualitäten möglich, die andere, neue Faktoren ins Leben bringen. Oder man stößt umgekehrt durch kleine Zufälle auf eine veränderte Perspektive – sprich Ein*sicht*.

Mit einiger Berechtigung ist übrigens auch anzunehmen, dass Entsprechendes ebenso für problematische Beziehungen gilt, von denen man glaubt, sich nicht lösen zu können, und vieles mehr. Tatsächlich muss ja auch nicht die Beziehung als solche aufgegeben werden, sondern es kommt in vielen Fällen eher auf eine Lösung von einem Beziehungsmuster an.

Veränderungsmodus –
Bewusstsein auf Entdeckungstour

Wenn man in der Situation ist, im Leben etwas verändern zu wollen, spielt dabei eine gute Portion Neugier eine nicht unwesentliche Rolle. Neugier darauf nämlich, ob markante Begebenheiten uns helfen können, den inneren Fokus irgendwie anders zu justieren. Ein Stück echter Neugier (die ja ihre eigene Elektrizität und Spannung beinhaltet) bringt vielfach eine eigene Art von Ereignisdynamik in Sicht.

Manchmal kann vielleicht auch der Zufall dahin führen, uns eine neue mentale Brille zu verpassen. Dann geht beispielsweise jemand mit einer relativ starken Spielleidenschaft zwar immer noch gern zocken. Aber er kann sich zumindest vorstellen, eher als sonst ein Limit zu setzen.

So wie eine vage Idee taucht das vielleicht auf, was meistens zwar nicht bedeutet, dass es bald zur Spielabstinenz kommt. Aber durch eine merkwürdige Ereigniskoppelung gewinnt der gute Vorsatz eventuell doch mehr Gestalt. Eventuell weil einem plötzlich speiübel ist (irgendwo den Magen verdorben), ein starker Harndrang entsteht, der einen blitzschnell vom Spieltisch treibt, oder es geschieht etwas völlig Verrücktes, das noch im rechten Moment das Spiel abbrechen oder unterbrechen lässt.

Der Bruch – oder erst einmal der feine Riss – in der bisherigen Verhaltenskarriere kann bereits dadurch eingetreten sein, dass man (um bei unserem Beispiel zu bleiben) plötzlich einem ganz bestimmten Mitspieler begegnet ist, oder einem äußeren Umstand, der ein neues Erfahrungstor ein Stück weit geöffnet hat. Ja, man stelle es sich ruhig ganz plastisch wie ein Tor vor, durch das der Weg in eine andere geistige Welt führt.

Im Idealfall – wenn noch keine dramatische Sucht vorliegt und man durch dieses Tor erst einmal einen Schritt weit hindurchgegangen ist – wird das Verhalten künftig anders eingebettet sein können. So wie bei jemandem, der ab und zu seinen Wein oder sein Bier trinken kann, ohne davon abhängig zu werden. Wo das nicht mehr möglich ist, kommt es darauf an, eine völlig neue Bewusstseinsform entstehen zu lassen. Auch sie wird wahrscheinlich erst einmal in vagen Umrissen erahnt werden müssen, bis sie durch schicksalhafte Weichenstellungen bildhaftere Gestaltkonturen gewinnt. Selbst die Notwendigkeit einer Therapie wird meistens durch irgendwelche einschneidende Erlebnisse bewusst, die uns zufallen und im Kopf etwas auslösen.

Doch es gibt auch Erfahrungsbereiche, die uns selbst zwar manchmal befremdlich erscheinen. Jedoch ist hierbei vielfach eine bestehende Bewusstseinsform (ihre Feldenergie) so stark, dass man sich zwar ein *Da draußen* – also Unabhängigkeit von einem Zwang – vorstellen kann. Aber es fehlt dann doch der Wille, aus diesem Muster wirklich herauszugehen. Das wird vor allem dann so sein, wenn kaum Leidensdruck besteht und man mit einer sogenannten »Macke« eigentlich ganz gut leben kann.

Bei vielen Menschen bildet das, was andere schon mal mit einer süffisanten Bemerkung bedenken mögen, sogar eine Art Ressource, aus der heraus sie ihre Energie immer wieder ein Stück für den Alltag aufladen. Denken wir nur an manche schräge Sammelleidenschaften, die auch zu einer Art Besessenheit führen können.

Das hat oft gar nichts mit Messietum zu tun. Von Puppen bis Bierdeckeln aus aller Welt wird oft schon geradezu mit Fanatismus gesammelt, und in vielen Fällen hält sich die Belastung daraus für einen selbst und andere auch tatsächlich im Rahmen. Oft wird es von außen auch nicht als echter Tick, sondern eher als sympathisch verschroben wahrgenommen, und die entsprechende Bewusstseinsform hat so die Chance, lange Zeiträume stabil zu bleiben.

Hier ist es in vielen Fällen einfach nur wichtig, dass geistige »Fenster nach draußen« aufrechterhalten werden. Mit anderen Worten, es kommt dann darauf an, dass eine mentale Durchlässigkeit besteht, sodass übermäßige Fixierungen nur als periodische Spitzen bestehen und irgendwann wieder an Feldintensität einbüßen. Grenzwertig wird es wohl erst dann, wenn jemand beispielsweise nur noch für seine Pokale lebt oder die mit einem anderen Menschen geteilten Räume so mit dem Plunder seiner Ambition anfüllt, dass ein beherrschender Feldeindruck entsteht.

Zu beachten ist im Übrigen ganz allgemein: Sammeln gleich welcher Art hat eine Tendenz, bestehende Bewusstseinsformen zu verdichten oder zu stabilisieren. Einerseits bezieht sich dies natürlich auf gedankliche Komplexe, die mit dem Sammelgut selbst Assoziationen ergeben. Wenn man etwa als Erwachsener Spielzeug sammelt, und seien es einfach nur kultige kleine Figuren, so unterstützt man damit sicher seine kindliche Seite (oder im negativen Fall auch kindisches Verhalten).

Wir können an dieser Stelle aber auch von einer weiteren Annahme ausgehen: Häufig werden durch beliebiges Sammeln noch ganz andere Bewusstseinsformen und Gestaltfelder angereichert. Es ist die Gesamtkonstruktion von Lebensumständen, die gegebenenfalls auf diese Weise eine energetische Materialansammlung erfährt.

Nicht umsonst haben sich Menschen auch schon von einer ganzen Einrichtung, darunter auch von wertvollen Kunstobjekten, getrennt, um ein neues Leben zu beginnen. So vorzugehen ist andererseits keine Notwendigkeit. Nur zeigt sich hier in der Abkehr, wie das Ansammeln von Objekten über einen langen Zeitraum eine bestimmte Lebenswelt – sei es positiv oder negativ – innerlich unterstützt.

Das heißt, selbstverständlich lassen sich auch wohltuende Bewusstseinsformen durch Sammeln unterstützen. In gewisser Weise ist etwa das Schreiben eines Buches eine Art von Sammeln, nämlich von Gedanken, Einsichten und Informationen, die dem Schreiben vorausgehen. Ebenso wird das Sammeln von Objekten mit positiver Ausstrahlung im Allgemeinen wohltuende Bewusstseinsformen auf verschiedenen Lebensgebieten unterstützen. In den Bereich, in dem man sammelt, gibt man ja auch Liebe hinein. Was eventuell bedeutet: Wenn ich andere Dinge als bisher mit Freude zu sammeln beginne, können sich hierdurch auch einige Schaltungen im Schicksal verändern.

Aber wie kommt man aus Bewusstseinsformen heraus, die nicht oder nicht mehr wirklich gewünscht sind? Bei heikleren Bewusstseinsformen ist stets denkbar, dass selbst in eine vergleichsweise extreme mentale Kodierung hinein jemandem durch Eindrücke oder Erlebnisse Zusammenhänge gespiegelt werden, die eine Form von Unruhe oder veränderter Dynamik entstehen lassen. Etwa durch eine Form »heiligen Schreckens«, nachdenklich machende Schockerlebnisse oder Ähnliches wird oft auf einer tiefen Ebene einiges durcheinandergeschüttelt. Ebenso gibt es manchmal auch sanftere Auslöser für eine Neuorientierung. Läuft es für den Betreffenden günstig, werden durch einen veränderten Erfahrungsprozess daraufhin auch solche Dinge abstreifbar, mit denen man sich bislang regelrecht versklavt hat.

Entsprechendes gilt zum Beispiel für Menschen, die alles einer religiösen Zwangsvorstellung oder einer anderen Einseitigkeit unterordnen – Sektenhörige, Sportbesessene oder Workaholics –, die sich nur noch auf ein Lebensziel hin ausgerichtet haben.

Der Ausstieg in Teilen oder das teilweise Hinführen auf eine mental höhere Energieform kann hier manchmal über das spezielle »Tor des Zufalls« betreten werden. Dieses »Tor« ist schlicht und einfach das, was uns zufällt, wenn wir mit dem Leben um uns herum auf symbolischer Ebene zu kommunizieren beginnen. Es ist das innere Einlassen auf die Feedbacks, die uns das Leben durch Zufälle fortwährend gibt. Hat man nämlich einmal diesen Prozess begonnen, wird schlichtes Verdrängen schwieriger. Es sind einem sozusagen die Augen geöffnet worden, weil dem Betreffenden plötzlich kleine Dinge deutlicher werden, die er vorher nie beachtet hätte.

Dabei können auch kollektive Einflüsse eine Rolle spielen, wenn eine individuelle Bewusstseinsform auf einmal Risse bekommt. Man denke nur an die Doping-Skandale im Zusammenhang mit dem Radsport. Da bekommt die einseitige Optimierung von Zielen im Profisport für den einen oder anderen doch manches Fragezeichen.

Tränen vor laufenden Kameras waren ja auch solch ein Signal von Auflösung einer teils hypnotischen Kraft der vorher bestehenden kollektiven Bewusstseinsform. Eine, die da etwa hieß, dass es nun einmal zu den Belastungen einer Profisportart mit extremen Herausforderungen dazugehöre und dass sich schließlich doch alle irgendwie dopen würden. Man dürfe sich bloß nicht erwischen lassen. Für manche der Beteiligten stellte die Zerstörung dieser Bewusstseinsform eine Katastrophe dar, wahrscheinlich aber auch die Chance für eine neue, authentischere Richtung im Leben allgemein.

Natürlich kommt es dabei nicht selten auch darauf an, sich der mentalen Dunstglocke seiner typischen Szene von Leuten, die mit problematischen Bewusstseinsformen zu tun haben, ein Stück weit zu entziehen. Das gehört in manchen Fällen einfach dazu, um energetisch mit neuen Verhaltensweisen experimentieren zu können.

Die Chance, Energiefeldveränderungen im Verhalten zu nutzen, gilt indes nicht nur für ausgesprochene Regelübertretungen, sondern auch für den Alltagsstandard des Normalos. Denken Sie mal an irgendetwas, was für Sie eine Art Zwangs- oder Gewohnheitscharakter hat. Wenn Sie sich nur einmal das Ziel setzen, es »heute« zu unterlassen, und es dann auch noch schaffen, setzt auf einmal ein ganz ungewohntes Gefühl von Freiheit ein.

Entscheidend ist, diesem Gefühl Aufmerksamkeit zu schenken und es einfach einen Moment zu genießen, ohne gleich daran zu denken, ob man es anschließend durchhält oder nicht. Einfach nur mal diesen anderen Zustand wahrnehmen, damit umgehen und ihm etwas Raum geben. Mit bescheidenen kleinen Experimenten zu beginnen ist oftmals schon ein innerer Meilenstein.

Von nicht unerheblicher Bedeutung dürfte auch die Frage sein, zu welchen Bildkräften man Beziehung hat. Damit sind aber nicht nur Bilder oder Poster in der Wohnung gemeint, Internetseiten, die man sich anschaut, oder Filme. Stimuli sämtlicher Sinne stellen Weichen im Gehirn beziehungsweise haben eventuell Einfluss auf übergeordnete Schaltkreise des Lebens um uns herum. Ein Wechsel im Inneren sollte somit oft auch von einem Wechsel in den Einflüssen von außen begleitet werden. Dabei kann man sich sogar fragen, welche Bilder, Sätze oder sonstigen Eindrücke einen Lebensstil unterstützen, der beispielsweise Rückkoppelungen auf Rauch- oder Trinkgewohnheiten hat. Sich ständig gesellschaftliche Idealbilder oder vermeintlich erstrebenswerte Klischees vor Augen zu halten kann etwa die Einstellung bewirken: Ich muss das Leben mit tiefen Atemzügen inhalieren. Ich muss unbedingt Intensität in meinen Lungen spüren. Genau mit diesen Mechanismen arbeitet die Zigarettenwerbung.

Wichtig kann es – je nach persönlicher Eigenart – in Bezug auf Veränderungsabsichten ferner sein, sich bei Freunden, Bekannten und Kollegen nicht weit aus dem Fenster zu hängen. Denn sonst begegnet einem ein eigentlich wenig greifbares, aber doch schnell gegenwärtiges Energiefeld, das mit Zweifel zu tun hat. Manchmal mag es einem wie ein unsichtbares Grinsen im Raum erscheinen.

Auf gewisse Weise scheint es anonym, wird aber häufig von allen mit ihren vielfach gescheiterten Versuchen bei irgendetwas und vor allem von dem zweifelnden Part in uns selbst gespeist. So ist es in den meisten Fällen besser, vorher nicht groß anzukündigen, dass man etwas lassen will, sondern den Ball bei der eigenen Absicht nach außen hin erst einmal flach zu halten.

Für viele Menschen gehören im Übrigen Schlüsselsituationen dazu, einen Weg zu entdecken, um sich von einer Gewohnheit zu lösen, für die sich über Jahre Feldenergien aufgebaut haben. Dabei muss es sich aber nicht unbedingt um einschneidende Erlebnisse handeln. Manchmal genügen schon leichte Anstöße oder simple Alltagsbeobachtungen, um einen Versuch zu starten, der vielleicht erst einmal einen Achtungserfolg bringt.

Um zu einer anderen Bewusstseinsform zu gelangen, sollten wir nebenbei bemerkt nicht erwarten, dass ein Zufall für sich allein schon die Welt gleich völlig neu erklärt. Vielmehr ist es wohl eher so, dass uns das Schicksal gleichsam von einem Baumwipfel zum nächsten an der geistigen »Liane« hangeln lässt, um uns voranzubringen. Hat man sich auf die generelle Möglichkeit eingelassen, die Wahrnehmung von Zufällen als Feedback oder Botschaft des Universums zu verstehen, entwickelt sich auch hierfür mit der Zeit wiederum so eine spezielle Bewusstseinsform. Sie hat oft ihren eigenen Charakter, ein paar Besonderheiten, die sie auszeichnen.

Das Überraschende daran könnte etwa sein, dass man sich allmählich aus starren Identifikationen in seinem sozialen Rollenverhalten löst, dadurch mit ziemlicher Sicherheit gelassener wird, vieles mehr als ein Spiel mit verschiedenen Wahlmöglichkeiten und Wahrscheinlichkeiten sieht. Eben weil man erfährt, wie die Rollen ihrerseits mit gelernten Bewusstseinsformen zusammenhängen.

Es entsteht mit anderen Worten eine manchmal wohltuende Distanz zum Geschehen um einen herum und auch zu sich selbst.

Einfach weil das Leben mehr als das »große Theater« wahrgenommen werden kann, bei dem wir alle mit unterschiedlichsten karmischen Rollen auftreten.

Man muss gelegentlich allerdings auch damit rechnen, dass die innere Distanz, von der ich als positiven Effekt spreche, ebenso ihre andere Seite hat. Da unsere Sehnsüchte, Träume und Begehrlichkeiten unter anderem damit zu tun haben, wie wir die Dinge ebenso wie die Personen um uns herum mit Bedeutung aufladen, kann eine distanziertere Sicht zeitweise aus mancher Situation den Glanz herausnehmen und uns vorübergehend auch ein Teil desillusionieren.

So stellen wir uns einmal jemanden vor, der unglücklich verliebt ist. Und wie es der Zufall will, entdeckt diese Person durch ein paar kritische Momente verschiedene Merkmale am Partner, die ihm etwas von seiner vormals als so strahlend erlebten Aura nehmen.

Das muss nicht notwendigerweise mit einer an Äußerlichkeiten orientierten Oberflächlichkeit zu tun haben. Vielleicht ist es im Augenblick vielmehr eine wunderbar zufällige Entzauberung des anderen. So kann einem schlagartig klar werden, dass man sich die ganze Zeit um eine verzweifelt begehrte Person herum den eigenen »Roman« im Kopf geschrieben hat. Die logische Konsequenz: Es wird bewusst, wie man ihr damit einen Glanz verliehen hatte, dessen Energie sich eigentlich ebenso zurückrufen lässt. Es war dann das richtige Schlüsselerlebnis im richtigen Moment.

Danach springt man anfangs nicht mehr gleich auf Attribute an, die vormals für eine sofortige Aufladung im Kopf gesorgt hätten. Die Welt kann mit anderen Worten eine Zeit lang irgendwie langweiliger erscheinen. Irgendwann ergibt sich aber vielleicht schon die Begegnung mit einem anderen Menschen, auf den sich wieder mentaler Glanz übertragen lässt. Oder es wird erst einmal mehr ein Hobby sein, die berufliche Aufgabe oder etwas anderes, das jetzt positive Projektionen aufnimmt.

Der Desillusionierung auf der einen Seite folgt unter Umständen sogar eine bewusst initiierte oder unterstützte Illusion auf der anderen Seite. Aus asiatischen Philosophien kennen wir den Satz, alles Leben sei »Maya«, sprich Illusion. Nun, in einem bestimmten Umfang lässt sich auch mit Illusion und ihren mentalen Feldenergien bewusst arbeiten. Sobald es Menschen betrifft, sollten wir uns zwar klarmachen, dass eine Person selbstverständlich ihre Aura hat, die aus sich heraus leuchtet. Aber wir übertragen in einer Beziehung auch Charisma, laden eine Person für uns mit Bedeutung auf.

Wer nur einmal Vorträge gehalten oder Musik auf einer Bühne gemacht hat, weiß, wie sehr man von der Aufmerksamkeit des Publikums geradezu elektrisiert wird. Nicht immer kann man damit umgehen und Lampenfieber erklärt sich in bestimmtem Umfang auch hieraus – eine Vorerwartung von Ladungsspannung, die nicht immer so ganz einfach zu integrieren ist.

Merken wir uns im Moment, dass häufig wir selbst es sind, die innerlich nicht nur den eigenen Roman um einen einzelnen Menschen herum im Kopf schreiben, sondern auch um Situationen, Orte, Ereignisse. Manchmal kann es sich auch lohnen, so etwas wie seine »geistige Lampe« auf neue Interessen oder eine veränderte Objektwelt zu richten, die womöglich auftauchen.

Das heißt, wenn eine einengende Bewusstseinsform besteht – und nicht selten ahnen wir ja, dass wir darin gefangen sind –, kann uns etwa ein Hobby oder auch ein Engagement für einen guten Zweck zufallen. Es sind dann Dinge, die unsere Aufmerksamkeit beanspruchen und somit auch Gestaltanteile für eine sich verändernde Bewusstseinsform hervorbringen.

Manche Freizeitbeschäftigungen haben im Übrigen viel mit einer bestimmten Ausstattung (man denke ans Angeln oder bestimmte Sportarten wie Skilauf oder Ähnliches) zu tun. Solche materiellen Objekte können ebenfalls den Weg in eine neue Richtung unterstützen, da sie gelegentlich einen Teil der Faszination beinhalten und in der Regel Aufmerksamkeit und damit auch seelische Energie binden.

Eltern machen manchmal allerdings den bekannten Fehler, ihrer Tochter oder ihrem Sohn eine teure Ausrüstung für ein neues Hobby zu schenken, in der Hoffnung, dass ihr Kind hierdurch auf andere Gedanken kommt und Dinge unterlässt, die vom Erziehungsgedanken her nicht unbedingt erwünscht sind.

Das sagt aus: Nur wenn wirkliche Begeisterung geweckt wird, können zugehörige Objekte auf bestimmte Weise elektrisierend wirken. So äußern Pädagogen ja auch, das Interesse für ein Hobby möge am besten sogar aus dem Kind selbst herauskommen. Oftmals fällt dem Nachwuchs der entsprechende Impuls ja auch zu – sei es durch ein Gespräch, eine Fernsehsendung, eine Veranstaltung usw.

Auch uns Erwachsenen wird ein neues Interesse manchmal durch kleine, vielleicht zunächst sogar unscheinbare Anstöße zugänglich. Wir sollten einer Erfahrungsrichtung, die sich auftut, dann nur etwas Raum geben – ihr im übertragenen Sinne oftmals die Tür nur einen kleinen Spalt öffnen – und schon tritt Licht herein. Und genau während ich diesen Gedanken in den Computer tippe, fällt mir ein Bild ein, das mit der Kabbala in Zusammenhang steht. Es geht um den Buchstaben Dalet, der in der hebräischen Überlieferung auch für die Zahl Vier steht, für das D und ferner die tiefere Bedeutung »Tür« hat. In unserem Fall ist es das Tor des Zufalls.

Es gibt von der Künstlerin Sylvia Gainsford gestaltete Kabbala-Karten. Auf einer von ihnen sieht man einen Lichtstrahl, der durch eine Türöffnung fällt (Abbildung 11). Kabbala-Experte und Autor Paul Roland bemerkt dazu Folgendes: Es gehe um die Chance, zu neuen Erkenntnissen, zu Wissen und zu Erfahrungen zu gelangen.

Bei den mentalen Eigenschaften des Symbols heißt es im Begleittext zur Karte unter anderem, »Mut zur Veränderung« sei angesprochen, und als Aktionshintergrund wird das Wort »Übergang« genannt (nämlich von einem geistigen Raum zum anderen gelangen zu können).[1]

Als ich die Karte in irgendeinem Zusammenhang, den ich heute nicht mehr weiß, einmal gezogen hatte, dachte ich noch: »Und nun?« Ich war danach nicht sonderlich schlauer. Aber inzwischen fällt mir gerade, während ich also die letzten Zeilen schreibe, so etwas wie eine tiefere Bedeutung von »Dalet« als geistigem »Türspalt« auf. Übrigens lässt sich feststellen, dass manche orakelhafte Chiffren oder Meditationssymbole – ebenso begleitende Texte – in ihrer ganzen Perspektive einem oft erst durch eine kleine Begebenheit so richtig offenbar werden. Das hat dann seine besondere Energie und bietet im Anschluss Anregung und Inspiration auf sehr unterschiedlichen Feldern.

Wenn das nämlich eintritt, werden uns auch hierbei – wiederum wie durch einen Türspalt, durch den Licht hindurchfällt – Botschaften zuteil, die uns in die Lage versetzen, Dinge neu zu verstehen und innerlich zu entschlüsseln. Und ich weiß nun noch mehr, wie wir uns vom »Zufall« – dem, was uns im Alltag an großen und kleinen Dingen »zufällt« – innerlich in einem verdichteten Sinne berühren lassen können. Etwa so, wie uns ein Buch oder Film berührt. Das ist dann auch noch etwas ganz anderes, als eine vielleicht irgendwie merkwürdige Synchronizität gegebenenfalls nur rein intellektuell zu verstehen und zu deuten.

Womit wir wieder beim Ausgangspunkt dieses Kapitels wären. Der tiefere Sinn, sich den Botschaften des Zufalls anzuvertrauen, liegt darin, sich auf einen Prozess einzulassen, der unser Bewusstsein letztlich weiterentwickeln will – Schritt für Schritt –, und für jeden bedeutet es etwas anderes.

Abbildung 11: Buchstaben haben in der jüdischen Mystik, der Kabbala, nicht nur auch eine Bedeutung als Zahl, sondern auch als Gegenstand der Erfahrungswelt. Dalet für D hat den Zahlenwert Vier und bedeutet auch »Tür«. In menta-ler und spiritueller Hinsicht ist damit der Übergang von einem Bewusst-seinsraum zu einem nächsten gemeint. Dies erfordert zwar manchmal Mut, aber der hindurch-scheinende Licht-strahl symbolisiert im Bild auch Optimismus.

Gemalt wurde diese Karte sowie 32 weitere von der Künstlerin Sylvia Gainsford.

Abbildung 11

XXII

ORAKEL-CODES

Von alters her hat der Mensch Wege gesucht, der Sprache des Zufalls in besonderen Systemen nahezukommen. Sie waren anfangs erst in bescheidenen Grundformen vorhanden, beinhalteten wahrscheinlich aber bereits ein beträchtliches Maß intuitiver Weisheit. Später entstanden daraus hochentwickelte Orakel. Diese wurden ursprünglich vor allem als göttliche Offenbarungen verstanden, die entweder als zu deutende Zeichen oder per wörtliche Mitteilung eines Mediums den Menschen überbracht wurden.

Wichtig war dabei, Aufschluss über die Zukunft zu erlangen, in vielen Fällen war zudem eine frühe Form von Psychologie einbezogen. Nicht umsonst stand über dem Orakel von Delphi: Erkenne dich selbst. Auch ein kultisch-zeremonieller Anteil gehörte meist dazu. So war etwa in der Antike das delphische Orakel als eine Form priesterlicher Handlung in die religiöse Mythenwelt Griechenlands fest eingebunden. In diesem Sinne gehören Orakel auch zu den ältesten Kulturformen der Welt.

Eine Anknüpfung an Lebens- und Bewusstseinsformen der jeweiligen Zeit ergab sich von selbst. Auf diese Weise bildete sich in Gesellschaften, in denen Jagen und Sammeln eine große Rolle spielten, der Typ des Stammespriesters heraus, der für das Bestehen des Lebenskampfes die Götter befragte. Dabei war jagdgemäß etwa das Lesen aus Knochenresten eine archaische Tradition, die der Nähe zur Natur als Nahrungsquelle entsprach. Das geistige Erbe daraus setzte sich auch in späteren Siedlungskulturen fort.

Auf diese Weise gehörte das Haruspizium, also das Lesen aus Eingeweiden, zur frühen Orakelkultur Europas. Unter anderem war es etwa bei den Etruskern verbreitet, die in vorrömischer Zeit Italien besiedelten. Hier wurde vor allem die Leber von geschlachteten Tieren untersucht. Die bei verschiedenen Völkern gebräuchlichen Haruspizien dürften in mancher Hinsicht übrigens mit dem neuzeitlichen Rohrschachtest vergleichbar sein, dem von Herrmann Rohrschach entwickelten psychologischen Verfahren.

Hierbei werden Probanden bekanntlich Tintenkleckse vorgelegt und dabei die Frage gestellt: »Was ist das?« Aus der Art der Antwort wird anschließend auf Aspekte der Persönlichkeit geschlossen. Mit dieser Deutungsform hat auch das zu Silvester beliebte Bleigießen Ähnlichkeit, das ursprünglich kaum vom Unterhaltungswert her Bedeutung hatte, sondern etwa in der römischen Gesellschaft ein geschätztes Orakel für die Erkenntnis von Zukünftigem bildete.

Bei den Etruskern war über die Leberschau hinaus der Umgang mit vielfältigen anderen Zeichenformen eine entwickelte Kunst. So deuteten die darin Eingeweihten Schicksale aus den Linien des Vogelflugs oder der Art, wie Vögel sich niederließen. Auch die Gestalt von Blitzen soll zu den Zeichen der Götter gehört haben. Unterschieden wurden etwa elf verschiedene Blitzformen.

Viel Orakelwissen ist später infolge der europäischen Hexenverfolgung verloren gegangen. Heute haben Orakel aber wieder Zuspruch – in einer Zeit, in der wir manche Elemente magischen Bewusstseins unserer Vorfahren neu entdecken und in die rationale Welt der Gegenwart zu integrieren bemüht sind. Dabei haben sich die Orakelformen durch die Zeiten hindurch verändert. Ein Bewusstsein für diese Dinge ist inzwischen jedoch Trend. So ergab eine Befragung des bundesdeutschen Meinungsportals »Sozioland« aus dem Jahre 2005 unter 4000 befragten Personen, dass knapp die Hälfte aller Teilnehmer der Auffassung war, der Lebensweg sei an eine Art von Schicksal gebunden. Man könne ihn jedoch durch individuelle Entscheidungen günstig beeinflussen.

Immerhin 44,3 Prozent der Befragten haben sich in ihrem Leben auch schon mit Kartenlegen beschäftigt. Diese Art von Orakel unterscheidet sich indes erheblich von den Zeichentraditionen unserer Vorfahren, wenn wir auch durch Karten, die etwa das keltische Baumorakel abbilden, oder ähnliche Formen der Einbeziehung von Ursprungswissen noch die eine oder andere Anknüpfung an das Erbe versuchen.

Orakelwissen hat sich durch die Geschichte hindurch aus einer Beobachtung von Zeichen der Natur immer mehr zu standardisierten Formen hin verschoben. Dabei ist jedes Orakel von seinen Grundeigenschaften her ein Tor für Synchronizität. Das heißt: Genauso wie ich im täglichen Leben Zufälle beobachten kann, um mir einen Reim auf etwaige Lebenstendenzen zu machen, sind beispielsweise auch Tarot- oder Lenormand-Karten ganz einfach Symbole, die mir in einem konkreten Zusammenhang zufallen.

Wir erinnern uns noch einmal daran, dass David Bohm davon ausging, dass sich in unserem Universum stets alles in allem anderen widerspiegelt. Und dies geschieht über die verschiedenen Feldenergien, mittels derer Entwicklungen im Leben ihre Gestalt ausprägen. Eine der Möglichkeiten holografischer Spiegelung von Zukunftstendenzen ist in diesem Sinne auch über Karten gegeben, die ich bei einer Befragung ziehe. Dabei spielt eine Rolle, dass abgebildete Motive oft eine tiefe archetypische Bedeutung haben und vielfach auch mit einer eigenen Art von seelischer Energie aufgeladen sind.

Von allen Kartenorakeln dürfte das »Tarot« das bekannteste sein. 1973 wird etwa im Film »Leben und sterben lassen« James Bond von seiner Gegenspielerin Solitaire die Karte »Der Tod« gezogen. Jedoch wird das filmisch suggerierte Schicksal nicht ihn treffen, sondern drehbuchgemäß andere. Dabei hat die Tarot-Karte mit der Zahl 13 aus einer ernsthaften Tarot-Deutung heraus kaum etwas damit zu tun, dass ein Mensch stirbt. Sie meint viel eher eine Verwandlung, Transformation. Etwas Altes, Überlebtes stirbt ab und Neues folgt.

Überhaupt gilt es in der modernen Deutungspraxis als ausgesprochenes Tabu, Menschen aus Karten oder einem anderen Orakel den Tod vorherzusagen. Ganz abgesehen davon, dass hier in aller Regel auch Grenzen in der Aussagefähigkeit von Orakelergebnissen gegeben sein dürften, liegt ein weiterer Grund eindeutig in der Möglichkeit einer selbsterfüllenden Prophezeiung. Wie bei der Interpretation von Alltagszeichen haben wir auch in den standardisierten Orakelformen (Tarot, Lenormand usw.) davon auszugehen, dass dem Menschen letztlich verschiedene Zukünfte offen stehen, auf die er sich in seelischen Tiefenschichten ausrichten kann. Im einen wie im anderen Fall lehrt die Erfahrung, elastisch mit Vorhersagen umzugehen.

Auch in einem der neueren James-Bond-Filme spielt das Tarot im Übrigen eine Rolle. So haben die 007-Verfilmungen vielleicht mit einen Beitrag geleistet, die Beliebtheit dieses Kartenorakels zu unterstützen und es im Zeitgeist zu verankern. Die Gestaltung verschiedenster Decks ist inzwischen zu einer eigenen Kunstform geworden, die eine regelrechte Sammlerkultur hat entstehen lassen. Immerhin haben ganze Künstlergenerationen Tarots entworfen und der bekannteste Maler, der ein eigenes Deck kreiert hat, war Salvatore Dalí.

Dennoch scheiden sich an Orakeln oft noch die Geister. Mancher linkshirnig organisierte Mensch hält sie ganz einfach für Humbug. Skeptikern sei jedoch gesagt: Sehen Sie es einfach als Gedankenexperiment, sich hierauf einzulassen. Denn auch an dieser Stelle drückt sich die Vernetzung von Information aus, von der etwa der Buddhismus spricht oder die auch die moderne Physik andeutet. Indes sei gleichzeitig gesagt: Bilder aus dem »Zufallsgenerator Tarot« oder Motive aus einem beliebigen anderen Kartendeck haben wie jedes Zeichen ihren eigenen Charakter, ihre Möglichkeiten ebenso wie ihren Deutungsradius. Das heißt, sie erfordern eine genaue Kontextbestimmung – wie fügt sich ein Zeichen in ein Gesamtensemble ein?

Unterstützend für einen zutreffenden Eindruck von sich spiegelnden Gestalttendenzen kann überdies die Berücksichtigung von Kreuzbotschaften sein. Mit anderen Worten: Wie wird eventuell eine Kartenaussage von Zeichen flankiert, die ich im gewöhnlichen Leben draußen wahrnehmen kann. Wer sich etwa selbst die Karten legt oder Münzen zum I Ging wirft, hat besonders gute Möglichkeiten, die hier gefundenen Aussagen mithilfe von Zeichenmerkmalen aus der Umgebung zu ergänzen bzw. Deutungsvariationen der Literatur mit Antworten unmittelbarer Synchronizität abzugleichen. Das heißt also: Welches Deutungsangebot etwa zu einer konkreten Kartenfolge wird durch ein passendes Zeichen aus einer Situation draußen im Leben gegenüber einer anderen Interpretationsmöglichkeit zusätzlich plausibel gemacht?

Dies können bedeutungsvolle Begegnungen mit Menschen sein, Botschaften durch Vögel oder andere Tiere, das wiederholte Stolpern über einen Begriff oder was auch immer. Es wäre eine den

Sinngehalt der Karten kreuzende Botschaft mit unterstützendem Charakter in eine bestimmte Aussagerichtung. Und umgekehrt auch möglich: Orakelmerkmale – etwa aus Karten oder I Ging – stützen womöglich Zeichenqualitäten, die ich zuvor bereits auf andere Weise gewonnen habe.

Oder zu meinen Zeichen, denen ich irgendwo begegnet bin, ergeben sich interessante Differenzierungen, welche meine Interpretation genauer machen.

Sogar jemand, der keine Zeit hat, selbst in die Hintergrundthematik von Tarot, Lenormand oder Kipper einzusteigen, und sich lieber auf die Aussage einer professionellen Beratung verlässt, kann die erhaltenen Aussagen immer noch mit Zeichen korrelieren, die ihm im Alltag begegnen.

Bei widersprüchlichen Zeichen aus Karten und Alltagsgeschehen könnte man sich zunächst fragen, inwieweit die Aussagen tatsächlich differieren. Möglicherweise handelt es sich eher um eine Gewichtung oder einen Akzent, vielleicht auch um eine Wenn-dann-Bedingung. Wenn also etwas Bestimmtes nicht beachtet wird, könnte die Situation kippen und ins Gegenteil umschlagen, oder wenn Faktor »X« hinzutritt, können Dinge sich noch so und so entwickeln. Eine andere Möglichkeit bei differierenden Zeichen hat vielleicht damit zu tun, dass eine Feldenergie zu schwach war und sich kurzfristig bereits eine neue Tendenz andeutet.

Wie auch immer man zu Tarot oder Lenormand stehen mag, können diese Befragungsformen selbst Skeptikern dazu verhelfen, die eigene Intuition zu stärken und sich mit der Symbolik von Situationen auseinanderzusetzen.

Unterdessen ist die öffentliche Wahrnehmung dieser Dinge immer noch gespalten. Immer wieder werden in den Medien Beiträge über »Orakelpraxis« gern genutzt, um Quote oder Auflage zu machen. Einerseits etwa, indem man eine Art exotisches Phänomen präsentiert, von dem bekannt ist, dass damit der Kitzel des Geheimnisvollen angesprochen wird, andererseits manchmal auch, um ein Aufregerthema zu haben. Hierbei lässt sich anhand von Negativbeispielen auf vermeintlich dramatische Gefahren einer Orakelmanie aufmerksam machen – etwa eine viel beschworene Gefahr, von Wahrsagern abhängig zu werden und dergleichen mehr.

Studien zum Thema sollen indes ergeben haben, dass es eine große Anzahl von Anrufern bei Orakelhotlines gäbe, die so lange immer wieder anrufen würden, bis sie eine Auskunft bekämen, die dem entspricht, was sie hören wollen. Dieses Phänomen gibt es natürlich auch bei Personen, die sich selbst vielleicht Lenormand oder Tarot legen. Da wird so lange nachgefragt, bis die Antwort einem passt. Auch muss dies ein uraltes Problem sein, denn darauf wird bereits im I Ging mit seiner mehrere tausend Jahre umfassenden Geschichte eingegangen. So heißt es an einer Stelle: »*Beim ersten Orakel gebe ich Auskunft. Fragt er zwei-, dreimal, so ist das Belästigung. Wenn er belästigt, so gebe ich keine Auskunft.*«[1]

Dies bezieht sich darauf, dass nahezu identische Fragen immer wieder in viel zu kurzem Abstand gestellt werden. Dieses Verhalten gleiche dem eines »jugendlichen Toren« (so der Vergleich im I Ging). Unter dieser Einstellung von Orakelnehmern kann übrigens manchmal auch die Wahrnehmung von Orakelkultur als solcher leiden.

Einer angemessenen Beurteilung steht oft allerdings auch ein Trend zur Industrialisierung von Beratungssituationen entgegen. Da kann auch Quantität schon einmal vor Qualität kommen und Gewinnstreben einen für die Sache zu wichtigen Antrieb bilden. Wie lässt sich da die Spreu vom Weizen unterscheiden?

Ein wichtiges Gütekriterium bezüglich erhaltener Aussagen kann beispielsweise eine vorhergegangene persönliche Empfehlung sein, dergestalt dass beispielsweise ein Kartenmedium für jemanden aus dem Freundeskreis bereits signifikant zutreffende Ergebnisse erzielt hat. In dem Fall ließe sich unter Umständen auch die Empfehlungsbotschaft selbst als etwas verstehen, das einem auf sinnvolle Weise zugefallen ist.

Im Übrigen macht es natürlich Sinn, mit der Zeit so etwas wie eine Trefferquote oder Beraterkompetenz des Gegenübers für sich herauszufiltern. Schließlich ist auch hier die Frage zu stellen, die ebenfalls bei eigentlich jedem Zeichen sonst im Leben wichtig ist: Wie sehr hat etwas mich spontan berührt? Die Äußerung eines professionellen Mediums kann also ihrerseits als Zeichen verstanden werden, genauso wie der Flug eines Vogels, eine Namensähnlichkeit in einer Situation oder irgendetwas anderes. Das Gleiche gilt, wenn man eigenhändig ein Orakel zu Rate zieht.

Im einen wie im anderen Fall geht es natürlich nicht nur darum, was die Zukunft bringt. Sondern hier spielen wie bei allen anderen Zeichen auch Möglichkeiten eine Rolle, uns mit dem Informationsprozess des Lebens als einer Art übergeordneter Vernunft zu synchronisieren.

So geht es auch bei formalisierten Orakeln (I Ging, Tarot usw.) eigentlich um Handlungs- oder Einstellungsalternativen, Hintergründe, Optionen, Möglichkeiten – kurz, um Entwicklungslinien, die ich innerlich durchspiele. Bei manchem Manager dürften im Übrigen Kurvenverläufe und Diagramme eine ähnliche »Orakelfunktion« im betrieblichen Alltag haben.

Bedenken wir schließlich auch Folgendes: Orakel geben nicht nur Antworten, sondern sie vermitteln uns auch eine bestimmte Art psychischer Elektrizität. Manches Orakel hat auch meditative Aspekte, die umso mehr Gewicht bekommen, je intensiver die Verbindung zu ihm wird. Kartenorakel können überdies noch etwas Besonderes bieten. Ich nenne es eine geistige Patience. Die Möglichkeit ergibt sich besonders bei Lenormand- oder Kipper-Karten. Das mag an Format und Ausstrahlung der Karten liegen. Nun heißt »Patience« aus dem Französischen übersetzt Geduld oder Langmut. Und so lernen wir über Karten auch Geduld uns selbst und dem Leben gegenüber.

Bedeutsam kann es auch sein, was für eine Beziehung man zu seinem Kartendeck hat oder zu *den Decks*, falls es mehrere sind, die man besitzt. Je intensiver die Affinität aus verschiedenen Gestaltbeziehungen heraus unterstützt wird, desto mehr bekommen die Karten für uns in irgendeiner Weise Leben. Da mag der Einstieg eine Rolle gespielt haben, die Situation, wie man zu seinen Karten gekommen ist, Momente, in denen man Freunden oder Bekannten mal Karten gelegt hat usw.

Ferner kann der ästhetische Faktor eines Kartenensembles ein wichtiger Gestaltfaktor sein. Unter anderem werden wir hierüber nämlich eingeladen, über ein Kartenbild zu meditieren. Eine interessante Möglichkeit bei positiven Aussagen besteht auch darin, die Karte oder Karten länger auf dem Tisch liegen zu lassen. Ich glaube, dass die Bilder ihrerseits in der Lage sind, Gestaltenergie in den Raum hineinzugeben. Einfach aus dem Grund, weil sie teilweise

Verbindung zu archetypischen Ideen und Feldenergien herstellen, die kollektive Musteranteile übertragen.

Nun zu einigen Orakelformen selbst. Ich möchte Ihnen an dieser Stelle ersparen, näher auf die Geschichte von Tarot-, Lenormand- oder Kipper-Karten einzugehen. Die entsprechenden Hintergründe sind bereits oft publiziert worden und wer sich dafür näher interessiert, bekommt ausführliche Hinweise auf einschlägigen Websites im Internet.[2] Belassen wir es an dieser Stelle dabei, dass nach gegenwärtigem Stand des Wissens zur Tarot-Historie erste Ursprünge entgegen verbreiteter Auffassung vermutlich nicht bis nach Ägypten zurückzuverfolgen sind, wenn es auch abweichende Meinungen dazu gibt. Auf jeden Fall lassen sich Anfänge des Tarots gesichert in der italienischen Renaissance nachweisen.

Die heute so beliebten Lenormand-Karten sind dagegen jüngeren Ursprungs. Sie gehen vom Namen her auf die Wahrsagerin Marie-Anne Adelaide Lenormand zurück, die zur Zeit der Französischen Revolution als Sibylle von Paris galt. Ob sie auch schon mit den Bildern des heute vor allem gebräuchlichen »kleinen Lenormand« (mit 36 Karten) gearbeitet hat, gilt als strittig bis unwahrscheinlich. Die Motive sind später entstanden, aber man hat sich damit vermutlich an eine bestimmte Deutungstradition der Mademoiselle Lenormand gehalten.

Als deutsche Antwort auf das Lenormand sind die Kipper-Karten wahrscheinlich um das Jahr 1873 entworfen worden. Zwar ist der Ursprung nicht genau geklärt, jedoch spricht einiges dafür, dass sie auf die Wahrsagerin Susanne Kipper zurückgehen. Interessant sind überdies auch neuere Kartenschöpfungen. Dazu gehört unter anderem das bereits erwähnte Engel-Orakel. Hierin liegt nicht nur die Wiederbelebung eines abendländischen Kulturarchetypus. Gerade auch zur Kartenmeditation und zur Verbindung mit positiven Gestaltenergien bietet der Kartentyp um das Thema Engel inspirierende Impulse.

Da Karten mit negativen Bedeutungen darin nicht vorkommen, eignen sich Engel-Decks logischerweise nicht oder allenfalls indirekt für Richtig-oder-falsch-, Gut-oder-schlecht-Antworten. Die Karten lassen sich demgegenüber nutzen, wenn man sich fragt, welche Ressource man selbst oder ein Freund bzw. Angehöriger im Moment am meisten brauchen könnte, wie solch eine innere oder äußere Quelle gegebenenfalls genauer zu verstehen ist usw.

Unter einer ganzen Reihe neuer Kartenkreationen bereitet das »Seelen-Orakel« von Autor Wulfing von Rohr ein Angebot, das auf vergleichsweise einfache Weise den Überblick über eine umfassende Musterstruktur in einer Lebenssituation erlaubt.[3] Kurz gesagt enthält dieses Orakel fünf Kartensätze. Es sind Energiesymbole wie »Dreieck« (Abbildung 12) oder »Kreuz«, Krafttiere wie »Adler«, »Salamander« oder »Hirsch«, sodann Lebensstadien wie »Kindheit« oder »Familie« (Abbildung 13), auch mythische Gestalten wie das »Einhorn« oder »Der weise Alte« (Abbildung 14) und kosmische Gestalten wie »Gott/Göttin«, »Gaia« oder »Christus«.

Auch bei diesem Orakel stehen verschiedene Legungsmöglichkeiten zur Verfügung. Besonders ansprechend finde ich aber eine Grundvariante, welche wie geschaffen für dieses Orakel scheint. Dabei zieht man fünf Karten und legt sie nebeneinander auf Plätze in der Reihenfolge von eins bis fünf aus: Platz eins für Wunsch oder Ziel, Platz zwei für Sinn und Energie in Bezug auf eins, Platz drei für die subjektiven Merkmale, Platz vier für die materiellen Wirklichkeitsfaktoren und schließlich Platz fünf für Schatten oder Konfliktpotenzial (als Herausforderung verstanden, das, woran wir wachsen).

Autor von Rohr unterstreicht den tiefenpsychologischen Bedeutungskontext seines Kartensets. Das Legemuster mit fünf Karten hat er als neuen Persönlichkeitstest entwickelt. Relativ naheliegend dürfte es im Übrigen sein, dass Legemuster generell bei Kartenorakeln ihre eigene Gestaltresonanz haben, also mit Feldenergien in Verbindung stehen oder solche erzeugen. Auch gibt es Legemuster, die sich bei verschiedenen Kartenorakeln anwenden lassen.

Einige davon sind sehr speziell, beispielsweise für Sitzungen, um den aktuellen Ladungszustand jedes einzelnen Körperzentrums zu ermitteln (Legung zu Chakra-Symbolik[4]). In der Literatur finden sich sogar besondere Formationen für Legungen zu Jahreszeitenfesten und dergleichen mehr.[5] Bei einigen Legesystemen lassen sich auch verschiedene Kartendecks wie Lenormand und Tarot, eventuell sogar dazu noch weitere, miteinander kombinieren.

Seelen-Orakel-Karten

Abbildung 12

Abbildung 13

Abbildung 14

Abbildung 12: Bei der Karte »Das Dreieck« als Energiesymbol aus »Das Seelen-Orakel« geht es um Grundlagen (Basislinie) und Ziel (die Spitze). Angesprochen ist auch Entwicklung im Sinne von These, Antithese und Synthese. Auch spirituelle Dreieinigkeit kann Thema sein oder die inneren Seelenanteile von Vater, Mutter und Kind.

Abbildung 13: Die Karte »Familie« für eine Lebenssituation im Seelen-Orakel fordert dazu auf, Formen von Familie im Innen und Außen zu entdecken. Wirken Dinge »familiär«, also vertraut, auf mich, wie fühle ich mich zugehörig, welche gemeinschaftlichen Bande sind vorhanden usw.? Dies bezieht sich auch auf meine »Familie im Herzen«.

Abbildung 14: »Der weise Alte« meint als mythische Gestalt eventuell so etwas wie »Priesterschaft«, »einer Mission folgen«, »belehren und sich belehren lassen«.

Das ist selbstverständlich nicht die Anwendungsart, die sich für Anfänger anbietet. Denn dazu braucht es schon einige Praxis. Es macht aber bewusst, dass jedes Orakel für sich kein geschlossenes System bildet, sondern durchaus mit anderen Symbolwelten in Beziehung stehen kann.

Welches Legesystem und welche Karten man aber auch immer wählt, es gibt einen Gesichtspunkt, der besonders mit Synchronizität zu tun hat. Er sei als das Prinzip der »exponierten Karte« bezeichnet. Es ist eine Karte, die beim Mischen vielleicht herausfällt, die sich beim Anordnen auf dem Tisch zufällig dreht, eine Karte, die mir herunterfällt und die ich aufheben muss. Hierin liegt eine Zusatzbedeutung oder ein unterstreichender Zusammenhang, da die Karte zufällig Aufmerksamkeit erhält. Natürlich können auch mehrere Karten eine solche exponierte Aussagekraft bekommen.

Bildcharakter und Antworttyp

Bei den drei bekanntesten Kartendecks – Tarot, Lenormand und Kipper – werden jeweils etwas andere Synchronizitätsfelder angesprochen. Worin hier die Unterschiede bestehen, ist eine ganz spannende Frage. So leuchten Tarot-Decks Situationen insbesondere psychologisch aus. Es geht letztlich um Befindlichkeiten, Stimmungen, archetypische Gehalte. Indirekt lässt sich daraus auch auf Zukunftstendenzen schließen, indem sich nämlich die seelische Dynamik und das Stimmungsbarometer einer Entwicklung darstellen. Hierbei liegt es nahe, künftige Tendenzen gleichsam hochzurechnen. Auch »moralische Vorzeichen« lassen sich herausfiltern, ebenso die Konstellationen für Standardsituationen wie »Intrige«, »Verliebtheit«, »Neuland entdecken« usw. Außerdem kann man aus dem Tarot auch recht gut Gegenwärtiges reflektieren und Verhaltensempfehlungen herausfiltern.

In der Tarot-Literatur scheint mir indes die Kartenkombinatorik bislang ein noch wenig entwickeltes Thema. Also, welche qualitativ neue Gesamtaussage sich aus der Zusammenschau von zwei oder mehr Karten ergibt.[6] Sehr ausgeprägt ist die Kombinatorik jedoch beim Lenormand, wo vor allem jeweils zwei Karten zusammen eine Aussage ergeben.

Nehmen wir als Beispiel die Kartenmotive »Hund« und »Fische« in Kombination. Vorweg jedoch die Einzelbedeutungen. Archetypisch steht die Karte »Hund« für einen Freund oder für Freunde und sie stellt eine Erinnerung daran dar, dass der Hund seit erdenklichen Zeiten als »bester Freund des Menschen« gilt. Die Karte »Fische« geht auf Assoziationen wie »reicher Fischzug«, Meer und damit auch Schifffahrt beziehungsweise Handel zurück. Daher steht sie vor allem für Geld und Finanzen.

»Hund« und »Fische« bedeuten in Kombination somit einen Geschäftsfreund oder Freundschaft mit einer wohlhabenden Person, vielleicht auch Affinität zu einer Angelegenheit, die von finanzieller Bedeutung ist bzw. das Potenzial hat, eine solche zu gewinnen.

Immer zwei Karten zusammen bilden also eine Aussage für sich. Durch eine dritte Karte kann ihre Bedeutung spezifiziert werden. »Hund«, »Fische« und »Schiff« könnten zusammen beispielsweise darauf hinweisen, dass ein Freund sich auf Geschäftsreise befinden wird oder ein Geschäftsfreund anreist, irgendwohin unterwegs ist oder etwas Ähnliches in dieser Richtung. Das heißt: Auch wenn man drei Karten als eine Aussage zusammennimmt, behält die Kartenaussage eine binäre Struktur (also aus zwei Faktoren zusammengesetzt). In dem Fall bilden zwei Karten den einen Aussagefaktor und eine dritte den ergänzenden. Es besteht also die Möglichkeit, drei Karten wie zwei zu lesen.

Die im Beispiel erwähnten Karten lassen sich aber auch als eine Entwicklung verstehen. Dann werden jeweils nur zwei als Kartenpaar interpretiert: Ein Freund erhält Geld (»Hund« und »Fische«). Mit dem Geld macht er eine Reise (»Fische« und »Schiff«). Oder Finanzen sind gut aufgehoben (treuhänderisch – für »Freund« – verwaltet) und Geld kommt aus dem Ausland (»Schiff« kann auch für Reisen und damit Ausland stehen).

Das Lenormand eignet sich somit besonders gut, Tendenzen für konkrete Ereignisse abzuschätzen oder in einer bestehenden Situation die materielle Faktenlage auszuloten. Es geht dabei um sehr handfeste Dinge. Psychologische Dynamiken sind unter Umständen auch beteiligt, stehen dann aber mehr im Hintergrund.

Das Handfeste wird bei Lenormand-Karten allgemein durch recht konkrete Bildmotive ausgedrückt, die auf einer vor allem alltagsbezogenen Ebene liegen. So steht die Karte »Brief« für »Nachricht«, »Schlüssel« für »Sicherheit« (gedanklich abgeleitet von »Abschließen«), die Karte »Fuchs« für »falsch«, aber auch für »clever«. »Kind« steht für »neu«, für »unschuldig« oder »klein«. Die Karte »Turm« – die im Tarot etwas anderes bedeutet als das gleichnamige Lenormand-Motiv – kann in letzterem Orakel »groß« heißen, aber auch »Grenze« (etwa wie ein Wehrturm auf Burgen). »Störche« heißt meistens »Veränderung« (man denke an den Zug der Störche), eventuell aber auch »Fruchtbarkeit« oder »Geburt« (als Klapperstorch, der Babys bringt). »Blumen« sind unter anderem »Einladung« oder »Freude« (Abbildung 19).

Manche Experten sagen, sie können aus dem Lenormand etwa Herkunftsländer ihnen unbekannter Personen oder Autoteile ermitteln. So würden Bremsschläuche zum Beispiel durch die Karte »Schlange« (für »Schlauch«) verbunden mit der Karte »Turm« (gleich »Stopp«, man denke an Grenztürme, also etwas aufhalten) symbolisiert. Bei einer medizinischen Frage wäre die »Schlange« hingegen Sinnbild des Darms. Auf jeden Fall kann man sagen, dass solche Assoziationen recht sinnfällig wirken. Entsprechend ist auch oft ein hoher Grad an Korrespondenz zu Gestaltfeldern in unserer Lebensrealität »draußen« gegeben.

Von den Synchronizitätsmustern her eine Mischung aus Tarot und Lenormand könnte man in den Kipper-Karten wahrnehmen. Damit meine ich den Anteil an psychologischem Faktor einerseits und konkreter Ereignisbeschreibung andererseits. Recht gut lassen sich mit dem Kipper-Deck auch ethische Beziehungen und einige Mengenattribute ausloten. Beispielsweise steht die Karte »Viel Geld gewinnen« (Abbildung 15) unter Umständen einfach für die Mengenangabe »viel« in Zusammenhang mit ihrem Kartenumfeld bei einer Legung. Daraus ergibt sich Aufschluss, in welchem Zusammenhang tatsächlich mit »viel« zu rechnen ist.

Die Karte »Ein langer Weg« (Abbildung 16) steht oft für eine längere Zeitdauer – beispielsweise für den Weg, den man in einer Partnerschaft miteinander geht, oder die lange Wegstrecke, die zurückzulegen ist, bis es zu einem angestrebten Geschäftsergebnis kommt. Spannend sind beim Kipper ferner besondere Interpretationsmöglichkeiten. Die Karte »Militärperson« (Abbildung 17) symbolisiert zum Beispiel alle uniformiert gekleideten Berufsstände wie Polizei, Feuerwehr oder medizinisches Personal (Kittel, Schwesternkleidung). Außerdem kann sie auf standardisierte Modalitäten aufmerksam machen, bis hin zum Rundschreiben mit einem identischen Text an eine Vielzahl von Personen – etwa zusammen mit der Karte »Angenehmer Brief« (Abbildung 18).

Spannend sind hier, wie auch beim Lenormand, die beziehungsreichen Aussagemöglichkeiten. Denn gerade die Vieldeutigkeit des einzelnen Kartenbildes sorgt dafür, dass Sinn sich im Zusammenklang mit Umgebungskarten ausdrückt. Hierdurch wird gewährleistet, dass jeweils der Kontext die Aussage macht, genau wie auch sonst im Leben, wenn wir Zeichen deuten.

Kipper-Karten

11 Viel Geld gewinnen

Abbildung 15

35 Ein langer Weg

Abbildung 16

22 Militärperson

Abbildung 17

7 Angenehmer Brief

Abbildung 18

Abbildung 15: Die Karte »Viel Geld gewinnen« kann tatsächlich auf einen finanziellen Gewinn hinweisen, aber auch einfach nur eine Mengenrelation bedeuten, nämlich »viel« von etwas, das sich aus dem Kontext der beiliegenden Karten in einer Auslegung ergibt.

Abbildung 16: »Ein langer Weg« kann heißen, dass etwas Vermisstes weit entfernt liegt oder dass etwas noch lange dauern wird.

Abbildung 17: »Militärperson« ist ein Hinweis auf uniformierte Berufsstände, aber auch auf Standardsituationen und darauf, dass Dinge bestimmt Gestalt annehmen dürften.

Abbildung 18: »Angenehmer Brief«: Es geht um Mitteilungen, zum Beispiel auch als E-Mail. In der Regel wird etwas Positives gemeint sein, das man erfährt.

Sowohl Kipper als auch Lenormand können für die sogenannte »große Legung« mit insgesamt 36 Karten verwendet werden. Hierbei besteht eine gute Möglichkeit, so etwas wie ein komplexes Situationsmuster abgebildet zu bekommen, auch mit einer Spur in die Vergangenheit hinein und natürlich Tendenzen für die Zukunft. Diese Legungsform hat einen Kernbezugspunkt in der Hauptpersonenkarte (symbolisiert den Fragesteller oder denjenigen, für den gefragt wird). Von hier aus gesehen ist das repräsentierte Gestaltbild direktional, da die Vergangenheitsrichtung durch die Karten angedeutet wird, die hinter der Hauptpersonenkarte liegen, und die Zukunft durch die vor dieser Bezugskarte liegenden Kartensymbole.

Auch oberhalb und unterhalb der Hauptpersonenkarte liegende Symbole können eine besondere Aussagetendenz beinhalten, die unterhalb liegenden repräsentieren nach manchen Auffassungen etwa allzu gern verdrängte Seelenaspekte. Im Übrigen ist die große Legung aber auch dimensional zu deuten. So haben die Lenormand-Karten jeweils unterschiedliche Vorzeichen, je nachdem, ob sie dicht bei oder weit entfernt von der Personenkarte liegen.

Die Karte »Baum« (Abbildung 20), die für Wachstum, Gesundheit und Vitalität steht, würde nahe der Hauptpersonenkarte – etwa der Karte »Der Herr« (Abbildung 21) für einen männlichen Fragesteller oder »Der Dame« für eine weibliche Person (Abbildung 22) – eher mangelnde Energie oder Gesundheit bedeuten. Entfernt von der jeweiligen männlichen oder weiblichen Personenkarte würde »der Baum« dagegen auf starke Vitalität und gute gesundheitliche Voraussetzungen hinweisen.

Das erschien mir lange Zeit widersinnig, und ich fragte mich, wie diese Deutungstradition wohl entstanden sein mag. Irgendwann wurde es mir aber schlagartig klar: Nahe der Personenkarte steht das Baumsymbol für begrenzten Wuchs, sozusagen für einen verkümmerten Stamm, von der Wurzel aus gesehen: also keinesfalls ein Baum, der hoch wächst und seine Krone ausbreiten kann.

Das Bild der großen Legung kann zwar ausgezeichnet Synchronizitätsbeziehungen in einem komplexen Muster aufzeigen. Es bedarf aber einiger Zeit und Ruhe, sich darin zu vertiefen. Daher sind viele Legesysteme recht beliebt, die mit einer begrenzten Menge von Karten auskommen. Populär ist es in letzter Zeit insbesondere geworden, eine sogenannte Tageskarte aus einem Tarot-, Lenormand-oder Kipper-Deck zu ziehen. Sie soll das repräsentieren, was am jeweiligen Tag auf einen zukommt, ein Themenspektrum, womit man sich gegebenenfalls auseinanderzusetzen hat.

Ich selbst habe das zumindest beim Lenormand für mich abgewandelt und werde die daraus entstandene Vorgehensweise gern in ein paar Sätzen skizzieren. Zunächst halte ich es bei diesen Karten eigentlich von vornherein für sinnvoller, jeweils zwei Karten zur Ermittlung einer Tagestendenz zu ziehen. Dies entspricht im Grunde viel mehr der gesamten methodischen Philosophie des Lenormand. Ähnliches mag übrigens auch beim Kipper gelten.

Weiterer Vorteil: Mit der genannten Vorgehensweise lassen sich einerseits die Einzelkartenbedeutungen untersuchen, die übrigens auch für die erste und zweite Tageshälfte stehen. Außerdem sieht man sich in der Lage, für jeden Tag eine kombinierte Bedeutung aus zwei Karten herauszulesen.

Sodann ist es recht praktisch, gleich für mehrere Tage hintereinander Kartenpaare auszulegen, zum Beispiel für drei Tage oder für die Abfolge einer Woche. Hierdurch ergibt sich eine Verlaufstendenz. Auf diese Weise kann ich auch jeweils für den Folgetag nachvollziehen, was für Konsequenzen sich möglicherweise aus den nachmittäglichen oder abendlichen Ereignissen des Vortages herausspiegeln.

Es hat sich herausgestellt, dass es ausgesprochen hilfreich ist, nachher stattgefundene Ereignisse mit den Kartenpaaren für die jeweiligen Tage abzugleichen. Auf diese Weise komme ich auf eine ganze Reihe von zusätzlichen Einzel- und Kombinationsbedeutungen der Karten, die sich nicht in der Literatur finden. Es empfiehlt sich, solche selbst herausgefilterten Aussagen ebenso wie die Tages-oder Wochenergebnisse in geeigneter Weise zu dokumentieren. Auf diese Weise kann ich mich auch von der Gültigkeit der Kartenzuordnungen über längere Perioden hinweg überzeugen.

All das ist natürlich nicht gerade etwas für den blutigen Anfänger. Aber die Kartenbedeutungen hat man sich – Learning by Doing – eigentlich schnell eingeprägt, wenn man ein Kartenorakel wie das Lenormand häufiger anwendet. Und dann kann man ohne Weiteres von fortgeschritteneren Ansätzen Gebrauch machen, wie sie gerade beschrieben wurden.

Lenormand-Karten

Abbildung 19

Abbildung 20

Abbildung 21

Abbildung 22

Abbildung 19: »Blumen« stehen für Einladung, Freude, eine positive Tendenz, können aber auch mit Blumen im Garten zu tun haben usw.

Abbildung 20: Die Karte »Baum« im Lenormand steht unter anderem für langfristige Vorgänge (wie das Baumwachstum).

Abbildung 21: Die Karte »Der Herr« steht für den männlichen Fragesteller im Lenormand. Es ist eine der beiden Hauptpersonenkarten.

Abbildung 22: Die Karte »Die Dame« steht für eine weibliche Person, die ihre Frage stellt, wie auch der »Herr« ist sie eine der beiden Hauptpersonenkarten im Lenormand-Deck.

Kartenmuster im Alltag entdecken

Für diejenigen, die sich schon etwas auskennen, möchte ich auch noch eine Entdeckung schildern, die ich das »Überall-Lenormand« nenne. Es hat zur Grundlage, dass man die vielfältigsten Eindrücke, die sich etwa auf einem Spaziergang oder in einer beliebigen Umgebung ergeben, in Lenormand-Kartenkategorien übersetzen kann. Beispielsweise erlebe ich bei der Frage, wer mir bei einem Anliegen behilflich sein könnte, relevante Wahrnehmungssequenzen. So fällt mein Blick eventuell auf den Rathausturm, vor dem Wolken aufziehen. Während ich weitergehe, komme ich nach vielleicht zwanzig Metern an einem Fischgeschäft vorbei, vor dem ein Hund angeleint ist. Der Laden heißt »Fisch-Hellmann«.

Die Antwortfolge auf die innere Frage lässt sich jetzt leicht zusammensetzen. Dann, wenn ich in diesem Fall weiß, dass die Lenormand-Karte »Turm« auch für Behörden steht (aus einer Zeit, als Beamte noch hohe Autoritäten waren). Die Karte »Wolken« kann einerseits ein Aufklaren einer Situation ebenso wie Schwierigkeiten ausdrücken (ganz so, wie ein teilweise bewölkter Himmel uns manchmal unterschiedliche Stimmungen vermittelt).

Bei dem Vorhaben, an das ich gedacht habe, könnte es in der Übertragung gesehen also behördliche Schwierigkeiten geben. Aber ein wohlhabender Freund (entsprechend den Motiven »Hund« und »Fische«) bringt »Sonne« (ein anderes Karten-Motiv, das so heißt), also gute Aussicht – vielleicht weil ich bereits im Kopf habe, dass jemand Kosten für ein Gutachten vorstrecken könnte. Die Qualität »Sonne« wäre in dem Fall aus dem Geschäftsnamen »Hellmann« heraus assoziiert (»Sonne« gleich »hell«). Die Kartenbedeutung »Turm« würde sich im beschriebenen Fall vom Rathausturm ableiten, vor den sich reale Wolken geschoben haben.

Nun mag es etwas abenteuerlich erscheinen, bei dem Namen »Hellmann« gleich an Sonne und Optimismus zu denken. Aber der gedankliche Zusammenhang ist einem vielleicht zugefallen, weil das Schaufenster Sonnenstrahlen reflektierte, die gerade wieder von der Wolke freigegeben wurden. Mit anderen Worten: Auch bei dieser Erfahrungsmöglichkeit, die sich als »Überall-Lenormand« bezeichnen lässt, kommt es wieder einmal darauf an, dass uns Aussagen auch tatsächlich selbsttätig begegnen. Bei dem Namen Hellmann wäre übrigens auch noch die Karte »Der Herr« enthalten. Die Aussage würde sich also auf eine männliche Person beziehen oder eine solche würde zumindest eine Rolle spielen.

Der Hinweis auf einen authentischen Synchronizitätscharakter kommt unter Umständen auch durch kleine Markierungsereignisse zustande – sei es, dass einem gerade etwas aus der Hand fällt, während einem irgendetwas auffällt, oder sei es, dass man bei der Wahrnehmung von Merkmalen mit Kartenentsprechung ausgerechnet über einen Gegenstand am Boden stolpert. In dieselbe Richtung ginge es, wenn man urplötzlich von jemandem angesprochen wird, und ein paar Augenblicke später sieht man ein paar Dinge, die inhaltlich einen markanten Aussagegehalt im Sinne von »Überall-Lenormand« aufweisen. Oder man wird zufällig von jemandem angerempelt, ein Vogel flattert plötzlich auf usw.

Ein Markierungscharakter kann aber auch in der besonderen Eindringlichkeit liegen, mit der wir einen für uns relevanten Eindruck wahrnehmen, der sich als Lenormand-Entsprechung übersetzen ließe. Wie man genau mit solch einer Botschaftsform umgehen will, ist eventuell eine individuelle Frage. Wichtig ist, herauszufinden, ob und wie die eigene Praxis damit funktioniert.

Am Anfang wird dies erst einmal einen gewissen Experimentalcharakter haben. Man sammelt damit Erfahrung und schaut, wie man zurechtkommt. Vielleicht wird man auch mal mit Interpretationen danebenliegen. Aber dann bleibt dennoch womöglich ein bestimmter Erfahrungssatz und die Sache beginnt spannend zu werden. Wer es reizvoll findet, solchen Eindrücken im Alltag nachzugehen, sollte sich daher mit dem Lenormand stärker auseinandersetzen.[7]

Wenn man sich erst einmal in das Thema vertieft hat, kann man sogar komplexere Antworten aus Umgebungseindrücken ableiten. Der Hintergrund: Jede Lenormand-Karte hat eine Ordnungszahl von 1 bis 36. Wenn ich also etwa aus dem Auto heraus, beim Spazierengehen oder sogar durch das Wohnungsfenster etwas Auffälliges in der Umgebung wahrnehme, würde ich als Erstes die gedanklichen Übersetzungen als solche herstellen, anschließend beteiligte Zahlen-

werte addieren und so eine Quersumme (Quintessenz) ermitteln.
Hierdurch ergibt sich gegebenenfalls ein Tendenzverlauf im Phänomen des »Überall-Lenormand«.

Wer noch nicht alle Karten und Zahlenwerte auswendig kann,
der notiert erst einmal auf einem Zettel die unterwegs gefundenen
Entsprechungen und sieht dann später zu Hause nach.

Natürlich lassen sich – wenn man möchte – auch Tarot-Bedeutungen aus Umgebungseindrücken ableiten. Drei Säulen vor einem
Haus könnten etwa für die »Drei der Stäbe« (Abbildung 23) stehen,
eine Turmruine für die Karte »Der Turm« (Abbildung 24), die in
klassischer Auslegung symbolisch etwas mit dem Zusammenbruch
von bestimmten Strukturmustern zu tun hat (letztlich um beispielsweise innere Verhärtungen in einer Persönlichkeit oder Situation
überwinden zu lassen). Die Karte »Königin der Kelche« wäre vielleicht durch eine weibliche Skulptur mit einem Krug im Arm
repräsentiert, ebenso der »Ritter der Stäbe« (Abbildung 25) durch
eine Reiterstatue mit Lanze, während die Karte »Die Liebenden«
(Abbildung 26) sich in einem eng umschlungenen Paar auf der
Straße wiederfinden würde.

Es macht hierbei allerdings mehr Sinn, nicht ganze Sequenzen
innerlich zu übersetzen, sondern die Tarot-Bedeutungen eher einzeln
als archetypisches Zusatzmaterial in einem Deutungszusammen-
hang allgemeiner Art mit einzubeziehen. Man merkt hierbei auch
recht schnell, dass sich entsprechende Aussagen bei Tarot-Assozia-
tionen unterwegs nicht so beständig übertragen lassen wie beim
Lenormand.

Darin liegt wahrscheinlich ein zusätzlicher Hinweis, dass im
Lenormand doch viel mehr ein auf konkrete Ereigniszusammen-
hänge bezogener Orakel-Schlüssel vorliegt, Tarot mehr Tendenzen
aus der Psychologie von Situationen heraus deutet. Daher finden
die Seelenbilder des Lenormand sich hingegen besonders in der
Alltagsrealität widergespiegelt, wie sie umgekehrt selbst ein Spiegel
dieser Realität aus Gegenständen, anschaubaren Personen und
Abläufen sind. Mehr noch: Es könnte sein, dass die Natur auf ähnliche Weise in Bild- bzw. Situationssequenzen Wirklichkeit kodiert
wie das Orakel, nämlich als ein in bildhaften Symbolen vernetzendes

kybernetisches System, das Gregg Braden etwa die »Göttliche Matrix« nennt. Man bedenke auch, dass unser modernes Wort »Symbol« sich aus dem altgriechischen *symbolon* für »zusammenfügen« oder »zusammenballen« herleitet. Mithin geht es um sinnhaftes Fügen von Bedeutungsanteilen, die miteinander logische Folgen unserer Wirklichkeit bilden. Auf diese Weise bekommt auch der Begriff schicksalhafter »Fügung« noch ein anderes Verständnis. Man könnte es nämlich auch so formulieren: In Situationen fügen sich die Bilder des Lebens in der Sprache und Logik sinnvollen Zufallsgeschehens zusammen.

Tarot-Karten

Abbildung 23

Abbildung 24

Abbildung 25

Abbildung 26

Abbildung 23: »Die Drei der Stäbe« als Tarot-Symbol für »neue Möglichkeiten«, festes Stehvermögen mit guten Aussichten.

Abbildung 24: »Der Turm« im Tarot für »Katharsis«, die persönliche Neuordnung aus Zusammenbruch alter Strukturanteile und oft heilender Krise, Aufbrechen von Verkrustungen.

Abbildung 25: »Ritter der Stäbe« für Kraft, Übermut, nach einem Sprung wieder auf sicheren Beinen landen, auch Sturm, Drang oder Begeisterung.«

Abbildung 26: »Die Liebenden« für Bejahung bei einer Angelegenheit, aber eventuell auch Ambivalenz der Anziehungskräfte, aus dem Herzen handeln oder Halbherzigkeit.

Orakel der DNS

Abschließend ist auch das I Ging zu würdigen. Es hat eine mehr-
tausendjährige Geschichte und bildet somit die wohl älteste Aussa-
geform zu Schicksalsfragen mit strukturierten Inhalten überhaupt.
Besonders bemerkenswert daran ist, dass es einerseits der abstrak-
teste Zeichencode für Schicksalslesung ist und andererseits auch
ein sehr anschauliches Orakel bildet. Dann nämlich, wenn man die
entsprechenden Transferbrücken für Bedeutungen kennt, die sich
aus der chinesischen Tradition von Entsprechungen in Natur und
Alltag ergeben. Allerdings kann an dieser Stelle wegen der Komplexität der Zusammenhänge nicht näher darauf eingegangen werden.[8]

Zunächst einmal ist das I Ging aber einfach ein binärer Code,
vergleichbar mit einer Programmiersprache in der EDV. Es besteht
aus Grundelementen von »Ja« und »Nein«, »Ladung« und »Nichtladung«, »Plus« oder »Minus« – kurz Yin und Yang. Ein durchgehender Strich bildet jeweils »Plus« oder »Yang« ab, ein unterbrochener
»Minus« oder »Yin«. Jeweils sechs entweder durchgehende oder
unterbrochene Striche ergeben ein Hexagramm (von griech. »hexa«
für sechs). Sechs durchgehende Linien stehen zum Beispiel für »Das
Schöpferische« (Abbildung 27), also eine kreative, konstruktive
Qualität. Sechs unterbrochene Linien bilden »Das »Empfangende«
ab (Abbildung 28), eine Energie, die mehr kommen lässt als
»macht«, ansonsten das mütterliche Prinzip verkörpert. Andere
Hexagramme heißen »Der Fortschritt« (Abbildung 29), »Besitz von
Großem« (Abbildung 30) oder »Wiederkehr« (Abbildung 31).

Es ist das Verdienst des Arztes Martin Schönberger, den besonderen
Synchronizitätsgehalt des I Ging entschlüsselt zu haben. Er nannte
es in seinem Buch die »Weltformel im genetischen Code«.[9]

So hat der Autor herausgefunden, dass der Aufbau von insgesamt
64 Hexagrammen, die im I Ging als formalisierte Zeichen zur Verfügung stehen, in mancher Hinsicht den Buchstaben des genetischen
Codes (also der DNS/RNS) entsprechen. Auch die Struktur der
Gene folgt nämlich – so Schönberger – einer Programmsprache von
64 Grundmustern. Offenbar befindet sich das I Ging somit in einer

Abbildung 27: Sechs durchgehende Linien stellen »Das Schöpferische« dar, die väterliche Yang-Energie des Universums.

Abbildung 28: Sechs unterbrochene Linien stehen für die starke mütterliche Yin-Energie der Erde. Pragmatismus und Bodenständigkeit gehören dazu.

Abbildung 29: »Der Fortschritt« ist ein Hexagramm, das auf eine meist zügige Entwicklung hinweist, in der Dinge fortschreitend Gestalt annehmen.

Abbildung 30: »Der Besitz von Großem« steht vor allem für große ideelle Werte, kann unter Umständen aber auch materiellen Besitz andeuten.

Abbildung 31: »Die Wiederkehr« – ein durchgehender Yang-Strich und fünf Yin-Linien darüber – steht für Stadien der Wiederbelebung und Erneuerung.

Art Resonanzbeziehung zu unserer Erbsubstanz, weshalb auch oft so zutreffende Aussagen zustande kommen, von denen sich ja bereits C. G. Jung begeistert zeigte.

Vor diesem Hintergrund erschiene es geradezu wahrscheinlich, dass eine vielfache Anwendung des I Ging in einer Gesellschaft den Zusammenhalt unterstützen würde (Kohärenzfaktor). Einfach deshalb, weil hierüber eine Mentalität unbewusster Feldabstimmungen aus dem genetischen Code heraus unterstützt werden könnte. Das Kollektivbewusstsein würde damit in ähnlicher Weise positive Resonanzeigenschaften entwickeln, wie sie quantenphysikalisch auch bei Feldexperimenten mit Meditierenden beobachtet wurden. Prinzipiell ist das I Ging als ein Orakel anzusehen, das aus der genetischen Resonanz heraus im Übrigen auch zur Verhaltenssicherheit des Einzelnen beiträgt.

Möglicherweise wäre das I Ging eigentlich das ideale Orakel für naturwissenschaftlich orientierte Menschen, insbesondere für Informatiker und Mathematiker. Es zeigt sich aber, dass auch andere einen guten Zugang dazu finden. Überhaupt stellt sich die Frage, ob nicht für Menschen mit einer linkshirnig betonten Prägung (der typische Verstandesmensch) zum Ausgleich ein stark bildorientiertes Orakel wie Tarot oder Lenormand mal ganz guttäte.

Demgegenüber würde dem tendenziell rechtshirnig agierenden Persönlichkeitstyp (mit musischer Neigung, bildhaftem Denken usw.) ein strukturbetontes Orakel wie das I Ging gute Möglichkeiten zum Ausgleich bereitstellen.

Letztlich wird aber jedem sein Orakel ganz persönlich zufallen und zu unterschiedlichen Lebensabschnitten mag es jeweils auch noch ein anderes sein. Nutzen wir also unseren individuellen Weg zum Verständnis von Synchronizitäten, wie er sich aus Orakelformen ergibt, und erkennen in ihnen wunderbare Gleichnisse des Lebens.

ANHANG

ZUFALLSSCHLÜSSEL VON A BIS Z

Man kann davon ausgehen, dass manche Synchronizitäten sich weltweit tausendfach zur selben Zeit wiederholen. Andere dürften eher Seltenheitswert haben. Im einen wie im anderen Fall kann es sich für uns um wertvolle Information handeln. An dieser Stelle sind diverse solcher Beispiele in alphabetischer Reihenfolge aufgeführt. Zum großen Teil handelt es sich um ganz normale Alltagsereignisse, die aber eine Aussage beinhalten können, wenn sie uns gerade zufallen. Auch geht es um Symbole und Anknüpfungspunkte für Assoziationen. Diese Liste wird künftig auf der Internetplattform *www.sprachedeszufalls.de* fortlaufend ergänzt. Die genannten Beispiele können relevant sein, wenn sie als Einzelphänomen auftreten – vor allem dann, wenn man sich besonders darüber ärgert oder irritiert darüber ist. Noch mehr Bedeutung erhalten sie jeweils bei Häufung der Vorkommnisse.

Autokupplung oder Getriebe defekt

Bei dieser Ereignisform mag es darauf ankommen, die eigenen Gefühle und Gedanken künftig anders zu übersetzen (Entsprechung zu Kupplung), sich anders zu vermitteln oder einfach von Einstellungen, Kommunikationsstilen her mehr umzuschalten, je nachdem, mit wem man gerade zu tun hat. Kurz gefasst: Wie wechsle ich gedanklich von einer Situation zur anderen? Weitere Fragen: Wo sucht man (verzweifelt) Anschluss oder wo hat man den Anschluss verpasst? Finden Sie wirklich dort Anschluss, wo Sie ihn suchen?

Auch: Wie lerne ich es, emotional oder in Aktivitäten mal einen Gang hinauf- oder herunterzuschalten – ohne dass es hakt bzw. das Nervenkostüm geradezu »ausleiert«. Was kann ich leisten, damit ich mich in Situationen des Wechsels nicht zu sehr verschleiße? Habe ich die »Zahnräder« meiner gesamten Lebensumstände genügend synchronisiert?

Bahn oder Bus verpasst

Auch hier könnte die Frage nach dem Anschlusshalten wie bei der Autokupplung wichtig sein. Dabei spielt in diesem Fall aber die Lebenstaktung wahrscheinlich noch eine größere Rolle. Es kann insofern darum gehen, eigene Rhythmen zu überprüfen, sich mit dem Thema Zeit generell auseinanderzusetzen. An welcher Stelle bin ich geizig mit Zeit und warum, wo bin ich an anderer Stelle zu großzügig mit Zeit (will heißen, mit Energie)? Hier gilt es Bereiche zu identifizieren und gegebenenfalls weitere Assoziationen kommen zu lassen.

Weitere möglicherweise interessante Überlegungen: Warum vermeide ich die Übersicht in zeitlicher Hinsicht? Will ich etwa das Älterwerden nicht erkennen? Aber auch: Kann ich mir den Luxus einfach leisten, meine Zeit unkonventionell zu organisieren, auch mal etwas zu verpassen? Stricke ich mir bewusst meine eigene Zeit? Vor allem wird die Frage sein, für welche Zeitstrukturen innerlich »blinde Flecken« bestehen, Unbewusstheit für den Zeitverbrauch, den man bestimmten Aktivitäten oder Passivgewohnheiten einräumt, sodass anschließend Druck entsteht, ein Verkehrsmittel noch zu erreichen. Schließlich auch: Wie transportiere ich Gedanken, Ideen, aber auch Dingliches?

Elektrogerät(e) defekt

Hier stellt sich ein direkter sinnhafter Zusammenhang mit vitalen Strömen dar. Wie setze ich meine psychoelektrische Energie also um? Vielleicht kommt es mental zu *Kurzschluss*handlungen. Insofern gäbe es eine Verbindung zu persönlicher Ungeduld. Auch die Frage ist interessant, wie man seine eigenen psychoelektrischen Spannungspotenziale leitet und nutzt. Außerdem kann ein Hinweis auf Überlastung gegeben sein. Daher auch die Frage: Was mache ich überstürzt? Will ich in einiger Hinsicht zu viel auf einmal? Schmoren innerlich bei mir die Leitungen manchmal durch? Oder sind mentale Schalter defekt? Und schließlich: Muss ich selbst immer funktionieren und wehre ich mich unbewusst vielleicht dagegen? Auch Aggressionspotenziale können sich über defekte Elektrogeräte mitteilen. Im Wiederholungsfall, dass gleich mehrere elektrische Aggregate ausfallen, liegt vielleicht auch eine Vorwarnung vor: Ein Unfall könnte sich noch anschließen – aufpassen! Ebenso können aber auch Ermüdung, Erschöpfung oder Energiemangel symbolisiert sein.

Glühbirnen fallen aus

Siehe Bemerkungen zu Elektrogeräten bei häufigem Ausfall von Glühbirnen. Darüber hinaus die Frage: Wie ist momentan meine Strahlkraft beschaffen? Halte ich Dinge gerne verborgen, die nicht ans Licht sollen? Oder drücke ich meine Lebensenergie, sodass tendenziell Dunkelfelder entstehen? Gibt es in meinem Leben kurzfristig Überspannungen?

Enttäuschungen

Oft hat man überhaupt nicht damit gerechnet. Plötzlich erntet man etwas, das einen schlucken lässt oder einem einfach nicht passt. Dies lässt sich andererseits auch als praktischer Hinweis verstehen, wo man sich bislang (in welchem Umfang auch immer) täuscht. Enttäuschungen öffnen also den Blick. Das »Wofür« und »worauf« er frei wird, ist meist nur noch nicht klar. Wenn man jedoch nicht überreagiert, können sie ein wertvoller Hinweis sein. Sei es, dass man bislang aus Bequemlichkeit in einer Beziehung über lange Zeit einen Status quo aufrechterhält, der nicht mehr tragfähig ist. Oder es geht letztlich um etwas, das sogar über die enttäuschende Einzelbeziehung hinausgeht. Was erwarte ich von einem Menschen und was steht dabei im Grunde an, auf andere Weise gelöst zu werden?

In solch einem Fall käme es also darauf an, die Zuständigkeiten zu überdenken und – wo sinnvoll und machbar – auch neu zu verteilen. Was ist eigentlich (noch) meine Baustelle und was nicht? Enttäuschungen haben insofern Aufrüttelungscharakter.

Und seltsam: Nach heftigen Auseinandersetzungen ist einem das, was enttäuscht hat, manchmal schon gar nicht mehr so wichtig. Es ging dann eigentlich mehr um ein Muster, Rangplätze, sozialen Stellenwert, persönliche Wertschätzung durch andere. Das sind alles berechtigte Faktoren. Aber es kommt wohl auch darauf an, zu erkennen, wo diese Werte zu erlangen sind und wo nicht. Dafür Klarheit zu gewinnen kann im besten Sinne *ent*täuschen.

Den visuellen Kanal zu stärken könnte eventuell auf einer Entsprechungsebene dabei helfen. Oder falls man besonders klarsichtig ist, eventuell das akustische Wahrnehmungsvermögen zu schärfen, oder einen der anderen Sinne, auf dessen Kanal man vielleicht um eine Spur »blind« ist. Auch die Modalitäten der Sinne können in der Entsprechung interessant sein: Vielleicht habe ich ein scharfes Auge, achte aber oft zu sehr auf Details im Blickfeld, wodurch der Zusammenhang verloren geht. Oder ich erkenne immer eher das Große und Ganze, blende aber Details aus. So ungewohnt der Gedanke auch sein mag, eine Veränderung solcher Wahrnehmungsfilter könnte mancher Enttäuschung vorbeugen.

Erotik ... Kribbeln, aufwühlende Begegnung

Das leicht Irritierende ist gemeint, eine ambivalente Erfahrung bezüglich einer erotischen Anziehung. Man ist beispielsweise gebunden und wird innerlich von der Anziehung seitens einer fremden Person überrascht. Eine Frage kann interessant sein: Was gewinnt derzeit überhaupt auf mich Anziehung – eine andere Partei als die bisher gewählte, andere Farben in der Kleidung? Wo befindet sich bei mir etwas in Bewegung? Wie wichtig könnte mir die gegenwärtige erotische Anziehung durch eine fremde Person in einer gedachten Zukunft sein? Und: In welchen Bereichen meines Lebens will ich mehr über neue Anziehungsmuster herausfinden?

In dem Sinne mag die (vielleicht nur vorübergehende Anziehung) erst einmal mehr ein Symbol für etwas Allgemeineres sein. Zu bedenken auch: Wo soll die Anziehung einfach nur eine Leere in mir ausfüllen? Was fehlt mir, was der andere geben könnte? Auf welche Weise könnte ich selbst die »leere Stelle« in mir gegebenenfalls auszufüllen lernen? Natürlich müssen all diese Fragen nicht ausschließen, dass es schließlich doch richtig funkt. Sie können sogar Dynamik in der Hinsicht unterstützen, wenn verschiedene Entwicklungspfeile übereinstimmend in diese Richtung deuten.

Fahrstuhl

Es geht um Auf- oder Abwärtsbewegung. Was gerät ins Stocken als Entsprechung zu einer Fahrstuhlpanne? Woran habe ich gerade gedacht, als der Lift plötzlich anhielt? Oder worüber habe ich mit jemandem im Fahrstuhl gesprochen? Wen habe ich angesehen? Welche Assoziationen kommen mir da? Vielleicht auch: Was sollte ich woanders eventuell anhalten oder stoppen? Und schließlich bei Stopp in Richtung nach unten: Gesichtspunkte der eigenen Basis können eine Rolle spielen, ob ich materiell hinreichend gesichert oder geerdet bin. Auch: Wie verwerte ich als Vorgesetzter Informationen von Mitarbeitern (von unten)? Bekomme ich genügend?

Fahrstuhlstopp generell: Wie gehe ich mit Hierarchiemustern um, auch mit den gedanklichen? Außerdem kann eine Rolle spielen, wen ich vielleicht regelmäßig im Fahrstuhl treffe. Es könnte jemand sein, der mit meiner Position in der Firma oder mit einer künftigen sozialen Rolle (aufwärts oder abwärts) in irgendeiner Weise zu tun hat. Oder es ist eine Person, die mit Leuten auf vielen Ebenen gut kann.

Flecken

Ein ärgerliches Erlebnis ist es, schon wieder einen Fleck fabriziert zu haben oder damit umgehen zu müssen, dass eine fremde Person mir an Kleidung oder häuslichen Textilien einen Fleck verursacht hat. Für das mentale Muster dahinter kann es aufschlussreich sein, Gedanken zurückzuverfolgen. Was ist einem im Augenblick der Fleckentstehung etwa durch den Kopf gegangen?

Und genauso: Womit hat man sich kurz zuvor beschäftigt? Dies könnte im übertragenen Sinn auch einmal aussagen, womit man sich gerade von einem bestimmten Thema her geistig »beschmutzt« hat. Oft stecken gar Schuldgefühle dahinter, vielfach moralisch unbegründete, die aber mächtig sind. Auch kann eine unbewusste Befürchtung eine Rolle spielen, etwas könne verunglimpft werden, und man zieht paradoxerweise den symbolisierenden Fleck in Entsprechung geradezu an.

Wenn Flecken durch hektische Bewegungen hervorgerufen werden, stellt sich hingegen die Frage: Was habe ich nicht unter Kontrolle? Eventuell gibt es auch seelische Anteile, die mit den offiziell nach außen getragenen Einstellungen, Verhaltensweisen usw. nicht einverstanden sind. Dann rebelliert innerlich etwas. Manchmal kann auch jemand anders das Synchronizitätsmuster hervorrufen, das in einem selbst angelegt ist.

Abgesehen davon kann das »Wo« der Fleckenbildung noch von Bedeutung sein. So gelangen die meisten Flecken wohl auf Kleidungstextilien. Hierbei stellt sich unter Umständen die Frage, was einem so nahe ist (wie die Kleidung auf der Haut), das man nicht ertragen kann? Dieser Einfluss muss nicht im Bereich menschlicher

Nähe liegen. Es können auch Probleme sein, die man zu sehr an sich heranlässt, fremde Meinungen und Maßstäbe, vielleicht sogar nicht näher benennbare Feldenergien, die überschwappen.

Und dann ist auch noch der andere Bereich von Fleckgeschehen zu erwähnen: Kommt es häufiger zu Flecken auf einem Bodenbelag, könnten grundlegende Fragen ungeklärt sein. Was ist also im Bereich geistiger oder materieller Basis unklar, getrübt, im Unreinen? Bin ich nicht bodenständig oder ist auf einer Entsprechungsebene mein Keller im Haus nicht aufgeräumt? Warum trage ich Fremdenergien mit unreinem Schuhwerk in die Wohnung? Hier kann es um eine Frage energetischer Abgrenzung gehen, die eventuell sogar mit dem Eingangsbereich von Haus oder Wohnung zu tun hat. Getränkeflecken am Boden können energetisch hingegen mit einem vielleicht etwas oder deutlich zu starken Alkoholkonsum zu tun haben, der sich auf diese Weise verschmutzend symbolisiert.

Fernseher gestört

Es ist eine Frage, die mindestens so spannend ist wie eine Talkshow: Wollen Sie sich der öffentlichen Meinungsglocke, der täglichen Bewusstseinsberieselung vielleicht entziehen, und sei es nur zeitweise? Dahinter steht vielleicht sogar die generellere Frage: Auf welchen Gebieten im Leben möchten Sie sich nicht mehr manipulieren lassen? Die Überlegung träfe besonders bei Empfängerdefekt zu. Bild- oder Tonstörungen sind dagegen vielleicht mehr ein Wink, Gedankenmuster neu zu strukturieren. Was ziehe ich mir also mental alles rein und wie ließe sich das ändern? Welche Schwingungen aus meiner Umgebung ziehe ich an, gegen die ich mich besser abschirmen sollte, und welche positiven mentalen Verbindungen sind momentan vielleicht gestört? Auch: Was für mentale Programme laufen innerlich momentan in mir ab? Häufig ist es ja so, dass wir innerlich ganze Filme laufen haben, die manchmal okay, gelegentlich aber auch störend oder herunterziehend sein können. Wenn man solche geistigen Bildfolgen erst einmal als ungünstig erkennt, kann man sie auch durch positive innere Filme ersetzen.

Geschirr kaputt

Hierzu die Frage: Wie hält man es mit allem, was einem Nahrung bringt? Das kann bis hin zu Einstellungen gegenüber Firma, Job, Vorgesetzten oder Kollegen gehen. So kann es sich um Fragen des gegenseitigen Respekts beim Broterwerb handeln. Ist er verletzt? Oder nährt meine berufliche Basis mich nicht genügend? Gehe ich andererseits womöglich unachtsam mit Arbeitsmaterialien oder (abstrakter) mit meinen Karrieremöglichkeiten um? Was mich »nährt«, können im weiteren Sinne auch meine Hobbys, Leidenschaften, Ambitionen sein. Wie drücke ich mich dabei nach außen hin aus, wie transportiere ich das, bringe es auf einen (eventuell neuen) Weg? So wie Geschirr eine Form des Nahrungstransports oder der kurzfristigen Aufbewahrung darstellt, kann es auf irgendeinem nährenden Gebiet darum gehen, etwas in bestimmter Weise aufzubewahren, zu transportieren oder anderen zu servieren.

Glas (häufig) verschmutzt/milchig

Es kann vorkommen, dass der gesamte Haushalt in Ordnung ist, aber irgendwelche Glasbehälter, Glasvasen oder Trinkgläser sind zufällig immer wieder schnell milchig, verschmutzt oder eingetrübt. Oder es kann auch um die Fenster gehen, die Schlieren aufweisen bzw. schon lange von keinem Putzlappen mehr berührt wurden. Schlüsselfrage: Wo fehlt einem gegebenenfalls der Durchblick im Alltag? Wie versperre ich ihn mir oder was will ich nicht sehen?

Es kann besonders dann interessant sein, solchen Fragen nachzugehen, wenn man dazu neigt, sich öfter mal bei irgendwelchen Dingen zu verkalkulieren, zu Fehleinschätzungen zu gelangen usw. Dieser negativen Parallelität lässt sich umgekehrt womöglich ein Stück auf symbolischer Ebene begegnen. Das hieße, intensiveres Putzen von eingetrübtem Glas könnte in Entsprechung eventuell doch ein Stück weit unterstützen, im Leben mehr Durchblick zu erlangen.

Haus

Zufälle spielen oft um Häuser oder Wohnungen herum eine Rolle. Vielfach sind es Geschichten, die mit der Energie von Vor- oder Nachmietern zu tun haben. Das Haus bildet hierbei eine Art Speicher für mentale Frequenzen. In dem Zusammenhang ist zu bedenken, dass etwa in der Traumdeutung ein Haus auch für die Persönlichkeit des Träumenden selbst stehen kann. Somit können bei Synchronizitäten in Zusammenhang mit dem Wohngebäude Fragen eine Rolle spielen wie: Wie definiere ich mich? Was sind gemeinsame Themen mit Menschen, die sich hier schon einmal aufgehalten haben? Was bindet mich an ein bestimmtes Haus? Was verkörpert das Haus, in dem ich wohne? Was für eine Persönlichkeit wäre das Gebäude, wenn es ein Mensch wäre? Und als Schlüsselfrage: Mit welchen eigenen Erfahrungen oder Erlebnissen anderer Personen ist ein Haus, ein bestimmtes Gebäude verknüpft?

Heller/dunkler

Vor allem Sonnenlicht, das man draußen auf der Straße, im Garten, auf dem Balkon oder durch das Fenster von Augenblick zu Augenblick als heller wahrnimmt, ist meist ein positives Zeichen in einem gedanklichen Zusammenhang. Darin liegt oft eine Bestätigung für eine Annahme, eine Bejahung oder eventuell der Hinweis, dass etwas besser oder irgendwie klarer wird. In dem Maße, in dem ein aufhellender Eindruck nach und nach in einem Gedankenumfeld oder in einer Gesprächssituation bei bestimmten Worten oder Sätzen stattfindet, lässt sich der Grad an Bestätigung vergleichsweise guter Tendenzentwicklung durch den Zufall erkennen. Eine stufenweise immer größere Zunahme an Helligkeit kann auch noch durch einen Vogel – insbesondere einen hellen Vogel – unterstrichen werden, der beispielsweise aufwärts fliegt.

Umgekehrt kann Lichtabnahme, vor allem durch Bewölkungseinfluss, manch eine Warnung beinhalten, Vorsicht walten zu lassen, oder eine momentan weniger günstige Tendenz bedeuten. Das ist gerade dann der Fall, wenn sich bei einem emotional relevanten Gedankengang momentan eine Wolke vor die Sonne schiebt. Dabei kann es noch von Bedeutung sein, wie lange die Verdunklung anhält. Wird sie beispielsweise schnell wieder von mehr Sonnenstrahlung abgelöst, könnte dies auch heißen, dass ein Problem vielleicht eher vorübergehender Natur sein wird.

Wohlgemerkt, von solchen Interpretationen einer Lichtzunahme oder Lichtabnahme ist in gemäßigten klimatischen Regionen auszugehen. Ein Wüstenbewohner wird wahrscheinlich Sonne und Wolken ganz anders beurteilen. Auch mag jemand, der hitzeempfindlich ist und unter einem sengend heißen Sommer leidet, eine Bewölkung ebenfalls mit einem anderen Vorzeichen wahrnehmen. Beispielsweise könnte sie für den »kühlen Kopf« bei einer Sache sprechen.

Eine besondere Logik hat auch noch die Lichtabnahme, weil der Sonnenstand gerade sinkt. Hier sind unter anderem die berühmten Schatten angesprochen, die länger werden. Wird man in diesem Zusammenhang innerlich von der Lichtabnahme berührt, kann es einfach nur darauf hindeuten, dass an die nächste Phase zu denken ist, erst mal ein Wechsel im Szenario stattfinden könnte oder bisherige Rahmenbedingungen abnehmen. Vielleicht sollte man auch ein, zwei Nächte über eine Sache schlafen usw.

Hund

Es kann sein, dass ein Hund in einer besonderen Situation eine reale Rolle spielt, oder er taucht als Bild, Begriff oder gedankliche Assoziation in einem Zusammenhang auf. Typische Merkmale, die man in solchen Fällen mit einem Hund in Zusammenhang bringen kann, sind: Instinkt, Spürsinn, Wachsamkeit, Aufmerksamkeit, Schutz (beim Wachhund). Als archetypisch »bester Freund des Menschen« unter den Tieren hat er wie die Karte im Lenormand eventuell auch etwas mit dem Themenfeld »Freundschaft« zu tun. Der Hund als Symbol steht ansonsten für Loyalität, aber auch für Aggressivität sowie für Männlichkeit.

Es kann um den Schoßhund oder um einen Kläffer gehen. All die vielen denkbaren Assoziationsmöglichkeiten können für eine spezifische Situation ein Stück Aussagekraft zusätzlich beinhalten. Es heißt auch, der Besitzer eines Hundes habe manchmal etwas mit dem Tier gemeinsam. Andererseits kann Angst vor Hunden etwas als Schattenthema aussagen, zum Teil etwa verdrängten Anteilen der Persönlichkeit entsprechen, denen man ausweichen möchte. In die gleiche Richtung ginge eventuell eine Hundehaarallergie.

Wichtige Fragen könnten lauten: Was für Erwartungen stelle ich an Freundschaft und auf welchem Gebiet bringe ich mich womöglich in Abhängigkeit? Außerdem: Wie hält man es mit Loyalität, inwieweit begegnet sie einem im Leben? Befindet man sich öfter in Loyalitätskonflikten? Wie viel Vorschuss an Loyalität sollte man in bestimmten Situationen geben oder lieber vermeiden? Schließlich ist auch der Bereich männlicher Seelenaspekte angesprochen (egal, ob man selbst Mann oder Frau ist), die Auseinandersetzung mit dem Thema Mann und all diese Aspekte.

Katze

Eine wesentliche Assoziation, die mit Katzen zu tun hat, ist das weibliche Prinzip. Außerdem gelten Katzen als Nachttiere. Daher stehen sie für Geheimnis, Schatten, Tiefgründigkeit – wie sie auch auf leisen Sohlen daherkommen. Aus dem Grund kann eine Katze als Situationsmerkmal auch Dinge andeuten, die unmerklich Gestalt annehmen. Auf den Kontext ist dabei jeweils zu achten, worum es genau gehen mag. Ferner stehen Katzen generell für Eigenständigkeit, einen eigenen Willen usw. Dies liegt daran, dass Katzen viel weniger dressierbar sind als Hunde. Sie behalten allgemein ihren »eigenen Kopf«.

Vor den genannten Kriterien lässt sich im Einzelfall auch der Aberglaube hinterfragen, was eine Katze aussagt, die entweder von links oder von rechts her den Weg kreuzt. Wenn man einmal die teilweise kulturell bedingten Reflexe weglässt, die mit der Projektion von Glück oder Unglück zu tun haben, dürfte es dabei eigentlich um etwas jeweils recht Spezielles gehen. So gesehen wird es etwa eine Rolle spielen, womit man sich innerlich gerade in der Begegnungssituation mit einer Katze beschäftigt.

Von rechts nach links laufend, könnte eine Katze etwas mit Rückbesinnung auf weibliche Qualitäten zu tun haben oder – im Gegenteil – auf eine abnehmende Tendenz in der Hinsicht. Weibliche Qualitäten nehmen hier also womöglich ab oder sollten einmal weniger eine Rolle spielen. Eine schwarze Katze, die von rechts nach links läuft, bedeutet eventuell »nicht nachts« oder »nicht abends«. Und generell mag die von rechts nach links laufende Katze auch für »nicht verdeckt«, »nicht heimlich« stehen.

In umgekehrter Richtung – also von links nach rechts – könnte die Bedeutung auch in der Annahme liegen, etwas müsse erst einmal mit Diskretion behandelt werden, oder Heimlichkeiten in einer bestimmten Angelegenheit nehmen zu. »Mehr nachts« oder »mehr abends« könnte ebenso eine relevante Aussage bilden, wie auch: Weibliche Qualitäten nehmen zu. All dies hat mit den inneren Kodierungen von Zeiterleben und Entwicklungsrichtungen zu tun, die im Zusammenhang mit dem Prinzip des Überall-Orakels bereits angesprochen wurden. Der westlich geprägte Mensch bildet Zukünftiges oder Zunehmendes in der Regel unbewusst von links nach rechts in der Vorstellung ab. Bei der Richtung von rechts nach links ist in der Regel eher die umgekehrte Tendenz angesprochen. Jedenfalls ist dies eine kulturell verbreitete Kodierung.

Die Verlaufsrichtung von rechts nach links kann aber auch immer für eine kleine »Renaissance«, eine »Rückkehr zu« stehen. Dann geht es selbstverständlich gerade nicht um Abnehmen, sondern um Wiederbelebung, und erst der gedankliche Zusammenhang oder das, was sonst noch gerade passiert, würde der Bewegungsrichtung einer Katze in dem Moment so etwas wie eine sinnvolle Aussage verleihen.

Die Entwicklung von Eigendynamik in einem Geschehen, die Verselbstständigung von Prozessen oder Autonomie im Denken und Handeln könnte durch die genannten Bewegungsvorzeichen auch in einem bestimmten Umfang gespiegelt werden, da diese Merkmale ja ebenfalls in der grundsätzlichen Katzensymbolik mit ihren vielen Facetten enthalten ist. Und noch kurz ein paar Bemerkungen zur

Katze als Schattenthema: Vor allem in der allergischen Reaktion auf Katzenhaare kann ein Aspekt gegeben sein, der mit unverarbeiteten Yin-Aspekten zu tun hat. Dabei braucht man nicht nur im üblichen Sinne gleich an »weiblich« zu denken, wenn man »Yin« übersetzen will. Auch das »Dunkle« oder »Geheimnisvolle« ist Yin. So kann man in seiner Kindheit Angst vor Dunkelheit gehabt haben und erlebt später eine Katzenhaarallergie. In der Richtung lässt sich dann weiter überlegen, wie sich das eigene Yin-Erleben künftig mehr ausbalancieren lässt.

Kindergeschrei

Mit etwas Schwanger gehen ist angedeutet. Ein mentaler Geburtsvorgang kann eine Rolle spielen, aber auch ein verdrängtes eigenes Verlangen nach Aufmerksamkeit. Oder die Frage wäre zu klären: Welchen Seiten in mir sollte ich mehr Aufmerksamkeit schenken? Wie gehe ich mit meinen kindlichen Bedürfnissen als Erwachsener um? Vielleicht auch: Welche nicht ausgelebten Motive und Wünsche habe ich, die sich auf einer bestimmten Entwicklungsstufe befinden (noch im Kinderstadium)?

Mütze/Hut vergessen, verloren

Man hat seine Kopfbedeckung aus irgendeinem Grund an der Garderobe liegen lassen oder ein Wind hat sie aus dem offenen Cabrio davongetragen. Dahinter könnte stehen, dass es an der Zeit ist, nach neuen geistigen Richtungen zu suchen, ein altes mentales Muster abzulegen, da eine Kopfbedeckung auch mit Denken assoziiert werden kann. Steht also ein Aufbruch zu neuen Ufern bevor?

Schiefe

Etwas liegt schief herum, bekommt eine schiefe Form, was eigentlich gerade gelingen soll. In der Entsprechung wäre vielleicht zu fragen: Liege ich mit irgendetwas schief? Muss ich anders rangehen? Was ist gerade zu rücken? Wo habe ich eine schiefe Sichtweise? Vielleicht halte ich auch die Spannung einer gewissen Asymmetrie im Moment nicht aus. Was stört mich eigentlich daran? Vielleicht liegt aber auch bei einer Angelegenheit etwas schief – etwas, worauf ich aufpassen sollte, damit kein Schaden für mich durch andere erwächst. Es ergeben sich möglicherweise Hinweisassoziationen aus dem Gegenstand, der schief geraten ist oder schief liegt, auch dann, wenn es mehr um ein Problem von mir gehen sollte.

Sonne

(siehe »Heller/dunkler«)

Verkehrsstau

Hier erhebt sich die Frage, wie verschiedene Lebensumstände im Fluss sind, insbesondere dann, wenn man öfter in einen Stau gerät. Gibt es irgendwo einen Arbeitsstau, mit dem man zu tun hat? Auch die Frage persönlicher Beweglichkeit mag angesprochen sein, bis hin zu Stoffwechselzusammenhängen. Eventuell könnte beispielsweise eine vermehrte Flüssigkeitszufuhr für den Körper dafür sorgen, dass auf anderen Ebenen Dinge mehr in Fluss kommen. Auch Wasser, etwa in einem Aquarium, im Zimmerbrunnen oder dergleichen, kann eine solche Tendenz eventuell unterstützen.

Vögel

Meist beinhalten Vögel eine positive Symbolik. Sie haben etwas mit dem Luftelement, von daher auch mit Gedanken, der mentalen Sphäre zu tun. Ferner stehen Vögel für Kommunikation und im weitesten Sinne für Musik (Vogelstimmen). Helle Vogelstimmen gelten als besonders freundlich und können einen positiven Kommentar zu einem Gedankengang bilden. Daneben gibt es auch Warnrufe und verschiedene Vögel haben obendrein Sonderrollen in der menschlichen Wahrnehmung.

Tauben stehen normalerweise für das Friedensprinzip, machen in Großstädten aber auch viel Dreck und vermehren sich über die Maßen. Dennoch beinhalten Tauben vor allem positive Assoziationen. Dabei ist die klassische Friedenstaube weiß. Aber auch die gewöhnliche Taube kann etwas Friedliches ausstrahlen.

Andere Vögel gelten von der Symbolik dagegen als tendenziell problematisch, wie etwa die Elster, der man etwas Diebisches unterstellt. Nistet sie in der Nähe oder erscheint ständig vor dem Fenster, ließe sich etwa fragen: Wer will einem die Butter vom Brot nehmen? Vielleicht aber auch humorvoll betrachtet: Wo gibt es etwas umsonst? Schnorre ich zu sehr oder habe ich Schnorrer im Umfeld? Ein positives Geldzeichen wie auch ein Symbol für Weisheit (Bildung) kann ein Kranich sein, der sich in städtische Bereiche verirrt hat. Eventuell zeigt er auch Geld durch Wissen an.

Helle Vögel, die über einem Haus kreisen, mit dem man zu tun hat, sind ein besonders gutes Zeichen. Auch generell haben vor allem helle Vögel mit positiven Assoziationen zu tun.

Dunkle Vögel können Sonderaussagen beinhalten. Raben gelten bei einigen Stämmen Nordamerikas beispielsweise als Symbole der Weisheit. Sie können außerdem wie Krähen auf Transformation oder Okkultes hinweisen. Eine direkte Negativkonnotation ist eher selten und hat dann mit – ganz bestimmten – Eigenerfahrungen von jemandem zu tun, mit der eigenen Symbolgeschichte usw.

Interessant kann auch die Begegnung mit einer Amsel sein, deren Federkleid bekanntlich schwarz ist. Die Vogelgattung gehört zur großen Familie der Drosseln. Und so kann man eine tief fliegende

Amsel unter Umständen auch als Hinweis sehen, dass irgendetwas »gedrosselt« wird – eine Assoziation, die so allerdings wohl nur im Deutschen funktioniert.

Vogelflug (Richtung)

Aufwärts fliegende Vögel, die beobachtet werden, stehen allgemein für eine Tendenzzunahme bei einem Gedankengang oder parallelen Gesprächsinhalt. Meist geht es auch um eine eher positive Bedeutung. Die Flugrichtung von links nach rechts heißt tendenziell, etwas geht vorwärts. Verläuft sie umgekehrt, von rechts nach links, gibt es oft einen Vergangenheits- oder Rückkehrbezug in einer Sache. Mehr dazu in Kapitel 3, Das »Überall-Orakel«, Abschnitt »Zeichenspektrum der Natur wiederentdecken«.

Warteschleife

Verzögerungen jeglicher Art haben oft damit zu tun, dass Dinge sich noch entwickeln wollen. Etwas braucht von den Gestaltbeziehungen her Zeit zum Reifen. Das kann die Sache selbst sein, um die es geht. Aber es kann sich auch um parallele Entwicklungszusammenhänge handeln, die mehr symbolisch eine Rolle spielen. Dennoch besteht dann wahrscheinlich eine Vernetzung. Längere Phasen, bei denen man in einer Warteschleife hängt, weil man von anderer Seite abhängig ist, lassen sich bei Vorhaben indes positiv strukturieren. Zum Beispiel auf parallelen Gebieten nach Bereichen forschen, in denen man bei sich selbst einen Stauzustand abtragen kann – Angelegenheiten klären, die man längere Zeit bereits vor sich herschiebt, oder vernachlässigte Dinge im Haushalt erledigen, notwendige Aussprachen in der Familie bis hin zum Arztbesuch, der seit Langem mal wieder fällig wäre.

Wolken

(siehe »Heller/dunkler«)

Zahlen

Bemerkenswerte Zusammenhänge bei Ziffern entstehen gelegentlich um Geburtsdaten herum. Ein Beispiel ist die Amerikanerin, die vier von fünf Kindern an einem 20. Februar zur Welt brachte. Aber auch die Folge von Ereignissen, die sich in einem bestimmten zeitlichen Abstand zu einem bestimmten Datum hin wiederholt, kommt des Öfteren vor. Es handelt sich hierbei um Merkmale in Richtung Serialität, bei denen sich ein Gestaltfeld um eine Zahl herum entwickelt hat.

Auch ein bestimmtes Ereignis, das mit einer Zahl zusammenhängt, kann offenbar eine Rolle spielen. Juri Kasparow hatte eine Zeit lang eine positive Resonanz mit der Zahl 13 erlebt, bis er 13. Schachweltmeister geworden war. Vergegenwärtigen wir uns: Er hatte dann auch noch 13 zu 11 gewonnen. Dies geschah vielleicht auch deswegen, weil er vorher das Gestaltfeld dem Ziel gemäß, 13. Großmeister zu werden, mit Resonanzenergie angeregt hatte. So machte er sich in der Zeit vor dem Wettbewerb eine Art Sport daraus, sich möglichst Hotelzimmer mit der Zahl 13 geben zu lassen (siehe Symmetrietyp 11 »Zahlensynchronizität«).

Hier hat also jemand ein symbolisches Zahlenpotenzial erkannt und sein Handeln eine Zeit lang gezielt darauf eingerichtet. Vorher hatte Kasparow offenbar auch realisiert, dass 13 Jahre zuvor Bobby Fischer Schachweltmeister geworden war.

In den meisten Fällen wird es allerdings eher unwahrscheinlich sein, dass ein solches Gestaltfeld sich auch auf andere Vorhaben und Ereignisse übertragen lässt, etwa danach auch noch einen Hochzeitstermin oder das Datum für den Beginn einer langen Auslandsreise zu bestimmen. Dabei geht es ja meist um ganz andere Gestalteinflüsse und Sachzusammenhänge im Hintergrund.

Andererseits – probieren kann man es ja. Sollte sich dann tatsächlich weiterhin Resonanz ergeben, umso besser.

Sofern sich eine Situation anbietet, die es interessant erscheinen lässt, von vornherein in Gestaltbeziehung zu einer Zahl zu treten, könnte es sich aber wohl lohnen, das Beispiel von Kasparow als Modell zu nehmen. Sich vielleicht also in Resonanz zu einem Datum zu begeben, von dem man sich künftig etwas Positives verspricht. Dabei würde die Überlegung eine Rolle spielen, ob es in der Vorgeschichte bereits markante Gesichtspunkte gegeben hat, auf die sich eingehen lässt.

Die entsprechende Zahl gilt es dann im Folgenden mit Feldenergie anzureichern, indem man Handlungen vornimmt, die direkt oder indirekt mit der Zahl zu tun haben, sei es, dass man eine entsprechende Anzahl von Gästen einlädt oder persönlich relevante Ziffern danach auswählt, etwa die künftige Hausnummer, Kontonummer usw. Am besten ist es wahrscheinlich, wenn man zu Beginn mehr oder weniger zufällig über den Grundzusammenhang gestolpert ist, auf den man die Gestaltenergie hin weiterentwickelt.

ANMERKUNGEN

KAPITEL 1 – SPURENSUCHE: »UNSICHTBARE REGIE«

[1] Wikipedia, Version vom 14.7.2008, zu »Titan«, Roman von Morgan Robertson

[2] Wikipedia, Version vom 05.2.2008, zu Belle Époque

[3] Zitat, gefunden auf der Website *www.beckmesser.de*, »Beckmesser – Die Seite für neue Musik und Musikkritik«. Das Interview entstand am 27.2.2002 im Auftrag der Ernst-von-Siemens-Stiftung.

[4] in: Humanglobaler Zufall, Vol. 2, Juli 2008, S.185

[5] »Naturerklärung und Psyche«, Rascher, 1952

[6] F. David Peat, »Synchronizität. Die verborgene Ordnung«, Barth, München, 1992, S.24–25, S.29, S.114

[7] C.G. Jung, »Synchronizität akausaler Zusammenhänge«, in: »Dynamik des Unbewussten«, Gesammelte Werke, Bd.8, 1976, S.466

[8] F. David Peat, »Synchronizität. Die verborgene Ordnung«, S.37

[9] ebenda S.37

[10] C.G. Jung, »Synchronizität akausaler Zusammenhänge«, S.478

[11] ebenda S.478

[12] Wikipedia, Version vom 16.6.2008, zu Feinstrukturkonstante

[13] F. David Peat, »Synchronizität. Die verborgene Ordnung«, S.30

[14] ebenda S.31

[15] Rupert Sheldrake, »Das Gedächtnis der Natur: Das Geheimnis der Entstehung der Formen der Natur«, Serie Piper, München 1996, S.123

[16] Lynn Mc Taggart, »Das Nullpunkt-Feld. Auf der Suche nach der kosmischen Ur-Energie«, Goldmann-Arkana, München 2007, S.86

[17] Rupert Sheldrake, »Das Gedächtnis der Natur: Das Geheimnis der Entstehung der Formen der Natur«, S.221

[18] Drunvalo Melchizedek, »Die Blume des Lebens«, Bd.1, Koha, S.106, bezugnehmend auf Ken Keys jr., »The Hundredth Monkey«

[19] Wikipedia, Version vom 30. 9. 2008, zu »Hundertster Affe«

[20] Rupert Sheldrake, »Das Gedächtnis der Natur: Das Geheimnis der Entstehung der Formen der Natur«, S. 305, S. 311

[21] Lynn Mc Taggart, »Das Nullpunkt-Feld. Auf der Suche nach der kosmischen Ur-Energie«, S. 293 ff.

[22] ebenda S. 181

[23] Rupert Sheldrake, »Das Gedächtnis der Natur: Das Geheimnis der Entstehung der Formen der Natur«, S. 20

KAPITEL 2 – ALLTAGSERLEBNISSE UND SYMMETRIETYPEN

[1] DER SPIEGEL vom 6. 1. 1986, S. 134–141 a

[2] Doreen Virtue, »Das Orakel der himmlischen Helfer« (Booklet), Allegria, Berlin 2006, zu Karte »Zeichen von oben«, S. 68

KAPITEL 4 – PSYCHONAVIGATION – VOM AUSGLEICH »NEGATIVER LADUNG«

[1] Lynne Mc Taggart, »Das Nullpunkt-Feld. Auf der Suche nach der kosmischen Ur-Energie«, S. 260

[2] ebenda S. 261

[3] ebenda S. 261

KAPITEL 5 – VON DER SCHMALSPUR-ÜBEREINSTIMMUNG ZUR HOCHVERNETZUNG

[1] Wikipedia, Version vom 22. 2. 2008, Abschnitt über Heuristik in der Philosophie

[2] Lao-Tse, »Ausgewählte Texte«, Goldmann, München, 1986, S. 34

[3] OANAS Leben im Fluss/Sammlung über Synchronizitäten, www.oana.de, Juli 2004, unter nickname »Tastenhannes«

[4] DER SPIEGEL 33/2004 vom 9. 8. 2004, S. 104

[5] Telefongespräch mit einer der im SPIEGEL erwähnten Personen

[6] Robert Anton Wilson, »Coincidance – Tanz der Zufälle«, Phänomen, Hamburg 2008, S. 173

[7] Focus 17/2004

[8] Telefonische Recherche bei der Presseabteilung von Bundesministerium für Finanzen/Zuständigkeit für Auskünfte zum Zoll

[9] Robert Anton Wilson, »Coincidance – Tanz der Zufälle«, S.176

[10] F. David Peat, »Synchronizität – Die verborgene Ordnung«, S.15

[11] ebenda S.16

[12] Robert Anton Wilson, »Coincidance – Tanz der Zufälle«, S.173

KAPITEL 9 – STRICKMUSTER HINTER SITUATIONEN UND WIEDERHOLUNGEN

[1] Debbie Frank, »Kosmische Bestellungen für Liebe und Glück«, Goldmann Arkana, München 2007, S.61

[2] ebenda S.110f.

[3] ebenda

[4] Chuck Spezzano, »Die tieferen Dimensionen des Erfolgs«, Erfolgsserie, Bd.2, vianova, 2006, S.63

[5] ebenda

[6] ebenda

[7] Debbie Frank, »Kosmische Bestellungen für Liebe und Glück«, S.107f.

KAPITEL 10 – ZUFALLSDYNAMIK UND DIE KUNST DES WÜNSCHENS

[1] Esther & Jerry Hicks, »The Law of Attraction. Das Geheimnis hinter ›The Secret‹«, Allegria, 2008, S.129f.

[2] Debbie Frank, »Kosmische Bestellungen für Liebe und Glück«, S.107

[3] Esther & Jerry Hicks, »The Law of Attraction. Das Geheimnis hinter ›The Secret‹«, S.217–270

KAPITEL 11 – INDIVIDUUM UND KOLLEKTIV IM WECHSELSPIEL

[1] Kölner Stadtanzeiger, Ausgabe vom 11.12.2007

[2] Lynne Mc Taggart, »Das Nullpunkt-Feld. Auf der Suche nach der kosmischen Ur-Energie«, S.298ff.

KAPITEL 12 – FÜGUNGSMODUS UND FREQUENZBEZIEHUNG

[1] Wikipedia, Version vom 24. 2. 2006, zu al-Walid ibn Talal Al Saud

KAPITEL 13 – KOORDINATEN DER FELDENERGIE

[1] Robert Anton Wilson, »Coincidance – Tanz der Zufälle«, Phänomen
[2] Wikipedia, Version vom 26. 1. 2006, zu John August Roebling
[3] Wikipedia, Version vom 27. 2. 2006, zu Brooklyn Bridge

KAPITEL 14 – WEGE DER FELDINFORMATION

[1] Erich Fromm, Daisetz Taitaro Suzuki, Richard de Martin, »Zen-
Buddhismus und Psychoanalyse«, Suhrkamp, Frankfurt/M., 1977,
S. 9
[2] James Redfield, Carol Adrienne, »Die Erkenntnisse von Celes-
tine«, Das Handbuch zur Arbeit mit den »Neun Erkenntnissen«,
Heyne, München, 1995, S. 95

KAPITEL 15 – RÜCKKOPPELUNG UND SYNCHRONISATION

[1] Fritjof Capra, »Wendezeit, Bausteine für ein neues Weltbild«, S. 41
[2] ebenda S. 304

KAPITEL 16 – DAS NETZ DER REALITÄT

[1] Onlinearchive, Daily Mirror, zu Dorothy Fletcher
[2] Focus 17/2004
[3] Lynn Mc Taggart, »Das Nullpunkt-Feld. Auf der Suche nach der
kosmischen Ur-Energie«, S. 191
[4] ebenda S. 209 f.
[5] ebenda S. 211
[6] Rachel Pollack, »Der Haindl Tarot«, Knaur, S. 452
[7] Lynn Mc Taggart, »Das Nullpunkt-Feld. Auf der Suche nach der
kosmischen Ur-Energie«, S. 41

KAPITEL 17 – HOLOGRAFISCHE WELT

[1] F. David Peat, »Synchronizität. Die verborgene Ordnung«, S.114 ff.

KAPITEL 18 – SCHICKSALSENTSPRECHUNGEN: WIE SCHLOSS UND SCHLÜSSEL

[1] Gregg Braden, »Im Einklang mit der Göttlichen Matrix, Wie wir mit allem verbunden sind«, Koha, S.193 ff.
[2] ebenda S.197
[3] ebenda S.210
[4] ebenda S.213
[5] ebenda S.213
[6] ebenda S.217

KAPITEL 20 – ASSOZIATION UND ENERGIEÜBERTRAGUNG

[1] Jane Roberts, »Die Natur der Psyche – ihr menschlicher Ausdruck in Kreativität, Liebe und Sexualität«, Goldmann, S.215
[2] ebenda S.215

KAPITEL 21 – DIE »INNERE KODIERUNG« – ZUFALL UND BEWUSSTSEINSFORM

[1] Paul Roland, Sylvia Gainsford, Kabbala-Karten, S.39

KAPITEL 22 – ORAKEL-CODES

[1] I Ging, »Text und Materialien«, aus dem Chinesischen übersetzt von Richard Wilhelm, Diederichs Gelbe Reihe, S.40 (Hexagramm 4, Die Jugendtorheit)
[2] siehe *www.tarot.de*, dort: Tarot-Lexikon; *www.lilith-kartenlegen.de*, dort: Orakel – Lenormand-Karten – Mlle Lenormand *www.wasserfrau.com/Kipperkarten.htm*
[3] Wulfing von Rohr: »Das Seelen-Orakel«, 60 Karten mit Anleitungsbuch, Allegria.

[4] Jeanne Ruland: »Das große Buch der Legemethoden. 130 neue und traditionelle Legemethoden für Kartendecks aller Art«, Schirner, S. 94 ff.

[5] ebenda S. 218 ff.

[6] siehe *www.tarotwelten.de*, dort: Tarot – Kartenkombinationen

[7] Siehe zum Beispiel Halina Kamm, »Lenormand Lernbuch«, Corona. Das Buch enthält keine Kartenkombinationen, beschreibt aber die Einzelkarten in der Tiefe und von verschiedenen Assoziationsfeldern her. Halina Kamm, »Mystisches Lenormand – Nach Mlle Lenormand«, Corona. Hier werden ausführlich Kartenkombinationen dargestellt, Legesysteme und spezielle Hinweise. Regula Elisabeth Fiechter, »Mystisches Lenormand, Die 36 Wahrsagekarten nach Marie-Anne Lenormand«, neu gestaltet von Urban Trösch, Müller Urania

[8] Liu Da, »Das Münzorakel des I Ging. Das Chinesische Orakel zur Entdeckung des Unbewussten«, Ullstein, S. 225

[9] Martin Schönberger: »Verborgener Schlüssel zum Leben. Weltformel I-Ging im genetischen Code«

BIBLIOGRAFIE

Braden, Gregg, »Im Einklang mit der Göttlichen Matrix«, Koha, Burgrain 2007

Capra, Fritjof, »Wendezeit – Bausteine für ein neues Weltbild«, limitierte Sonderausgabe, Scherz, Bern, München, Wien 1985

Da, Liu, »Das Münzorakel des I Ging. Das chinesische Orakel zur Entdeckung des Unbewussten«, Ullstein, Frankfurt/M., Berlin, Wien 1978

Frank, Debbie, »Kosmische Bestellungen für Liebe und Glück«, Goldmann, München 2007

Fromm, Erich, Suzuki, Daisetz Teitaro, Martino, Richard de, »Zen-Buddhismus und Psychoanalyse«, 6. Auflage, Suhrkamp, Frankfurt/M. 1977

Jung, C. G., »Die Dynamik des Unbewussten«, Gesammelte Werke, Bd. 8, 2. original rev. Auflage, Walter, Olten et al. 1976

Kamm, Halina, »Lenormand Lehrbuch«, Corona, Hamburg 2005

Kamm, Halina, »Mystisches Kartenlegen nach Mlle Lenormand – Grund- und Basiswissen«, Corona, Hamburg 2006

Mc Taggart, Lynne, »Das Nullpunkt-Feld. Auf der Suche nach der kosmischen Ur-Energie«, Goldmann, München 2007

Peat, F. David, »Synchronizität. Die verborgene Ordnung«, 3. Auflage der Sonderausgabe, Barth, Berlin, München, Wien 1992

Pollack, Rachel, »Der Haindl Tarot, 78 Symbole der Wandlung«, Droemer Knaur, München 1988

Redfield, James, Adrienne, Carol, »Die Erkenntnisse von Celestine. Das Handbuch zur Arbeit mit den ›Neun Erkenntnissen‹«, Heyne, München 1995

Roberts, Jane, »Die Natur der Psyche. Ihr menschlicher Ausdruck in Kreativität, Liebe und Sexualität«, Goldmann, München 1986

Rohr, Wulfing von, »Das Seelen-Orakel – Weisheit und Hilfe aus den fünf Seelenenergien«, Allegria, Berlin 2007

Sheldrake, Rupert, »Das Schöpferische Universum. Die Theorie des morphogenetischen Feldes«, Goldmann, München 1981

Sheldrake, Rupert, »Das Gedächtnis der Natur: Das Geheimnis der Entstehung der Formen der Natur«, Piper, München 1996

Sheldrake, Rupert, Mc Kenna, Terence, Abraham, Ralph, »Denken am Rande des Undenkbaren – Über Ordnung und Chaos, Physik und Metaphysik, Ego und Weltseele«, Piper, München 1995

Roland, Paul, »Kabbala Karten – Entschlüsseln Sie das zeitlose Wissen der Kabbala. Der Wegweiser zur Selbsterkenntnis«, Müller Urania, Neuhausen, Schweiz, 2007

Schönberger, Martin, »Verborgener Schlüssel zum Leben – Weltformel I-Ging im genetischen Code«, Barth, Bern, München 1981

Spezzano, Chuck, »Die tieferen Dimensionen des Erfolgs – Erfolgs - serie Band 2«, Via Nova, Petersberg 2006

Wilhelm, Richard, »Text und Materialien«, 1924, 21. Auflage, Diederichs, München 1996

Virtue, Doreen, »Das Orakel der himmlischen Helfer, Engel und Schutzheiligen«, Allegria, Berlin 2006

Wilson, Robert Anton, »Coincidance – Tanz der Zufälle – Ein Head Test«, Phänomen, Hamburg 2008

BILDNACHWEISE

Nornen Parzen
Hologramm

Im Dialog mit der Seele

Allegria

HORST KROHNE
Geistheilung
Dialog mit der Seele
Geb. € [D] 18,00
€ [A] 18,50
sFr 32,90
ISBN 978-3-7934-2186-3

Horst Krohne fragt nicht, warum wir krank werden, sondern wie wir gesund werden können. Das von ihm in diesem Buch dargelegte Prinzip der Geistheilung beruht auf der Vorstellung, dass durch geistige Beeinflussung und Unterstützung der Patient sein körpereigenes Energiefeld wieder in den gesunden Urzustand zurück versetzen kann. Im Mittelpunkt stehen dabei Krohnes Erfahrungen mit dem Chakra-System, zu dem er in diesem Buch die erstaunlichen Behandlungsergebnisse der letzten fünf Jahre verarbeitet.

Die Verbindung von Magie und Quanten-physik

SILVER RAVENWOLF
Mindlight
Hexenkunst für das
21. Jahrhundert
€ [D] 14,95
€ [A] 15,40 / sFr 25,50
ISBN 978-3-548-74502-2

Wäre es nicht wunderbar, wenn man sich einfach hinsetzen könnte, darüber nachdenken würde, was man sich wünscht, und wenn sich diese Wünsche dann auf wunderbare Weise verwirklichten? Könnte es tatsächlich so einfach sein? Die Meditationslehren sagen, dass der Zauber immer im gegenwärtigen Augenblick liegt. Die Quantenphysik sagt, dass dies – und noch mehr – sehr wahrscheinlich ist! Wenn Sie dem zustimmen, wird es so sein. Willkommen in Ihrer Welt der neuen Hexenkunst.